박 노 자 · 허 동 현   교 수 의   한 국   근 대   100년   논 쟁

우리 역사
최전선

허동현 · 박노자 지음

푸른역사

우리 역사 최전선

책의 발단은 허동현 · 박노자 두 교수가 주고받은 이메일이었다. 2000년부터 약 3년간 많게는 하루에도 두세 통씩 장문의 이메일을 주고받았다.

인터넷이라는 현대문명의 최첨단 이기(利器)를 통해 두 사람은 우리의 근대가 시작된 지점의 변화와 혼돈을 이야기할 수 있었다. 두 사람의 자유롭고 진지한 '사적' 논쟁은 어느 결에 '소문이 나서' 지상 논쟁을 거친 뒤 전혀 새로운 모습으로 탈바꿈, 한 권의 책으로 엮이는 '공적' 논쟁이 되었다. 둘이 문자로 미처 나누지 못한 이야기는 직접 만나서 풀었다(12장 대담).

논쟁의 출발점은 100년 전 우리 선조들이 처한 상황과 오늘날 우리가 맞닥뜨린 현실이 크게 다르지 않다는 것이다. 한 세기 전 청 · 일 두 나라와 서구 열강의 틈바구니 속에서 근대라는 화두를 놓고 고심했던 선조들처럼, 오늘날 우리도 미국과 중국의 각축 속에서 나아갈 바를 몰라 온갖 시행착오를 겪고 있다.

'건강한 보수주의자'를 자처하는 허동현 교수와, '개인주의적 진보주의자'를 지향하는 박노자 교수의 논쟁은 어쩔 수 없이 창과 방패의 형국을 취하고 있다. 그러나 하나의 동전에도 앞뒷면이 있고, 형색은 달라도 지향점은 같기에 두 사람은 종종, 그리고 결국 인류의 보편적 이상이라는 지점에서 만날 수밖에 없다.

우리가 잘 알고 있다고 오해하지만 실은 잘 모르는 한 시절에 대한, 아쉬움이 많이 남기에 더 소중하게 느껴지는 시대에 대한 반성과 포용으로 이 책이 독자에게 다가간다면 더 바랄 것이 없을 것이다.

푸른역사 편집부

서설 역사는 반복되는가

'미국 이후'를 제대로 대비하려면

지금으로부터 100년 전 우리의 개화기 풍경은 지금 우리가 사는 모습과

놀랄 만큼 유사합니다. 박노자 · 허동현 교수 둘 다 이 점에 동의하며

흥미롭다고 밝히고 있습니다. 박 교수는 100년 전 중국 이후를 대비하지

못했던 우를 다시 범하지 말고 미국 패권 이후에 대비하자고 말합니다.

그러면서 우리의 개화기 인물들이 제시했던 국내외 문제에 대한 해법이

오늘날에도 유효하다고 주장합니다. 반면 허 교수는 선조들의 개혁 구상이

갖는 유효성에는 동의하면서도, 과거 실패한 역사에 대한 책임을 먼저 우리

내부에서 찾아야 한다고 지적합니다. 그리고 현실적으로 미국이라는 나라를

무시할 수 없는 상황에서 외세에 대한 신중한 자세를 유지해야 한다고

말합니다.

|우리의 근대는 언제부터인가?|

근대란 근대화(mordernization)가 되는 시대를 말한다. 근대화란 역사학에서 볼 때
18~19세기에 서유럽과 북미주에서 전형적으로 전개된 제도와 가치체계의 확산, 개발 양상을
말하는데, 일반적으로 '발전' 이라는 긍정적 의미를 갖는다.

즉, 근대화란 정치적으로는 민주주의제도가 수립되고 국민 참정권과 효율적인 관료제도가
정착 또는 확대되는 것이고, 경제적으로는 자본주의적 생산양식이 발달하고 국부와
국민소득이 증대하는 것이며, 사회적으로는 평등주의적 사회체제를 확립하고 사회
간접시설을 확충하는 것이며, 문화적으로는 과학과 기계를 보급하고 합리주의와 실용주의
같은 가치관을 보편화하는 것이다. 정확히 말해 근대란 이러한 제도와 가치체계가
수립 · 정착된 이후의 시기를 말한다.

그러나 우리 나라에서 이 같은 이상적 기준의 근대는 아직도 도래하지 않았다. 따라서 어느
시점부터를 근대로 보느냐에 대해서는 학자들마다 의견이 분분하다. 예컨대 자본주의 싹과
실학이 등장하는 조선 후기, 세계 자본주의체제와 만나는 1876년 개항, 부르주아
개혁운동으로 평가받는 갑신정변, 본격적 근대화의 시발인 갑오경장 등을 근대의 기점으로
보아야 한다는 주장도 있다. 사실 엄밀한 의미에서 근대는 우리에게 아직도 요원하다는
견해도 있다. 현재 학계의 통설적 견해는 개항을 통해 새로운 서구 중심의 국제질서에 편입한
1876년을 근대의 시발점으로 보는 것이다.

'중국 이후' 대비 못한
100년 전의 실패 반복 말아야

100년 전 그때와 100년 후 지금의 유사성

허동현 선생님, 안녕하십니까.

사실 저는 "왜 100년 전 잡지나 신문을
지금에 와서 보고 이야기해야 하는가"라
는 질문을 자주 받습니다. 그러나 막상
그때의 신문이나 잡지를 펼쳐보면 한 세
기 이전이 아닌 '지금 여기'의 문제들에
대해 읽고 있는 듯한 착각에 빠지곤 합
니다. 역사는 물론 그대로 반복되지 않
습니다만, 새로운 차원에서 전개해나갈
때 이전의 발전 패턴들이 구조적으로 비
슷한 모습으로 나타나는 경우가 있지 않
습니까?

19세기 조선이 처한 상황을 단적으
로 보여주는 그림. 일본군과 청군이
조선을 짓밟고 있고, 멀리서 러시아
군이 이 광경을 바라보고 있다.

100년 전 서구 열강과 청·일 두 나라가 국가 존립을 위협
했다면, 이제는 미국과 중국이 한반도를 사이에 두고 각축을
벌이고 있으며, 근대의 길목에서 선택의 기로에 섰던 우리
선조들처럼 오늘날 우리도 나아갈 바를 두고 고심하고 있는

오늘날 세계 패권국가로 군림하고 있는 나라인 미국의 국회 의사당 건물. 그러나 100년 전 극동에서 중국의 헤게모니가 약해졌듯, 이제 약해지고 있는 미국의 헤게모니에 대비해야 하는 과제가 우리에게 주어졌다.

것입니다.

100년 전, 당시의 세계체제는 비록 그 힘이 약해져가고는 있었지만 남아프리카 등지에서 제국주의적 약탈전쟁을 일으키던 영국을 중심으로 짜여져 있었습니다. 당시 농경사회에서 공업사회로 가고 있던 우리 나라는 이 체제에 자주적으로 편입하려 했지만 실패하였고, 결국 열강의 각축장이 되어 패권국가 영국의 주니어 파트너이던 일본에게 먹히고 말았습니다.

오늘날 지구 곳곳에서 약탈적 전쟁을 일으키는 나라는 다름 아닌 세계 패권국가 미국입니다. 미국 중심의 세계적 공업사회에서 이미 중진의 위치에 오른 우리 나라는, 이제 두 가지 과제를 안고 있는 셈입니다.

우선은, 100년 전 극동에서 중국의 헤게모니가 약해졌듯이 지금 약해지고 있는 미국 헤게모니라는 새 상황에 어떻게 대비해야 하는지, 또 이미 100년 전에 기존의 패권국가(중국)와 신흥 세력(일본)의 각축장이 되었던 국토를 다시 한 번 기존의 패권 세력(미국)과 신흥 도전자(중국)의 싸움터로 만들지 않기 위해서 어떻게 해야 하는지 등의 질문에 답해야 합니다. 100년 전 중국 패권 이후의 신세계에 제대로 준비 못해 실패한 경험을 거울 삼아 미리부터 미국 패권 이후의 세계에 대응하는 방식을 준비해야 하는 것입니다.

두 번째 과제는, 100년 전의 농업사회가 그랬던 것처럼 점차 종말을 향해서 달려가는 물량 중심의 공업경제에서 지식 중심의 미래형 경제로 이행할 준비를 하는 것입니다. 100년

12

전 일본에 쌀과 콩을 대량으로 수출했듯이 우리는 지금 전세계에 반도체와 자동차 등의 공업 제품을 수출하고 있습니다. 그러나 미래의 경제는 이보다 부가가치가 훨씬 더 높은 지식, 문화상품을 중심으로 돌아갈 것입니다. 외국 학생을 대상으로 하는 교육 수출이 전체 수출 부문 중 세 번째 규모를 차지하고 해마다 유학생 수가 15퍼센트씩 늘어나는 호주나, 인구 1,000명당 연구 개발 관련자들이 11명이나 되는 핀란드는 한국의 미래 발전 모델이라 할 수 있지요(한국은 6명에 불과합니다). 100년 전에는 공장을 세우는 것이 급선무였지만, 이제는 외국 학생들이 몰려올 만한 대학교를 만들고, 세계인들이 즐길 수 있는 영화나 음악 등을 창작하는 일이 시급하지 않겠습니까?

《대한매일신보》의 초대 주필이기도 한 백암 박은식. 박은식은 조선의 가장 큰 병이 벼슬 청탁의 만연, 즉 공적 통치체제의 불공정성이라고 지적했다.

"벼슬 청탁이 조선 사회의 가장 큰 병"

이렇듯 공업사회 이후, 미국 이후를 준비해야 하는 우리는 100년 전 선조들이 직면했던 것과 같은 기로에 서 있는 셈입니다. 그리고 흥미롭게도 선조들이 고민했던 바로 그 문제들에 대해서 새삼스레 고민하고 있습니다.

예컨대 여러 개화기 인물 중에서 제가 개인적으로 좋아하는 백암(白巖) 박은식(朴殷植, 1859~1925) 선생의 글을 봅시다. 1907년 백암 선생은 당시 진보적인 언론으로 인정받던 평안도의 잡지 《서우(西友)》(1906년 12월 창간, 1908년 1월 폐간)에 한국이 앓고 있는 여러 병(病)에 관한 글을 기고하셨습니다. 그런데 선생이 가장 큰 병으로 지목하신 건 다름 아닌 벼슬 청탁의 만연, 즉 공적(公的) 통치체제가 공평하게 업적 위주로 운영되지 못한다는 점이었습니다.

*개화기 개척자들이 개탄했던 관계 위주주의,
즉 공적 영역의 미확립은 여전히 우리 사회의 발전을
가로막는 걸림돌이 되고 있습니다. 공적 영역의
확립이야말로 시민사회의 기초인데 말이지요.*

백암 선생뿐이었습니까? 위정척사운
동의 거두 최익현(崔益鉉, 1833~1906)과
동도서기론*적 개혁 유림이었던 이기(李
沂, 1848~1909)는, 이념적 입장은 근본적
으로 달랐지만 "세도가들이 환로(宦路)를 독점하는 이상 나
라가 잘되지 못할 것"이라는 점에서는 의견 일치를 보았습
니다.

또한 이들과 달리 유교 자체를 폐기 처분하려고 했던 기독
교도 윤치호(尹致昊, 1865~1945)도, 관계(官界)가 특정 가문과
특정인들의 전유물이 된 이상 어떤 개혁도 주효하지 못할 것
이라고 내다봤습니다. 즉, 다양한 이념이 각축을 벌이던 개화
기에 이념적 공통점이 없었던 인물들의 대다수가 공적(公的)
영역의 확립을 조선 사회가 해결해야 할 급선무로 본 겁니다.

당시에 이것이 과연 조선만의 문제였습니까? 구한말의 개
혁가들에게 가장 존경을 받았던 외국 논객인 청나라 사람 량
치차오(梁啓超, 1873~1929)도 공덕(公德)이 확립돼 있지 못
해 사덕(私德)으로 돌아가던 당대의 중국 사회를 개탄했습니
다. 1900년대 조선 개화학교의 한문 교과서로 사용된 량치차
오의 명저 《신민설(新民說)》(1902년 출판)의 제5절은 바로 공
덕을 논하는 것입니다.

그는 유교 윤리가 일체의 사회관계를 임금과 신하, 부모와
자식, 친구 등의 사적인 관계로 압축시켰다고 비판했습니다.
물론 임금과 부모의 은혜를 알고, 윗사람에 대해서 보은지심
을 갖고 아랫사람을 자비스럽게 봐주는 인의염치의 인간이
한 사인(私人)으로서는 훌륭한 인간이겠지만, 국가와 국민을
모르고 오로지 임금 섬기는 줄만 알고 지인 챙겨줄 줄만 안

다면 문제라는 것이 량치차오 논리의 중심이었습니다. 따라서 사적 관계 중심의 전통 농경사회의 윤리가 보편적인 국가 차원의 법치 논리로 바뀌지 않는 한, 서구의 물질문화 수입은 재앙만 낳을 것이라고 량치차오는 내다봤습니다. 물질적으로 아무리 부강해져도 사적인 관계밖에 알지 못하는 사람은 자신이 모르는 사람을 야수처럼 대접할 것이기 때문입니다.

공적 영역의 확립이 시민사회의 기초

물론 량치차오의 유교 비판이 100퍼센트 타당하다고 보기 어렵습니다. 중국이나 한국의 실학 전통에서는 임금이 아닌 백성을 나라의 근본으로 봤으며, 황종희(黃宗羲, 1610~1695) 같은 유교 선각자들은 17세기에 이미 법치사상을 개발했기 때문입니다. 그리고 량치차오가 생각한 유교의 대체물은 국가를 부모보다 더 은혜로운 존재로 보는 극단적인 국가주의였습니다. 100년 전의 한국 지성인들에게는 이러한 주장이 대단한 공감을 얻었지만, 국가주의의 폐단을 이미 두루 다 경험해본 우리들이 이와 같은 논리를 좋아할 수 있겠습니까?

그러나 인정할 것은 인정해야 합니다. 전근대적 극동 사회에서는 공적인 영역을 사적인 인륜 관계의 하위 가치이자 연장으로 봤기 때문에 자기 사람 챙겨주기가 만연할 수밖에 없었던 것입니다. 그러기에 같은 유교적 맥락에서 나온 인재 등용론이 부단히 거론됐음에도 실천으로 잘 옮겨지지 못했습니다.

문제는, 우리 사회가 상업사회로 전환됐음에도 불구하고 량치차오나 박은식 · 이기 · 윤치호 등의 개화기 개척자들이 개탄했던 관계 위주주의, 즉 진정한 공적 영역의 미발달이 계속 문제로 남아 있다는 겁니다. 물론 온 나라를 실질적으

로 독재자와 그 집단의 소유로 만들어버린 퇴행적인 군부독
재가 한국의 공업사회 이행을 주관했다는 비극적인 역사야
말로 이와 같은 현상의 주된 이유일 겁니다. 어쨌든, 관계주
의가 요즘처럼 무소불위의 힘을 발휘한다면 지식 위주의 새
로운 사회로 이행하는 것이 쉽지 않을 것 같습니다.

인연을 통해서 시원치 않은 교수들을 뽑아놓은 대학에 과
연 우수한 외국 학생들이 몰려오겠습니까? 대출을 받는 데
은행 지점장과의 개인적 관계가 가장 중요하다면 새로운 기
술을 개발할 수 있는 아이디어 사업들이 발전되기가 쉽겠습
니까? 부끄러운 이야기지만 공무원 사회의 승진 청탁 폐풍
은 전혀 달라진 것이 없습니다. 있다면 "100년 전 약채(藥債,
약값)라 부르던 것을 지금은 '떡값'이라 부르는 것"이 유일
한 차이점이라는 웃지 못할 우스갯소리도 있지 않습니까.

인연들을 무조건 일차적으로 챙겨주어야 한다는 우리의
통념이 공익 위주의 방향으로 교정되지 않는 한 우리의 발목
은 그대로 묶여져 있을 겁니다. 공적 영역의 확립이야말로
시민사회의 기초인데, 100년 전에 비해 시민사회가 훨씬 성
숙해진 오늘날에도 그 기초 작업은 아직 미완의 상태입니다.
이러한 면에서 개화기 인물들이 사회에 당부했던 말씀들이
지금도 유효한 셈이지요. 그렇지 않습니까?

100년 전의 한반도 '중립화' 주장이 갖는 현재성

국내 문제도 그렇지만 국제 문제에서도 당시의 모색과 자
각들은 지금의 우리에게 중요한 시사를 주는 것 같습니다.
예컨대 유길준(兪吉濬, 1856~1914)은 1880년대 초부터 인접
강국들의 각축장이 돼가는 한반도를 중립화해야 한다고 주

장한 바 있습니다.

　형태는 그때와 많이 다르지만 지금 동아시아에서 형성되고 있는 긴장감은 100년 전에 비해 결코 덜하지 않은 것 같습니다. 국력과 야심이 점점 커져가는 신흥 도전자 중국에 대해 기존의 패권국가인 미국이 은근히 '포위 전략'을 쓰는 듯하기도 하고, 잘못하다가는 한반도가 중·미 갈등의 무대가 될 소지도 없지 않은 것 같습니다. 과연 미국의 군사기지들이 중국과 인접한 중앙아시아 국가, 즉 우즈베키스탄이나 키르기즈스탄 등지에 들어선 것을 우연의 일치로만 볼 수 있습니까?

　미국의 공식적인 입장이야 아프간의 탈레반을 궤멸하기 위해서 중앙아시아에 기지들을 설치할 필요가 있다는 이야기인데, 탈레반 대신에 친미 괴뢰정부가 아프간의 수도에 입성한 지 이미 1년 이상 지났는데도 중앙아시아에서 미군 기지들이 철수할 기미는 전혀 보이지 않습니다. 또 이라크 침략을 자행한 미국은 이라크 국토를 점령하는 데 '성공'했습니다. 기존의 집권 바트(Ba'ath) 당이 이끄는 것으로 보이는 국민적 저항이 계속되고, 이라크 게릴라들이 하루에도 몇 번씩 침략군인 미군을 공격하는 상황에서 아직 무어라 단정짓기는 어렵지만, 만약 미국의 이라크 재식민화가 완결돼 이라크의 석유가 미국의 통제하에 들어간다면 중국이 의존하는 중동 석유 공급에 대한 열쇠를 미국이 쥐게 됩니다. 더군다나 미국의 다음 계획으로 보이는, 중동 지역의 또 다른 석유 보고(寶庫) 이란에 대한 침략까지 단행된다면 중국의 자원 수급은 큰 위협을 당하게 됩니다. 유럽의 분석가 이야기로는, 미국이 이라크를 침략한 수많은 동기 중의 하나가 바로

미국 유학 뒤 갑오경장 때 내부대신을 지내기도 한 유길준은 1880년대 초부터 한반도를 중립화해야 한다는 주장을 펼쳤다. 지금의 국제 정세는 이 같은 100년 전의 주장을 다시금 되돌아보게 한다. ⓒ 국사편찬위원회

이와 같은 중국 길들이기랍니다. 북한의 핵 개발을 자극하는 최근 미국의 북한 따돌리기 정책도 결과적으로 중국의 동맹국인 북한을 고립시킴으로써 중국의 영향력 확대를 견제하는 포석으로 보입니다.

이러한 상황에서 지금의 한·미 안보 관계를 유지하는 것이 정말 한국의 국익에 부합할까요? 만약 미국의 극우 세력들이 한반도를 포함한 극동 전역에서 전쟁을 일으킬 생각이라면, 남한에 3만 7,000명의 미군이 주둔한다는 사실이 남한을 북한과 중국에 대한 침략의 발판이자 주요 전장으로 만드는 결정적인 빌미가 될 것이 틀림없습니다. 이것을 과연 우리가 좌시할 수 있겠습니까?

유길준 시절과 지금의 다른 점은, 당시 잠재적 전쟁 도발자는 기존의 패권국가인 중국이 아닌 신흥 세력인 일본이나 러시아였다는 점입니다. 이를 우려했던 유길준은 한반도를 중립화시켜 여러 주변 열강의 이권을 보장하면서 그들의 노골적인 무력충돌을 막으려고 했습니다. 그래서 중국과 전통적 조공 관계를 지속하는 것을 현실로 받아들이되, 한반도에 중국군이 주둔하는 것은 반대했습니다. 여러 열강의 이해가 겹치는 한반도에 한 열강의 군대만 주둔하는 것은 다른 열강들을 자극하기 때문입니다.

지금은 신흥 세력(중국)이 아닌 기존의 패권 세력(미국)이 극동에서의 전쟁 도발자로 나설 가능성이 많습니다. 그러나 잠재적 갈등의 한 당사자가 한반도에 군을 주둔시키는 것이 한반도의 안정을 위협하고 차후 한반도를 전장으로 만들 수 있다는 점에서는 예나 지금이나 다를 것이 없습니다. 혹 한반도의 '중립화'와 외국군의 주둔 불가론을 주장했던 100년 전의 제안을 다시 한 번 긍정적으로 검토해볼 여지는 없을까요?

구한말 국내외 상황과 그때 지성인들의 생각이 지금의 우리에게 꼭 무언가를 시사해주고 조언해주는 것만 같습니다. 과거의 역사를 논하면서 동시에 오늘의 문제들도 하나씩 풀어나간다고나 할까요.

아직도 눈 내리는 오슬로에서 박노자 드림.

실패의 1차적 책임은 당사자에게, 내부에서 원인 찾아야

100년 전 우리 선조들의 개혁 구상

반갑습니다, 박노자 선생님.

선생님 말씀대로 한 세기 전 신문과 잡지, 위인들의 저작을 뒤적이다 보면, 저 역시도 '그때 거기'와 '지금 여기'의 상황이 100여 년이라는 시차를 느끼지 못할 만큼 유사하다는 데 동감합

서세동점, 곧 서구 열강이 동양으로 진출하는 약육강식의 상황이 지금 한 반도에서 다시 전개되고 있다.

니다. 그리고 저 또한 선조들의 선견지명이 한국 사회 내부의 고질적 병폐나 국제 정세의 변동이 초래할지도 모를 재앙에서 우리를 구할 수 있는, 한 세기를 넘기고도 유효 기간이 남은 특효약일 수 있다고 생각합니다.

지금 한반도를 둘러싸고 있는 국제 정세의 변화를 지켜보고 있노라면, 서세동점(西勢東漸)의 높은 파고가 휘몰아치던 100여 년 전의 상황이 재현되고 있는 것이 아닌가 하는 느낌을 지울 수 없습니다. 약육강식의 세계사가 우리 눈앞에 다시 한 번 전개되고 있다는 점에서 한 세기 전 우리 선조들과 냉전체제 붕괴 이후 오늘의 우리가 처한 상황은 매우 흡사한

것 같군요. 그때 선조들이 근대의 길목에서 한국이 나아갈 방향을 놓고 부심했듯이, 오늘의 우리도 전환기의 혼돈 속에서 미래를 모색하는 선택의 기로에 서 있는 것 같습니다.

1884년부터 1905년까지 22년간 이 땅에서 격동의 시간을 보낸 미국공사 알렌(Horace N. Allen, 1858~1932)은 일본이 서구 근대의 성과를 배우고 익혀 일취월장할 때 어찌하여 당신들은 잠만 자고 있었냐고 힐문(詰問)하였습니다. "불쌍한 조선 사람들이여! 그대들은 너무도 오랫동안 무사안일의 세월을 보냈다. 아마도 조선의 땅이 남의 나라에 의해 망한 것이 아니라 지진과 화산에 의해 폐허가 되었더라면 조선은 벌써 곤한 잠 속에서 깨어났을지도 모른다"라고요.

고종의 정치고문이기도 했던 알렌 미국공사는 조선이 너무 오랫동안 곤한 잠에 빠져 있었다고 탄식했다. ⓒ 국사편찬위원회

그러나 100여 년 전 우리 선조들이 수수방관만 하며 세월을 보내지도 않았거니와 자주적 근대국가를 수립할 능력이 없었던 것도 아닙니다. 예컨대 1881년 조사시찰단(朝士視察團, 소위 신사유람단紳士遊覽團)*의 일원으로 일본의 발전상을 보고 돌아온 어윤중(魚允中, 1848~1896)의 포부를 들어봅시다. 일본 시찰 중 떠오른 개혁 구상들을 적어놓은《수문록(隨聞錄)》에서 그 편린을 엿볼 수 있습니다.

일본인은 일의 이익과 손해를 따지지 않고 단연히 감행함으로 잃는 바가 있더라도 국가의 체제를 세울 수 있었으니 우리도 본받아야 한다.

사람들의 진취성을 북돋우기 위해서는 무엇보다도 과거제도가 폐지되어야 하는데, 과거를 혁파하면 공명진취를 도모하는 무리들이 모두 앞다투어 외국에 나가 재주와 기예를 습득

*조사시찰단
1881년 초, 약 4개월 동안 일본의 서구화된 근대 문물과 제도를 낱낱이 살펴본 조선의 시찰단. 일본을 조선 근대화의 모델로 보아 그 문물과 제도를 자발적·조직적으로 시찰·파악하고자 한 최초의 시도이자, 양국 문화교류사에서 역전 현상을 초래한 일본 지향적 개혁의 시발점이다.

하여 돌아올 것이다.

영국·프랑스·독일·러시아 이외에 벨기에와 스위스 같은 나라들로부터도 그들의 뛰어난 점을 받아들여 힘을 다해 미리 주도면밀하게 준비하여 부강을 이루어나가야 한다.

1881년 조사시찰단의 한 사람으로 일본의 발전상을 보고 돌아온 어윤중은 다른 나라의 뛰어난 점을 받아들여 부강을 이뤄야 한다고 주장했다.

100여 년 전 최상층부터 최하층까지 한국의 사회상을 구석구석 살펴봤던 영국 여성 이사벨라 버드 비숍. 고종, 민비와 가깝게 지내기도 한 비숍은 한국 사회를 비판하면서도 정직한 정부와 제도만 마련된다면 한국인들이 잠재력을 발휘할 거라고 예견했다.

실패한 역사에서 우리가 져야 할 책임

그러나 100여 년 전 우리는 제국주의 열강이 벌인 각축전의 희생양이 되어 근대 국민국가와 시민사회를 수립하지 못했으며, 일제 패망 이후에도 미·소 양 강대국의 냉전 논리에 의해 분단국가로 전락하고 만 참담한 실패의 역사를 맛보았습니다. 모든 실패에는 원인이 있게 마련이며, 그 책임은 1차적으로 당사자에게 있는 것이지요. 거짓의 역사를 쓰는 나라는 망국의 길을 자초하는 것이나 진배없듯이, 한 세기 전 우리의 참담한 실패에서 우리가 져야 할 책임을 회피하지 말아야 한다고 봅니다. 그렇기에 저 역시 한 세기 전 역사가 되풀이되는 것을 막기 위해서는 우선 실패의 원인을 우리 내부에서 찾아야 한다고 봅니다.

개화기 당시의 공적 영역 문제에 대해서는, 당시 한국의 현실을 목도한 외국인들조차 한목소리로 지적한 바 있습니다. 1894년부터 네 차례나 한국을 샅샅이 둘러본 이사벨라 버드 비숍(Isabella Bird Bishop, 1832~1904) 여사는 《한국과 그 이웃 나라들(Korea and Her Neighbours)》(1897)에서 한국 사회 그 어디에서도 사회정의를 찾아볼 수 없었다고 통박하였습니다.

하지만 비숍 여사도 한국의 잠재력만은 높이 평가하였습니다. "한국인들은 대단히 명민하고 똑똑한 민족이다. ……

22

근사한 기후, 풍부하지만 혹독하지는 않은 강우량, 기름진 농토, 내란과 도적질이 일어나기 힘든 훌륭한 교육, 한국인은 길이 행복하고 번영할 민족임이 틀림없다. '협잡'을 업으로 삼는 관아의 심부름

꾼과 그들의 횡포, 관리들의 악행이 강력한 정부에 의해 줄어들고 소작료가 적정히 책정되고 수납된다면 반드시 그러할 것이다. 나는 한국의 농부들이 일본 농부처럼 행복하고 근면하지 못할 이유를 전혀 알지 못한다"고 말이지요.

이처럼 애정 어린 눈으로 한국의 미래를 밝게 내다본 비숍 여사는 한국인들이 "정직한 정부의 보호를 받을 수 있다면 천천히 진정한 의미의 '시민'으로 거듭날 수 있을 것"이라는 믿음을 토로하기도 했습니다. 정직한 정부와 적절한 제도만 갖추어진다면 한국인들이 숨은 잠재력을 발현할 것이라고 예견한 비숍 여사의 혜안은 다시금 재음미해볼 필요가 있다고 생각합니다.

유길준이 말한 '중립'의 의미

한 세기 전 우리 선조들이 목말라했던 사회 전반에 걸친 투명성 확보가 아직도 미완의 과제로 남아 있긴 하지만, 해방 이후 대한민국이 '한강의 기적'이라 일컬어질 만큼 발전한 것도 분명한 사실입니다. 카터 에커트(Carter Eckert)나 브루스 커밍스(Bruce Cumings)와 같은 몇몇 외국 학자들은 한국의 성공을 일본의 식민지 지배와 미국의 원조 덕분에 이룬 종속적 발전이라고 깎아내리기도 하지만 말이죠. 즉, 한국의 산업화는 식민지시대 일본에 의해 이룩된 산업화의 물적·

*수정주의
외교사가 윌리엄스(William Appleman Williams)와 그 제자들이 주도한 냉전시대사 연구의 학풍을 가리키는 전문용어. '미국의 대외 정책은 미국 자본주의의 위력과 이익을 극대화하는 데 있었다'는 기본 관점하에 미국이 개입한 1·2차 세계대전과 한국전쟁·베트남전쟁 등은 모두 미국 자본주의체제의 경제적 필요성 때문에 일어났거나 미국이 참전했다고 본다.

*세계체제론
1970년대 중반 뉴욕주립대학 교수인 월러스타인(Immanuel Wallerstein)이 주창한 이론. 세계 자본주의체제는 서로 불평등한 교역(交易) 관계로 연관되어 있는 중심부와 반주변부(半周邊部)·주변부의 세 가지 국가군(國家群)으로 되어 있으며, 중심부는 주변부를 수탈하고 반주변부는 중심부에 의해 수탈당하는 동시에 주변부를 수탈한다고 본다.

*오리엔탈리즘(Orientalism)
팔레스타인 출신의 미국 문명비판론자인 사이드(Edward W. Said)의 학설이다. 서구인들이 말하는 동양의 이미지가 서구인들의 편견과 왜곡에서 비롯된 허상에 지나지 않는다고 본다.

인적 토대를 바탕으로, 해방 후 미국 시민들의 세금으로 조성된 거대한 원조에 의해 종속적으로 이뤄진 예기치 못한 성공이라는 것이 그 핵심이지요.

그러나 저는 한국의 근현대를 바라보는 이들의 시각이 수정주의*·세계체제론*·오리엔탈리즘*, 그리고 목적론적 구조주의 이론에 주박(呪縛)된 편향된 시각이라는 느낌을 지울 수 없습니다. 왜냐하면 지난 반세기 동안 한국인들이 "바쁘다 바빠"와 "빨리 빨리"를 외치며 이루려 한 것이 비단 물질적 풍요만은 아니기 때문입니다.

요즘 더욱 활발해진 시민운동을 볼 때, 한국인들은 물질적인 면뿐 아니라 정신적인 면에서도 압축성장할 수 있다는 낙관적인 생각을 할 수도 있지 않을까요? 그간 국가와 민족이라는 큰 가치에 눌려 있던 작은 가치들, 예를 들어 개인이 누려야만 할 양심의 자유와 인권 같은 가치를 확보하기 위한 노력들이 곳곳에서 일어나고 있는 것을 보면, 생각을 달리하는 계층과 집단들이 서로 관용하는 다원화된 사회가 곧 실현될 수 있지 않을까 하는 생각도 듭니다. 물론 인터넷을 통한 선거혁명이 가능해질 만큼 산업화와 정보화에 앞선 우리이지만, 전세계 마지막 분단국가라는 이념적 장벽과 이에 대한 역사적 기억을 달리하는 세대간 장벽에 대한 대응은 필요하겠지요.

요즘 세계의 이목을 끌고 있는 한반도를 둘러싼 정세를 보면, 저 또한 100년 전의 악몽이 재현되어 한반도가 미국과 중국 두 나라의 세력 각축장이 될 수 있으며, 그 최선의 해결책이 중립화일 수 있다는 선생님의 지적에 동의합니다. 하지만 유길준이 "우리 나라가 의뢰하여 나라를 보전하는 것은 중국이 돌보아주는 데 달려 있다"고 한 데서 알 수 있듯이, 그의 진짜 속내는 자국의 군사력에 의해 유지되는 중립이 아니라 중국에 기댄 중립이었다는 사실과 이 글이 씌어지자마자 서재에 사장되었다는 점 또한 주목해야 하지 않을까요? 여기서 그의 속내를 한번 들여다보는 것이 좋겠군요.

2002년 인터넷을 통해 이룩한 '선거혁명'은 한국 사회의 또 다른 발전 가능성을 보여줬다. 과연 한국인은 정신적인 면에서도 압축성장할 수 있을까. 계층과 집단이 서로 관용하는 다원화된 사회는 언제쯤 실현될까.

우리 나라는 통상을 시작한 이후 현재에 이르기까지 무우(無憂)하다 할 수 없으며, 또한 무난(無亂)하다고도 할 수 없다. 오직 중립 한 가지만이 진실로 우리 나라를 지키는 방책이지만 이를 우리가 먼저 제창할 수 없으니, 중국이 이를 맡아서 처리해주도록 청하는 것이 좋을 듯하다. 만일 중국이 혹 일을 핑계 삼아 즉시 들어주지 않으면, 오늘 청하고 내일 또 청해서, 중국이 조약의 주창자가 되어 영국 · 프랑스 · 일본 · 러시아 등 아시아 지역과 관계가 있는 여러 나라들이 회동(會同)하는 자리에 우리 나라가 참여하여 공동으로 그 조약문을 작성하도록 요청해야 한다. …… 중국은 군대를 쓰지 않고도 동쪽에 대한 우려를 영원히 끊을 수 있고, 우리 나라는 믿음직한 장성(長城)을 얻은 것과 같아 앉아서 만세(萬世)의 이득을 얻게 되는 것이다. 그 모든 방략은 중국에 달려 있을 뿐이고 우리 나라가 친신(親信)할 바도 중국만한 나라가 없으니, 우리 정부가 간절하게 청하기를 바랄 뿐이다.

외세에 대한 신중한 자세 필요

이처럼 당대 최고의 지성이었던 유길준이 현실적으로 존재하는 중국이라는 외세를 무시할 수 없었듯이, 오늘의 한국인들이 스스로 이룩한 물질적 성공의 이면에 버티고 있는 미국이라는 존재에서 자유로울 수 없는 것 또한 현실입니다. 때문에 100년 전과 마찬가지로 '힘이 곧 정의'인 국제 정치 질서에 어떻게 대응해야 하는지 모색하는 과정에서 돌다리도 두들겨보는 신중한 자세가 필요하다는 생각을 해봅니다. 역사에서 교훈을 찾지 못하는 국가나 민족은 도태되기 마련이라는 평범한 진리를 망각할 때 또 다른 참담한 실패를 반복할 수도 있으니 말이지요. 이 같은 실패의 역사에서 하나의 교훈을 찾을 수 있다면, 그것은 역사의 시간은 우리를 기다려주지 않는다는 것입니다.

한 세기 전 실패한 역사의 책임이 당시의 지배계급이었던 왕실과 양반계급에게 있다면, 시민사회를 운위하는 지금 역사의 시간을 지체시킴으로써 또다시 100년 전의 실패를 반복한다면 이는 시민임을 자각하는 우리 모두의 책임이라 할 수 있겠지요.

다시 한 세기가 흐른 뒤 우리 후손들이 지금의 우리를 시대적 요청에 잘 부응해나간 자랑스러운 선조로 기억할 수 있게 하기 위해, 우리는 주어진 역사의 시간에 충실하고 시대적 과제에 적극적으로 대응하는 고밀도의 삶을 살아야 하겠지요. 저는 우리에게 부여된 소명에 충실할 때 다시는 우리에게 주어진 역사의 시간을 허송했다는 비판을 듣지 않을 것이고, 한 세기 전의 참담한 실패를 반복하는 어리석음도 범하지 않을 수 있을 거라고 생각합니다.

이에 저는 박노자 선생님과 함께 한 세기 전 우리의 실패의 역사 속에서 미래를 위한 교훈을 찾아, 이삭 줍는 마음으로 한국 근현대사의 여러 문제들을 때론 같은 시각에서 때론 서로 다른 잣대로, 마치 옷감을 짜듯 베틀의 씨줄과 날줄처럼 엮어보려 합니다. 머리를 맞대고 역사 속 교훈 찾기에 나선 선생님과 저의 작업이, 우리에게 닥친 현안이 재앙이 되지 않도록 하는 데 조금이나마 도움이 되기를 바라는 마음입니다.

이만 줄입니다. 안녕히 계십시오.

100년 전 광화문 기념비각에 몰려든 시민들(왼쪽)과 임진각에서 남북 통일 기원 행사를 벌이고 있는 오늘날의 한국 시민들. 시민사회를 운위하는 오늘날 또다시 100년 전의 실패를 반복한다면 이는 우리 모두의 책임이다.

연구실 창 밖으로 눈 내리는 캠퍼스를 바라보며 허동현 드림.

더 읽을 만한 책

- 강만길, 〈유길준의 논문 중립론〉, 《창작과 비평》8-4, 1973.
- 강만길, 《21세기사의 서론을 어떻게 쓸 것인가》, 삼인, 1999.
- 박지향, 《일그러진 근대》, 푸른역사, 2003.
- 신용하, 《세계체제 변동과 현대 한국》, 집문당, 1994.
- 유영익 편, 《수정주의와 한국현대사》, 연세대출판부, 1998.
- 유영익, 《한국근현대사론》, 일조각, 1992.
- 전상인, 《고개 숙인 수정주의: 한국현대사의 역사사회학》, 전통과 현대, 2001.
- 정두희, 《미국에서의 한국사 연구》, 국학자료원, 1999.
- 한국정신문화연구원 편, 《한·미수교 1세기의 회고와 전망》, 한국정신문화연구원, 1983.
- Cumings, Bruce, The Origins of the Korea War I, New Jersey: Princeton University Press, 1989.
- Cumings, Bruce, The Origins of the Korea War II, New Jersey: Princeton University Press, 1990.
- Eckert, Carter J., Offspring of Empire, University of Washington Press, 1996.

윤치호와 영어 배우기

진짜 미국인이 되고자 한 조선 지식인의 좌절

근대적 삶의 상징 가운데 하나가 영어 배우기입니다. 박노자 · 허동현 두
교수가 쓰는 한국 근대사 100년 풍경에 대한 본격적 스케치를 영어
이야기부터 시작해봅니다. 한국인에게 영어가 갖는 의미를 개화기 최고의
지식인으로 꼽히는 윤치호를 통해 살펴보려고 합니다. 윤치호의 영어
실력은 오늘날 웬만한 미국 지식인의 수준을 뛰어넘을 정도로
대단했습니다. 박 교수는 비판적 견해에서, 허 교수는 실용적 견해에서
영어와 미국을 조명하고 있습니다.

|윤치호의 두 얼굴|

좌옹(佐翁) 윤치호(1865~1945)만큼 우리 개화기의 모순된 역사를 잘 보여주는 인물도 흔치 않다. 윤치호는 개화당에 속했던 윤웅렬의 아들로 11세부터 서광범의 친척인 김정언의 집에서 수학했으며, 1881년 조사시찰단 조사 어윤중을 수행하여 일본에 건너가 1883년 4월까지 체류했다. 1882년 말에 수신사 박영효와 함께 일본에 건너간 김옥균의 권유에 따라 1883년 1월부터 귀국 전까지 3개월여 동안 요코하마 주재 네덜란드영사관의 서기관 레온 폴데르(Leon V. Polder)와 프랑스인 건축가 폴 사르다(Paul Sarda)에게 영어를 배웠고, 선교사 앨런이 세운 중서학원(中西學院, Anglo-Chinese College)에 입학, 여기서 3년 6개월 동안 체계적인 근대 교육을 받았으며, 1886년 초부터 기독교에 관심을 보여 1887년 4월 3일에는 우리 나라 최초의 남감리교 세례교인이 되었다. 1888년 미국으로 건너가 밴더빌트대학에서 신학과 영어를 수학하고, 에모리대학에서 2년 동안 인문사회과학과 자연과학을 수강했다. 5년 동안의 미국 유학을 마친 뒤 청일전쟁 기간 동안 상하이 중서학원에서 학생들을 가르치다 1895년 2월 귀국해 김홍집 내각의 외부협판과 박영효 내각의 학부협판 등을 지냈다. 1896년 민영환의 수행원으로 러시아 황제 니콜라이 2세의 대관식에 참석했다.

1897년 후반부터 독립협회에 참가하여 서재필·이상재 등과 독립협회운동을 이끌며 국민계몽 활동에 힘을 쏟았으나, 1898년 12월 독립협회가 해산된 뒤로 러일전쟁 때까지 5년간 원산군수 등 지방관을 전전했다. 이 기간 동안 인종적 차원에서 일본인들의 '동양평화론'과 일맥상통한 '극동3국제휴론'을 주장했고, 1937년 중일전쟁을 전후해서는 일제의 '내선일체'를 선전하고, 강연회에서 '반도민중의 협력'을 강조했다. 1941년에는 황국신민으로서 충성과 협력을 결의하고, 일제의 징병에 협력할 것을 권유하기도 했다. 1945년 일본제국의회의 칙선 귀족원의원에 선임되었다. 해방 후 친일파로 규탄받자 자결했다.

" 지나친 친미는 좌절만
가져다줄 뿐 "

120년 전의 영어 천재 윤치호

허동현 선생님, 안녕하십니까?

보내주신 서한에서 언급하신 대로, 한국인
에게 미국이란 나라는 대단히 다양한 의미를
지니고 있습니다. 허동현 선생님의 지적대로
경제 성장의 밑바탕이 된 자본과 기술을 제공
한 나라이면서, 이를 근거로 한국인들의 자체
발전 능력을 늘 폄하하는 나라가 아닙니까?

미국이 아직까지 한국에서 '세계의 중심'이
자 '근대의 상징'으로 통하는 사실은, 온 나라
를 휩쓸고 있는 '영어 배우기 열풍'에서도 알
수 있을 듯합니다. 아니, 아이의 건강에 해가
될 수도 있는 위험한 혀 수술까지 해가면서 영

120년 전 본격적으로 영어를 배운 최초의 조선인 윤치호가 미국 에모리대학에 유학할 당시의 모습. 1891년(27세)에서 1893년(29세) 사이로 추정된다. ⓒ 좌옹 윤치호 문화사업회

어 배우기에 적합한 인간으로 만들려고 하다니요. 물론 한
인간의 '몸값'(깊이 생각해보면 섬뜩한 말이지만, 한국에서 일상
적으로 쓰이는 말이라 그대로 사용합니다)이 그 영어 발음의 확
실성으로 평가되는 사회에서, 그렇게까지 하는 부모들의 마

1883년 5월, 네덜란드 사람에게 고작 4개월간 영어를 배운 윤치호는 초대 주한미국공사 푸트(사진)의 통역으로 발탁됐다. ⓒ 좌옹 윤치호 문화사업회

음을 이해 못할 바도 아닙니다. 백 보 양보해서 수술을 하면 영어 발음이 개선된다고 칩시다. 영어 발음이 미국인을 능가할 만큼 '본토적'이 된다면 한국에서 입신양명하는 데는 도움이 될 수도 있겠지요. 그러나 발음이 완벽하다고 해서 과연 그 아이가 미국 사회에서도 '우리'라는 울타리 안에 들어갈 수 있을까요?

이 문제에 답하기 위해서 120년 전 본격적으로 영어를 배운 최초의 조선인, 윤치호(尹致昊, 1865~1945)의 이야기를 해보겠습니다.

1883년 1월부터 4월까지 일본의 요코하마에 있는 네덜란드 영사관의 서기관 레온 폴데르에게 영어를 배운 뒤, 그해 5월 서울에서 주한미국공사 푸트(Lucius Harwood Poote, 1826~?)의 통역으로 발탁된 윤치호. 이때 윤치호는 10대 후반이었습니다. '네이티브 스피커'도 아닌 네덜란드 사람에게 고작 4개월 동안 영어를 배운 뒤, 임금 앞에서 중차대한 국사(國事)의 통역을 성공적으로 해낸 그는 분명 천재임이 틀림없습니다.

1883~1884년에 그가 작성한 영문 문서를 보면 요즘 웬만한 대학생의 영어 작문보다 훨씬 고급 영어로 보입니다. 조

1883년 보빙사절로 미국에 파견된 전권대신 민영익과 부대신 홍영식에 대한 신임장 전문과 번역문이 전재된 신문. 이 영문 번역을 윤치호가 맡았다. ⓒ 국사편찬위원회

선 최초의 도미(渡美)사절로 1883년에 미국에 건너간 민영익(閔泳翊, 1860~1914)의 신임장을 윤치호가 영문으로 번역한 것을 보면 '비준(批准, ratification)'처럼 당시 조선에 잘 알려져 있지 않던 근대적 한자어의 영문 번역어까지 보입니다. 웬만한 조선 선비 같았으면 한

자로 써놓아도 무슨 소리인지 몰랐을 단어의 정확한 의미를, 윤치호는 영어로 파악했던 것이지요. 그것도 사전이 전무한 상황에서 말씀입니다!

"내 생각을 표현할 어휘가 한국어에는 아직 부족하다"

그러나 윤치호의 천재성은 1888년 11월 4일부터 시작된 도미 유학 때 더욱 빛을 발합니다. 그는 미국에 온 지 겨우 1년쯤 된 1889년 12월 7일부터 거의 완벽한 영어로 일기를 쓰기 시작했습니다. 이렇게 영어로 일기를 쓴 이유에 대해서는 "내 생각을 표현할 만한 어휘가 한국어에는 아직도 부족하기 때문"이라고 썼는데, 당시 모국어에는 없던 근대 문명적 단어들까지 외국어로 익혔던 그의 어학 능력에 다시 한 번 감탄하게 됩니다. 그가 죽을 때까지 빠짐없이 썼던 영문 일기는 현재 한국 근대사의 귀중한 자료로 꼽히지요. 믿어지지 않는 이야기겠지만, 윤치호의 일기에 쓰인 일부 고급 영어 어휘는 현재의 웬만한 미국 지식인들도 쉽게 이해하지 못할 만큼 수준이 높습니다.

예컨대 그는 미국에서 만난 한 일본계 의사에 대해서 "dissimulation을 '지혜'로 잘못 알고 있다"(《윤치호 일기》, 1890년 2월 27일자)라고 평하고 있는데, 'dissimulation'이 '본인의 나쁜 점을 숨기는 위선'을 뜻한다는 것을 아는 미국인이 얼마나 되겠습니까? 변변한 영한사전도 없이 난삽한 인문 서적을 탐독하여 이 같은 라틴 계통의 고급 어휘를 습득한 윤치호의 실력

윤치호의 영문 일기. 윤치호는 미국에 유학간 지 1년 만에 거의 완벽한 영어로 일기를 쓰기 시작해 죽을 때까지 계속 썼다. 일기에 쓰인 영어 어휘는 지금의 미국인들도 쉽게 이해하지 못할 만큼 수준이 높다.

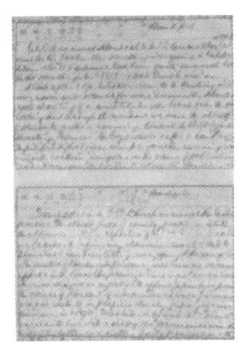

과 투혼이 실로 감동적이지 않습니까? 아마도 그가 고급 한자어의 사용에 익숙한 사대부 출신이라는 점도 이와 같은 고급 어휘의 기적적인 습득을 가능하게 한 요인이 아닐까 합니다.

한편 고급한 영어 실력보다도 윤치호라는 인물에서 더 흥미로운 점은 광범위한 독서 범위입니다.

미국 유학 시절 윤치호의 일기에는 약 40종의 원서 제목이 등장하는데, 여기에는 중국이나 일본의 지식인들이 주목했던 명저뿐만 아니라 아직 극동 문화권에 알려져 있지 않은 저서까지 포함돼 있습니다. 예컨대 그가 탐독했던 매콜리(Thomas B. Macaulay, 1800~1859)의 《영국사》(5권, 1849~1861년 출간)는 당시 일본 지식인들이 서구에 대한 지식을 공급받는 원천이었고, 러시아 황제 니콜라이 2세의 대관식에 참가한 고종의 특사 민영환(閔泳煥, 1861~1905)의 통역으로 그가 러시아로 갔을 때 상트페테르부르크에서 즐겨 읽었던 톨스토이(Leo N. Tolstoi, 1828~1910)의 《전쟁과 평화》는 1886년에 이미 일본어로 번역·출간된 상태였습니다. 그러나 윤치호가 미국에서 애독한, 흑인 노예의 비참한 상황을 고발한 비처 스토우(Harriet Beecher Stowe, 1811~1896) 여사의 소설 《톰 아저씨의 오두막집》(1852년 출간)은 아직 중국이나 일본에서 큰 주목을 받지 못한 작품이었습니다. 이 소설은 윤치호가 미국 유학을 마친 1896년에야 일본의 《국민신문》에 번역·연재됐습니다.

재미있는 것은, 윤치호는 어학 천재답게 한 가지 언어의 완벽한 구사에만 안주하지 않고 늘 새로운 언어를 습득하려

는 욕망을 보였다는 점입니다. 언어 습득 측면에서 그에게
일대 충격을 주고 새로운 언어에 대한 욕망을 북돋운 것은
1896년 제정 러시아 사행이었습니다. 당시 제정 러시아의 귀
족과 고급 관료들은 영·불·독어를 두루 습득하고 있었습
니다. 이때 받은 충격에 대해서 윤치호는 나중에 대중잡지
《별건곤(別乾坤)》(1927년 6월호)에 다음과 같이 회고합니다.

1910년 제물포 영어학교의 교사와
학생들. 국내에 영어학교가 처음 생
긴 것은 1883년이다.

로국(露國, 러시아)의 소위 대관이라는 이들은 대개 영(英),
독(獨), 불(佛), 3국어는 능통하여 어떠한 외국 손님이라도
그 세 나라 말 중에 한 나라 말만 통하면 조금도 불편 없이
의사를 통할 수가 있음에는 놀라지 아니할 수가 없었으며 내
가 거기서 떠나 불란서(佛蘭西)를 향해 가서 불어(佛語)를 배
우고자 한 것도 역시 그네들에게서 충동(衝動)을 받은 까닭
이었다.

19세기 말의 조선 개화파 인사 가운데 양기탁도 뛰어난 영어 실력으로 이름이 높았지만, 윤치호에는 미치지 못했다.

지칠 줄 모르는 어학 천재, 윤치호의 모습이 여실히 보이는 구절들입니다. 당시 서구의 사서(史書)나 문학작품에 대해서 까맣게 모르고 있었던 대부분의 조선 식자들은 물론이고, 중국이나 일본의 개화 지식인들에 비해서도 윤치호는 분명 한발쯤 앞서가던 신세계의 개척자였습니다. 1890~1900년대 조선의 개화파 가운데 양기탁(梁起鐸, 1871~1938)이나 이상재 등도 영어 구사력으로 유명했지만, 윤치호만큼 완벽한 영어 문장으로 이름을 떨친 사람은 미국 시민권자 서재필 정도였습니다. 그렇다면 일기까지 영어로 쓸 만큼 미국을 완전하게 내면화해 진짜 미국인이 되려고 노력했던 희대의 천재 윤치호는 과연 미국의 상류사회에서 '우리의 구성원'으로 대접받았을까요?

황인종이라는 이유로 백인 선교사에게 왕따당해

그의 일기를 보면 전혀 그렇지 않았음을 알 수 있습니다. 황인종을 멸시하는 백인 불량배들에게 가끔 얻어맞기도 하고, 유색인종이라는 이유로 호텔 투숙을 거절당해 정거장에서 밤을 지새웠는가 하면, 세례 교인이었던 그와 가장 가까

1890년 조선에 온 선교사 부인의 나들이 모습. 그러나 윤치호는 미국 체류 시절, 유색인종이라는 이유로 선교사와 그 부인에게마저 모욕을 당해야 했다.

워야 할 미국 선교사에게마저 늘 은근히, 그리고 가끔은 매우 노골적으로 '왕따' 당하는 처지였습니다. 여기서 그의 《일기》에 기록된 선교사들의 인종주의적 모욕 사례를 몇 가지 살펴보기로

하겠습니다.

나에게 짐을 미리 배에다가 실으라고 강력하게 권
고했던 휴제스(Hughes) 부인(한 선교사의 부인—인용
자 주)이 "끝내 내가 너무 지나치게 강요를 해서 대
단히 미안한데, 우리 선교사 같으면 당신네들을 보
통 작은 아이로 보는 습관이 있지 않습니까. 그 습
관이 나에게도 있어서 (나도 모르게) 강요를 합니다.
당신이 우리네 선교사들을 아시잖아요?"라고 이야

개화기 당시의 대표적 미국인 선교사
언더우드 일가. 그러나 언더우드 역
시 인종주의적 이유로 윤치호를 무시
했다.

기했다. 이 말이 내 마음을 질러버렸다. 그녀는, 우리 원주민
들이 우리 일을 스스로 처리 못할 만큼 다 우둔하다고 생각
하는 모양이다. 우리 원주민들을 그렇게 보는 그들이, 민감
한 일본인들의 분노를 그토록 많이 유발하는 것이 과연 놀라
운 일이 아니다. …… 내가 선교사의 조수가 되고 싶지 않은
많은 이유 중의 하나는, 너무 많은 영적인 보스 밑에 있고 싶
지 않기 때문이다. 물론 나는 휴제스 부인에 대해서 하등의
불만을 가지고 있지 않다. …… 그녀는 충실하면서 선심이
많은 선교사인데, 이처럼 우리 원주민들을 무시하는 것이,
인종주의적인 오만과 편견이 강한 미국의 출신이기 때문이
다(1897년 4월 23일자).

오늘 아침에 레르(Loehr) 목사가 중국 학생 신도들에게 교회
에서 예수가 악마를 이겨서 천당을 쟁취하셨듯이 일본이 중
국을 이겨 대만을 얻었다고 설교했다. …… 중국인들에게 설
교하는 자리에서 더 어리석은 이야기를 할 수 있을까? 선교
사들은 원주민들이 왜 예수에게 그들의 마음을 열어주지 않

느냐고 불평한다. 그러나 선교사 자신들이 그들의 주택의 접견실에서 원주민들을 절대 대접하지 않는 (오만한) 태도를 버리지 않으면 원주민들도 마음을 열 리가 없다(1897년 6월 31일자).

1899년에 언더우드(Underwood) 박사와 그 부인이 (내가 지방관으로 있었던) 원산으로 잠깐 들렀다. 내 사랑하는 아내가 그 부인을 방문했다. 그러나 그들이 일주일 후에 원산을 떠날 때 우리 집을 지나가면서도 우리에게 인사조차 하지 않았다. 자신들끼리 예의를 정확하게 지키는 데다 우리에게도 자신들에게 예의 지키기를 강력하게 요구하는 그들이기에, 그러한 행실은 도저히 납득이 안 간다. 우리에게 인류 평등의 원칙이 명백하게 적혀 있는 성경을 가르치면서, 이처럼 그 원칙을 자신들이 위반하는 것이다. …… 그들의 오만한 태도 때문에 나는 손해를 보면서도 그들과 되도록이면 사교하지 않으려고 한다(1903년 1월 15일자).

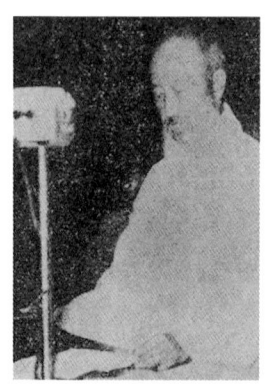

일제 말기, 조선 젊은이들에게 일본군 지원을 권유하는 윤치호의 모습. 윤치호가 '소신 친일파'가 된 데에는 인종주의적 차별을 일삼은 미국인에 대한 실망과 분노가 한몫하지 않았을까.

미국에 대한 순진한 상상 버려야

이처럼 미국에서 '자기 일 처리도 못하는 작은 아이', '원주민', '예의를 지키지 않아도 될 사람' 대접을 받은 윤치호는 인종주의야말로 미국의 가장 중요한 특징이라는 생각을 갖게 됐습니다. "이 소위 자유의 땅에서 천부인권을 누리려면 일단 먼저 백인으로 태어나야 한다"(《윤치호 일기》, 1890년 2월 14일자)는 말은 그가 일찍부터 미국에 대해 내린 일종의 결론이었습니다. 백인 인종주의에 상처받아 만신창이가 되었을 그의 마음 상태를 생각해보면 '황인종의 맹주', '대 백인 침략 투쟁의 총사령부'임을 자처했던 일제의 간사한 계략에 넘어가 친일로 돌아선 그의 행동을, 용서할 순 없어도 어느 정도 이해할 수는 있지 않을까요?

물론 일제 말기에 조선 젊은이들에게 일본군 지원을 강요하는 등의 그의 친(親)파쇼적인 행위에 대해서는 좋게 이야기할 수는 없지요. 그러나 그가 '소신 친일파'*가 된 여러 요인 중의 하나가, 보편적인 종교 담론의 담지자임을 자임하면서도 극악무도한 인종주의적 차별을 일삼은 미국인들의 이율배반적인 행실에 있었음을 아울러 기억해야 되지 않습니까?

100년 전 미국인이 되기 위해 각고의 노력을 기울이다 결국 비참하게 무너진 한 조선 천재의 이야기가 우리에게 주는 교훈은 무엇입니까? 미국에게서 배울 것과 취할 것이 있지만, 미국이 우리의 '자상한 어버이'가 되리라는 순진한 상상, 미국이 약자를 동등하게 대해주리라는 근거 없는 기대는 버리는 것이 낫다는 것 아닐까요? 용미(用美)는 가능하고 바람직하지만, 지나친 친미(親美)는 좌절만 가져다줄 확률이 많지 않습니까?

안녕히 계십시오.

하늘이 캄캄해지는 오슬로에서 박노자 드림.

*소신 친일파
일본의 식민 지배가 조선 '문명화'의 유일한 혹은 가장 현실적인 방편이라고 믿거나, 일본과 조선의 인종적 연대가 백인 침략을 막을 수 있는 방법이라고 생각한 극단적 종속적 개화주의자들의 명칭. 대표적 인물인 이광수는 강자인 일본의 '야마토 민족' 안에서 약자인 조선인들이 개별적으로 동화하여 강자의 일부가 돼야 된다고 믿었다. 말년에 이광수는 '친일적 소신'을 일종의 '친일적 내셔널리즘'의 경지로까지 발전시켰다.

"미국을 배우되
주체성 잃지 않을 수도 "

1960년대 말 한국에서 폭발적인 인기를 누린 만화영화 〈요괴 인간〉. 인간이 되고 싶었지만 늘 인간에게 배신당하는 이들의 모습은, 서구인에게 대접받기를 바랐지만 냉정하게 무시당한 일본인의 심리를 대변하는 듯하다.

윤치호가 걸렸던 '요괴 인간 증후군'

안녕하세요, 박노자 선생님.

혹시 어렸을 적에 〈요괴 인간〉이라는 만화영화를 보신 적이 있나요. 60년대 말 이 만화영화는 요즘 아이들의 마음을 사로잡은 〈포켓 몬스터〉에 필적할 인기를 누렸지요. 주인공인 뱀 · 베라 · 베로는 손가락이 셋밖에 없는 흉측한 겉모습과 달리 악에 맞서 선을 행하며 인간이 되기를 간절히 소망했지만, 늘 인간에게 배신당하였습니다. "나도 인간이 되고 싶다"고 외치던 이 요괴 인간들의 내면세계가, 혓바닥 절제수술과 미국 원정 출산 등을 통해 계층 상승을 꿈꾸는 부류들과 놀랄 만큼 닮았다고 한다면 지나친 표현일까요?

어쩌면 이 만화는 서구인에게 문명인으로 대접받기를 갈망했지만, 냉정하게 '왕따' 당하고 만 일본인들의 심리 상태를 대변하고 있다는 생각이 듭니다. 메이지시대 일본인들은 서구인들이 조롱한 남녀 혼욕을 금지하고, 전통적으로 금기시하던 육식을 장려하는 등 서구인의 도덕과 문화에 동화되고자 했습니다. 심지어 왜소한 일본인을 건장한 외모와 지성

40

을 겸비한 서구인과 혼인시켜 인종을 개량하려고 한 이도 있었지요.

탈아입구(脫亞入歐). 일본을 대표하는 지성, 후쿠자와 유키치(福澤諭吉, 1835~1901)조차 아시아의 나쁜 친구들과 인연을 끊고 좋은 친구인 유럽과 하나가 되자고 소리 높여 외쳤습니다. "지금의 중국과 조선

메이지시대 일본인들은 전통적인 혼욕 풍습을 금지하는 등 서구의 도덕과 문화에 동화되고자 노력했다.

은 우리 일본에게 일호(一毫)의 원조도 되지 않을 뿐만 아니라, 서양 문명인의 눈으로 본다면, 삼국의 영토가 서로 접해 있기 때문에 때로는 이를 동일시하여 중국과 조선을 평한 것을 가지고 우리 일본을 평하는 바가 없을 수 없다. 오늘을 도모하는 데 있어서 우리 나라는 이웃 나라의 개명을 기다려 함께 아시아를 일으킬 여유가 없다. 오히려 그 대오에서 벗어나 서양의 문명국과 진퇴를 같이하여, 저 중국·조선과 접촉하는 방법도 이웃 나라이기 때문에 특별히 봐줄 것이 아니라 바로 서양인이 이들과 접촉하는 방식에 따라 처리할 것이다. 악우(惡友)와 친하게 되면 악명을 면하기 어렵다. 우리는 진심으로 아시아 동방의 나쁜 친구를 사절해야 할 것이다"라고 말이지요.

19세기 일본의 대표적인 지성이자, 게이오의숙을 창립한 계몽사상가이기도 한 후쿠자와 유키치는 아시아와 인연을 끊고 유럽과 하나가 되자고 목청을 높였다.

변화란 문화의 중심보다 변방에서 일어나기 쉬운 법이라고 합니다. 동양 문화의 변방이었던 일본이 서구 따라하기에 먼저 나설 수 있었듯이 윤치호도 비슷한 처지였습니다. 부친이 서자였던 윤치호는 토인비의 표현을 빌자면 밀려드는 변화의 물결에 맞설 수 있는 '주변인(marginal intelligentsia)'이자 '창조적 소수자(creative minority)'였습니다. 때문에 성리학을 버리고, 영어를 배우고 "영혼의 욕구"를 충족시켜주는

기독교를 받아들여 미국인 뺨치는 영어 구사력과 어떤 미국 신사에 못지 않은 식견과 신앙을 갖출 수 있었지요. 하지만 피부 빛과 겉모습까지 바꿀 수는 없었기 때문에, 그가 동등하게 대우받기를 갈망한 미국의 주류 사회에 편입될 수 없었습니다. 결국 그는 자신과 같은 '요괴 인간'들이 모여 사는 일본을 낙원으로 생각할 수밖에 없었을 테지요.

1893년 11월 초 윤치호의 일기에 나오는 "인종 편견과 차별이 극심한 미국, 지독한 냄새가 나는 중국, 그리고 악마 같은 정부가 있는 조선이 아니라, 동양의 낙원이자 세계의 정원인 축복받은 일본에서 살고 싶다"는 그의 독백은, 정체성을 상실한 한 인간의 정신적 방황을 잘 보여주고 있습니다. 그래서 무분별한 영어 배우기 열풍이 결국은 윤치호처럼 한국과 미국 어느 사회에도 속하지 못하는 불우한 인간들을 양산할 뿐이라는 선생님의 지적은 촌철살인(寸鐵殺人)의 설득력을 발휘합니다.

1884년경, 하버드대학 진학을 위해 대학입학예비고등학교인 담마학교(Governor Dummer Academy)에 다니던 시절의 유길준. 유길준도 영어를 배우고 기독교를 깊이 연구했지만, 전통적 가치관을 폐기하지 않았다는 점에서 윤치호와 다르다.

최초의 미국 유학생 유길준이 보여준 해답

그러나 구더기 무서워 장 담그지 않을 수 없듯이 세계 공용어인 영어를 무작정 외면할 수는 없지 않겠습니까? 영어를 배우긴 하되 영어를 통해 '고급 인간'으로 다시 태어날 수 있을 거라 믿는 '요괴 인간 증후군'에 걸리지 않을 방법은 없을까요?

저는 최초의 미국 유학생 유길준에게서 그 해답을 얻을 수 있다고 봅니다. 그는 윤치호와 함께 1881년 조선 최초의 국비 유학생으로 선발돼 일본 게이오대학에 유학하였습니다. 사실 그는 노론 명문가 출신으로 과거시험에 넉넉히 급제할 수 있는 능력이 있었지만, 관직에 오르는 지름길이라 할 수 있는 과거를 포기한 이른바 '선각자'였습니다. 1877년, 그가 과거제도의 해악을 비판하여 지은 글 〈과문폐론(科文弊論)〉*을 보시지요.

유길준 역시 영어를 배우고 기독교를 깊이 연구했지만, 윤치호와 달리 전통적 가치관을 폐기하지 않았습니다. 적절한 개혁만 단행한다면 조선도 가능성이 있다고 생각했지요.

* 부록 311쪽 수록.

격물진성(格物盡性)의 학문이라고 하지만, 도대체 격물한 바와 진성한 바가 어떤 것이란 말인가. 본래 이용후생(利用厚生)의 도에 몽매하니 그 용(用)이 사람들의 생활을 편리하게 하고 그 의식을 풍부하게 할 수 없는 것이다. 이것으로 어찌 국가의 부강을 성취하고 인민의 안태(安泰)를 이룩할 수 있겠는가. …… 그러므로 과문이란 것은 도를 해치는 함정이자 인재를 해치는 그물이며, 국가를 병들게 하는 근본이자 인민들을 학대하는 기구(機具)이니, 과문이 존재하면 백해(百害)가 있을 뿐이며 없더라도 하나도 손해가 없는 것이다. 위로는 조정의 백관에서부터 밑으로는 민간의 글방 서생에 이르기까지 모두 과문으로 부몰(浮沒)하니, 필경 취생몽사(醉生夢死)하다가 끝내 각성하여 깨닫지 못할 것이다.

1883년 봄, 1년 반의 유학 생활을 마치고 귀국한 유길준은 통리기무아문(統理機務衙門)*의 주사로 임명되어 《한성순보(漢城旬報)》라는 근대 신문 창간에 기여하던 중 같은 해 가을 미국에 파견된 보빙사(報聘使)* 민영익(閔泳翊, 1860~1914)의 수행원으로 미국에 건너가 최초의 미국 유학생이 되었습니다. 하지만 그의 유학 생활은 1884년 12월 4일 발발한 갑신정변으로 인해 오래가지 못했으니, 1885년 9월 결국 약 2

*통리기무아문
전통적인 의정부와 육조체제로 감당하기 어려운 부국강병과 대외 개방정책을 전담시킬 목적으로 1880년 12월 조선 조정에 설치된 기관.

*보빙사
1882년 한미수호조약이 체결되고, 1883년 초대 주한미국공사 푸트가 부임하자 이에 대한 답례로 미국에 파견된 사절.

최초의 미국 유학생 유길준은 유학 생활을 마치고, 조선 최초의 근대 신문인 《한성순보》의 창간 작업에 참여한 적이 있다.

년간의 유학 생활을 접고 귀국길에 오르고 말았지요.

미국 유학 시절, 유길준 역시 영어를 배우고 기독교를 깊이 연구했지만, 윤치호와 달리 전통적 가치관을 폐기하지 않았습니다. 양반관료의 횡포로 일반 국민들이 공평한 법의 보호를 받지 못하는 폐단이 있음을 예리하게 비판하면서도, 조국이 적절한 개혁만 단행한다면 백인종들의 문명을 따라잡을 수 있다는 낙관적 견해를 갖고 있었습니다. 국민 교육의 중요성을 토로한, 국왕 고종에게 바친 상소문 〈언사소(言事疏)〉(1883)의 한 대목이 심금을 울리네요.

교육의 도(道)가 융성해지지 않으면 인민들의 지식이 넓어질 수 없고, 그렇게 되면 그 나라는 반드시 빈약하게 될 터이니 그 까닭이 무엇이겠습니까. 인민들에게 진취적 기상과 제조력(製造力)이 없기 때문입니다. 무릇 국가가 독립을 스스로 지킬 수 없는 것은 인민들에게 지식과 기력이 없기 때문입니다. 인민들에게 지식이 없으면 무엇으로 자수(自守)하며 인민들에게 기력이 없으면 무엇으로 독립하겠습니까. 대체로

1883년 가을, 유길준은 보빙사 민영익의 수행원으로 처음 미국에 건너갔다. 앞줄 왼쪽부터 통역관 로우엘 · 홍영식 · 민영식 · 서광범. 홍영식 뒤에 유길준이 서 있다. ⓒ 유길준전서편찬위원회

지식과 기력 양자는 교육에 달려 있으며, 교육의 길은 국가의 시책에 달려 있는 것입니다.

정체성 잃지 않는 서구 문화 수용 태도가 중요

갑신정변으로 인해 유학을 포기하고 귀국한 유길준은 우포대장 한규설(韓圭卨)의 집에 갇히는 몸이 되고 말았습니다. 사실 이러한 연금 조치는 당시 철저한 우민화정책과 개화파 탄압정책으로 조선을 중국의 실질적인 보호국으로 만들려고 했던 위안스카이(袁世凱, 1859~1916)의 위해*로부터 유길준을 보호하려 한 국왕의 배려였습니다. 이처럼 유길준은 중국의 대(對)조선 간섭정책 때문에 행동의 자유를 구속당했지만, 영어와 국제법에 능통한 그의 신지식을 아낀 고종과 한규설 같은 개명 관료의 보호 아래 1887년부터 1889년까지 《서유견문(西遊見聞)》(1895)을 집필·탈고할 수 있었습니다.

자기 정체성을 상실한 윤치호와는 달리 유길준은 서구에 대해 극단적 패배의식이나 열등감을 갖지 않았습니다. 또한 그는 자신의 내면에 침잠해버린 윤치호와 달리 활발한 저술 활동을 펼쳐 자신의 식견을 동포들과 공유하는 데 힘썼습니다. 그가 《서유견문》*을 쓰게 된 배경에 대해 술회한 내용을 보시지요.

이 책은 제가 긴 연금(軟禁) 생활 기간에 집필한 것으로서 1895년 일본에서 출판되었습니다. 저는 우리 나라 국민들의 바깥 세상에 대한 견식을 넓히기 위해 이 책을 무료로 배포하였습니다(미국인 모스에게 보낸 1897년 6월 7일자 영문 서한).

갑신정변 후 철저한 개화파 탄압정책을 편 청나라의 위안스카이. 고종은 유길준을 우포대장의 집에 연금시켜 위안스카이의 박해로부터 보호해줬다.

*위안스카이의 박해
갑신정변 이후 중국은 조선의 근대화운동을 억제하기 위해 1885년 11월, 위안스카이를 주차조선총리교섭통상사의(駐箚朝鮮總理交涉通商事宜, 소위 감국監國)로 임명해 서울에 파견했다. 위안스카이의 임무는 조선의 근대화운동을 철저히 억제함으로써 갑신정변 같은 반중국 움직임이 재발하지 못하도록 막는 것이었다. 따라서 그는 착임 후 조선내 개화억제책의 일환으로 반청(反淸) 성향이 강한 개화파 인사들을 탄압하고, 해외 유학생들을 모두 소환·귀국시켜 처형하거나 박해했다.

*서유견문

한국 역사상 최초로
일본·미국에 유학한
유길준이 '반개화(半開化)'
상태에 있는 동포들에게 구미
각국의 문물제도를 소개하기
위해 쓴 계몽서. 세계
인문지리서이자 구미의
정치·사회·교육제도 등을
소개한 일종의 폭넓은 정치학
교과서이기도 하다. 1894년
이전 한국인의 세계 인식
수준을 보여주고, 또
갑오경장을 주도한 사람들의
개혁사상을 대변하는
사상서로서 높은 사학사적
가치가 있다.

박 선생님이 지적한 바처럼 윤치호는 갑신정변이 실패하자 미국 유학을 떠나 자기 정체성을 상실하고 내면으로 침잠해버렸습니다. 그는 미국인도 잘 모르는 단어까지 알 정도의 영어 실력을 바탕으로 수많은 원서를 섭렵해 신지식을 얻은 천재이지만, 그가 얻은 어떠한 성취도 국민들과 함께 나누려는 노력을 하지 않았습니다.

반면에 유길준은 1885년 고국에 돌아온 뒤 위안스카이의 박해를 무릅쓰고 외교 문서를 작성하는 등 자신의 영어 실력과 국제법 지식을 국가를 위해 사용하였습니다. 더 나아가 일본과 미국 유학을 통해 얻은 지식도 동포들의 안목을 넓히는 데 쓰려고 노력했습니다. 〈세계대세론(世界大勢論)〉(1883)·〈경쟁론(競爭論)〉(1883)·〈세제의(稅制議)〉(1891)·〈지제의(地制議)〉(1891)와 같은 논설과 《노동야학독본(勞動夜學讀本)》(1908)과 《대한문전(大韓文典)》(1909)을 비롯한 수많은 저서들은 자신이 이룩한 바를 국민과 함께 나누려 한 그의 삶의 소산이라 할 수 있지 않겠습니까.

그랬기에 조국의 미래를 낙관하며 한걸음씩 점진적인 개혁을 모색하는 중용의 길을 걸어갈 수 있었고, 국권 상실 후에도 일제에 굴종하지 않는 삶을 살 수 있었다고 봅니다. 이렇듯 정체성을 잃지 않는 그의 서구문화 수용 태도와 점진적으로 목표에 다가간 삶의 방식은 오늘의 우리에게 많은 교훈을 주고 있습니다.

미국을 침략자로만 보는 시각도 비주체적

개화기 조선인들이 순진하다 싶을 정도로 호의적인 미국관을 갖고 있었던 것도 사실이지요. 《독립신문》(1897년 10월

16일자)에 실린 미국 소개 기사를 보시지요.

이 나라에서는 의리로 주장을 삼고 정치상과 권리상에 모든
일들을 천리와 인정에 합당하게 만든 풍속과 사업이 많은 고
로 천복을 받아 지금 이 나라가 부유하기로 세계에 제일이
요, 화평한 복을 누리기로 세계에 제일이라.

유길준이 미국 유학 때 유럽을 순방
하며 보고 느낀 것을 기록한 최초의
국·한문 혼용체 책 《서유견문》(東
京: 交詢社, 1895). 유길준은 "우
리 나라 국민들의 바깥 세상에 대한
견식을 넓히기 위해 《서유견문》을
무료로 배포했다고 밝혔다. ⓒ 유길
준전서편찬위원회

이처럼 당시 조선에서는 미국을 공평하고 예의를 숭상하
며, 영토욕이 없는 정의의 나라로 보는 시각이 팽배했었지
요. 그러나 최초의 미국 유학생이자 지미(知美)과 인사인 유
길준은 미국은 통상 상대에 불과할 뿐이며, "위급함을 구해
주는 우방으로 믿을 바 못 된다"고 일갈함으로써, '약자를
돕는 정의의 나라' 라는 미국에 대한 동시대인들의 피상적 인
식에 경종을 울린 바 있습니다. 그가 1885년에 저술한 〈중립
론(中立論)〉*을 보시지요.

* 부록 312쪽 수록.

유길준의 《대한문전(大韓文典)》
(1909). 유길준은 수많은 저서를
통해 자신의 지식과 안목을 국민과
함께 나누려고 노력했다. ⓒ 유길준
전서편찬위원회

혹자는 말하기를 '미국은 우리 나라와 우의가 두터우니 의지
하여 도움을 받을 만하다' 고 하지만 그렇지 않다. 미국은 멀
리 대양(大洋) 건너편에 있으며 우리 나라와 별로 깊은 관계
가 없다. 더구나 미국이 먼로 독트린(蔓老約, the Monroe
Doctrine)을 선포한 후에는 유럽이나 아시아의 일에 간섭할
수 없게 되어 있어 설사 우리 나라가 위급해지더라도 그들이
말로는 도움을 줄 수 있을지언정 군대를 동원해서 구원해줄
수 없다. 옛말에 천 마디의 말이 한 발의 탄환만 못하다고 했
다. 그러므로 미국은 우리의 통상 상대로서 친할 뿐이며, 우
리의 위급함을 구해주는 우방으로 믿을 바 못 된다.

현대 미국의 범세계성을 상징하는 두 개의 아이콘 콜라와 햄버거. 해방 후 한·미 관계를 미국의 일방적인 이해타산에 휘둘린 것으로만 보는 시각도 비주체적이지 않을까.

그의 이러한 대미 인식 및 접근 태도는 미국에 대한 극단적 평가가 교차하는 우리에게 많은 시사점을 준다고 봅니다.

해방 이후에도 미국은 한국의 든든한 후원자였지만, 기실은 자국의 이익을 보호하려 한 것이었지요. 그러나 해방 후 한·미 관계를 살펴볼 때, 두 나라의 관계를 우리가 미국 측의 일방적인 전략·경제적 이해타산에만 휘둘린 것으로 인식하는 것도 비주체적이라는 생각이 듭니다. 사실 6.25전쟁 이후 한국은 미국이라는 중심부 자본주의 국가에 군사·정치·경제적으로 종속된 '식민지'였다고 볼 수도 있습니다. 그러나 시각을 달리하면 우리는 해방 후 팍스 아메리카나(Pax Americana)*를 구가하는 미국과 긴밀한 유대를 맺고, 이를 이용하여 역사상 최초로 서구 중심의 세계질서 속에 본격적으로 진출했다고 할 수도 있지 않을까요.

선생님의 지적처럼 이제 우리는 미국에 대한 종래의 고정된 이미지를 버리고, 좀더 객관적이고 이성적으로 미국을 인식하도록 노력해야 할 것입니다. 여기에 앞서 우리와 미국의 관계를 후원자와 수혜자 혹은 침략자와 피침략자의 관계로 보는 극단적 입장, 즉 한·미 관계가 미국의 일방적인 이익만을 위해 전개된 것이라는 시각에서 탈피하는 것도 득중(得中)의 길이 아닐까 합니다.

*팍스 아메리카나
미국에 도전하는 세력을 강력한 무력으로 철저하게 응징하며, 미국 중심의 세계질서 속에서의 평화를 강요하는 것.

밤이 깊어가는 연구실에서 허동현 드림.

더 읽을 만한 책

- 구선희, 《한국근대 대청정책사》, 혜안, 1999.
- 김상태 편역, 《윤치호 일기: 1916~1943》, 역사비평사, 2001.
- 김상태, 〈일제하 윤치호의 내면세계 연구〉, 《역사학보》165, 역사학회, 2000.
- 송병기 역, 《윤치호 일기》1, 연세대출판부, 2001.
- 유동준, 《유길준전》, 일조각, 1987.
- 유영렬, 《개화기의 윤치호 연구》, 한길사, 1985.
- 유영익, 〈'서유견문'과 유길준의 보수적 점진개혁론〉, 《한국근현대사론》, 일조각, 1992.
- 유영익, 〈서유견문론〉, 《한국사시민강좌》7, 일조각, 1990.
- 윤병희, 《유길준 연구》, 국학자료원, 1998.
- 허동현 역, 《유길준논소선》, 일조각, 1987.
- Ceuster, Koen De, "From Modernization Collaboration, the Dilemma of Korean Cultural Nationalism: the Case of Yun Ch'i-ho(1865-1945)", Leuven University 박사학위논문, 1994.
- Chandra, Vipan, "The Concept of Popular Sovereignty: The Case of So Chae-p'il and Yun Ch'i-ho", Korea Journal 21:4(April 1981), pp. 4-13.
- Clark, Donald N., "History and Personality in the Diary of Yun Ch'i-ho", Korea Journal 15:12(December 1975), pp. 53-59.
- Kim, Hyung-Chan, "Yun Ch'i-ho in America: The Training of a Korean Patriot in the South, 1883-1893." Korea Journal 18:6(June 1978), pp. 25-32.
- Kim, Hyung-Chan, Letters in Exile: The Life and Times of Yun Ch'i-ho, Oxford, GA: Oxford Historical Shrine Society, 1980.
- Robinson, Michael E., Cultural Nationalism in Colonial Korea, 1920-1925, Seattle: University of Washington Press, 1988.
- Robinson, Michael E., "Nationalism and Human-Rights Thought in Korea under Japanese Rule", In William Shaw, ed, Human Rights in Korea: Historical and Policy Perspectives, Cambridge, MA: Harvard University Press, 1991.
- Wells, Kenneth M., "Yun Ch'i-ho and the Quest for National Integrity: The Formation of a Christian Approach to Korean Nationalism at the End of the Choson Dynasty", Korea Journal 22:1(January 1982), pp. 42-59.

- Wells, Kenneth M., "Civic Morality in the Nationalist Thought of Yun Ch' i-ho, 1881-1911", *Far Eastern History* 28(1983), pp. 107-151.
- Wells, Kenneth M., "Between the Devil and the Deep: Nonpolitical Nationalism and 'Passive Collaboration' in Korea During the 1920s", *Far Eastern History* 37(March 1988), pp. 125-147.

2

도나스와 도너츠의 차이

일본 통해 서구문명 받아들인 조선의 혼란

개화기 이래 등장한 새로운 말과 글들은 대부분 서구식 근대문명을 번역한
새로운 삶의 지표들이었습니다. 삶의 변화는 언어를 통해 반영되게
마련이지만, 아쉽게도 우리는 서구식 근대를 우리의 맨얼굴로 대면하기보다
일본이란 창구를 통해 번역된 것을 다시 받아들일 수밖에 없는
현실이었습니다. 시행착오를 통해 배운 것도 적지 않았지만, 다른 한편으로
일본이 잘못 번역한 것을 그대로 답습하는 결과를 가져오기도 했습니다.
개개인의 개별적 권리인 서구의 인권을 집단적 의미를 갖는 민권으로
번역한 것이 대표적인 오역이라고 허 교수와 박 교수는 말하고 있습니다.

|국민국가란 무엇인가|

서구 근대의 산물인 국민국가는 프랑스혁명기의 프랑스 인에게는 인간 해방의 장치였고, 메이지시대 일본인에게는 탐구하여 구현해야 할 목표였다. 그리고 개화기 조선인에게는 이루려다가 실패한 목표이자, 현대 한국인에게는 달성해야 할 미완의 과제이다.

비민주적 집권정부라는 특징을 가진 일본형 국민국가는 시민계층의 성장이 미미했기 때문에 다원화된 근대 시민사회를 창출하기에는 근본적인 한계가 있었지만, 시민계층이 아예 존재하지 않았던 한 세기 전 조선이 본보기로 삼을 수 있는 유일한 대안이었다.

그렇다면 국민국가란 무엇인가? 사전적 정의에 의하면 "국경선으로 구획 지워지는 일정한 영역을 보유하는 주권국가로서, 영역내의 국민들이 국민적 일체성을 공유하는 국가"가 국민국가이다. 그러나 이렇게 말해서는 그 구체적인 뜻을 파악하기 어렵다.

국민 또는 민족을 '상상의 공동체'라고 정의한 사람은 베네딕트 앤더슨(Benedict Anderson)이다. 그는 저서《상상의 공동체: 민족주의의 기원과 유행》에서 "민족(nation)은 이미지로서 마음속에서 묘사되는 상상의 정치공동체"라고 정의했다. '민족'의 허구성을 지적한 앤더슨의 주장이 나온 이후, 국민국가에 대한 논의는 전환점을 맞았다. 최근까지 나온 학설들을 정리해보면 비서구 지역의 국민국가는 첫째, 국가를 담당하는 주체가 국민이어야 하고, 둘째, 의회·정부·경찰 등 지배 억압기구와 가족·학교·종교 등 이념적 장치를 통해 국가를 통합하며, 셋째, 세계적인 국민국가체제에서 그 위치가 정해지며, 각자 독자성을 표방하면서도 서로 모방하며 유사성을 띠는 경향이 있다.

"우리 식 서구 읽기,
 아직도 요원한가?"

민권 세대의 도나스 Vs 인권 세대의 도너츠

　안녕하세요, 박노자 선생님.

　혹시 한국에 두 종류의 '도넛(doughnut)'이 있다는
걸 아십니까? 도나스와 도너츠가 바로 그것인데, 콜라
와 잘 어울리는 미국식 원조 도너츠를 일본인들이 자
기 입맛에 맞게 바꾼 것이 일본식 도나스입니다. 흥미
로운 것은 찹쌀 도나스와 꽈배기 같은 서양에 없는 일
본식 도나스를 먹고 자란 386세대가 '민권' 회복
을 외친 세대라면, 미국식 도너츠를 먹
고 큰 요즘 대학생들은 '인권' 신
장을 도모하는 세대라고 유추해
볼 수 있다는 점입니다.

　일본인들은 '모찌'를 '찹쌀
도나스'로, 서구 근대의 중심
가치인 '인권'은 '민권'으로 둔
갑시켰습니다. 도나스와 도너츠가 차
이 나듯 민권과 인권도 그 함의(含意)가 매

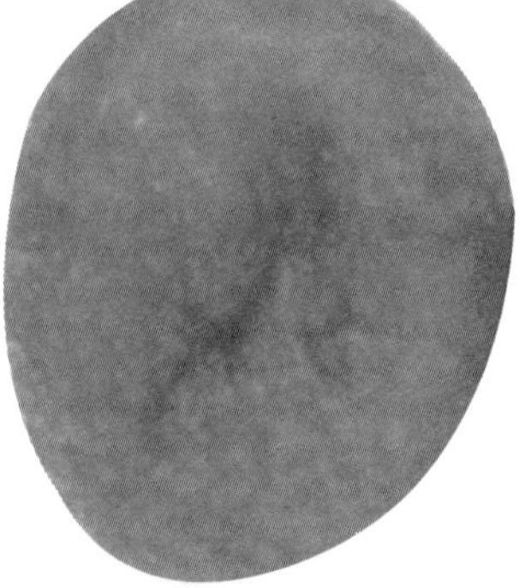

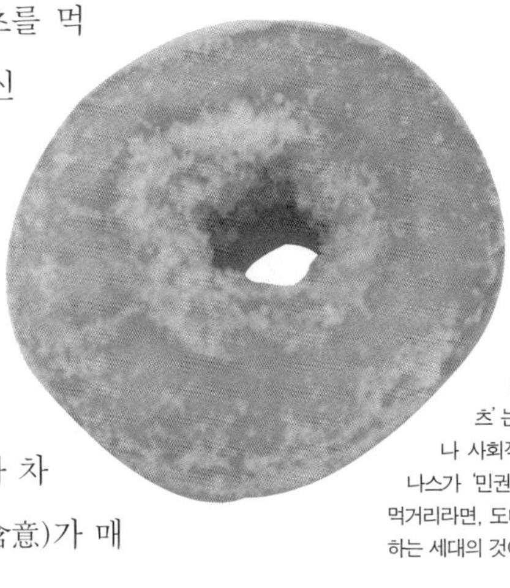

일본식 '도나스'
(위)와 미국식 '도너
츠'는 그 생긴 모양만큼이
나 사회적 함의도 다르다. 도
나스가 '민권' 회복을 외친 세대의
먹거리라면, 도너츠는 '인권'을 중시
하는 세대의 것이다.

1862년 바쿠후의 유럽사절단 수행원 시절의 후쿠자와 유키치. 서구의 자연과학에 대한 지식을 어느 정도 갖춘 그였지만, 서구 근대의 산물인 민주주의제도를 이해하기란 어려웠다.

우 다르더군요. 인권(불어로 droit civil)이란 본래 개개인의 개별적(individual) 권리를 뜻합니다. 그러나 단수와 복수의 구별이 없는 일본에서는 개개인의 권리가 집합 개념으로서 인민의 권리로 잘못 이해되어 인민이 참정권을 가져야 한다는 의미인 민권(people's right)으로 번역되었으며, 이러한 오역이 일본이 전체주의로 나가는 원인을 제공했다고 하더군요. 거울에 비친 모습은 본래 형상과는 다른 법. 서구 근대 식품이나 사조는 일본의 전통과 만나면서 형식과 내용 면에서 변형이 일어날 수밖에 없었습니다. 물론 이 과정에서 일본인들이 사회와 문화적 배경을 달리하는 서구의 지적 산물들을 쉽게 이해하기란 어려웠을 겁니다.

일본이 자랑하는 최고의 지성 후쿠자와 유키치(福澤諭吉, 1835~1901)도 예외는 아니었습니다. 1862년 영국에 들른 그는 그때 이미 난학자(蘭學者, 네덜란드를 통해 받아들인 서구 학문을 연구하는 학자)로서 서구의 자연과학에 대한 지식을 어느 정도 갖추고 있었습니다. 그러나 서구 근대의 산물인 민주주의의 기본 제도들을, 이에 대한 사전 지식이 전혀 없던 그가 이해하기란 어려운 일이었습니다. 그는 답답한 심정을 다음과 같이 토로했더군요.

정치상의 선거법이라는 것이 무엇인지 전혀 이해되지 않는다. 선거법이란 것이 어떤 법률이고, 의회라는 것은 어떠한 관청이냐고 질문하면, 저쪽 사람은 웃기만 한다. 무엇을 묻는지 잘 알고 있다는 태도이다. …… 또한 보수당과 자유당이라는 당파 같은 것이 있어 서로 지지 않고 밀리지 않으려고 맹렬하게 싸운다고 한다. …… 태평무사한 천하에서 정치

적인 다툼을 하다니 도대체 알
수가 없다. …… 저 사람과 이
사람이 적이라면서도 함께 식사
도 하고 술도 마신다. 전혀 이해
가 되지 않는다(《복옹자전(福翁自
傳)》).

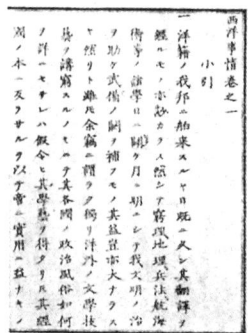

후쿠자와 유키치가 구미 제국을 시찰한 경험을 바탕으로 서구 근대문명의 구조와 새로운 국가 구상 비전을 기술하여 펴낸 《서양사정》. 이 책은 출간 당시 판매 부수 15~20만 부라는 공전의 베스트셀러가 되어 일본인들의 견문 확장에 기여했다.

그러니 일본 말로 중역(重譯)된 개념을 빌려 서구 근대를 이해해야 했던 우리 선조들은 더한 혼돈을 겪을 수밖에 없었지요. 1881년 조사시찰단(朝士視察團, 소위 신사유람단)의 조사(朝士)로 일본을 둘러본 민종묵(閔種默, 1835~1916)은 자유민권운동을 보고 "한 변사가 소리쳐 말하길 '나라의 대세는 인민에게 달려 있다' 하니 이는 자유권을 일컫는 것이다"라는 목격담을 남겼습니다(《문견사건초(聞見事件草)》). 하지만 그 역시 자유권이 국가와 법을 초월하는 자연법적 권리라고 주장하는 일본 재야인사의 말을 제대로 이해하지는 못한 것 같더군요. 사실 오늘날까지도 자유권 문제는 이를 국가와 법을 초월하는 자연법적 권리로 보는 입장과, 근대국가 성립과 더불어 국민의 자유를 보호하기 위해 헌법에 의해 보장된 실정법적인 권리로 보는 입장이 대립하면서 논란을 빚고 있지요.

언문일치 문장 통해 지식 공유에 힘쓴 일본

당시 민종묵과 동행했던 엄세영(嚴世永, 1831~1899)도 일본의 서구화된 사법제도에 대한 기록을 남겼습니다.

우리는 아직도 민권을 비롯하여
민주화 · 반체제 · 일조권 · 난개발 등 일본산
신조어로 사회 · 문화 현상을 설명하고 있지
않습니까. 일본을 통해 세상을 본다는 점에서 변한
것이 없습니다.

중재 · 예심 · 공판 등의 제도를 두어 관
이 아주 작은 일을 저울질하고 세밀하게
파헤치니 자연 고법(古法)과 부합한다.
징역이라 일컫는 것은 한(漢)의 성조(城
朝)나 당(唐)의 적수(謫戍, 죄인을 변방에
수자리 살러 보내는 제도)와 같은 것이며, 그 속원(贖圓, 보석)
이라 하는 것은 우(虞)의 속금(贖金, 죄를 면하고자 바치는 돈)
이나 주(周)의 벌환(罰鍰, 일정 액의 돈을 내어 죄를 면하게 하는
제도)의 제도에 해당한다. 사구(司寇, 형벌과 경찰을 맡아보던
고대 중국의 관직)의 사악한 행위를 방지하는 제도를 본뜬 것
이 경찰(警察) · 순사(巡査)의 제도이고, 국인(國人)들이 죄
를 준다는 '국인여죄(國人與罪)'의 뜻을 취한 것이 대언 · 방
청의 제도이다. 무릇 민인(民人)의 건강과 위생을 지킴에 그
극단을 다하지 않음이 없다. 소위 법이란 것은 형명(刑名) ·
법술(法術)의 유(流)가 아니라 바로 치국(治國)의 계약(契約)
이기 때문이다(《일본문견사건초(日本聞見事件草)》).

사람이 사물을 보는 인식의 폭과 깊이는 그가 받은 교육의
내용과 견문한 세상의 크기에 비례하는 법이니, 엄세영도 예
외는 아니었겠지요. 그는 자신이 알고 있던 지식을 바탕으로
서구화된 일본의 사법제도를 이해했습니다. 그런 그가 예
심 · 공판 · 징역 · 경찰 · 대언인(변호사) 등 일본이 받아들인
서구적 사법제도*가 '법은 곧 형(刑)'이라는 동양의 형벌 중
심의 형명지학(刑名之學)에서 나온 것이 아니라 본질적으로
다른 법체계인 서구 법사상에 기초한 것이라는 점을 얼마나
알 수 있었을까요.

일본인들은 한자를 도구로 서구 문물을 번역해 들이고, 언문일치 문체를 개발해냄으로써 일본식 근대를 만들어내었지요. 근대 국민국가 건설 과정에서 말과 글이 일치하는 구어체 문장을 만들어내는 것이 국민 통합의 기본 전제였기 때문입니다. 오늘날 서구 사람들이 몇 세기 전에 씌어진 그들의 고전을 읽는 데 큰 어려움을 못 느끼는 반면, 우리는 한 세대 전의 문헌도 제대로 읽어내지 못하는 이유는 구어체 문장을 만드는 데 실패했기 때문입니다. 그 결과 영국인 셰익스피어(William Shakespeare)가 500여 년 전에 쓴 《로미오와 줄리엣》을 100여 년 전에 우리의 선각자 정약용(丁若鏞, 1762~1836)이 쓴 《목민심서》보다, 그리고 1776년에 씌어진 미국의 〈독립선언서〉를 1919년에 씌어진 우리의 〈3.1독립선언서〉보다 더 쉽게 읽을 수 있게 된 것이지요. 바꾸어 말하면 균일하고 균질한 생각을 공유하는 '국민'을 만들어내는 것이야말로 근대국가 건설에 가장 중요한 과제였고, 그 관건은 언문일치의 문체를 만들어내는 데 달려 있었습니다.

언문일치에 성공한 일본은 서구에서 읽어 들인 지식을 전체 국민들과 공유할 수 있었습니다. 예컨대 1871년 11월부터 이듬해 9월까지 1년 10개월 동안 미국·영국·프랑스·독일·러시아 등 구미 제국을 둘러본 이와쿠라(岩倉)사절단이 거둔 성과는 사절단과 동행했던 역사가 구메 구니타케(久米邦武, 1839~1931)에 의해 다섯 권의 《미구회람실기(米歐回覽實記)》(1876)에 고스란히 담겨 전 국민이 공유할 수 있는 지식과 정보가 되었습니다. 구메가 이 책에 "이 사절이 거둔 모든 성과를 국민의 일반적 이익과 개발을 위해 편집·간행"한다고 썼듯이, 이와쿠라사절 단원들은 자신들이 천황이 아니

*서구화된 일본의 사법제도
메이지 초기 추진된 사법권의 독립은 불평등조약을 개정하여 대외적으로 일본 국가의 독립성을 확보하려는 노력과 밀접한 관계가 있었다. 당시 메이지 정부의 국내 정치와 외교정책은 서구 열강의 법체계에 준하는 근대 법체계를 성립하여 불평등조약을 바꿈으로써 열강과 대등한 독립국가를 이룩하는 것을 기조로 하고 있었다. 그러나 본래 행정관청에서 재판소를 독립시킨다는 사법권 독립의 법사상은 일본에 존재하지 않았기 때문에, 메이지유신 이후에도 한동안 사법권과 행정권은 분리되지 못했다. 사법권의 독립은 1875년 창설된 대심원(大審院)·상등(上等)재판소·부현(府縣)재판소가 1876년에 대심원·상등재판소·지방재판소 제도로 바뀌어 일체의 재판 사무가 대심원 이하의 재판소에 맡겨지고 지방관의 판사겸임제가 철폐됨으로써 완성되었다. 1875년 정부기구의 개혁을 논한 '오사카회의(大坂會議)' 이후 '입헌정체 수립의 조(詔)'가 내려지고 원로원과 대심원이 창설되자 〈대심원제재판소직제장정(大審院諸裁判所職制章程)〉이 제정되는 등 사법제도의 개혁이 뒤따랐다(허동현, 《일본이 진실로 강하더냐》, 당대, 1999).

조사시찰단이 4개월에 걸쳐 정치 · 경제 · 문화 등 각 부문에서 일본이 이룩한 근대화 성과를 시찰하고 이를 총 80여 책에 응집시킨 시찰 보고서 (위)는 비단으로 장정되어 국왕과 일부 위정자들만 보았다. 반면 일본의 이와쿠라사절단이 1871년 미국과 영국 등 구미 제국을 둘러보고 얻은 성과를 담은 구메 구니타케의 《미구회람실기》는 일본의 전 국민이 공유할 수 있었다.

* 부록 315쪽 수록.

라 바로 국민을 대표한다고 생각했으며, 이 같은 사고를 실천에 옮겨 자신들이 경험한 바를 국민들과 함께 나누었던 것입니다.

《서유견문》이 금서가 된 아쉬움

이처럼 일본의 사절단은 자신들의 경험을 활자화하여 국민들과 공유하는 데 힘을 썼지만, 우리의 사절단들은 그러하지 못했습니다. 예컨대 조사시찰 단원들은 1881년 초 4개월에 걸쳐 일본이 서구 근대를 본떠 정치 · 경제 · 군사 · 산업 · 사회 · 문화 · 교육 부문에서 이룩한 괄목할 만한 성과를 시찰하고 이를 총 80여 책의 보고서에 응집시켰습니다. 그러나 비단으로 장정된 이 보고서들은 국왕이나 일부 위정자들이 정책을 결정할 때 참고 자료로 이용되는 정도였기 때문에 이들이 거둔 성과가 일반 대중들에게까지 영향을 미쳤다고 보기는 어렵습니다.

이 시찰단을 따라 일본에 유학했던 유길준이 언문일치 문체 개발의 중요성을 처음으로 깨달은 선각자라 할 수 있습니다. 그는 1883년 〈세계대세론〉이란 논설에서 국한문 혼용을 처음으로 시도해 자신이 유학을 통해 얻은 지적 성과를 국민과 공유하려 했습니다. 이러한 그의 노력은 국한문 혼용체를 사용해 저술한 《서유견문》*의 발간으로 결실을 맺었습니다. 그러나 1,000부를 찍은 이 책은 다음해 아관파천(俄館播遷)*이 일어나 유길준이 역적으로 몰려 망명객이 되는 바람에 금서가 되어버리고 말았습니다. 그러기에 이 책은 공전의 베스트셀러가 되어 일본인들의 지견(知見) 향상에 공헌한 후쿠자와 유키치의 《서양사정(西洋事情)》(1866)과 달리 역사적으로 거의 아무런 영향도 끼치지 못했습니다.

국한문 혼용체를 사용한 《서유견문》과 한글을 쓴 《독립신문》이 말해주듯, 우리의 선각자들도 언문일치의 문체 개발에 나섰지만 자신의 눈으로 서구 근대를 읽어 들이는 데에는 실패하고 말았습니다. 즉, '상상의 공동체'로서 민족을 단위로 한 근대 국민국가를 만드는 데 최우선 과제인 언문일치의 문체 개발에 뒤처지고, 서구의 새로운 개념을 자기화하지 못한 것이 근대 국민의 창출을 불가능하게 만든 주된 요인 중에 하나인 것이지요.

당시 《독립신문》 같은 매체를 통해 전파된 국민(國民)·국회(國會)·육법(六法)·정당(政黨)·시간(時間)·공간(空間)·철도(鐵道)·증권(證券)·법률(法律)·경제(經濟)·은행(銀行)·병원(病院)·과학(科學)·표상(表象)·분석(分析)·자본(資本)·사회주의(社會主義)·민주주의(民主主義)·희극(喜劇)·비극(悲劇)·주관(主觀)·객관(客觀) 등 무수한 어휘들이 일본에서 새로 번역·조어된 한자어라는 사실이 이를 웅변해주지요.

* 아관파천
명성황후가 일본에 의해 살해된 후 신변에 위협을 느낀 고종과 왕세자가 1896년(건양 1) 2월 11일, 이후 약 1년간 왕궁을 떠나 러시아공사관으로 거처를 옮긴 사건.

언문일치 문체 개발의 중요성을 처음으로 깨달은 선각자 유길준이 국한문 혼용체 문장을 시도한 《세계대세론》. ⓒ 유길준전서편찬위원회

'번역된 근대'와 정체성 혼돈의 관계

일본 학계의 '천황' 소리를 들은 마루야마 마사오(丸山眞男, 1912~1996)의 지적처럼, 일본이 군국주의의 길을 걷게 된 이유 중 하나는 개개인의 개별적(individual) 권리인 인권을 집합 개념화하여 민권(people's right)으로 잘못 번역한 데

* 《서유견문》이 참고한 책들
《서유견문》은 《서양사정》을
모방한 책이므로 체제나 내용
면에서 유사한 점이 많다.
《서유견문》은 기본적으로
유길준이 구미에서 직접
견문한 바에 입각하여 자기
의견을 적어놓은 부분과, 그가
일본과 미국에서 읽고 모은
책들을 요약 소개하는
부분으로 되어 있다. 여기에는
가토 히로유키(加藤弘之,
1836~1916)의 《입헌정체략
(立憲政體略)》과 후쿠자와
유키치의 《서양사정》, 그리고
그 대본인 윌리엄 · 로버트
체임버스가 편찬한 Political
Economy for Use in
Schools, and for Private
Instruction(1852) 같은 영문
서적들이 포함되어 있다.
유길준은 이들 영문 서적을
직접 활용한 것 같다.
이 밖에도 유길준은 조선
정부의 외교 고문이었던
데니(O. N. Denny)가 쓴
China and Korea(1888)와
중국인 정관응(鄭觀應)의
《이언(易言)》 같은 책도
사용하였다. 《서유견문》에서
가장 핵심적인 내용은 3편
〈방국(邦國)의 권리〉에서
14편 〈개화의 등급〉까지이다.
여기서 유길준은 구미의 근대
학문, 즉 정치학 · 법률학 ·
군사학 · 철학 · 종교 · 고고학
· 지리학 같은 인문사회
과학과 농학 · 의학 · 수학 ·
물리학 · 화학 · 광물학 같은
자연과학, 그리고 신 · 구교
같은 서양의 중요 종교를
소개하였다(유영익,
《서유견문》과 유길준의
보수적 점진개혁론》, 《한국
근현대사론》, 일조각, 1992).

있지요. 지금은 freedom and people's rights movement로 번역어가 정착된 자유민권운동도 사실은 그 성전(聖典) 역할을 한 허버트 스펜서(Herbert Spencer)의 Social Statics(1851)의 서명을 '사회정학(社會靜學)'이 아닌 '사회평권론(社會平權論)'으로 오역한 데서 비롯된 것이라는 웃지 못할 에피소드가 있습니다.

그러나 이런 오역의 실수가 일본인에게만 머문 것은 아닙니다. 조사시찰단의 사례에서 잘 나타나듯이 근대 서구에서 이입된 개념들, 곧 일본에서 조어 · 번역된 한자어들을 처음으로 접한 유길준 등 한국인들이 문자의 이면에 도사리고 있는 개념 차이를 극복하고 그 뜻을 정확히 이해하기란 쉽지 않은 일이었습니다. 최초의 일본 · 미국 유학생 유길준의 경우만 보아도 그가 서구 근대의 지적 성과를 충분히 소화 · 이해하는 것이 얼마나 힘들었는지 알 수 있습니다.

사실 유길준은 서구 근대의 지적 성과를 이해할 때 대체로 일본 지식인들에 의해 '번역된 근대(translated modernity)'를 통했을 가능성이 큽니다. 따라서 그는 동시대의 일본 지식인들이 겪은 지적 혼돈보다 더한, 서구와 일본의 상호작용에 의해 일본적으로 변형된 '삼중 번역된 근대(triple-translated modernity)'의 미로를 헤맬 수밖에 없었겠지요. 실제로 서구 근대의 자유주의와 공리주의 같은 요소와 함께 일본의 국권주의적 요소, 그리고 조선의 전통적인 유교적 윤리체계가 뒤섞여 있는 그의 주저 《서유견문》은 그가 얼마나 큰 지적 혼돈을 겪었는지 잘 말해줍니다.*

그러면 유길준의 시대로부터 한 세기 이상이 지난 오늘날 우리들이 처한 상황은 좀 나아졌을까요? 그렇지 않다고 봄니다. 우리 정치인들은 아직도 '민권 수호'를 외치고 있고, 우리도 여전히 일본산 신조어인 민주화(民主化) · 반체제(反體制) · 일조권(日照權) · 혐연권(嫌煙權) · 난개발(亂開發) · 풍속산업(風俗産業) 등에 의거해 새로운 사회 · 문화 현상들을 설명하고 있지 않습니까. 일본을 통해 세상을 본다는 점에서는 예나 지금이나 오십보백보인 셈이지요. 예를 들면 '도와주며 교제한다'는 미명 아래 최근 청소년 대상 성범죄의 대표적인 유형으로 자리잡아가고 있는 '원조교제'도 일본에서 만들어진 말이며, 산이나 농지를 마구잡이로 택지로 바꿔 환경 파괴를 조장하는 무계획적인 토지 이용을 비판하는 난개발이란 용어도 일본산이지요.

일본 학계의 '천황' 마루야마 마사오는 개별적인 '인권'을 집합 개념인 '민권'으로 오역한 데서 일본 군국주의의 뿌리를 찾을 수 있다고 지적했다.

한 세기 전 우리 자신의 눈으로 서구 근대 읽어 들이기에 실패한 역사를 되새겨보면서, 한자 교육을 게을리한 결과 한 세기 전 조상들이 쌓아놓은 정신적 보고에 쉽게 다가갈 수 없게 되었다는 점도 짚고 넘어가야 할 것입니다. 날마다 쏟아져 들어오는 새로운 개념과 현상들을 우리 언어로 표현하는 데 소홀한 결과, 이제는 우리끼리도 최신 정보와 지식을 교류하려면 영어 단어를 빌릴 수밖에 없게 된 것은 아닐까

민주화 · 난개발 · 반체제 · 일조권 등 일본산 신조어들은 여전히 우리 사회를 지배하고 있다. 일본을 통해서 세상을 본다는 점에선 100년 전과 크게 다르지 않은 것이다.

요? 한자 교육 폐지와 영어 배우기 열풍, 그리고 일본산 신조어의 남용과 오늘 우리 사회가 앓고 있는 정체성 균열 사이에 어떠한 상관관계가 있을까요?

어둠이 내리는 연구실 창가에서 허동현 드림.

"일본이 씌운 '국민'이라는 굴레에서 벗어나야"

앞다투어 경쟁하는 것은 소인배의 특징

허동현 선생님, 안녕하십니까?

일본식 번역어가 각 분야 전문용어의 절반 이상을 차지하는 현실, 다시 말해 일본화된 서구적 근대가 현대 우리말을 통해서 우리에게 어떻게 영향을 미치는지 저도 자주 생각합니다. 예컨대 '경쟁'이나 '경쟁력'과 같은 'competition' 'competitiveness'의 일본식 역어(譯語) 말입니다.

조선시대에는 다툴 경(競)자도, 다툴 쟁(爭)자도 별로 좋은 대접을 받지 못했습니다. 공자의 말대로 "군자는 다투는 일이 없다"는 것이야말로 다들 수긍하는 진리였고 '경분(競奔)', 즉 서로 뒤지지 않으려고 앞다투어 경쟁하는 행위는 소인배의 특징으로 인식돼 있었습니다. 우리에게야 '업적 경쟁'이라는 말이 익숙한 표현이지만, 정약용의《목민심서(牧民心書)》를 보면 "전임자가 허물이 있으면 덮어주고 나타나지 않도록 하고 또 죄가 있으면 도와주어 죄가 되지 않도록 할 것이다"(제3부 봉공奉公 6조, 제3장 예제禮際)라는

서구의 사회진화론을 국내에 처음으로 소개한 유길준의 미발표 논설 〈경쟁론〉. 유길준은 쇄국으로 인한 경쟁의 부재에서 조선왕조의 쇠퇴 원인을 찾았다. ⓒ 유길준전서편찬위원회

말이 나옵니다. 즉, 남의 허물을 내세워 자신의 실적을 부각
시킬 수 있는 기회가 있다 해도 예제, 곧 예의에 따른 교제
논리에 따라 상부상조하는 것이 조선시대 관료 사회의 이상
적 원칙이었던 것입니다. 또 전관이 자신의 세력을 믿고 백
성에게 고의적으로 횡포를 부렸을 경우 본인의 출세에 나쁜
영향을 주더라도 그 잘못을 꼭 밝혀야 한다는 것도《목민심
서》의 가르침이었습니다.

　물론 실제 관료 생활에서 경쟁이 없었던 것은 아닙니다.
그러나 그것을 군자다운 행동양식으로 보지 않았던 것이 조
선시대였습니다. 김시습(金時習, 1435~1493)이나 허균(許筠,
1569~1618), 이익(李瀷, 1681~1763), 박지원(朴趾源, 1737~
1805) 등의 뛰어난 선비들이 거의 다 은사(隱士), 즉 세속적
인 경쟁을 초월한 은둔 생활자의 전기를 쓴 적이 있다는 것
은 그들이 당파 다툼을 동반하는 벼슬길을 얼마나 덧없는 걸
로 여겼는지 잘 보여줍니다. 이익의《동방일사전(東方一士
傳)》의 다음 말은 그들이 생각했던 은사의 이미지를 잘 느끼
게 합니다. "원래 선비가 천하에서 살고 있을 때 불우한 시기
를 만나면 인간과 세속을 피하게 돼 있다. 날짐승, 들짐승과
한 무리가 돼 자연에 몰입하여 이름마저 잃으면 무슨 한계가
있겠는가?"

　유배지인 외진 쓰시마 섬에서 우연히 만난 나카지마(中島)
라는 일본인 통역에게 "온 세계가 이익을 다투는 곳에 대장
부 마음을 가진 자 몇 사람이나 되는가?" 같은 한시 한 수를
건네준 위정척사의 거두 최익현(崔益鉉, 1833~1906)도, 몸은
비록 늘 풍운의 시대에 휘말려 살았지만 마음만은 그 이상을
그대로 간직한 것 같습니다.

일제가 남긴 또 다른 상처, 경쟁지상주의

그렇다면 과연 무엇이 다툴 경(競)자를 천시하던 나라를, '국가 경쟁력'이나 '나의 경쟁력', 그리고 '나의 몸값'을 가장 많이 거론하는 나라로 만들었을까요?

아마도 서구식 약육강식의 논리인 진화론을 수용한, 중국의 유명한 논객 량치차오(梁啓超, 1873~1929)의 책들이 구한말 지식인의 신(新)문명에 대한 길잡이가 된 것이 중요한 원인이었을 것입니다. 량치차오는 "한 나라가 경쟁에서 뒤지면 망국멸종을 당한다"는 제국주의시대의 살벌한 진리를 설교한 메이지시대의 일본 저서를 많이 따랐습니다. 그리하여 경쟁을 국가에도 개인에게도 필수적인 발전과 진보의 조건이라고 생각하고, 국가간의 폭력적인 경쟁을 공례(公例), 즉 자연의 도리라고 불렀습니다. 국가와 국가 사이의 전쟁과 경쟁이 없으면 근대적인 국민도 근대적인 국가도 그리고 근대적인 애국심도 성립되지 못한다는 것이 1900년대 량치차오의 지론이었습니다. 그리고 우리 나라에서 이 생각을 일반 조선인들에게 가장 많이 알린 이는 박은식(朴殷植, 1859~1925)이었습니다.

예컨대 박은식은 잡지 《서우(西友)》 제2호(1907년 1월)에 량치차오의 애국론을 번역해 실었는데, 이 장문의 글은 중국인들의 근대적 애국심 부족이 국가적 경쟁의 역사가 너무 짧은 데에서 기인했다는 내용을 담고 있습니다.

중국이 자고(自古)로 통일된 나라로서 수천 년 동안 홀로서기를 계속해왔으며 자국(自國)을 천하(天下)라고 부르고 국가라고 부르지 않았으니 (근대적 의미의) 국가가 일찍 없었던

청나라 말기 중국의 계몽사상가이자 문학가인 량치차오. "한 나라가 경쟁에서 뒤지면 망국멸종을 당한다"는 서구식 양육강식의 논리를 수용한 그의 책들은 구한말 지식인의 길잡이가 되었다.

박은식이 량치차오의 애국론을 번역해 실은 잡지 《서우》. 박은식은 국가와 국가 사이에 경쟁이 없으면 근대적인 국가도 성립하지 못한다는 량치차오의 지론을 조선인에게 소개했다.

셈이었다. 국가가 없었으니 어찌 국가를 사랑하겠는가? 서로 평등한 몇 개의 국가가 있어야 자국에 대한 사랑이 일어난다. …… 외국 모욕을 물리치는 '역사'가 있어야 애국심이 생기는데, 그러한 역사가 없다면 형제간의 사랑이라 해도 역시 망각하게 된다. 남의 집안을 대해봐야 내 집을 사랑하게 되고 …… 남의 국가를 대해봐야 우리 국가를 사랑하게 된다. 유럽 국가들이 고대 희랍 시기부터 …… 서로 경쟁하면서 생존을 구했으니 애국적인 성격이 생긴다(현대 한국어로 간추려 번역했음—인용자주).

애국심, 정확하게 이야기하면 피지배자들의 지배 집단에 대한 충성과 복종이 국민 생존의 필수 조건으로 인식되고, 경쟁이 애국심의 어머니로 간주된 셈입니다. 물론 근대국가의 세계에서 국가간의 경쟁도 자국에 대한 충의(忠義)도 불가피한 요소지만, 량치차오가 애국심의 모범으로 흠모하고 베끼고 싶어한 메이지 일본의 우파적인 애국심과 국가정신이 결국 대륙 침략의 정신적인 밑거름이 되었다는 사실은 우리에게 나름대로의 교훈을 주지 않습니까?

애국심과 단결, 교육열에 의한 민족 자강을 지상명령으로 설정하고 부르짖는 것은 개화기로 끝나지 않고 식민지시대에도 국내의 실력 양성운동이나 해외 독립운동의 공동된 표어로 계속 남아 있었습니다. 일제 초기 '엘리트 집단의 후보생'이었던 도일(渡日) 유학생들도 "문명이 전지(全地)에 파급하여 동시에 전쟁이 각처에 파동하여 이 세계는 실로 눈을 회전시킬 무서운 생존욕(生存欲)의 수라장이 되었다. …… 기업적 정신이 왕성한 앵글로색슨 민족과 게르만 민족과 같은 나라는 이 전쟁에서 이기지만 그렇지 않은 나라는 망한다"(무실생, 〈기업론〉, 《학지광》3, 1914)라고 하여 "죽지 않으려면 기업을 위해서 죽도록 일해야 한다"는

일본을 거쳐 중역되는 과정에서 본래 뜻이 변질된 대표적인 사례는 '국민'이 아닐까 합니다. 그 결과 우리는 자율적인 '시민'이 아닌, 타율적인 '국민'이 돼버렸지요.

논리를 강조했고, 일제 말기의《동아일보》도 "아는 것이 힘이다. …… 국제 경쟁에 잘 대응하려면 먼저 잘 알아야 한다"(1935년 7월 29일자 사설)라며 '민족 생존을 위한 교육열'을 부추겼습니다. 이런 과정을 거쳐 생존욕 · 기업정신 · 교육열 · 지식력 등등의 일본적인 표현들이 우리 내면의 유기적인 일부분이 되고 만 것입니다.

사실 외침에 맞선 영웅적인 싸움 등 남과의 경쟁에 대한 이야기로 가득 찬 우리 역사 교과서를 합리화할 때, 우리는 늘 한국이 약소국인 만큼 대외 경쟁의식을 함양해야 한다고 하지 않습니까? 문제는, 아주 비슷한 방식으로 교과서를 만들었던 메이지 초기의 일본 지식인들도 일본을 유럽 열강의 희생자, 세계의 약소국으로 인식했다는 겁니다. 러시아의 남하를 저지하기 위해서라는 명분을 내걸고 1870년대에 강화조약 강요 등 한반도 침략을 시작한 그들의 선례를 보면, 방어적 민족주의와 공격적 민족주의 사이의 경계가 얼마나 쉽게 허물어질 수 있는지 다시 생각하게 됩니다.

독립운동가들이 전파한 일제의 '국민' 상

요즈음 일제 유산의 청산을 외치는 사람들이 많은데, 경쟁을 최고의 덕목으로 보는 의식이야말로 메이지시대 문명 개화 패러다임이 우리에게 남긴 가장 끔찍한 유산이 아닌가 싶습니다. 그러나 그 유산을 본격적으로 청산하려면, 일단 인

메이지시대 일본에서 국가와 국민을 통합하는 상징으로 떠오른 메이지 천황의 모습. 일본을 거쳐 중역되면서 본래 뜻이 변질된 단어 중 우리 의식에 가장 큰 영향을 준 말이 바로 '국민'이다.

간다운 생활을 보장해주는 복지국가의 기본 틀이 잡혀야 되지 않을까요.

일본을 거쳐 중역(重譯)된 신문명 어휘의 상당 부분이 그 원의(原義)가 변질돼 일본적 전체주의의 색깔을 띠게 됐다는 허동현 선생님의 지적에 전적으로 동의합니다. 제가 보기에는, 그러한 단어 중에서 지금까지도 우리의 의식에 가장 큰 영향을 주는 말은 바로 '국민(國民)'입니다. 'nation', 'national'을 한자어로 옮긴 메이지 초기의 단어인 '국민'의 문자 그대로 의미는 '나라의 백성', 즉 '나라가 다스리는 백성'인데, 이와 같은 함의를 역어로서의 '국민'이 계속 지녀온 셈입니다.

패망 전까지의 일제에서도, 최근까지의 남한에서도 '국민'은 형식적으로 일체의 국적 소유자를 뜻하면서도 한편으로는 국가, 엘리트의 동원, 계몽의 대상인 피치자(被治者)라는 뉘앙스를 강력하게 풍겼습니다. '국민교육헌장'은 모든 피치자에게 하달(下達)되는 '계몽국가의 진리'였으며, '국민의례'는 지고지선(至高至善)한 국가의 가치들에 대한 복종을 나타냈습니다. 그러한 면에서 우리는 권리와 자율을 강조하는 서구의 '시민' 상(像)이 아닌, 병역과 납세, 그리고 각급

학교를 통한 이념 주입의 대상임을 주요 특징으로 하는 메이지시대의 '국민' 상을 그대로 닮아버린 셈입니다.

재미있게도, 구한말에 한반도 주민들에게 "국가에 대한 의무를 우선시하는 국민이 되자"고 외친 사람들 중에는 다들 알 만한 독립운동가들도 꽤 있습니다. 특히 박은식은 앞에서 언급한 잡지 《서우》의 한 논설에서 국민을 필부(匹夫)라고 하면서, 필부임에도 국가적 의무를 담당하고 국가를 위해 일할 권리가 있는 사람이라고 규정한 바 있습니다.

물론 당시의 상황적 문맥을 고려해본다면 '경쟁'이나 '국민의 의무'에 중점을 두었던 근대주의자들의 사고 틀을 어느 정도는 이해할 수 있습니다. 그들의 생각처럼 약육강식을 '우주의 진리'로까지 보기는 어렵지만, 그것이 조선이 강제적으로 편입된 자본주의적 세계체제의 국가간 대인관계의 기본 논리였음은 분명하니까요. 세계체제에 편입했다는 것은 이 논리가 조선에도 큰 영향을 미쳤다는 사실을 의미합니다. 그러나 이와 같은 불가피성을 인정한다 해도 유교나 기독교 같은 보편주의적 종교를 믿은 박은식이나 안창호 등의 근대주의자들이 그 종교의 가르침과 상반되는 경쟁의 논리를 '자연의 철칙'으로까지 내면화해버린 것은 안타까운 일이 아닐 수 없습니다.

남과 경쟁하지 않을 개인의 권리

다행스러운 것은, 과거의 논객들 중에도 무조건 강요하는 국민의무사상에 반기를 들어 합리적인 개인주의를 주장하는 사람들이 이미 있었다는 것입니다. 예컨대 일반인에게 잘 알려져 있지 않은 사람이지만, 중국 유학을 마친 뒤에 고향 동래에서 좌파적 색깔이 강한 민족계몽운동에 종사한 윤필균(尹弼均)이라는 무명의 논객은《개벽》지 제11호(1921년 5월)에 '사회 규범에 대한 의무 관념의 모순'이라는 도전적인 글을 기고했습니다. 그는 자유로운 개성의 권리를 다음과 같이 옹호했습니다.

긍종(肯從)할 수 없는 규범을 가져다가 긍정을 강요하는 거기에서 우리는 큰 고통을 느끼며 불평(不平)을 일으킨다. 이에 대하여 '개인은 사회의 규범에 긍종할 의무가 있다'고 한다. …… 개성을 무시하고 무조건 긍종을 요구하는 것이 용우(庸愚, 용렬하고 어리석음)에 심한 바라 하겠도다. …… 개인의 의사는 마치 흐르는 물 같고 규범은 시간의 의미로 고정체가 아닌가? …… 의무를 빙거(憑據, 빙자)하여 개인 긍종을 요구함은 마침 개성을 소멸시키겠다는 것과 다름없다. 나의 원치 않는 바를 즉 나의 부인하는 바를 부득이(不得已)라 하여 맹종하는 것같이 모순함이 없으며 모순으로 오는 고민같이 고통의 심함이 없다. 설사 그 조건 없는 긍종의 요구가 일시간 성공한다 할지라도 그는 언제든지 개인의 양지(良知)가 눈을 뜰 때는 새삼스럽게 대변동이 일어날 극히 불안전한 것이다.

…… 개인을 위한 사회, 또는 사회를 위한 사회가 되었으면 되었지 사회를 위한 개인이란 말은 천에 만에 부당한 소리다.

살벌한 일제시대에도 이처럼 사회의 일률적인 맹종 요구에 반기를 들어 개인의 신성한 권리를 외친 이들이 있었습니다. 몰개성하며 천편일률적인 국민이 아닌 각자 서로 다른 개인을 위한 사회의 건설을 뜻했던 선각들이 계셨으니, 오늘날 우리가 벌이는 개인의 양심대로 행동하는 권리를 위한 투쟁도 지는 싸움으로 생각되지 않습니다. 역사를 아는 힘이란 바로 이런 것이 아닌가요?

그러나 유필균과 같은 예외는 있었어도, 민족의 독립을 지향한 구한말 일제 초기에는 사회운동가라 해도 일본 메이지 시대의 상식대로 '국가를 위해 복무할 권리'를 국민의 권리로서 가장 우선시한 셈입니다. 정치적으로 독립을 지향했다 해도, 새로운 문명을 메이지 일본이 중역하며 변질시킨 서구의 기본 틀 안에서 이해한 것이야말로 이 시기 한국의 애국적 계몽운동의 가장 큰 비극이 아니었나 싶습니다.

그들은 일제의 노예가 되기를 거부했지만, '경쟁'과 '국민'이라는 일본화된 서구 개념에서 결코 자유롭지 못했던 것입니다. 이 비극의 진실을 이해하여 적어도 상황이 허락하는 범위 내에서 남과 치열한 경쟁을 하지 않으면서 살 권리, 개성의 다양성을 존중받을 권리를 보장해주면 좋지 않겠습니까? 역사를 공부하는 데에 의미가 있다면, 이와 같은 과거 속의 교훈들을 발견하는 것이 아니겠습니까?

눈이 아직 쌓인 오슬로대의 캠퍼스에서 박노자 드림.

더 읽을 만한 책

- 김명호, 《박지원 문학 연구》, 성균관대학교 대동문화연구원, 2001.
- 김승, 〈한말·일제하 동래지역 민족운동과 사회운동〉, 《지역과 역사》6, 2000년 4월.
- 마루야마 마사오·가토 슈이치 저, 임성모 역, 《번역과 일본의 근대》, 이산, 2000.
- 송민, 〈국어에 대한 일본어의 간섭〉, 《국어생활》14, 1988.
- 아키즈키 노조미(秋月望), 〈스에마쓰 지로(末松二郎)의 필담에 나타난 '근대' : 1881년의 '신사유람단' 과의 교류를 중심으로〉, 《근대교류사와 상호인식》I , 고려대학교 아세아문제연구소, 2001.
- 야나부 아키라 저, 서혜영 역, 《번역어 성립사정 》, 일빛, 2003.
- 이연숙, 〈근대일본과 언어정책〉, 《일본학보》22, 1989.
- 한철호, 〈유길준의 개화사상서 서유견문과 그 영향〉, 《진단학보》89, 2000.
- 허동현, 〈조사시찰단(1881)의 일본 경험에 보이는 근대의 특성〉, 단국대 동양학연구소 편, 《개화기 한국과 세계의 상호이해》, 국학자료원, 2003.
- 황동덕, 〈한국 근대 형성기의 문장 배치와 국문 담론: 타자·교통·번역·에크뒤트르, 근대 네이션과 그 표상들〉, 성균관대학교 박사학위논문, 2002.
- L. Lindstrom, James Carrier ed., "Cargoism and Occidentalism", Occidentalism : Images of the West, Oxford, 1995.
- Tikhonov, V.,(박노자), "The Experience of Importing and Translating a Semantic System: 'Civilization' , 'West' , and 'Russia' in the English and Korean Editions of The Independent", 《한국민족운동사연구》, 2002.
- Gi-Wook Shin and Michael Robinson, ed., Colonial modernity in Korea. Harvard-Hallym series on Korean studies Harvard East Asian monographs. Cambridge, Mass. : Harvard University Asia Center : distributed by Harvard University Press, 1999.

3

빈 라덴과 최익현

위정척사운동은 정의인가 몽상인가

박노자·허동현 두 교수가 펼쳐 보이는 근대 개화기 풍경에 대한 스케치가
본격적인 논쟁으로 들어갑니다. 구한말 지식 사회의 한 축을 담당했던
전통적 유교 지식인 그룹인 위정척사파를 보는 눈이 다소 차이가 나기
때문입니다. 박 교수는 최익현 등 위정척사파와 9·11테러의 용의자로
지목된 빈 라덴의 공통점에 주목하면서 후발 자본주의사회를 사는 지식인의
비애를 지적하고 있습니다. 이에 반해 허 교수는 위정척사파의 궁극적
지향이 전통적 이상주의와 자급자족을 꿈꾼다는 점에서 시대착오적 몽상일
수도 있지 않느냐고 반문하고 있습니다.

|위정척사운동과 구한말의 상황|

위정척사(衛正斥邪)는 19세기 중반 서구의 침략이 촉발시킨 일종의 '유교적 근본주의' 운동을 의미한다. 본래 '위정척사' 란 바른 것을 지키고 옳지 못한 것을 물리친다는 뜻이다. 그러나 옳고 그름에 대한 의식은 역사적 상황과 여건에 따라 달라진다. 일반적으로 정통문화가 이질문화의 도전을 받을 때 생겨나는 의식이 위정척사사상이기 때문이다. 주자의 위정척사사상에도 그 근저에는 성리학의 이기설이 깔려 있으나, 현실적으로는 여진의 무력 도발로 위기에 봉착한 중화적 정통문화인 유교를 수호하기 위해 성립되었다. 우리 나라에서는 여말선초 시기에 불교를 배척하기 위해 처음 도입되었고, 천주교가 우리 나라에 보급되기 시작한 정조 초기에는 천주교 배척 이데올로기로 사용되었다.

기정진 · 이항로 · 최익현 등 이 운동의 주요 이론가들은 철학적인 차원에서 서구적인 인욕(人慾)긍정론이나 공리주의에 맞서 전통적 우주관과 유교적 금욕주의를 강조했다. 사회적인 차원에서는 유가의 자급자족적 사회 · 경제를 지향했고, 정치적 차원에서는 중소 재지(在地)유림 지주를 지지 기반으로 하는 왕권을 이상시했으며, 외교적 차원에서는 유림 지주의 민병대(의병) 활동을 통한 철저한 반침략 투쟁을 외쳤다. 유교적인 이상에 매우 충실한 이들의 궁극적인 기대는 '서구 오랑캐' 들을 유교적으로 교화시키고, 일본을 예의범절로 귀환시키는 것이었다. 1900년대에 위정척사운동의 일부 인물들이 개신(改新) 유림으로 전환하여 량치차오의 극동적 사회진화론에 입각한 초기 내셔널리즘운동에 적극 동참했다. 구한말 위정척사운동이 본격적으로 일어난 1881년 당시도 서세동점의 여파로 조선에 천주교라는 이질적인 서학(西學)이 유교 질서를 흔들기 시작했고, 이에 기존 질서를 유지하려고 하는 유생들의 반발이 거세게 일어나는 상황이었다. 유생들은 서학을 사학(邪學)으로 규정하고, 정학(正學)인 유교를 지키는 한편 궁극적으로 개화정책에 반대하였다.

" 전통 엘리트의
보수 자구책 강구는 당연 "

이슬람 '근본주의'에 대한 중대한 오해

허동현 선생님, 안녕하십니까?

2002년 11월 24일, 영국 일간지 《옵서버(The Observer)》에는 '미국인에게 보내는 빈 라덴의 편지'*가 실렸습니다. 오사마 빈 라덴(Osama bin Laden, 1957(?)~) 본인이나 그 측근들이 작성한 것으로 추측되는 이 문건은, 이슬람 운동가들의 대미(對美) 성전(聖戰, 아랍어로 지하드)의 이유와 목적을 설명하기 위해 작성된 듯합니다. 그런데 이 문건을 유심히 읽다 보면 한국사 속에서 일어난 어떤 에피소드가 연상됩니다. 예컨대 다음과 같은 단락을 보시지요.

미국을 상대로 '성전'을 선포한 사우디아라비아 출신의 '테러리스트' 빈 라덴. 빈 라덴이 영국 일간지에 보낸 편지 내용은 구한말 위정척사를 주장한 선비들의 상소문을 연상시킨다.

* 부록 318쪽 수록.

당신네들은 우리의 석유를 헐값으로 탈취하고 있다. 당신네들의 무력과 협박으로 이루어지는 이 불공평한 거래는 세계 사상 가장 큰 도둑질 중의 하나다. …… 우리의 종교인 이슬람은 …… 자비와 정의와 성실함과 염치와 청결과 근엄의 믿음이다. 우리는 당신네들에게 이슬람으로 귀의할 것을 촉구한다. (귀의하지 않는다 해도) 일단 당신네들의 억압과 거짓과

1991년 1월 17일 새벽 1시 30분, "백색 섬광이 도처에 번득이고 있으며 공중으로 포탄이 발사되고 있다"는 미국 CNN 특파원의 보도를 기점으로 시작된 걸프전을 통해 미국은 냉전 이후 세계 유일의 초강대국으로 자리잡았다.

음행 등을 즉각 중지하라! 예의, 원칙, 염치, 청결의 인간이 되라! 사음(邪淫), 동성연애, 마약 복용, 도박, 그리고 고리대금업 등의 사악에 더 이상 빠지지 말라! 안타까운 사실이지만, 지금 당신네들의 문명은 인류사상 최악의 문명이다.

사실 우리는 이와 같은 사상을 가진 이들을 별 생각 없이 이슬람 근본주의자라고 부릅니다. 그러나 근본주의자라는 용어만큼 이슬람을 충실히 실천하려는 이들에게 쓰지 말아야 할 말도 없을 겁니다. 그들을 이슬람의 열성분자나 이슬람적 보수주의자, 전통주의자로 부르는 것은 이해가 가지만, 근본주의라는 말은 그들과 너무나 어울리지 않습니다.

근본주의(fundamentalism)란 본래 19세기 말부터 20세기 초까지 미국 기독교 내에서 일어난 한 운동의 이름입니다. 성경의 무오류설과 예수의 재림, 예수의 천년왕국, 그리고 신앙에 의한 기적(안수 치료 등)의 실재성을 주장하는 이 운동은 최근 무시 못할 정치적, 경제적 기반까지 다졌지요. 그런데 이 미국의 기독교 근본주의자들이 이슬람을 불구대천(不俱戴天)의 적으로 알고, 예수의 재림 이전에 기독교와 이슬람이 대대적인 전쟁을 벌여 이슬람이 소멸돼야 한다고 보는 겁니다. 이라크전쟁 당시 서방국가 중에서도 유독 미국에 전쟁을 지지하는 층이 비교적 많았던 데에는 바로 기독교 근본주의가 미국에 널리 퍼져 있다는 이유도 크게 작용했습니다. 그리고 이 기독교 근본주의는 미국에만 퍼져 있지 않습니다. "하느님께서 종교적인 일에만 관심을 가지시는 분이 아니라는 것입니다. …… 자기 백성을 위해 전쟁도 불사하시는 하나님이신 것입니다"(조용기, '조국이 위기에 처했을 때', 《조용기 목사 설교집》20, 서울말씀사, 1996, 212쪽), "공산주의는 악마 집단입니다. 공산주의란 귀신에 잡힌 자는 조국도 민족도 역사도 아랑곳없습니다"(조용기, '민족 통일과 평화', 《조용기 목사 설교집》8, 395쪽)와 같은 말을 듣게 되면 저도 모르게 미국적 기독교 근본주의가 연상됩니다.

기독교 근본주의자는 자본주의의 발전 과정에서 점차 생존 위협을 더 많이 받는 소(小)부르주아나, 혼자 힘으로는 도시 생활에 적응하기 어려워 강력한 종교적 네트워크를 구축하는 시골 출신 소시민들을 주된 기반으로 삼습니다. 이와 반대로, 이슬람의 열성 보수주의자들 중에는 전통 엘리트나 귀족, 대자본가, 그리고 상당수의 지식인들이 포진돼 있습니다. 즉, 사회적인 지지 세력 면에서 미국의 근본주의자들과 사뭇 다른 모습을 보이지요. 그렇다면 과연 서구인들에게 근본주의자라고 비칭(卑稱)되는 중동이나 북아프리카의 이슬람 단체들이 현실적으로 지향하는 바는 무엇일까요?

이슬람의 전멸을 요구하는 미국의 기독교 근본주의자와 달리, 이슬람 단체들은 서구인의 이슬람 귀의를 환영하면서도 기독교 자체를 멸망시키려 하지 않습니다. 다만 기독교권으로 분류되는 미국과 서구의 이슬람 지역 내 약탈행위(불평등 무역 등)와 이스라엘에 대한 지원을 중단하기를 요구할 뿐입니다. 보통 미국이나 서구 언론들은 이들을 테러리스트라고 일률적으로 서술하지만, 이집트의 '이슬람 형제의 공동체(Ikhwan al Muslimoon)'나 파키스탄의 '이슬람 정당(Jamat-i-

2001년 9월 11일, 미국 맨해튼의 110층짜리 세계무역센터(일명 쌍둥이 빌딩)에 대한 항공기 납치 · 자살 테러로 수천 명의 사상자가 발생했다. 미국은 빈 라덴을 이 테러의 주모자로 지목하고, 국제 테러 조직에 대한 무차별 응징을 선언했다.

Islami)'과 같은 굴지의 이슬람 정치단체
들은 의회 활동을 적극적으로 지향하면서
주로 빈민에 대한 식료품 조달이나 의료
및 교육 봉사 등 민초들에 대한 갖가지 구
휼(求恤) 사업을 전개합니다. 이러한 의미에서 이들은 이슬람
이 요구하는 빈민 구휼(Zakat)의 의무를 다하는 겁니다.

즉, 기독교 근본주의가 현재의 주류 온건 기독교와 이론이
나 실천 면에서 대단히 달라 '별종' 취급을 받는 반면, 흔히
'근본주의자'라고 잘못 불려지는 이슬람 단체들의 활동은
이슬람의 주류적 범주에서 크게 벗어나지 않습니다. 오히려
다른 이들이 이론으로만 믿는 바를 이들은 몸으로 제대로 실
천한다는 점이 차이라면 차이지요. 예컨대 정부의 부당한 탄
압이나 외국의 침략에 응전(應戰)하는 것이 그 예입니다.

실제로 빈 라덴이 '성전'을 선포한 동기는, 그가 침략으로
간주한 미군의 사우디아라비아 주둔이었습니다. 그렇다면
전통사회의 기둥이 되는 주류 이데올로기에 충실하려는 이
들의 태도가 우리에게 낯선 것일까요? 이질적 외래 문명의
침해를 좌시할 수 없는 도전으로 인식하는 것, 이는 일찍이
우리 역사 속에서도 목격된 현상 아닙니까? 대원군 시대의
그 유명한 명제 "서양 오랑캐가 침범하면 싸우지 않고 평화
를 주장하는 것은 곧 매국이다[洋夷侵犯 非戰則和 主和賣
國]"라는 말을 떠올려보십시오.

위정척사파와 이슬람 '근본주의자'의 공통점

사실 한국 역사를 공부하는 사람에게 빈 라덴의 문건은 굉
장히 친숙한 무엇인가를 연상시킵니다. 저의 경우, 무엇보다

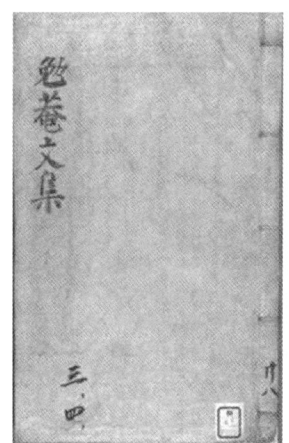

최익현은 1876년 고종에게 바친 강
화도조약 체결 반대 상소문에서, 우
리의 유한한 물화를 일본의 사치품과
바꾼다면 조선이 황폐화될 것이라고
주장했다. 이는 빈 라덴의 주장과 놀
랄 만큼 흡사하다. 사진은 1906년 8
월, 최익현이 일본군의 호위를 받으
며 대마도로 끌려가는 모습(왼쪽)과
최익현의 문집《면암집》.

먼저 위정척사를 주장했던 선비들의 상소문이나 통문들이
생각납니다. 헐값으로 석유를 파는 것이 아랍권의 자원 고갈
과 빈곤을 가져온다고 본 빈 라덴처럼, 그들도 자원 고갈을
초래한다는 이유로 자본주의 열강들과의 통상을 반대하지
않았습니까?

예컨대, 면암(勉菴) 최익현(崔益鉉, 1833~1906)이 도끼를
들고 백척간두 일진보의 각오로 1876년 고종에게 바친 강화
도조약 체결 반대 상소문(소위 '지부복궐척화의소(持斧伏闕斥
和議疏)',《면암집》제3권)*에서 빈 라덴의 주장과 놀라울 정
도로 흡사한 언설이 보입니다.

* 부록 325쪽 수록.

그들의 수공(手工) 생산품은 양이 무궁한 데에 반(反)하여 땅
에서 나오는 우리 물화는 한(限)이 있는 것이다. 우리의 유한
한 물화를 가지고 무한한 그들의 사치품과 바꾼다면, ……
우리 땅과 집들이 모두 황폐화돼 보존할 길이 없을 것이다.

사실, 같은 논리를 이미 10년 전에 위정척사파의 큰 스승인 화서(華西) 이항로(李恒老, 1792~1868)가 그의 유명한 '척사 상소문'에서 피력한 바 있습니다.

이른바 외물이라는 것은 다 열거할 수 없을 만큼 그 조목이 많은데 그 가운데서도 가장 못된 것이 서양의 물품이다. …… 그들의 재화는 손으로 생산되는 것으로서 하루의 계획으로도 남는 것인데 반하여 우리의 재화는 토지에서 생산되는 것으로서 1년의 계획으로도 부족한 것이다. 부족한 것과 남아돌아가는 것의 교역이 어찌 우리에게 곤란을 야기하지 않을 것인가?(《승정원일기》, 고종 3년 9월 19일).

이항로와 최익현의 걱정은 쓸데없는 기우가 아니었습니다. 1876년 이후 늘어난 곡물 수출로 인해 쌀값 등귀와 봉건적 착취가 가중되었고, 이는 조선 농민층의 분열 · 빈곤화 · 불만 누적을 야기하여 동학농민운동의 원인이 됐으니까요.

빈 라덴의 고국인 사우디아라비아의 경우는 어떻습니까. 무제한적 석유 수출과 지배층의 석유 대금 해외 은닉 등이 늘어난 인구에게 일자리를 제공해주지 못하는 석유 일변도의 기형적인 경제를 만들었고, 이는 결국 석유 자원의 점차적 고갈과 함께 20년간 1인당 국민소득이 3분의 1로 저하되는 빈곤화를 초래했습니다. 과정이야 다르지만, 세계 자본주의의 핵심부와 불평등한 자원 무역을 함으로써 자본주의가 발전되지 못한 주변부 사회가 황폐화됐다는, 필연적인 역사적 결과에서는 같은 셈입니다. 이 국가적인 비극을 앞두고 최익현과 빈 라덴이라는 전통적 엘리트의 대표자가 보수적인 자구책을 강구한 것은 오히려 자연스러운 모습이 아닌가요?

"침략성을 버리고 친목을 도모하라"

최익현과 빈 라덴의 또 다른 공통점은 두 사람이 거의 똑같은 말로 자본주의 핵심부의 비윤리성과 비도덕성을 질타하고, 자신들의 반대편(일본과 미국)을 섬멸하기보다는 그들이 윤리적인 가치에 귀의하여 예의·염치·청결(빈 라덴)이나 인의예지(구한말 의병)의 정신을 되찾기를 바랐다는 것입니다.

경남의 유명한 의병장 서병희(徐丙熙)가 1909년 한국 주재 일본 상인들에게 보낸 포고문을 보면, "동양의 돈후한 정의(正義)로 돌아와 침략성을 버리고 자기 나라를 지키고 동양의 친목을 도모하라"는 호소가 담겨 있습니다. 전통 사회의 구성원다운 빈 라덴의 이슬람적인 종교적 보편주의와 위정척사운동의 유교 윤리적 인류 보편주의가 그렇게 멀리 떨어져 있는 것 같지는 않습니다. 이렇게 보면 빈 라덴과 의병 지도자들의 고민도 다 이해할 수 있을 것 같고, 일단 귀의한 적대자를 우리의 일부분으로 대접하려는 그들의 너그러운 마음가짐도 인간적인 동감을 불러일으킵니다.

구한말 의병 지도자들과 빈 라덴의 공통점은 자신들의 반대편을 섬멸하기보다 그들이 윤리적인 가치에 귀의하여 인의예지의 정신을 되찾기를 바랐다는 점이다.

다만 하늘의 도리를 무조건 지키자는 이들의 주장이 과연 100년 전이나 지금이나 어느 정도 현실성을 가질 지는 의문입니다. 또 현대 자본주의의 도전에 대한 비타협적인 투쟁이 그들이 각기 속한 사회 내부에서 또 다른 억압과 배제를 의미하지 않는지 의구심을 떨치기 어렵습니다. 그 결과 그 동기를 이해하면서도, 그들의 행동에 전폭적인 지지를 보내기가 힘들어지는군요.

'가치 보수' 냐 '기득권 보수' 냐

이러한 물음들을 떨쳐낼 수 없지만, 그들의 살신성의(殺身

成義) 정신에는 감복할 수밖에 없습니다. 잘 알려져 있지 않은 에피소드이지만, 최익현이 1905년 3월에 상경하여 상소로 탐관오리와 역적의 토죄(討罪)를 요구했을 때, 위정척사와 애당초 무관한 윤치호 같은 근대주의자도 그 정직함과 용감한 행실에 감탄을 금치 못했습니다. 당시 이념적으로 자신과 완전히 달랐던 최익현에 대해서 윤치호가 쓴《일기》를 보면 이렇습니다.

최익현이라는 위대한 원로가 황제에게 …… 그 잘못된 정책을 바로잡으라고 상소하였다. 황제는 갖은 방법으로 직언을 하는 그에게 귀향을 권고, 유도하였다. 그러나 최익현은 자신의 충고대로 실천하지 않는 한 서울을 떠나지 않겠다고 무조건 거절하였다. 황제는 그에게 경기관찰사의 관직을 제안했지만, 최익현은 그것을 받아들이는 대신 황제에게 가혹하리만큼 솔직한 상소를 올려 …… 국정을 바로잡지 않으면 이웃의 적국이 곧 나라를 삼키겠다는 사실을 밝혔다. …… 결국 일본공사관이 3월 10일에 이 원로의 처벌을 요구하여 한국 정부가 처벌하지 않으면 자신들이 벌을 내리겠다고 위협했다. 의도적으로 시간적 여유를 주지 않았던 셈이다. 황제는 물론 이 요구에 반응하지 않았기에, 일본 헌병들이 11일에 최익현을 체포하여 그 본관에 압송했다. 그 위대한 원로가 일본 공사 하야시 곤스케(林權

최익현이 상소를 올린 뒤, 일본공사관은 처벌을 요구하며 마침내 최익현을 압송해갔다. 사진은 1906년까지 일본공사관으로 사용된 남산 녹천정 건물 모습.

助)나 주한 일본 사령관 하세가와(長谷川好道)에 대해서 "하야시란 놈, 하세가와란 놈 보자"라고 면회를 요구했다. 50년 동안의 충직한 관직 경력이 뒷받침해주는 그의 용감함은 그를 체포한 일본인들마저 감복시켰다. 그는 일본인으로부터 음식을 받아먹기를 거부하였다. 결국 13일에 일본인들이 그를 고향으로 호송하여 보내야만 했다. …… 헌병의 다카야마(高山) 소령이 감동을 받아 한국에 그러한 사람이 50명이라도 있었으면 그 독립이 공연한 말 이상의 무엇인가를 의미했을 것이다라고 이야기했다(《윤치호 일기》, 권6, 1905년 3월 21일자).

1899년부터 1905년까지 일본공사로 재임한 하야시 곤스케. 최익현의 용감함은 일본인들마저 감복시켰다.

윤치호에게는 최익현의 용감한 행동도 행동이지만, 탐관오리를 처벌하라고 요구하는 그의 생각도, 비록 완전히 다른 이데올로기에 바탕하고는 있지만 상당히 합리적으로 보였던 모양입니다.

'보수'라는 말은 기득권의 보존과 기존 가치체제의 보존이라는 서로 매우 다른 의미를 가질 수 있습니다. 그런데 최익현의 보수는 사회적 공감을 일으킬 수 있는 가치체제의 보존에 집중됐기에 윤치호와 같은 사람에게까지 존경을 받을 수 있지 않았을까요? 현재 이슬람의 열성적 보수주의자들에게서도 이와 같은 '가치 보수'의 색깔이 보입니다. 하지만 지금 한국에서 보수를 자칭하는 사람들 중에서 반대쪽 사람들에게까지 존경을 받을 수 있는 사람이 몇이나 되겠습니까? 가치보다 기득권을 중심으로 한다는 것이, 한국 '보수'의 최대 약점이 아닌가 싶습니다.

안개가 짙은 오슬로에서 박노자 드림.

민간인을 공격 대상으로 삼은 빈 라
덴과, 승산 없는 투쟁 속에서도 민간
인을 공격 대상으로 삼지 않은 구한
말 의병들을 동일선상에 놓고 평가할
수 있을까.

그들이 지키려 한 건
시대착오적 구체제

"나라가 망하는 날 한 사람도 죽지 않는다면"

반갑습니다, 박노자 선생님.

저도 빈 라덴과 의병 지도자들의 도덕주의와 지사정
신에 공감합니다. 그러나 저는 조선시대의 의병과 오
늘날의 빈 라덴을 동일선상에 놓고 평가할 수는 없다
고 봅니다. 총칼을 앞세운 서구 근대가 잔혹하다 하
여 그 방법 여하에 관계없이 폭압적 근대에 저항한
모든 세력에게 동감할 수는 없기 때문입니다. 적국 사
람이라 해서 적들이 그렇게 했다 해서 민간인과 민간 시설
을 공격 대상으로 삼은 빈 라덴과 우리의 의병·독립운동가
들을 동일시할 수는 없다고 봅니다.

적어도 의병은 고립무원(孤立無援)의 상황 속에서 절대 강
자에 대한 승산 없는 투쟁을 감행하면서도 적국의 인민 전체
를 겨냥하지는 않았지요. 그리고 한국 독립운동 시기의 의열
(義烈) 투쟁도 오늘날의 관점에서 보자면 테러리즘의 범주에
속하겠지만, 한 번도 민간인을 공격 대상으로 삼은 적은 없
었다는 점을 지적하고 싶습니다. 그때 그들은 일제의 군경과

군사시설물, 그리고 침략에 책임이 있는 자들만 응징했다는
점에서 인류 공통의 양심과 보편적 도덕을 헤치지 않았다고
봅니다.

조선왕조가 종언을 고하던 무렵, 뜻있는 선비들은 두 가지
길을 택했습니다. 하나는 "나라가 망하면 (유교의) 도 또한
망한다[國亡而道亦亡]"는 생각에서 의병을 일으켜 일본에 저
항하거나 자결하여 지조를 지키는 것이었고, 다른 하나는
"나라가 망해도 도는 망하지 않는다[國亡而道不亡]"는 생각
에서 숨어 살며 공자와 맹자의 가르침을 지키는 것이었습니
다. 전자를 택한 황현(黃玹, 1855~1910)이 국망의 비보를 접
하고 자결하며 남긴 절명시(絶命詩)를 읽어보면 그들의 고뇌
를 조금은 짐작할 수 있습니다.

"나라가 망하면 도(道) 또한 망한다"
고 여긴 황현은 조선왕조의 국망 소
식을 듣고 자결하였다. 사진은 자결
하기 1년 전에 촬영한 것이다.

새와 짐승은 슬피 울고 바다와 산도 찌푸리네 鳥獸哀鳴海岳嚬
무궁화 피는 세상은 이미 사라졌는가　　　 槿花世界已沈淪.
가을 등불 아래 책을 덮고 옛일을 회상하니 秋燈掩卷懷千古
인간 세상에 지식인 노릇이 정녕 어려워라 難作人間識字人.

황현이 어렵다고 토로한 지식인 노릇은 어떤 것일까요? 초
야에 묻혀 살았던 그는 사실 국망에 대한 책임을 지고 자결할
만큼 왕조의 혜택을 입은 바 없었습니다. 그런데도 왜 그는
죽음을 택했는지, 그가 자식들에게 남긴 유서를 볼까요.

나는 죽어야 할 의리는 없지만, 다만 국가가 선비를 기른 지
5백 년이 되어 나라가 망하는 날 한 사람도 난국에 죽지 않는
다면 오히려 애통하지 않겠는가. 나는 위로 황천(皇天)이 내

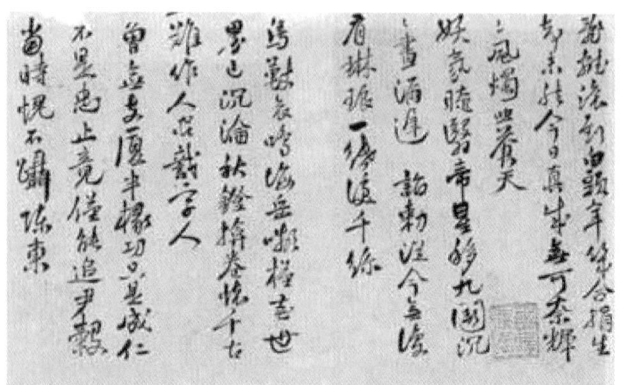

황현이 남긴 절명시.

려준 아름다움을 저버리지 않고, 아래로 평소에 독서한 바를 저버리지 않기 위해 기리 잠들고자 하니 진실로 통쾌한 줄 알겠다.

자신이 평생 닦은 학문과 신념을 죽음으로 지킨 유교적 지식인 황현의 삶과 정신은 오늘을 사는 우리에게 귀감으로 다가옵니다. "천자라 하더라도 선비의 몸은 죽일 수 있지만 선비의 뜻을 빼앗을 수 없다"(《성재집(省齋集)》, 권34-10)는 유중교(柳重敎, 1821~1893)의 말은 우리 선비들의 드높은 기개가 어떠했는지 잘 알려주는 것 같습니다.

개화기 유교 지식인에 대한 유감

사실 암울한 군사독재 시절, 한국 사회의 민주화를 꿈꾸며 문자 그대로 몸과 목숨[身命]을 바친 학생운동가나 사회운동가들이 보여준 선구자적 사명의식과 순교자적 지사정신은 조선시대 선비들의 도덕주의적 선구자정신을 이어받은 것이기도 합니다. 자신이 사회에서 누린 기득권의 크기에 상응하는 도덕적 책무를 다하는 소위 '노블레스 오블리주(noblesse oblige)'*를 군이 언급하지 않아도, 선비들의 올곧은 지사정신은 오늘날까지도 보수를 자처하는 많은 사람들에게 진정한 보수가 무엇인지를 보여주는 거울로 빛나고 있습니다.

개화기 농민들의 피폐는 제국주의 열강의 침탈 때문이기도 했지만, 조선의 양반 지배체제가 갖는 모순에 기인하는 바가 더 컸습니다. 그런데 당시 선비들이 죽음으로 지키려 한 것이 백성 전체의 세상이었을까요?

저 또한 우리 의병들이 보인 고결한 기개와 자긍심, 약자와 패자임에도 불구하고 적에게 굽히지 않는 불굴의 지조, 자신의 삶을 사적인 데 국한하지 않고 공적인 영역으로 확대하여 임하는 멸사봉공의 정신 등이 천민자본주의시대를 살고 있는 우리의 이기심과 탐욕을 정화해줄 소금으로 기능한다는 데 선생님과 생각을 같이합니다.

그러나 자신들의 명분과 가치만을 배타적으로 높이려 하는 이들의 태도가 이들이 속한 사회 내부에서 억압의 기제로 작동했다면, 그 동기가 아무리 순수했다 해도 이들의 행동까지 지지할 수는 없습니다. 선생님 말씀대로 개화기에 농민들의 빈곤과 피폐는 제국주의 열강의 침탈 때문이기도 했지만, 그보다는 내부의 봉건적 요인, 즉 조선왕조의 양반 지배체제가 갖고 있던 모순에 기인하는 바가 더 컸지요.

제국주의 열강들이 침략해 들어오기 이전인 세도정권기에 이미 민란이 빈발하고 있었던 데서 알 수 있듯이, 양반 지주들의 전횡과 착취가 동학농민운동과 같은 농민저항을 일으킨 주된 원인이었기 때문이지요. 1890년 후반 조선의 이곳저곳과 연해주로 넘어간 월경민 마을까지 돌아본 이사벨라 버드 비숍 여사의 다음과 같은 목격담은 많은 것을 이야기해줍니다.

토착 한국인들의 특징인 의심과 나태한 자부심, 자기보다 나

은 사람들에 대한 노예근성이, 주체성과 독립성, 아시아인의
것이라기보다는 영국인의 것에 가까운 터프한 남자다움으로
변했다. 활발한 움직임이 우쭐대는 양반의 거만함과 농부의
낙담한 빈둥거림을 대체했다. 돈을 벌 수 있는 많은 기회가
있었고, 만다린(mandarin)*이나 양반의 착취는 없었다. 안락
과 어떤 형태의 부도 더 이상 관리들의 수탈의 대상이 되지
는 않았다. 이곳 사람들에게 의미있는 것은 불안함의 원천인
부보다는 명예였다. 이곳에서 일하는 모든 사람은 평온할 수
있었다. …… 한국에 있을 때 나는 한국인들을 세계에서 제
일 열등한 민족이 아닌가 의심한 적이 있고 그들의 상황을
가망 없는 것으로 여겼다. 그러나 이곳 프리모르스크에서 내
견해를 수정할 상당한 이유를 발견했다. 이곳에서 한국인들
은 번창하는 부농이 되었고, 근면하고 훌륭한 행실을 하고
우수한 성품을 가진 사람들로 변해갔다. 이들 역시 한국에
있었으면 똑같이 근면하지 않고 절약하지 않았을 것이다. 이
들은 대부분 기근으로부터 도망쳐 나온 배고픈 난민들에 불
과했었다. 이들의 번영과 보편적인 행동은 한국에 남아 있는
민중들이 정직한 정부 밑에서 그들의 생계를 보호받을 수만
있다면 천천히 진정한 의미의 '시민'으로 발전할 수 있을 것
이라는 믿음을 나에게 주었다(《한국과 그 이웃나라들》, 277쪽).

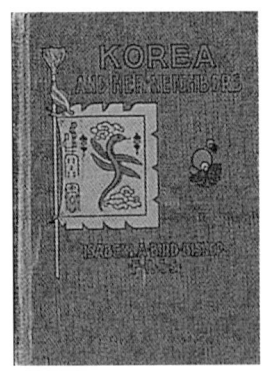

이사벨라 버드 비숍 여사가 지은 《한
국과 그 이웃나라들》(1898). 비숍은
이 책에서 "한국 민중들이 정직한 정
부 밑에서 보호받을 수만 있다면 진
정한 의미의 '시민'으로 발전할 것"
이라고 평가했다.

저는 유교 지식인들이 자신들의 신념과 도(道)만이 아닌,
나라와 백성 전체를 지켜낼 방법을 강구했어야 한다고 생각
합니다. 당시 지식인들은 자신의 어깨 위에 제국주의 열강의
침입을 막아야 하는 반침략의 과제 외에도 자체 내의 봉건적
모순을 해결하려는 반봉건의 책무도 함께 짊어졌어야 마땅

하다고 생각합니다. 그러나 그들
이 과연 자신들의 형제이자 동포
인 농민들과 같이 살려 했는지요.
당시 선비들에게, 농민을 부보다
명예를 소중히 여기는 '시민'으로
만들 생각까지 기대한다는 것은
아무래도 무리일까요?

시베리아의 한국 이주민 모습. 19세기 말 연해주로 넘어간 월경민 마을까지 돌아본 비숍 여사는 여기서 만난 조선인들은 대부분 "기근으로부터 도망쳐 나온 배고픈 난민들"이라고 밝혔다.

그들만의 세상, 왕도정치의 허상

그렇다면 당시 선비들이 죽음으로 지키려 한 나라는 어떤
나라였을까요? 혹시 양반들만의 세상은 아니었을까요? 임금
에게 올린 상소에서 그들은 항상 삼사(三司, 홍문관 · 사헌부 ·
사간원) 간관(諫官, 지식인)의 말을 경청할 것을 요구했습니
다. 이는 유생들의 권한 확대를 이야기한 것이지요.

내수외양(內修外攘). 그들은 무기 개발이나 군사력 증강
같은 서양을 막는 구체적인 방안을 강구하기보다는, 이상적
인 왕도정치를 펼치기만 하면 서양의 침략은 저절로 막을 수
있다고 보았지요. 그러나 이들이 외양을 핑계로 지키려 한
것은 흔들리는 양반 지배체제는 아니었을까요? 혹 이상적인
왕도정치란 양반만이 정치적 · 경제적 이익을 독점하는 세
상, 남녀유별로 상징되듯이 남성이 지배하는 세상은 아니었
을까요? "사람 위에 사람 없고 사람 밑에 사람 없다"는 평등
과 인권사상을 존중하는 오늘날 우리들이 그들과 생각을 같
이할 수 있을까요?

공자와 맹자의 가르침을 따르는 것이 인간 세계가 추구할
목표라고 여겼던 선비들은, 중국에 청조가 들어선 뒤로는 이

갓 쓴 양반과 정자관을 쓴 젊은 선
비. 제국주의 열강의 침입에 맞서 싸
우자고 주장한 유교 지식인들이 진
정 지키려고 한 것은 '민족' 전체의
생존이었을까, 아니면 양반 지배질
서였을까.

제 나라다운 문명국은 조선뿐이라고 생각
했습니다. 1881년 정부의 개화정책에 반대
하다 처형된 홍재학(洪在鶴, 1848~1881)의
말을 들어볼까요.

중국이 시궁창에 빠지자 온 세상에 짐승 냄
새가 풍긴 지 3백 년이나 되었습니다. 한
줄기의 왕통이 우리 나라에만 붙어 있는 것
이 비유하면 온 세상에 겨울이 찾아왔을 때
큰 과일 한 개가 높이 달려서 생기가 나무
끝에 남아 있는 것과 같으니 이것은 하늘땅
이 애호하는 것이고 사람들이 소중히 여기는 것입니다. ……
어찌 삼천리 우리 옛 강토가 오늘에 와서 개돼지가 사는 곳
으로 되고 5백 년 공자·주자의 예의가 오늘에 와서 똥물에
빠질 줄을 생각했겠습니까?

소중화(小中華). 어떤 사람들은 제국주의 열강의 침입에
맞서 싸울 것을 주장한 선비들을 주체성 있는 원(原)민족주
의자로 보아야 한다고 이야기합니다. 그러나 과연 그들이 지
키고자 한 것이 '민족' 전체의 생존이었을까요? 조선 선비들
은 임진왜란 당시 조선왕조를 도와준 명을 중화의 진정한 계
승자로 보았기에 대원군이 철폐한 명나라 천자를 모시는 만
동묘(萬東廟)를 복구하자는 상소를 올리기도 했습니다. 대표
적인 예로 최익현의 상소가 있습니다.

신의 생각에는 전하를 위하여 오늘날의 급선무에 대해 논한

다면 만동묘를 복구하지 않아서는 안 됩니다. …… 이른바 명나라를 위한 사당을 복구하지 않을 수 없다는 데 대하여 말한다면 신이 생각하건대 우리 왕조는 명나라에 대하여 이미 3백 년 동안을 신하로서 섬겨왔고 임진년(壬辰年)에는 우리에게 재생의 혜택을 베풀었으므로 만대를 두고 잊지 못할 은혜가 있습니다. 그리하여 만대를 두고 반드시 보답해야 할 의리가 있게 되었던 것입니다(《고종실록》, 1873년 11월 3일자).

이처럼 명나라를 흠모하였다는 점에서 그들은 외세 의존적이었던 개화사상가들과 마찬가지로 사대적(事大的)이었고, 더구나 명은 현실세계에 존재하지도 않았으니 관념적이기까지 했습니다. 설사 그들이 양반 지배질서만이 아닌 민족의 생존 터전을 지키려 했다 한들, 타자와 함께 지구마을시대를 살아가야 할 우리들이 자기 문화만을 배타적으로 높이려 한 이들의 자존의식에서 무엇을 배울 수 있겠습니까?

개항 이후의 경제 예속, 필연이었나

오늘을 사는 우리들에게 자문해봅시다. "나물 먹고 물 마시고 팔을 베고 누워" 행복할 수 있겠습니까? 안빈낙도(安貧樂道), 빈한함 속에서 도를 즐긴다는 선비들의 경제관은 검약을 미덕으로 삼는 질박한 자급자족의 경제체제에서나 가능한 것이겠지요. 상공업을 천시하고 농업을 중시하는 조선왕조의 전통적 경제관을 대변하는 이러한 경제관은, 개화사상가들이 도입하려 한 자본주의 시장경제체제에 정면으로 배치되는 것입니다.

저는 개항 이후 한국이 세계 자본주의체제의 주변부로 예

한국의 내재적 발전론에 의문을 제기한 수정주의 이론의 대표 주자인 브루스 커밍스 미국 시카고대 석좌교수. 지난 7월 한국을 방문한 그는 "조지 부시 미국 대통령이 2004년 대선에서 재선되면 한반도에서의 전쟁 가능성이 높아질 것"이라고 말했다.

* 구미 학계의 한국사 인식
해방 이후 식민주의 사관을 극복하기 위해 한국사학계는 한국사의 내재적 발전과 자생적 근대화의 가능성을 입증하는 데 혼신의 노력을 경주해왔다. 그러나 1990년대 들어 구미 학계에서 한국 자본주의의 식민지적 기원에 주목하고, 실학의 근대 지향성에 회의를 표기하기 시작했다. 일례로 미국 하버드대학의 카터 에커트는 해방 후 한국의 재벌 중심 자본주의 패턴이 일제시대에 형성되었다고 보고, 조선 후기에서 자본주의의 기원을 찾던 한국학계의 내재적 발전론에 입각한 역사 이해에 의문을 제기했으며, 워싱턴대학의 제임스 팔레(James B. Palais)도 서구적 모더니티 관점에서 한국의 내재적 발전을 구명하는 작업에 몰두했던 한국학계의 실학 연구 경향을 집중적으로 비판한 바 있다.

속된 것이 숙명적인 과정이었다고 생각하지 않습니다. 거북이가 토끼를 이기는 일이 우화에서만 가능한 것은 아니니까요. 해방 후 한국이 산업사회에 진입할 수 있었듯, 개화기의 우리 선조에게도 기회는 있지 않았을까요? 저는 그때 우리 선조가 '시간의 경쟁'에서 뒤처졌을 뿐이라고 생각합니다.

선생님께서는 카터 에커트(Carter J. Eckert)나 브루스 커밍스(Bruce Cumings) 같은 미국 학자들과 생각을 같이하시나요. 조선 후기의 사회·경제는 정체되어 있었기 때문에 자생적으로 근대로 갈 동력이 없었고, 해방 이후 한국의 산업화는 식민지시대 일본에 의해 형성된 물적·인적 토대를 바탕으로 미국의 원조에 기대어 종속적으로 성립한 예기치 못한 성공이라고 말이지요.*

물론 저 역시 겉으로 표방한 명분과는 달리 석유와 영토를 탐한 미국 우파나 일본 제국주의자들에게 면죄부를 주려는 생각은 추호도 없습니다. 다만 빈 라덴과 의병 지도자들이 그들의 상대보다 도덕적이라 해서, 혹은 약자나 패자라는 이유로 그들의 잘못까지 모두 감싸서는 안 된다는 것입니다. 그들 역시 자신들이 중요하게 여기는 가치(알라 또는 공자와 맹자)만을 고집해 상대를 배척했다는 점에서, 신에 대한 믿음이나 사람들의 의지가 무기보다 더 중요하다고 보는 전쟁관을 갖고 있다는 점에서, 그리고 자급자족 경제체제의 유지와 지식인들만의 권력 독점을 꿈꾼다는 점에서 시대착오적인 몽상가들일 수도 있지 않을까요?

눈발이 잦아드는 오후에 허동현 드림.

더 읽을 만한 책

- 금장태, 〈면암 최익현의 성리설과 수양론〉, 《대동문화연구》34, 성균관대학교 대동문화연구원, 1999.
- 금장태, 《한국의 선비와 선비정신》, 서울대학교 출판부, 2000 ; 《(증보판)한국근대의 유학사상》, 서울대 출판부, 1999.
- 김도형, 《대한제국기의 정치사상연구》, 지식산업사, 1994.
- 김석근, 〈김옥균과 최익현: 19세기말 '개국'을 바라보는 두 시선〉, 《한국정치사상의 비교연구》, 정신문화연구원, 1999.
- 김창수, 《한국근대의 민족의식 연구》, 동화출판공사, 1987.
- 김호성, 〈면암 최익현 연구 - 창의와 평가〉, 《정치외교사논총》14, 한국정치외교사학회, 1996.
- 오영섭, 〈갑오경장~독립협회기 면암 최익현의 상소운동〉, 《한국민족운동사연구》18, 한국민족운동사연구회, 1998.
- 오영섭, 《화서학파의 사상과 민족운동》, 국학자료원, 1999.
- 이사벨라 버드 비숍 저, 이인화 역, 《한국과 그 이웃나라들》, 살림, 1994.
- 이진표, 〈면암 최익현의 위정척사론〉, 《진산 한기두박사 화갑기념 한국종교사상의 재조명》하, 1993.
- 정태헌, 〈카터 에커트의 한국 민족주의 인식 비판〉, 《역사비평》59, 2002.
- 하타다 타카시(旗田巍), 〈의병장 최익현의 생애〉, 《현암 신국주박사 화갑기념 한국학논총》, 동국대학교 출판국, 1985.
- Moussalli, Ahmad S., *Historical dictionary of Islamic fundamentalist movements in the Arab world, Iran, and Turkey*, Scarecrow Press, 1999.
- Rashid, Ahmed, *Jihad : the rise of militant Islam in Central Asia*, Yale University Press, 2002.
- Tariq, *The clash of fundamentalisms : crusades, jihads and modernity*, Ali.: Verso, 2002.
- Eckert, Carter J., *Offspring of Empire: The Koch'ang Kims and the Colonial Origins of Korean Capitalism, 1876-1945*. Seattle: University of Washington Press, 1991.
- Cumings, Bruce, *Korea's Place in the Sun: A Modern History*, New York: W. W. Norton, 1997.

4

유교와 사회주의
유교사상이 극동 사회주의 밑바탕 됐나

동아시아 전통적 가치의 중심엔 유교(儒敎)가 있습니다. 구한말
근대화 · 서구화의 충격에 맞서 유교 지식인들은 서양 배척운동을 펼치기도
했지만, 다른 한편으로 근대라는 현실 속에서 인의예지(仁義禮智)의 유교
이상을 구현하는 길을 모색하기도 했습니다. 개신(改新) 유학자에 주목한
박노자 교수는 유교의 몸체는 죽었어도 그 영혼은 남아 서양 사회주의가
동아시아식 버전으로 자리잡는 데 기여했다고 말해 눈길을 끌고 있습니다.
이에 반해 허동현 교수는 유교와 사회주의는 현실적으로 실현된 적이 없는
이상적 당위였다고 전제한 후, 개신 유학자들이 지향한 것은 사회주의의
동양적 버전이 아니라 당시 강자였던 일본 따라가기였다고 말하고
있습니다.

|한국의 근대화와 유교|

'근대화' 란 용어는 오랫동안 '서구화' 와 동의어로 사용돼왔다. 특히 서구의 학자들은 서구에서 일어난 진보, 즉 산업화와 기술 발전으로 요약할 수 있는 경제적 진보를 기준으로 동아시아 지역의 근대화를 논했다. 그러나 2차 대전 이후 한국 · 대만 · 싱가포르 등 동아시아 제국들이 경제 · 기술적으로 발전하면서 '근대화가 곧 서구화' 란 등식이 수정되기 시작했고, 이 과정에서 유교 윤리가 국민들의 가치와 행동 규범에 영향을 미쳐 자본주의적 성장을 가져왔다는 주장이 설득력을 얻었다.

19세기 말 한국은 제국주의 열강의 진출에 맞서 중국 중심의 세계질서를 견지하다가 결국 서구화에 앞장섰던 일본의 식민지로 전락했다. 1880년 이후 조선의 지배층과 소위 개화파 지식인들은 서양문물을 호의적으로 바라보았지만, 한국의 대다수 지식인들은 서양과의 통교를 반대하는 위정척사운동을 벌였다. 이처럼 근대화 초기의 유교는 조선의 화이론적 세계관과 쇄국정책의 이념적 토대로서, 근대화와는 결합할 수 없는 가치체계였다.

그러나 제2차 대전 이후 한국이 근대화에 본격적으로 착수할 무렵, 유교는 이미 과거의 유물로 퇴장한 뒤였다. 일제 식민지배 기간에 진행된 타율적 근대화는 유교적 가치체계를 뿌리째 뒤흔들어, 과거 한국 국민이 미국 등 서구 세계에 대해 가졌던 부정적인 관점을 바꿔놓았다. 이와 함께 미국 지향형 근대화운동이 일어나 유교는 개인의 일상 행위를 지배하는 수준에 머무르며, 근대화 추진 세력이 국민 동원과 정권 장악을 정당화하는 수단으로 이용되기도 했다.

" 유교의 인본주의가
극동 사회주의로 이어져 "

근대라는 '현실'과 유교라는 '이상' 사이에서

허동현 선생님, 안녕하시지요?

보통 유교라 하면 전근대적인 것 또는 고리타분한 옛날 것으로 치부하기 십상입니다. 근대의 문맥에서 유교를 이야기하면 대개 개발독재가 이용한 일제시대식의 충효사상 정도로만 생각하지요. 그러나 저는 전근대적 유교와 근대를 무조건 이분법적인 방식으로 나누는 통념에 문제가 있다고 생각합니다.

사실 19세기~20세기 초반 활동한 마지막 세대 석유(碩儒)들의 언행을 보면, 그들 중 상당수가 근대 자체를 송두리째 부정하지 않으며 근대라는 현실 속에서 예의염치의 이상에 부합하는 버전을 열심히 찾았다는 사실을 알 수 있습니다. 세계 보편적인 가톨릭 신앙에서 유교의 이상을 발견한 학자도 있었고, 더 나아가 사회주의 이념과 유교 이상을 접목하려 한 사상가도 꽤 있었습니다.

물론 이들을 모두 딱 잘라 사회주의자라고 부르기는 어렵습니다. 이들의 사상체계가 훨씬 더 복잡했을 뿐 아니라, 사

동양의 유교와 서양의 사회주의를 대표하는 두 인물인 공자(위)와 마르크스. 19~20세기 초에 활동한 유교 지식인들 중에는 유교와 사회주의를 접목하려는 시도를 한 이들이 적지 않았다.

개화기 한국 지성계에 막대한 영향을 미친 중국의 개신 유림 량치차오. 그는 20세기 초 미국을 돌아본 후 자본가의 폐해가 극심한 미국 사회는 사회주의적 개혁을 통해서만 개선될 수 있다고 진단했다.

회주의 또는 공산주의를 궁극적인 이상으로 제시하면서도 약육강식의 국제 현실 속에서 일단 부국강병부터 꾀해야 한다고 본 이도 꽤 많았습니다. 어쨌거나 사회주의가 도덕적 당위로서 상당수 유교 학자들의 마음을 사로잡았다는 사실 자체가 의미심장합니다.

한국 지성계에 큰 영향을 미친 중국의 개신(改新) 유림 량치차오(梁啓超, 1873~1929)도 그런 인물이었습니다. 량치차오는 당시 자본가의 폭압이 금수(禽獸)를 능가하는 서구·미국 사회는 사회주의적 개혁이나 혁명을 통해서만 개선될 수 있으리라 내다봤습니다(《신민총보(新民叢報)》 제14호, 제2면). 그에 의하면, 유럽과 미국의 경제·사회는 이미 사회주의적 혁명을 하지 않으면 안 될 정도로 전락했다(《신민총보》 제16호)는 것이었습니다.

서양 언어를 제대로 해득하지 못하는 량치차오였지만, 그는 미국과 서구 자본주의가 독점자본(trust) 중심으로 재편돼 가는 현실을 놀라울 정도로 정확하게 파악했습니다. 1903년 이미 자본의 80퍼센트가 독점자본가에게 집중된 미국의 사정을 직접 목격한 후에는 세계가 점차 몇 안 되는 독점재벌의 소유가 될 것이라고 예견하기도 했습니다. 또 한 가지 놀라운 것은, 당시 독일 사민당의 대표적 이념가인 카우츠키(K. Kautsky, 1854~1938)처럼 량치차오도 서구의 국제 무산계급이 그 일부 독점재벌을 사회화시킴으로써 비교적 쉽게 사회주의로 이동할 수 있을 것이라고 내다봤다는 점입니다.

다만 중국처럼 아직 자본주의적 발전이 필요한 후진 사회에서는 부유세·증여세·노동자 보호법 신설과 같은 일부 사회주의적 개혁을 단행하되 전체적으로 기업가 위주의 정책을 펼 수밖에 없다는 현실론을 폈지요. 그렇다면 평등한 토지 소유를 보장했던 중국 고대의 정전제(井田制)가 바로 오늘날 사회주의의 원류라고 자부하고, 스승 캉유웨이의 대동사상을 유럽의 사회주의와 매우 흡사하다고 평한 량치차오가 왜 중국이 사회주의로 옮겨갈 현실적 가능성에 대해서는 부정했을까요?

'약육강식' 부르짖은 량치차오의 현실 인식

1903년 도미 여행 때 미국과 같은 선진 자본주의 국가의 해외 침략 위험과 그 침략을 제대로 막지 못하는 중국의 허약함을 뼈저리게 느낀 량치차오는, 개명전제(開明專制, 개발독재)를 통해 토착 독점재벌들이 생기지 않는 한 중국이 곧 미국 독점자본의 '먹이'가 되리라고 내다봤기 때문입니다 (《신대륙유기(新大陸游記)》, 1904).

그는 당시 유행한 사회진화론을 신봉하여 국제사회의 약자가 도태를 면하기 위해서는 꼭 강자가 돼야 된다고 믿었으며, 그 현실적인 방략으로 '개명전제'와 '부국강병'을 내걸었습니다. 다만 서구 역사 발전의 이상적인 목표가 사회주의라는 생각에는 변함이 없었지요. 약육강식의 논리를 '피할 수 없는 과학적 진리'로 받아들인 그이지만, 그래도 궁극적인 차원에서 비폭력적 사회를 갈망하는 유교적 양심이 남아 있었던 겁니다.

1919~1920년 초 제1차 대전으로 폐허가 돼버린 유럽의 곳곳을 돌아본 량치차오는 그의 유명한 기행록 《구유심영록절록(歐遊心影錄節錄)》에서 과거 자신이 신봉한 사회진화론의 한계를 개탄했습니다. 한때 약육강식을 부르짖어 조선의

수많은 개신 유림들에게 부국강병의 이상을 심어준 바 있는 그가, 전쟁이 가져다준 피해 규모를 자기 눈으로 확인한 뒤에는 다윈의 진화론적 시각에서 침략을 긍정하고 과학문명과 자본주의를 맹신한 것이 유럽의 파산을 가져왔다는 결론에 이른 것이지요.

그가 목격한 것 중에는 전쟁 때 군국주의 광풍에 휩싸였다가 전후 침체로 반(反)자본 투쟁 대열에 합류한 전승국 노동자와 영국·프랑스 등지에서 급속히 당세를 확장하고 있던 사민당도 있었습니다. 량치차오는 유럽의 정치적 희망이 바로 이러한 개혁적인 사회주의에 있다는 견해를 피력했습니다. 개혁이 실패할 경우, 이미 노동의 국가와 자본의 국가로 나누어진 유럽 각국에서 사회 혁명이 불가피하다는 것이 그의 예측이었습니다.

그러나 량치차오의 현실 인식은 쉽사리 변하지 않았습니다. 사회주의적 균무빈·화무과(均無貧·和無寡) 이상을 내재한 유교가 전통 사상의 주류를 이루는 중국의 경우, 궁극적인 희망은 사회주의에 있지만 현재의 후진적 상황에서는 분배가 아닌 생산 증진이 급선무라는 것이 량치차오의 확고한 주장이었지요(제11장 '사회주의 상권(商權)'). 말하자면 그의 뜨거운 가슴은 평등과 평화의 사회인 사회주의를 열망하고 있었지만, 그의 차가운 머리는 "아직 빛의 세계로 진입할 단계는 아니다"라고 타이르고 있었던 모양입니다.

마오쩌둥 사회주의의 뿌리는 유교적 부채의식

100년 전에 량치차오가 제기한 문제들은 지금도 중국 지

식인의 화두로 남아 있습니다. 사실상의 개명전제를 실시하고, 부국강병 프로젝트의 신속한 실행을 위해서 노동자와 농민에게 끝없는 고통을 주고 있는 지금의 중국 공산당 정부를 상대로 인권과 민중 복지의 기치를 내걸고 싸워야 하는지, 아니면 정부의 애국주의적 명분을 그대로 믿고 따라야 하는지 많은 중국 젊은이들은 고심하고 있습니다. 현실주의적 자강을 도모하는 공산당 정권을 상대로 사회주의의 궁극적인 이상인 인권 · 복지사회를 위한 투쟁을 벌이다간 알게 모르게 중국의 분열을 획책하는 미제의 방조자가 될 수 있고, 그렇다고 공산당 정권과 타협한다면 애민(愛民)과 정의의 이념을 포기하는 것이 될 수도 있기 때문이지요.

　제국주의에 의해서 왜곡될 대로 왜곡된 채 계속 반인륜적인 방향으로 나아가고 있는 이 세계에서, 주변부 지식인으로서 느끼는 현실과 이상의 딜레마만큼 어려운 문제도 없을 겁니다. 현실적으로는 한 나라의 차원에서 부국강병이 불가피할 수도 있지만, 한 개인으로서 느끼는 지식인의 양심은 늘 다른 가치를 지향하지요. 근대라는 '폭력의 도가니' 속에서,

량치차오의 스승이었던 캉유웨이는
계급·인종·국경이 사라진, 철저한
공산주의적 대동사회를 꿈꿨다.

량치차오처럼 세계 발전의 궁극적인 목표로 국제주의적·비폭력적 사회주의를 제시한다는 것은 결코 쉬운 일이 아니었을 것입니다. 유교적 토양이 두꺼웠던 선비였기 때문에 가능했던 일이지요.

량치차오의 스승으로 량치차오보다 훨씬 더 보수적인 견해를 보인 중국의 마지막 대유(大儒) 캉유웨이(康有爲, 1858~1927)도 그의 명저 《대동서(大同書)》(1935)에서 어느 서양 철학가보다도 훨씬 더 철저한 공산주의적 사회를 그렸습니다. 그가 꿈꾼 대동사회는 계급·인종·국경·사유 재산의 폐지는 물론 결혼제도마저 사라져 배우자를 자유롭게 선택할 수 있는 사회, 여성과 남성이 동등한 사회였습니다. 캉유웨이의 평등에 대한 욕망이 어느 정도였느냐 하면 기존 유교에서 가장 중요한 위치를 차지했던 장유유서(長幼有序) 이념까지 완전히 개변하자는 수준이었습니다. 《대동서》의 '부모자녀문(門)'에 의하면 모든 인간이 정신의 윤회에 의해서 태어나는 이상 나이 차이란 우연에 불과한 것이니, 연소자가 연장자에 대해서 특별히 예의를 갖출 필요가 없다는 것입니다. 오늘의 연소자가 전생의 연장자였을 가능성이 있다는 이야기지요. 또 요즘 국제결혼이 잦아지는 것을 보면 캉유웨이의 '혼합 인종론'이 떠오릅니다. 대동사회에서는 모든 인종이 서로 섞여 모든 지구인이 비슷비슷한 형질을 갖게 될 거라는 상상, 흥미롭지 않습니까?

허동현 선생님께서는 유림들이 남성 헤게모니를 올바른 세계질서의 일부분으로 받아들였다고 하셨는데, 캉유웨이 같은 이는 서구의 유토피아적 사회주의와 유교의 인(仁) 이상을 접목시켜 과감하게 여성 차별 폐지를 내세운 것이지요.

바로 이 점이 유교의 생명력과 진보 가능성을 보여주는 대목이 아닐까 합니다.

물론 량치차오는 중국이 아닌 서구에서 사회주의 개혁을 할 필요가 있다고 주장했으며, 캉유웨이의 《대동서》는 행동 강령이 아닌 미래 이상을 서술한 책이었습니다. 즉, 이들의 사회주의적 태도에는 현실성이 결여됐다고 볼 수 있습니다. 그러나 젊은 시절 이 두 유림의 저서를 탐독한 마오쩌둥이 결국 중국의 사회주의 지도자로 성장한 것이 과연 우연일까요? 비록 집권한 뒤 가혹한 숙청과 난센스적인 공자 비판 캠페인으로 이름을 더럽히긴 했지만, 저는 마오쩌둥의 초발심이 이상주의적이었다는 것을 의심하지 않습니다.

1921년 중국공산당 창당 당시의 마오쩌둥. 젊은 시절 량치차오와 캉유웨이의 저서를 탐독한 마오쩌둥이 사회주의 지도자로 성장한 것은 어쩌면 필연이었을 것이다.

예컨대 그의 초기 논문인 〈호남농민운동의 고찰보고(湖南農民運動考察報告)〉(1927년 3월)를 보면, 악질 지주들에게 공개적인 수모를 주고 그 발언권을 완전히 빼앗은 농민협회〔農會〕의 처사가 너무 지나쳤다는 일각의 비판에 대해서 젊은 혁명가 마오쩌둥이 제기한 반박문이 실려 있습니다. "이것은 다 토호와 악질적 지주들이 휘두른 폭력의 결과일 뿐이다. 그들이 자신들의 힘만 믿어 지역적 두목의 위치를 차지한 지 오래다. 그들이 농민을 유린했기에 농민들이 이처럼 심하게 반항하는 것이다. 농민의 반항과 폭력적 저항이 가장 큰 지방은 바로 토호와 악질 지주들의 폭력이 원래부터 가장 심했던 지방들이다."

공자의 대동(大同)＝마르크스의 공산(共産)

아래로부터의 방어적인 폭력이 발생하는 이유를 윗사람의 패도(覇道)에서 찾는 것은, 농민봉기의 동기에 대해서 고심

중국의 천체물리학자이자 반체제 지식인인 팡리즈(위)와 명나라시대의 유학자 황종희(아래) 사이에는 심성적 유사점이 보인다.

하는 양심적인 유교적 지식인의 전통적 태도입니다. 유식층, 즉 잠재적으로 통치자의 위치에 오를 수 있는 층에 속하는 이들은 피치자들의 폭력적 저항을 부른 자기 계층의 도덕적 해이에 대해서 늘 뼈아픈 반성을 했지요. 아버지의 쌀장사로 여유가 생긴 가정에서 태어난 덕에 어릴 때 사서삼경을 외운 뒤 고등소학에서 캉유웨이와 량치차오를 읽고, 나중에 사범학교까지 나올 수 있었던 지식인 마오쩌둥의 경우에도 이와 같은 유교적인 부채의식이 나중에 그가 사회주의자로 발전하는 데 원동력이 된 듯합니다.

캉유웨이와 량치차오의 유교적인 이상주의는 마오쩌둥과 같은 중국 젊은이들의 마음속에 정의 사회 구현의 불을 지핀 셈이지요. 적어도 지식인 일각의 심성 차원에서는 유교의 황혼이 극동 사회주의의 여명으로 이어진 것입니다. 사회진화론이 결국 살인적인 국제질서에 시니컬하게 적응하는 것을 의미했다면, 사회주의는 그 질서를 근본적으로 변혁시킬 수 있는 길을 모호하게나마 제시했습니다. 사회주의가 권자(權者)의 이데올로기로 왜곡돼버린 현재의 중국에서도, 유교의 이상주의 심성은 팡리즈(方勵之, 1936~)와 같은 민주 인권 투사들에게 영감을 주는 것 같습니다. 특히 팡리즈가 언론 개방이나 지도자의 도덕, 인권을 지키는 법치를 이야기할 때면 꼭 명나라시대의 황종희(黃宗羲, 1610~1695)의 이야기를 듣는 것 같은 기분입니다. 유교의 몸체는 이미 죽었다 해도, 유교의 영혼은 살아 있는 것이지요.

이 같은 극동 사회주의의 근저에 흐르고 있는 유교적 심성을 가장 잘 보여주는 텍스트가 바로 현대 중국학계의 거두 궈모뤄(郭沫若, 1892~1978)의 《마르크스의 공자 방문기》*(1925)가 아닐까 싶습니다. 공자와 마르크스의 가상 대화를 중심으로 하는 이 텍스트에서, 공자가 자신의 인정(仁政)·균분(均分, 균등한 분배)·대동(大同) 이념이 마르크스의 공산(共産) 관념과 대동소이하다고 웅변하자 마르크스는 원시 유교를 비(非)과학적인 공산주의로 인정해줍니다.

허동현 선생님께서도 기억하시겠지만, 이 작품은 유교가 반동사상의 중심으로 지목돼 타파운동의 타깃이 된 1920년대 중반에 씌어진 것이지요. 왕권의 시녀가 된 말류적인 유교가 진보주의자들의 비판을 받는 가운데서도 원시 유교의 고귀한 인본주의를 사회주의의 전신(前身)으로 인정해주는 신(新)사상가들은 언제나 있었던 겁니다.

20세기 중국의 작가이자 학자인 궈모뤄가 쓴 《마르크스의 공자 방문기》에도 공자의 대동·균분 이념이 마르크스의 공산 관념과 유사하다는 주장이 등장한다.

마지막으로, 한 가지 점을 분명히 하고 싶습니다. 유교적 유산의 일부분을 계승했다고 해서, 그리고 초기에 이상주의적 정신이 충만했다고 해서 오늘날 중국이나 북한의 집권 공산당들이 행하는 독재나 반(反)민중적 행각을 합리화할 수는 없다는 점입니다. 중국과 북한의 집권당들이 어떻게 해서 오늘과 같이 변질·왜곡됐는가라는 복잡한 주제를 여기서 다룰 수는 없지만, 지금 그들은 진정한 의미의 사회주의 또는 공산주의와 무관하다는 점만은 거듭 강조하고 싶습니다. 오히려 당국의 박해 속에서도 독립적 노조를 조직하고 파업을 이끌고 있는 현재 중국의 지하 노동운동가들이야말로 초기 사회주의운동이 지닌 이상주의적 정신의 적통(嫡通)을 이었다고 생각합니다.

저녁 안개가 짙어지는 오슬로에서 박노자 드림.

"유교 지식인들의 지향점은 자본주의적 근대"

개화기 지식인들은 사회주의 아닌 기독교 택해

안녕하세요, 박노자 선생님.

박 선생님께서는 유교와 사회주의의 이상을 약육강식의 신자유주의시대를 뚫고 나갈 변화와 진보의 철학으로 보시는군요. 저 역시 모든 사람이 평등하고 예의염치를 알며 자유로운 삶을 누리는 이상적인 사회, 곧 '인간의 얼굴을 한 근대'를 이상으로 동경합니다. 또한 유교와 사회주의의 이상이 물신(物神)의 유혹에 둘러싸인 우리의 정신을 지켜주는 소금 역할을 한다고도 생각합니다. 그러나 저는 유교의 황혼이 극동 사회주의의 여명으로 이어졌다는 선생님 생각에는 동의하기 어렵습니다.

왜냐하면 유교의 황혼기에 한국의 지식인들이 참담한 현실을 타개할 동아줄로 우선 받아들인 것은 기독교였기 때문입니다. 개항 이후 대다수의 개화파 인사들은 기독교를 유교의 가르침과 어긋나는 것이 아니라 오히려 유교가 지닌 단점을 보완해 국가의 부강을 이끌어내는 종교로 인식하였습니다.

박영효(朴泳孝, 1861~1939)는 "나는 미국에 가서 여러 곳

유교의 황혼기에 기독교를 받아들인 대표적인 지식인 박영효(왼쪽)와 윤치호. 두 사람의 다른 점이라면 박영효는 기독교가 유교의 단점을 보완해 준다고 본 반면, 윤치호는 유교를 철저히 부정했다는 점이다.

을 유람하며 마음을 두고 세밀히 관찰하였다. 과연 그 풍속이 문명하고 순량(純良)함은 오로지 기독교의 교화에 의함이다. 어떤 사람이 말하기를 그 나라의 정치가 화평하고 민간 사업의 번성함은 종교와 무관하다고 한다. 그러나 그 근원을 소급하면 종교의 교화에 의하지 않음이 없다. …… 동양제국은 야소교를 신봉치 아니하면 구미 각국과 같이 존립할 수 없음은 자명하다(《조야신문(朝野新聞)》, 1886년 3월 31일자)"고 하였습니다.

특히 윤치호(尹致昊, 1865~1945)는 기독교를 유교를 대체할 새로운 정신적 지주로 보아 유교를 철저히 부정하고 기독교로 개종하였지요. "나는 과거에 유교의 사서(四書)를 정독하고 많은 교훈을 발견하였다. 그러나 누구도 그 교훈에 복종하여야만 될 까닭은 없었다. 영혼의 요구를 만족시켜주지 못했기 때문에, 나는 나의 추구하는 바의 것을 거의 얻지 못했다. …… 나의 회개를 방해하는 장애물 그것은 박해와 조롱에 대한 공포, 옛 친구들을 잃는 손해, 종종 밀려드는 여러 의심과 유혹 등이었다. 나는 세례 받기를 원한다. …… 나는 하나님은 사랑이시며 그리스도는 구주(救主)이심을 믿는다 (〈과거의 나와 현재의 나와의 대조(A Synopsis of What I was and What I am)〉, 《윤치호 일기》, 1887년 3월 23일자).

1880년대에 시작된 양반 지식인들의 개종은 1890년대 들어 더욱 늘어나기 시작하였으며, 이러한 추세는 1905년 대한제국의 보호국 전락과 1910년 국망 이후 더욱 가속화되었습니다. 3.1운동 이후 기독교가 현실 개혁 또는 타개에 별 도움이 안 된다는 사실을 안 후에야 박헌영(朴憲永, 1900~1955)처럼 또 다른 동아줄인 사회주의를 신봉하는 사람들이 나타나게 된 것이 역사적 사실 아닌가 합니다.

유교가 꿈꾼 요순시대는 비현실적 당위일 뿐

간어제초(間於齊楚). 전국시대 강국 제(齊)와 초(楚) 사이에 끼여 있던 소국 등(騰)의 문공(文公)이 약육강식의 현실 속에서 나라를 지키기 위해 부심(腐心)한 다음의 이야기는, 등나라와 비슷한 처지에 있는 우리에게 많은 시사점을 준다고 봅니다.

등문공: 등나라는 작은 나라인데, 제나라와 초나라 사이에 끼여 있으니 제나라를 섬겨야 합니까? 초나라를 섬겨야 합니까?

맹자: 그런 계책은 내가 어떻다고 말할 것들이 아닙니다. 그래도 한 마디 계책을 드린다면, 이 나라의 (성벽 밑에) 연못을 더욱 파고, 이 나라의 성벽을 더욱 쌓아서 백성들과 함께 나

라를 지켜 죽는 한이 있더라도 백성들이 나라를 버리지 않는다면 한번쯤 해봄직한 일입니다(《맹자집주(孟子集註)》, 〈양혜왕 하〉, 제13장).

등문공: 제나라 사람들이 설 땅에 성곽을 쌓으려고 합니다. 나는 무척 겁이 나는데 어찌하면 좋겠습니까?

맹자: 예전에 태왕이 빈에서 사실 때에 오랑캐들이 침노하거늘 그곳을 버리고 기산 아래에 가서 살았습니다. 그곳을 골라서 취한 것이 아니라 마지못해 그랬던 것입니다. 진실로 착한 일을 하면 후세의 자손이 반드시 왕 노릇 하는 자가 있을 것이니, 군자가 나라를 세워 국통을 전하는 것은 그것을 계승하여 나가게 하기 위함입니다. 그러나 성공 여부는 하늘에 달려 있습니다. 임금님께서 저들을 어떻게 하시겠습니까? 힘써 착한 일을 행하셔야 할 뿐입니다(《맹자집주》, 〈양혜왕 하〉, 제14장).

등나라의 문공은 나라를 지키기 위해 당시 그가 택할 수 있던 부국강병과 왕도정치 중 맹자(孟子)의 조언을 좇아 왕도정치를 철저하게 실행했지만 결국 망국의 길을 피하지 못했습니다. 이처럼 유학자들이 수천 년 동안 꿈꾸었던 요순(堯舜)시대가 현실에서는 한 번도 이루어지지 못한 도덕적 당위였듯, 계급과 착취가 없는 평등사회를 외친 사회주의 역시 아직은 이상에 불과하지 않을까요? 제나라와 초나라, 현재의 미국 같은 패권국가들이 왕도정치와 사회주의가 구현

전국시대 등나라 문공도 나라를 지키기 위해 맹자(그림)의 조언대로 왕도정치를 실시했지만, 망국을 피하지 못했다.

되는 이상사회를 추구한 적이 없는데, 하물며 등나라나 한국 같은 약소국이 이상사회를 추구하기란 연목구어(緣木求魚)와 같이 불가능한 일이 아닐까요?

우리 옛 이야기에 호랑이한테 쫓겨 나무 위로 올라간 오누이가 동아줄을 타고 하늘로 올라가 해와 달이 되었다는 이야기가 있습니다. 이 이야기를 통해 약육강식과 적자생존의 법칙이 관철되던 제국주의시대의 역사를 생각해봅니다. 강자이자 적자인 서구나 일본을 호랑이에, 중국과 조선의 유교 지식인을 오누이에, 하늘을 예의염치와 평등이 구현된 이상향에, 그리고 동아줄을 유교나 사회주의에 빗대어 보는 것입니다.

하늘은 왜 오누이에게 호랑이를 물리칠 총을 주지 않고 동아줄을 내려주었을까요? 동아줄을 타고 하늘에 오르는 것은 이야기 속에서나 가능한 일이 아닐까요? 몸은 죽고 영혼만 남은 유교와 사회주의가, 신자유주의라는 호랑이에게서 우리를 지켜줄 총이 될 수 있을까요? 아니면 현실에서는 결코 기대할 수 없는 구원의 동아줄에 불과할까요?

량치차오 주장은 개발독재 논리의 원형

중국이 아닌 서구의 사회주의혁명을 말한 량치차오와, 행동강령이 아닌 미래의 이상을 꿈꾼 캉유웨이는 호랑이를 잡는 총이 아니라 동아줄을 택한 것입니다. 그렇다면 중국과 조선의 개신 유학자들은 몽상가였을 뿐이지요. 몽상가라면 너무 심한 얘기고, 제가 볼 때 이들은 현실에서 구할 수 없는 총 대신 자신들이 스스로 호랑이가 되는 방법을 모색한 보수적 개혁가라고 생각합니다.

박 선생님께서도 캉유웨이와 량치차오가 자신들이 꿈꾼

혁신적인 이상이 중국이 아닌 서구에서나 실현 가능하다고 보아 이를 유보한 한계가 있다는 점을 지적하셨지요. 저는 이러한 유보의 논리가 '아시아적 가치'*를 주장하며 인권과 민주주의를 유보하고 산업화를 앞세우는 개발독재 논리의 원형이라고 봅니

메이지시대 일본의 공장 모습. 캉유웨이나 량치차오의 개혁사상은 메이지 일본에 머물며 체득한 것이다.

다. 물론 개발독재를 옹호하는 사람들이 주장하는 아시아적 가치란 기실 유교적 가치가 아니라, 부국강병과 식산흥업(殖産興業)을 모토로 민주주의를 유보한 일본 군국주의의 가치체계라는 반박이 가능하겠지요.

그러나 사람이란 자신의 견문을 넘어서 생각하기 힘든 법. 캉유웨이나 량치차오의 개혁사상도 메이지 일본에서 머물며

*아시아적 가치
제2차 대전 후 한국과 일본 · 대만 · 홍콩 등 일부 동아시아 나라들이 눈부신 경제 발전을 거듭하자 그 원인을 규명하기 위해 일부 서구 학자들이 제기한 개념이다. 막스 베버가 서구 자본주의 번영의 정신적 토대를 프로테스탄티즘에서 찾은 것처럼, 아시아 국가들의 자본주의적 성장의 원인을 근검절약과 성실 · 가족주의 · 엄격한 위계질서와 같은 유교적 덕목, 즉 '아시아적 가치'에서 찾은 것이다. 이 과정에서 유교는 근대화에 도움을 주는 가치로 재평가되었다.
그러나 1980년대 이후 유교적 전통이 없는 태국이나 인도네시아 등도 자본주의적 성장을 하자, 유교 자본주의론의 입지가 흔들리면서 아시아적 가치에 대한 비판이 제기되기 시작하였다. 특히 지난 1997년 중반 아시아 지역에 불어닥친 금융위기는 아시아적 가치에 대한 강한 회의를 불러일으켰다. 가족과 집안에 대한 지나친 집착이 정실주의와 부정부패로 이어져 금융위기를 가져왔다는 것이다.
실제로 한국이 눈부신 경제 발전을 이룩할 때 강조된 유교적 가치는 충효처럼 현대 시민사회의 수평적 질서에 반하는 수직적 질서에 복종할 것을 강요했고, 이는 개인보다는 전체를 중시하며 개발독재를 정당화해준 측면이 컸다. 그리하여 아시아적 가치란 일본 군국주의 전통, 즉 개체보다 집단의 번영을 도모하는 일본식 가치체계에 지나지 않는다는 비판이 제기되기에 이르렀다.
사실 한국의 박정희 · 싱가포르의 리콴유 · 말레이시아의 마하티르가 주장하는 개발 논리는 일본이 메이지유신 이래 취한 개발 방식을 답습한 것이라는 주장도 있다. 근대화와 경제 성장을 위해 개인의 인권과 민주주의를 잠시 유보해야 한다는 이들의 논리는 유교적 가치라기보다는 독재정권을 옹호하는 일본적 가치에 불과하다는 것이다. 최근 아시아적 가치를 재구성하여 이를 아시아만의 특수한 가치가 아닌 보편적 가치로 편입시키려는 움직임이 일부 학자들 사이에서 일고 있다.

체득한 것임을 유념해야 합니다. 일례로 량치차오의 사례를 살펴보시지요.

량치차오는 1898년 일본에 망명하였다가 한때 도미한 후 1903년 다시 일본으로 돌아와 《신민총보(新民叢報)》라는 잡지를 간행하였습니다. 이때 그는 이 잡지에 〈신민설(新民說)〉을 연재해 우승열패의 사회진화론에 입각한 '정신과 도덕의 혁명'을 주장하고, 전통적 유교 가치를 사실상 부정하는 신민사상을 주창한 바 있습니다. 이처럼 그는 동아줄에 불과한 유교의 옛 이상보다는, 실현 가능한 차선책으로 일본과 같은 호랑이가 되려 했지요. 실제로 량치차오가 체류할 당시 일본에는 보수화된 자본주의 사회를 지탱하는 논리이자, 인종적 불평등과 제국주의를 정당화하는 사회진화론이 팽배한 상태였습니다. 이러한 현실이 그의 사상에 큰 영향을 미친 것은 어쩌면 당연한 일이겠지요.

유교의 황혼은 일본식 근대국가로 귀결

러시아혁명이 일어나기 전까지, 국가주의를 정당화하는 일본의 집단주의적 사회진화론에 많은 영향을 받은 량치차오나 캉유웨이는 자신의 동포들에게 호랑이로 거듭나야 한다고 외쳤습니다. 특히 량치차오의 신민사상은 《신민총보》와 《음빙실문집(飲氷室文集)》을 통해 조선 지식인에게 널리 읽혀졌고 큰 영향을 주었습니다. 안창호(安昌浩, 1878~1938)가 남긴 일화는 그 단적인 예라 할 수 있지요.

삼남(三南) 지방 출신인 유지(有志)가 도산(島山)을 찾아와 나라 일을 하고 싶은데 무엇을 하면 좋겠는지 모르겠다고 할

때에 도산은 '크게 용빼는 일만이 나라 일이 아니오, 량치차
오가 만든 《음빙실문집》이란 책이 있으니 그것을 우선 몇 권
사서 삼남에 있는 유명한 학자에게 주어서 읽게 하시오. 그
것이 나라 일이오' 하고 타일렀다는 것이다(주요한 편저, 《신
정판 안도산전서》, 삼중당, 1971, 87쪽).

특히 안창호는 1907년 자신이 주축이 되어 결성한 비밀결
사의 이름을 신민회(新民會)로 짓고, 그 부속학교인 대성학
교(大成學校)의 교과서로 《음빙실문집》을 채택할 만큼 량치
차오의 영향을 많이 받았습니다.

당시 량치차오와 캉유웨이의 저작을 읽고 '호랑이'가 되
고 싶어한 조선 사람들 가운데는 군국주의와 싸울 수 있는
민족주의를 고취한 이도 있었습니다. 박은식(朴殷植, 1859~
1925)은 모든 사람의 평등을 외친 러시아혁명을 반겼다는 점
에서, 유교와 사회주의를 접목해 좀더 도덕적인 근대를 도모
한 인물이라고 볼 수 있습니다. 그러나 민족혼을 강조한 그
의 민족주의사관과 일본 군국주의를 옹호하는 황국사관은
동전의 양면이었지요. 박은식 역시 힘의 논리가 지배하는 약
육강식의 현실세계에서 자유로울 수 없었던 겁니다.

량치차오의 신민사상은 조선 지식인
에게 널리 알려졌는데, 특히 안창호
(위)는 비밀결사 이름을 신민회로 짓
고, 량치차오의 《음빙실문집》(아래)
을 그 부속학교인 대성학교의 교과서
로 채택할 만큼 많은 영향을 받았다.

또한 량치차오 등의 저작을 매개로 조선에 수용된 사회진
화론은, 다른 한편에서 일제의 지배에 순응하는 논리로 작용
해 패배주의를 촉발하는 결과를 낳았습니다. 이 점은 안창호
가 신민회 결성 당시 국민들에게 "독립은 타력(他力)으로 될
것이 아니라 민족 자체가 독립할 자격이 있은 후에라야 성취
되는 것이요, 자기 힘으로 쟁취한 독립이라야 영구히 지닐
수 있는 것이다"라고 실력양성론을 설파했던 데에서 알 수

1966년 마오쩌둥이 실시한 문화대혁명은 이후 10년간 계속되며 중국의 정치와 경제를 사실상 마비시켰다. 마오쩌둥이 추구한 것이 정녕 유교적 사회주의였을까.

있습니다.

그런 까닭에 유교의 황혼이 동아시아 사회주의의 여명으로 이어졌다는 선생님의 생각에 동의하기 어렵군요. 유교적 사회주의 이상을 추구한 량치차오와 캉유웨이가 택한 것이 정녕 동아줄이었다면, 이들의 이상이 청년 마오쩌둥의 정신적 밑거름이 되었다고 볼 수도 있겠지요. 그러나 마오쩌둥이 전개한 문화대혁명이란 '세기의 실험'은 거대한 역사적 과오로 판명났으며, 1990년 천안문 사건을 무력으로 진압한 중국의 현 정권도 인민보다는 당의 우월성을 강조하는 전체주의적 색채가 짙다는 점에서 인간의 얼굴을 한 근대를 이루어내기보다는 팡리즈의 투쟁이 상징하듯 '인민의 적'으로 역사에 남을 소지가 크다고 봅니다.

'미워하면서 닮아간다'는 말처럼, 인권과 민주주의를 유보하고 산업화를 앞세운 박정희 시대의 한국과 오늘의 중국이 군국주의 일본과 유사하다면, 그리고 한 세기 전 유교 지식인들이 꿈꾼 것이 '호랑이 되기'였다면, 동아시아에서 유교의 황혼은 일본식 근대국가로 귀결되었다고 보는 것이 더 설득력 있지 않을까요? 그렇다면 캉유웨이나 량치차오와 같은 유교 지식인이 꿈꾼 바는 유교의 이상주의나 사회주의적 근대가 아니라 권위주의적 개발독재가 만들어내는 자본주의적 근대였다고 보는 것이 더 타당하지 않을는지요?

봄비가 내리는 수원에서 허동현 드림.

- 권희영, 〈해외 사회주의운동에 대한 역사적 평가〉, 《한국민족운동사연구》 23, 1999.
- 김기승, 〈사회민주주의〉, 《한국사 시민강좌》25, 1999.
- 마오쩌둥 등 중국 혁명가들의 디지털 저서 (번체 원본): http://www.marxists. org/chinese/big5/index.html.
- 박환, 〈중일전쟁 이후 중국지역 한인 무정부주의 계열의 향배〉, 《한국민족 운동사연구》16, 1997.
- 방기중, 《한국 근현대사상사 연구》, 역사비평사, 1992.
- 송영배, 《중국 사회사상사》, 한길사, 1986.
- 신용하, 《박은식의 사회사상 연구》, 한국문화연구소, 1982.
- 유영익, 〈개화파 인사들의 개신교 수용 양태〉, 《한국근현대사론》, 일조각, 1992.
- 유준기, 《한국 근대 유교 개혁운동사》, 삼문, 1994.
- 윤경로, 《한국 근대사의 기독교사적 이해》, 일신사, 1992.
- 이광린, 〈개화파의 개신교관〉, 《한국 개화사상 연구》, 일조각, 1979.
- 이광린, 〈구한말 진화론의 수용과 그 영향〉, 《한국 개화사상 연구》, 일조 각, 1979.
- 이만열, 《한국 기독교와 민족의식》, 지식산업사, 1991.
- 이성규, 〈중국 대동사상의 역사적 전개와 그 특징〉, 《한국사 시민강좌》10, 1992.
- 인터넷 孟子集註 : http://www.dubest.net.
- 지수걸, 〈제7차 교육과정 한국 근현대사 준거안의 문제점〉, 《역사교육》79, 2001.
- 최기영, 《식민지시기 민족지성과 문화운동》, 한울, 2003.
- Levenson, J. R., "Confucian China and its Modern Fate," California, 1965.
- Schwartz, B. I., "Chinese Communism and the Rise of Mao," Harvard University Press, 1968.
- Pusey, James R., "China and Charles Darwin," Harvard University, 1983.
- Snow, Edgar, "Red Star Over China," Grove Press, 1973.
- 《梁啓超選集》, 上海 인민출판사, 1984.

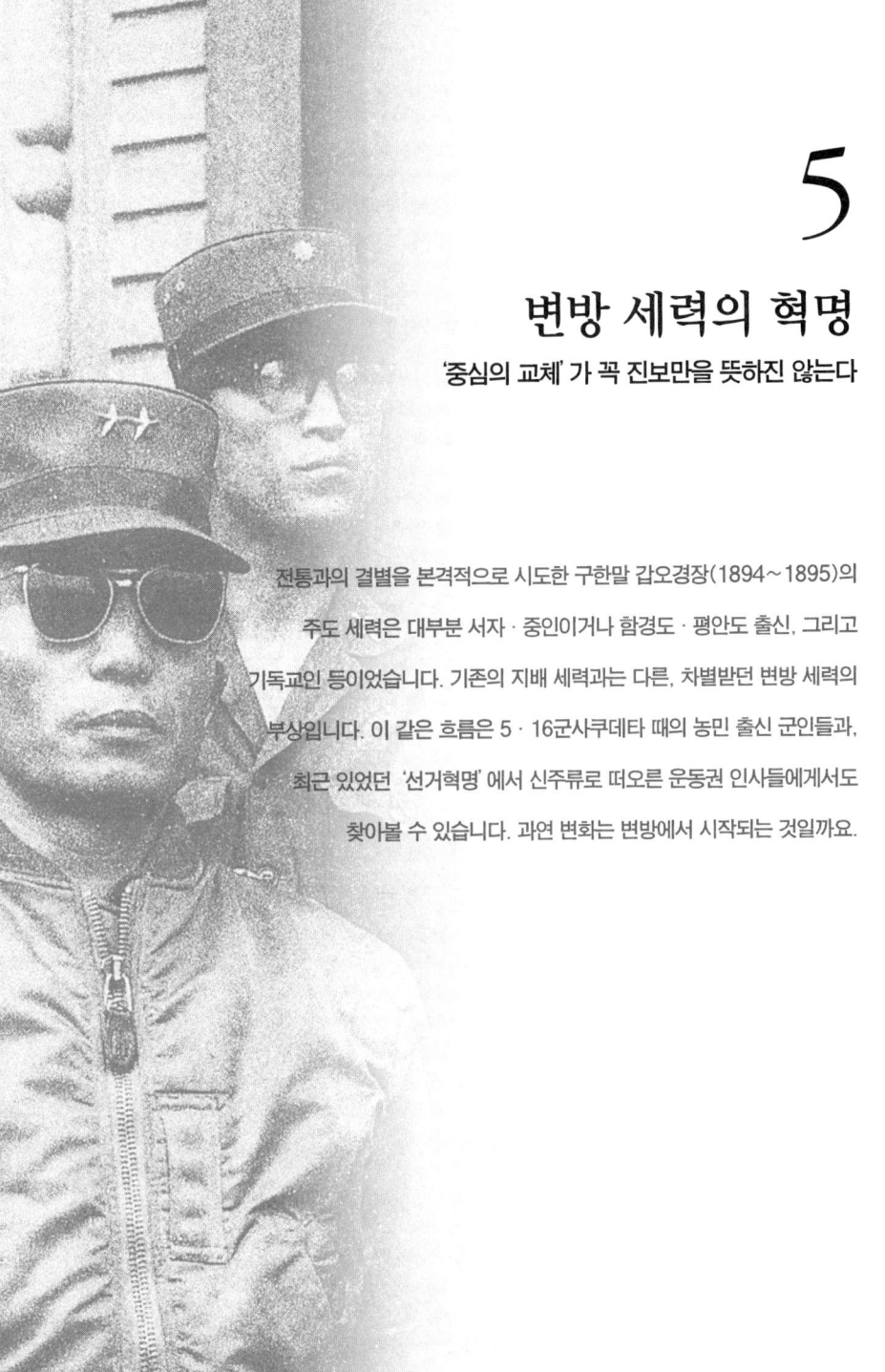

5

변방 세력의 혁명

'중심의 교체'가 꼭 진보만을 뜻하진 않는다

전통과의 결별을 본격적으로 시도한 구한말 갑오경장(1894~1895)의

주도 세력은 대부분 서자·중인이거나 함경도·평안도 출신, 그리고

기독교인 등이었습니다. 기존의 지배 세력과는 다른, 차별받던 변방 세력의

부상입니다. 이 같은 흐름은 5·16군사쿠데타 때의 농민 출신 군인들과,

최근 있었던 '선거혁명'에서 신주류로 떠오른 운동권 인사들에게서도

찾아볼 수 있습니다. 과연 변화는 변방에서 시작되는 것일까요.

|구한말의 변혁 세력, 개화파|

개화(開化)라는 용어는 본래《주역》에 나오는 '개물성무(開物成務) 화민성속(化民成俗)'에서 비롯한 말로, 모든 사물의 지극한 곳까지 궁구(窮究)·경영하여 일신(日新)하고 또 일신하여 새로운 것으로 백성을 변하게 하여 풍속을 이룬다는 뜻이다. 조선왕조 말기에는 민족적 위기에 맞서 나라와 백성을 자주적으로 근대화하고 변혁해서 진보한다는 뜻으로 사용되었다. 초기 개화사상은 화이론적 세계관의 극복과 자주적 개국론, 인간평등사상, 그리고 부국강병과 이용후생에 대한 관심 등 북학론을 원형으로 삼았으나, 개항 이후 외부 문물과 접하면서 근대 부르주아사상으로 변모하였다.

구한말의 대표적인 개화파로는 김옥균·박영효·유길준 등이 손꼽히는데, 이들은 중세적 신분관을 극복하고 천부인권설에 기초하여 국민참정권을 주장함으로써 근대적 국민 민족의식 형성의 단초를 보여주었다. 개화파는 대체로 1870년대에 형성되기 시작하여 1880년대 정부의 개화정책 실시와 함께 본격적으로 정계에 등장하였다. 특히 김옥균·박영효 등이 개화승 이동인을 일본에 밀항시킨 1879년은 개화파 성립의 결정적 계기로 간주된다.

1882년 임오군란 이후 정변을 꿈꾸는 급진파와 온건파가 분리되었는데, 온건개화파는 그 절충적 성격 때문에 개량(改良) 양무(洋務) 시무(時務)개화파, 혹은 동도서기파(東道西器派) 등의 다양한 이름이 붙여졌다. 김윤식·김홍집으로 대표되는 이들 온건파는 대체로 청나라의 보호 아래 청의 양무론적 방법으로 점진적 계량적인 근대화를 지향하였다.

반면 급진개화파는 일본의 메이지유신을 근대화의 모델로 삼고 청으로부터의 독립과 유교적 전통의 완전 폐기를 주장했다는 점에서 온건파와 구별되었다. 또한 민씨 정권과 타협하여 개혁을 추진하자는 온건파와 달리 민씨 정권을 타도 대상으로 삼았다는 점도 다른 점이다. 주요 인물로는 김옥균·박영효·홍영식·서광범·서재필·윤치호 등이 있다. 이들은 대부분 집권 양반인 노론 벌열 가문의 자제들로서 화려한 문벌 배경을 가진 젊은 엘리트 집단이었다. 이들은 임오군란 이후 청의 압력으로 온건파가 득세하면서 개화에 제동이 걸리자 이에 반발하여 갑신정변을 일으켰다. 정변 실패 후에는 모두 일본 등지로 망명하였다.

"혁명 결과보다는
방법과 과정이 중요해 "

변방에서 중심으로, 갑신정변부터 '선거혁명'까지

안녕하세요, 박노자 선생님.

'변화는 변방에서'라는 말이 새삼 가슴에 와 닿는 시대입니다. 그리스 도시국가 가운데 세계제국을 건설한 것은 아테네나 스파르타 사람들에게 야만인 취급을 당하던 마케도니아의 알렉산더 대왕이었고, 한 세기 전 동북아에서 서구 문물을 가장 먼저 받아들여 근대국가로 거듭난 것도 중국인과 한국인들이 섬 오랑캐라고 멸시하던 일본이었습니다. 이러한 사례는 우리 역사 속에서도 찾을 수 있습니다. 고구려·백제·신라 중 삼국을 통일한 최후의 '승자'는 변방 취급받던 신라였고, 한 세기 전 기독교와 신학문을 가장 적극적으로 받아들인 사람들은 천대받던 평안도와 함경도* 사람들이었지요.

안정된 사회에서는 새로운 세상을 꿈꾸는 주변인들이 힘을 갖기란 불가능하지요. "아비를 아비라 못 하옵고 형을 형이라 못 하오니, 어찌 사람이라 하겠습니까." 변방과 중심의 중간에 어정쩡하게 서 있던 반쪽 양반 홍길동. 호부호형(呼

*평안도·함경도에 대한
차별대우
조선시대에 평안도와 함경도 사람들을 차별한 이유를 입증하는 문헌자료는 없다. 오히려 이이(李珥)는 이 지역 사람들을 등용할 것을 상소한 적이 있고, 인조가 이 지역 사람들을 균용(均用)하라는 교지를 내린 기록을 찾아볼 수 있다. 그럼에도 실제로는 이 지역 사람들을 중용하지 않는 것이 일종의 불문율이었다. 평안·함경도 지역 사람들이 등과(登科)한 예는 《국조방목(國朝榜目)》에서 많이 찾아볼 수 있지만, 정3품 이상의 당상관에 오른 사람은 단 한 명도 없었다.
이중환(李重煥)은 "국속(國俗)이 문벌을 중히 여겨 서울 사대부는 서북인과 혼인하거나 대등하게 사귀지 않았고, 서북인 또한 감히 사대부와 더불어 대등한 교제를 하지 않았다"고 기술했다. 이러한 차별대우가 원인이 되어 폭발한 것이 홍경래의 난(1811)이다.

고종의 초상을 그려 정삼품에 오른 구한말의 대표적 화가 조석진(趙錫晋, 1853~1920)이 그린 갑오경장 당시 군국기무처(軍國機務處) 회의 모습. 군국기무처는 당시 '국내 대소 사무를 전결' 하던 기구로 의원 수는 총재 1인을 포함해 21명이었다. ⓒ 이화여자대학교 박물관

父呼兄)조차 못 하는 자신의 처지에 한을 품고 가출한 그는 기문둔갑(奇門遁甲)의 도술을 익혀 조선 팔도를 휘젓지만 결국 양반들의 세상을 뒤집지 못하고 율도국이란 상상 속의 이상사회로 떠나버리고 맙니다.

기존의 권위가 무너지고 새로운 질서가 형성되는 변혁기는 주변인(marginal intelligentsia)들이 꿈을 이룰 수 있는 좋은 기회입니다. 갑신정변(甲申政變, 1884), 갑오경장(甲午更張, 1894~1895), 4.19혁명(1960), 5.16군사쿠데타(1961), 그리고 2002년의 '선거혁명' 은 변방에 머물던 주변인들이 중심으로 진입한 역사적 사건들이지요.

33세의 김옥균(金玉均, 1851~1894)을 필두로 29세의 홍영식(洪英植, 1855~1884), 25세의 서광범(徐光範, 1859~?), 23

세의 박영효(朴泳孝, 1861~1939), 20세의 서재필(徐載弼, 1866~1951) 등은 약관의 나이에 갑신정변을 일으켜 비록 '삼일천하'이긴 했지만 권력을 잡았습니다.

갑오경장을 주도한 이들 역시 예전에는 권력의 핵심에 진입할 수 없었던 서자 김가진(金嘉鎭, 1846~1922)·안경수(安駉壽, 1856~1900)·윤웅렬(尹雄烈, 1840~1911), 중인 정병하(鄭秉夏, 1849~1896)·고영희(高永喜, 1849~?), 함경도와 평안도 출신 김학우(金鶴羽, 1862~1894)·장박(張博, 1849~?), 그리고 기독교 신자 서재필(徐載弼, 1866~1951)·윤치호(尹致昊, 1865~1945)였습니다.

4.19혁명 때에는 또 어땠습니까? 혁명에 힘입어 정권을 잡은 민주당 신파는 평안도 출신 기독교인들과 홍사단 계열의 인사, 그리고 1952년 부산정치파동 이후 이승만과 결별한 관료나 법관 출신 인사들로, 전라도 지역의 지주 출신 정치인들이 대다수인 구파에 비해 10여 년 연하의 비주류 신진 소장 세력들이었습니다. 5.16군사쿠데타를 일으킨 군인들 역시 정상적인 방법으로는 주류 사회에 편입할 수 없는 농민의 아들들이었으며, 20~30대가 주도한 선거혁명 덕에 요즘 신주류로 떠오른 운동권 인사들도 한때 사형을 언도받을 만큼 핍박받은 바 있습니다.

갑오경장 역시 서자 김가진(위)과 기독교 신자 서재필(아래) 등 권력의 핵심에서 밀려나 있던 이들이 주도한 혁명이다.

갑신정변 · 갑오경장과 5.16쿠데타의 공통점

"모로 가도 서울만 가면 된다." 시대적으로 불가피한 개혁이라는 명분을 내세워 일본과 야합한 갑신정변·갑오경장의 추진 세력과, 집권욕에 사로잡혀 헌정 질서를 무너뜨린 5.16 군사쿠데타의 주도 세력은 여러 모로 비슷한 점이 많더군요.

기존의 권위가 무너지고 새로운 질서가 형성되는 변혁기는 주변인들이 꿈을 이룰 수 있는 좋은 기회입니다. 그러나 과정과 방법이 옳지 않아도 결과만 좋으면 되는 걸까요?

위로부터의 근대국가 수립과 외자 도입을 통한 경제 개발을 중심으로 하는 이들의 국가 발전 전략은, 비민주적 특징을 갖는 일본형 국민국가를 발전 모델로 삼았다는 점에서, 그리고 양반 혹은 군부와 재벌 같은 집권 세력의 이익만을 지키려 했다는 점에서, 시공을 뛰어넘는 공통의 한계를 갖고 있습니다.

수단과 방법, 과정과 절차가 옳지 않아도 결과만 좋으면 되는 것일까요? 이들은 신출귀몰한 홍길동도 이루지 못한 꿈을 현실에서 이뤄냈습니다. 하지만 이들의 성취가 외세(갑신정변과 갑오경장)와 총칼(갑신정변 · 갑오경장과 5.16)에 의한 것이라면 동기가 아무리 좋았다 해도 면죄부를 줄 수는 없을 겁니다.

이번(2002년) 선거혁명은 그 주도 세력이 20~30대였다는 점에서 갑신정변과 유사하고, 청나라와 미국 같은 외세와 동등한 관계 수립을 지향했다는 점에서는 갑신정변 · 갑오경장과 비슷합니다. 그리고 기성 질서에 대한 개혁을 외친다는 점에서는 갑신정변 · 갑오경장 · 5.16군사쿠데타와 유사합니다. 그러나 변혁을 위한 수단이 총칼이 아닌 투표라는 평화적 방법이라는 점에서, 또 촛불 시위가 상징하듯 외세에 의존하지 않는 자존을 꿈꾼다는 점에서, 과거의 혁명과 크게 다릅니다.

1961년 박정희가 주도한 군사쿠데타는 평화적 방법이 아닌 총칼로 변혁을 꾀하고, 산업화 위주의 근대화 프로젝트를 추진했다는 점에서 갑신정변과 갑오경장에서 그 연원을 찾을 수 있다.

거시적으로 볼 때, 인권이 사상된 산업화(부국강병) 위주의 근대화 프로젝트를 추진한 5.16군사쿠데타의 연원을 갑신정변과 갑오경장에서 찾을 수 있다면, '시장경제와 민주주의의 병행 발전'을 내건 김대중정권과 노무현정권은 제2공화국 장면정권의 연장선상

'민주주의를 사수하자'는 플래카드를 들고 거리로 나온 동성중고등학교 학생들. 10~20대 학생들이 주도한 1960년의 4.19혁명은 제2공화국 장면정권의 탄생으로 이어져 자주적 통일운동의 시발점이 되었다.

에 위치한다고 여겨집니다. 사실 이번 선거혁명은 '이 땅에서 최초로 성공한 시민민주혁명'이자, 한반도의 분단 상황을 주체적으로 극복해 자주적 통일을 모색한 통일운동의 시발점이던 4.19혁명과 매우 유사합니다. 또한 10~20대 학생들이 주도한 4.19혁명에 힘입어 세워진 제2공화국 장면정권과 20~30대 시민들이 이끈 2002년의 선거혁명의 결과 집권한 노무현정권의 역사적 성격도 매우 비슷하다고 봅니다.

왜냐하면 두 정권을 일구어낸 사람들이 민주주의와 시민사회의 구현을 열망하는 청년 세력이라는 점, 집권을 지원해준 지지 세력들이 단순한 정권 교체가 아닌 정치·사회·경제 구조의 근본적 개혁을 요구한다는 점, 정책의 기본 방향이 정치·사회·경제 제 부분의 민주화와 대외적인 자주를 도모한다는 점, 정권을 담당했던 민주당 신파와 운동권 출신 인사들이 그 신분적 주변성에서 비슷하다는 점, 그리고 이들은 당초 미국이 원하던 카운터파트(counterpart)가 아니었다는 점에서 그 유사성을 찾아볼 수 있기 때문입니다.

시민사회 구현 모델, 제2공화국 치세

1957년 이후 미국이 원한 파트너는 자유당 온건파를 대변하는 이기붕(위)과 민주당 구파 조병옥의 연합이었다.

종래의 통념과 달리 1957년 이후 미국이 생각한 이승만 이후 집권자는 부통령 장면(張勉, 1899~1966)이 아니라 자유당 온건파를 대변하는 이기붕(李起鵬, 1896~1960)과 민주당 구파 조병옥(趙炳玉, 1894~1960)의 연합이었다는 것이 최근 미국측 기밀문서에서 밝혀졌습니다. 장면 정부가 추진한 '10만 감군'과 남북화해정책 등은 한반도를 반공의 보루로 삼으려 한 미국의 세계 전략이나 입맛에 맞지 않았습니다.

그러나 40여 년 전에 시도된 다원화된 시민사회 정착과 대외적 자주의 꿈은 내부적으로는 보수 · 반동 세력인 군부의 5.16군사쿠데타와 민주당 구파의 야합에 의해, 대외적으로는 한국의 공산화를 우려한 미국의 쿠데타 세력 지지로 인해 붕괴되고 말았습니다. 지금까지 알려진 바와 달리, 5.16쿠데타 당시 장면은 수녀원에 숨어만 있었던 것이 아니라, 미국측과 연락을 취하면서 쿠데타 진압을 요청했습니다. 그러나 미국은 정당한 민간정부를 버리고 군부를 지지했던 것이지요. 결국 제2공화국*의 붕괴와 함께 민주와 통일을 지향한 4.19혁명은 정치 · 사회 구조의 변혁을 이루는 데는 실패한 '미완의 혁명'으로 끝나고 말았습니다.

그러나 현재 우리 사회가 지향하는 바가 오랜 권위주의 정부의 통치 유산을 탈피해 다원적 시민사회, 민간 자율의 경제 구조, 화해와 관용의 정신을 통한 국민 통합에 있다면, 장면과 제2공화국은 정신사적 차원에서 이러한 제도와 가치들을 한국사상 최초로 실천하려 한 정치가이자 정권으로 평가되어야 마땅하다고 봅니다. 민주주의에 입각한 다원화된 시민사회의 구현을 다시 한 번 시도하고 있는 오늘의 우리에게

*제2공화국, 어떻게 보아야 하나

한국 헌정사상 유일무이하게 내각책임제를 택했던 제2공화국은 1960년 4·19혁명의 결과 수립되어 5·16군사쿠데타로 붕괴되었다. 1960년 8월 23일 출범한 장면(張勉) 내각이 다음해 5월 18일 임시 국무회의에서 내각 총사퇴를 의결할 때까지 약 9개월간 존속한 것이다. 소위 이승만의 '민주독재' 와 박정희의 '군사독재' 중간에 자리한 이 짧은 기간은 한국사상 최초로 민주주의가 꽃핀 '황금시대' 였다고 할 수 있다.

제2공화국은 정치적으로 자유당 일당 독재에 맞서 국민 참정권 회복과 다원적 민주사회 확립을 도모하였으며, 관료 공채제도를 최초로 시행하여 관료의 전문화와 효율화를 꾀한 바 있다. 또한 장기적인 경제 개발계획을 입안·실천하여 국민소득 증대와 국부 증강을 도모하되, 이를 관이 주도한 것이 아니라 민간 자율 방식으로 실천하려 하였다.

사회적으로는 자유당 독재체제하에서 위축되어 있던 이익집단과 사회단체들의 분출하는 이익 추구 욕구를 권위주의적 방식으로 억누르지 않고, 대화와 협력을 통한 자율적 해결을 종용하는 정책을 구사하였다.

이 밖에도 제2공화국은 이승만 체제하의 반공주의적 무력통일론의 차원을 넘어서는 남북한의 화해와 협력을 통한 통일 기반 조성과 유엔 감시하의 남북한 자유선거를 통한 통일 방안을 제기하는 등 합리적이면서도 국제적 지지를 얻을 수 있는 분단 해소 노력을 전개하였다. 나아가 신생 대한민국 건국 과정에서 유엔의 한국 승인을 얻어내는 데 결정적 역할을 수행했으며, 이승만정권 때 왜곡된 한일 관계를 정상화하려고 하는 등 국제 사회에서 한국의 국제적 지위와 위상을 높이려 하였다.

이처럼 제2공화국의 치세는 다원화된 시민사회의 확립과 민간 주도형 경제 건설, 관용과 대화의 정신, 합리적 통일 방향 제시, 국제 사회에서의 위상 재고 등의 목표를 보편적인 방향과 원칙하에서 실천하려 한 선각적 시대였다. 그러나 이 이상과 꿈은 군부 쿠데타에 의해 좌절되었고, 이후 제2공화국은 부패하고 무능한 정권으로 왜곡·선전되기도 했다.

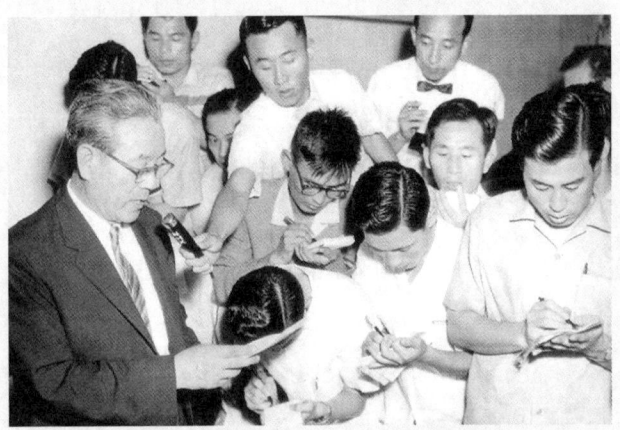

총리 인준 후 첫 기자회견 때 "구정권의 독소를 제거하고 장기 경제 개발에 노력하는 것이 새 정부의 임무"라는 요지의 성명을 발표하는 장면. ⓒ 운석장면기념회

제2공화국의 치세는 우리를 이끌어주는 이정표이자 좌표로서 기능한다고 보기 때문입니다.

이런 점에서 4.19혁명 이후 방종에 가까운 시민들의 자유 구가가 사회적 혼란을 야기하는 상황 속에서도 물리적인 힘에 의한 질서 유지보다 시민들에게 자율적 각성의 시간을 주려고 했다던 장면의 회고가 가슴에 와 닿습니다.

연일 계속되는 데모로 인해 사회가 혼란에 빠졌지만, 민주당이 집권한 후 집권 전의 공약을 위배할 수가 없었다. 내각책임제를 실시하면서 국민의 자유를 박탈하고 독재적인 수법으로 정권을 유지한다면, 이는 국민을 배신하는 것밖에 다른 변명이 있을 수 없다. 우리는 혼란기라 해서 국민을 배신할 수 없었다. 정권을 잡은 우리로서 무슨 핑계로든지 계엄령을 선포할 수 있었다. 그렇지만 '총검에 의한 외형적 질서' 보다도 '자유 바탕 위의 질서' 가 진정한 민주적 질서라고 믿었기 때문에, 오랫동안 자유당 정권하에 억눌렸던 국민들이 자유가 허락된 이때에 쌓이고 쌓였던 울분을 한 번은 마음껏 발산시키고 나서야 가라앉을 것은 어찌할 수 없는 뻔한 일이라고 보았기 때문에 은인자중한 것이다. '국민이 열망하던 자유를 한번 주어보자' 는 것이 민주당 정부의 이념이었다. 갈수록 혼란을 더해가는 사회 상황 속에서 우리는 철권으로 억압하는 대신 시간으로 다스리고자 했다. …… 귀와 입으로 배운 자유를 몸으로 배우게 하려는 의도였다. 이론과 학설로 배운 자유는 혼란을 일으키지만 경험으로 체득한 자유는 진정한 민주주의의 단단한 초석이 되는 것이다. 자유가 베푼 혼란과 부작용에 스스로 혐오를 느낄 때 진실한 자유를 얻는 것이다

(《한 알의 밀이 죽지 않고는》, 가톨릭출판사, 1999, 76~77쪽).

20 · 30대의 혁명 뒤에는 50 · 60대의 희생이

이러한 시민의 자각에 기반한 진정한 자유민주주의의 구현이라는 장면의 정치사상은 한국의 민주주의 발달 과정에서 좌표로 기능한 등대였다고 볼 수도 있지 않을까요? 그가 남긴 "우리의 성의는 미처 결실을 보기 전에 끝내 무참히 짓밟혔다. 민주주의는 한 사람의 총리나 각료들의 헌신적인 노력만으로 이루어지지 않는다는 것을 우리는 뼈에 새겼다. 아무래도 전국민이 합심해서 이끌어야 하는 하나의 수레와 같은 것이다. 한 사람이라도 더 협력할 때 수레바퀴는 잘 구른다"는 경구는 한국의 자유민주주의 발전에 아직도 유효한 처방이라고 생각합니다.

중심의 교체 그 자체가 개혁이고 발전이 될 수 없음은, 이른바 '개혁'이 과거의 탄압과 차별에 대한 한풀이 수단으로 악용된 우리 역사의 경험을 통해서도 알 수 있습니다. 주도 세력의 수(갑신정변 100여 명, 갑오경장 1,000여 명, 5.16군사쿠데타 3,600명, 선거혁명 전체 유권자 3,499만여 명의 48.9퍼센트에 해당하는 1,201만 4,277명)가 상징하듯, '신주류'들은 자신들에게 주어진 권력이 제 힘으로 얻은 것이 아니며, 자신들은 20~30대의 꿈을 이루어줄 대표에 불과하다는 점을 잊지 말아야 할 것입니다. 여기서 한 걸음 더 나아가 뜻을 달리하는 사람들과도 대화와 타협으로 생각의 차이를 줄이며 더불어 살아가는 새로운 관용(寬容, tolerance)의 전통을 세울 수 있다면 금상첨화이겠지요.

이처럼 총칼이 아닌 인터넷을 무기로 선거혁명을 주도한

20~30대의 성취 이면에는, 남북분단의 비극과 군사독재의 질곡 아래서 묵묵히 제 몫을 다한 50~60대 국민들의 희생이 있었다는 사실을 잊지 말아야 할 것입니다.

봄이 다가오는 수원의 연구실에서 허동현 드림.

평등사상 없는 혁명은
'진보'가 될 수 없어

격변기의 '변방인' 진출은 역사 법칙

허동현 선생님, 안녕하십니까?

'변방'과 '중심'의 시각에서 개화기를 비롯한 한국 역사 전반을 조감해보는 것은 대단히 유의미한 접근 방법이라고 생각합니다. 사실 구한말의 '문명 개화'는 여러 차원에서 주류 교체를 의미했습니다. 지리적으로 여태까지 무시해왔던 평안도와 함경도 출신들이 오래간만에 기를 펼 수 있게 됐고, 30대의 양기탁(梁起鐸, 1871~1938)이나 20대 후반의 신채호(申采浩, 1880~1936) 같은 이들이 1900년대의 여론을 주도하는 언론인·명(名) 논객이 됐으며, 종교적으로는 불교 신앙이 깊었던 개화의 제1

1885년 초 일본 망명 시절의 갑신정변 주역들. 왼쪽부터 박영효·서광범·서재필·김옥균·홍영식(동그라미 안). 갑신정변은 변방에 머물던 주변인들이 중심으로 진입한 대표적인 사례로, 비록 '삼일천하'이지만 이들은 권력을 잡는 데 성공했다. ⓒ 국사편찬위원회

세대(김옥균·서광범·유대치 등)와 기독교로 개종한 제2세대(윤치호·서재필·이상재 등)가 유교 중심의 기존 판도를 획기적으로 바꾸었으니까 말이죠.

여기에다 비록 일부에 국한된 현상이긴 했지만, 상한(常

불교 신앙이 깊었던 서광범(위) 등 개화 1세대와 기독교로 개종한 이상재(아래) 등 개화 2세대는 유교 중심의 기존 판도를 획기적으로 바꾸었다.

漢, 평민)에서 임금의 최측근으로 벼락출세한 이용익(李容翊, 1854~1907) 같은 극적인 신분 이동 사례까지 고려한다면 그 야말로 다차원적인 주류 교체 현상이 일어났다고 말할 만합니다.

아시다시피 우리가 통상 사대부 명망가 또는 양반 지주 출신으로 알고 있는 당시의 주역들 가운데 상당수는, 알고 보면 진정한 의미의 지배 엘리트와는 약간 거리가 있는 층에 속했습니다.

예컨대 유길준(兪吉濬, 1856~1914)은 조선 초·중기의 명문가로 손꼽히는 기계(杞溪) 유씨 집안 출신임에도 불구하고, 가정환경이 별로 넉넉하지 않은 걸로 알려져 있습니다. 당대의 세도가인 안동 김씨와 풍양 조씨에 밀려 유길준의 할아버지는 고을 원, 아버지는 종9품의 참봉(參奉) 같은 외직, 말직밖에 얻지 못했기 때문입니다. 유길준의 출세는 가정적인 배경에 힘입었다기보다는, 그의 실력을 일찍 알아준 노론의 거두 박규수(朴珪壽, 1807~1876)와의 만남이 크게 작용했습니다. 물론 열려 있는 사고로 초기 개화파들의 인정을 받은 점도 빼놓을 수 없겠지요.

이렇듯 가정환경이 그리 넉넉하지 않음에도 '재주 있는 사람'으로 인정받아 출세가도를 달리는 것이 당시 양반 출신 개화파들의 한 특징이었던 것 같습니다. 유길준이야 그래도 서울의 북촌에서 태어나고 자랐지만, 어윤중(魚允中, 1848~1898)은 충북 보은의 가난한 시골 양반의 자제였습니다. 신채호의 가문도 그 조상이 유명한 문신·학자인 신숙주(申叔舟)라는 점을 자랑으로 삼았지만, 신채호의 아버지가 벼슬이 없는 충북 청원의 한사(寒士)였기 때문에 신채호는 어린 시절 거의 콩죽으로 끼니를 이을 만큼 어렵게 살았습니다. 사회의 생산 기반과 지배 이데올로기가 본격적으로 바뀌는 격변기마다 이와 같은 '변방인의 대(大) 진출'이 보이는 것이 바로 역사의 법칙이겠지요?

박은식 등 개신 유림은 변방인 아닌 준엘리트

그러나 과연 '변방인'이라는 명칭이 당시 중앙 무대로 진출한 신진들의 성격을 정확하게 말해주는지는 의문스럽습니다. 예컨대 개신 유림을 대표하는 이데올로그(idéologue, 대표적 이론 지도자) 박은식은 차별받던 황해도 출신인 데다, 조선왕조 내내 뚜렷하게 벼슬을 한 경력이 없는 향반(鄕班) 가문에서 태어난 사람이었습니다. 자랑스러운 족보도, 벼슬도, 과거 급제의 기록도 없는 시골 서당의 훈장 집에서 태어난 박은식은 조선시대 양반 엘리트의 기준으로 볼 때 변방인임이 틀림없지요. 그러나 구한말 평민의 처지에서 보면, 여유 있는 시골 부잣집에서 태어나 어릴 때부터 한문을 완벽하게 익혔을 뿐만 아니라, 나중에 위정척사파인 스승 박문일(朴文一)을 통해 집권 민씨 족벌에 줄을 댈 수 있었던 그는 당대 사회의 '대인(大人)'이자 또 한 명의 지배자였을 것입니다. 마찬가지로 땔감이 없어서 며칠씩 냉방에서 지내야 했던 신채호의 가족 역시 구한말 엘리트의 기준으로 볼 때 분명히 변방에 속했지만, 사간원의 정6품 벼슬(正言)을 지낸 신채호의 조부와 친했던 갑오 내각의 내부·법부·학부대신 신기선(申箕善)의 추천으로 1898년 가을 성균관(당시에는 경학원이라고 명명됐음)이라는 조선의 최고 학부에 들어갈 수 있었던 신채호의 처지는 그 시대 평민의 그것과는 확연히 달랐습

개화기 때 평민에서 임금의 최측근으로 벼락출세한 이용익은 신분 상승의 극적인 사례이다.

니다.

학술적인 용어를 쓰자면, 박은식이나 그와 가까웠던 대다수의 개신 유림들은 집권 엘리트를 밀어내 그 자리를 대신 차지해보려는 준(準)엘리트(subelite)였던 셈입니다. 엘리트였기에 신(新) 서적을 읽어 새로운 패러다임을 익힐 수 있었고, 집권 집단의 정식 멤버가 될 수 없었기에 새로운 패러다임에 의거한 사회의 대대적인 '구조 재조정'을 도모하지 않을 수 없었던 것입니다.

물론, 허동현 선생님께서 지적하신 것처럼 그들이 추구한 사회 재편이 나름대로의 긍정적인 의미도 지닐 수 있습니다. 그러나 기존 엘리트보다도 선민의식과 자기 확립에 대한 욕망이 강했던 그들이 진정한 의미의 변방인이었다고는 생각하지 않습니다. 그들은 오히려 사회의 서민과 약자들 위에 군림하며 서민들의 이해관계는 거의 고려하지 않았습니다. 박은식의 예를 한번 볼까요.

그는 실학자들의 전통인 투철한 애민(愛民)사상을 갖고 있었지만, 그건 어디까지나 윗사람으로서 아랫사람을 어루만지는 방식이었지 자신을 민(民)의 한 구성원으로 보는 것은 절대 아니었습니다. 그가 설파한 교육입국(敎育立國)의 구체적인 내용을 보면, 국가의 부강을 위한 국가사상(국가주의)과 기술 지식의 보급이 주된 내용입니다.

'교육 구국'의 본질은 자본주의적 부국강병책

박은식은 1908년 12월 《서북학회월보》 제1권 제7호에 발표한 '우리 나라를 누가 구제할 수 있는가? 우리 인민을 누가 살릴 수 있는가? 그것이 바로 실업학가다[孰能求吾國者며

개신 유림을 대표하는 박은식은 황해도 향반 가문 출신으로 변방인의 조건을 두루 갖추고 있지만, 구한말 평민의 눈으로 보면 또 다른 지배자였다.

執能活吾衆者오 實業學家가 是로다'라는 글에서 다음과 같이 교육의 목적과 이상을 설파한 바 있습니다.

우리 개화기 때 중앙 무대로 진출한 신진들을 '변방인'이라고 부를 수 있을까요? 또 당시의 계몽운동에 현실주의적·자본주의적 근대화 이상의 의미를 부여할 수 있을까요?

지금 우리는 가없는 큰 바다에서 표류하고 있는데, 바람과 물결이 갈수록 심해져가고 있다. 뭍이 보이지 않는다. 하늘을 우러러보면서 '우리를 살려다오, 우리를 살려다오!'라고 외치는데, 짙은 안개 속에 빠지고 날아가는 모래에 가려져 시력이 더욱 더 약해지기에 앞으로의 길은 분명하지 못하다. 허공을 향하여 '우리를 인도해다오, 우리를 인도해다오'라고 외치는 것은 인지상정인데, 우리 나라의 목하 사정은 바로 '살려달라! 인도해달라!'라고 간절히 부를 만한 것이다. 어디를 향해서 (도움을) 물색할 것인가? 필히 학문 세계를 향해서다. 학문 세계를 말하자면 …… 나라를 구하고 백성을 살리는 가장 긴요한 요소가 되는 것은 바로 실업(實業) 교육이다. 대저 나라의 승패는 빈부 강약에 있는 것인데 나라나 사람들이 무엇을 갖고 부강해지는가? …… 그것이 실업 교육의 발달 여부에 달려 있다.

지금 세계의 가장 부강한 나라는 바로 영국인데, 원래 영국은 유럽의 소국이었다. 영국이 …… 최근 수십 년 동안 수만 리에 걸친 식민지를 개척할 수 있었던 비결은 …… 바로 다른 나라보다 실업의 이권(利權)이 먼저 비상히 발달됐기 때문이다. …… 유럽에서 무위(武威)를 떨친 피터(Peter) 1세 대제도 …… 제왕의 존위를 생각하지 않고 조선소에서 기술자로 일한 이유는, …… 제조 공업이 부국강병의 가장 중요한 요소이기 때문이다. …… 만약 독일이 크루프(Krupp, 克

魯朴)의 대포를 …… 만들지 못했다면 비스마르크(Bismarck) 의 정략과 몰트케(Moltke)의 군략으로는 프랑스를 이기기가 힘들었을 것이다. …… 우리 나라를 구할 사람은 실업 교육 가이니 사회의 자본가와 유지들이 자본을 모아 여러 가지 사 업을 발달시키는 데에도 힘을 써야 되지만, 청년을 외국에 파견하여 실업 학문을 많이 체득하여 국가의 부강과 민생의 쾌활도 함께 도모해야 한다(현대 한국어로 간추려 번역했음― 인용자 주).

마치 크나큰 바다에서 짙은 안개에 갇혀 노도에 빠져드는 배처럼, 점차 망해가는 나라에서 구국의 방안으로 기술 교육 의 진흥을 촉구하는 박은식의 애타는 애국심은 분명히 존경 할 만합니다. 그러나 그의 궁극적인 이상이 과연 무엇이었습 니까? 생존경쟁에서 강자가 약자를 잡아먹는 것을 자연의 법칙으로 생각한 그는, 우리 나라도 많은 식민지를 개척한 영 국이나 프랑스를 이긴 독일 못지 않은 열강이 되기를 기원했 습니다. 크루프의 대포처럼 위대한 무기를 만들고, 비스마르 크나 몰트케 장군·피터 대제와 같은 무자비한 리더의 지도 아래 세계에서 무위(武威)를 떨치기를 기원했던 것이지요.

그가 꿈꾼 부강하고 병력이 강한 나라에서는 재능 있는 청 년들을 외국에 유학 보낼 수 있는 자본가와 유지들이 위에서 군림하는 것이 당연했습니다. 또 비스마르크의 독일처럼 강 력한 나라를 만들려면 당연히 독일을 좇아 징병제 군대를 모 집하고, 각급 학교를 통해 온 국민에게 군사훈련을 실시해야 했습니다.

그래서 박은식은 '문약지폐(文弱之弊)는 필상기국(必喪其

國*(《서우》 제10호, 1907년 9월)이라는 유명한 글에서 "남의 노예가 되지 않으려면 다들 꼭 군사 교육을 어릴 때부터 받아야 한다"고 주장했지요. 한 마디로 한국의 보수 사학자들이 극구 칭찬하는 박은식의 '교육 구국'은, 군국 독일이나 일본과 유사한 자본주의적 부국강병 프로젝트에 불과했던 것입니다. 그 프로젝트의 궁극적인 욕망이 무엇인지는, 명문으로 손꼽히는 신채호의 다음 글 '대한의 희망'(《대한협회월보》, 1908년 4월)이 잘 보여줍니다.

철로 대포를 만든 박진도 있었으며 철갑선을 만든 이순신도 있었으니 명예적 기념비를 역사상 공고히 세운 바 있다. 저서구의 강력함과 위대함을 우리 나라 사람들과 비교해보자면 우리들이 그들보다 우월한 것인데, 만약 우리의 교육이 점차 진보하여 지식이 점차 열린다면 우리도 웅비(雄飛)해서 유럽의 각국과 같은 위치에 오르는 것이 어렵지 않을 것이다. 그들이 우리에 못 미칠 부분들이 꽤나 있을 것이다. 아아, 우리 국민, 위대한 일을 할 국민이 아닌가? 위대하다, 오늘 우리 대한의 희망이여, 아름답다, 오늘 우리 대한의 희망이여!

박은식은 프로이센의 비스마르크(위에서부터) · 독일의 몰트케 · 러시아의 피터 대제처럼 무자비한 지도자가 나타나 우리 나라도 무위를 떨치며 영국 못지 않은 열강이 되기를 기원했다.

즉, 상무 교육과 '상무정신의 발흥'을 통해서 유럽의 제국주의적 열강과 같은 위치에 오르는 것이 신채호가 생각했던 '대한의 희망'이었습니다.

평등사상 없는 준엘리트의 주류 진출은 한계성 심해

물론 인간적인 얼굴이라고는 찾아볼 수 없는 야수적인 근대 자본주의 세계에서 살아남으려면 이와 같은 부국강병 프로젝트가 불가피할 때도 있지요. 그러나 1900년대에 펼쳐진 소위 계몽운동에 현실주의적·자본주의적 근대화 이상의 어떤 목표가 있었다는 오해에서는 벗어나야 합니다.

당시 계몽운동가들은 불평등하고 야만적인 힘의 세계를 현실로 인정하고, 그 세계에서 먹히는 자가 아닌 먹는 자, 힘센 나라를 만들고 싶어했습니다. 실제로 수많은 계몽운동가들이 일제의 강점(1910) 이후 일제의 지배를 또 하나의 현실로 인정하고, 백인종을 이길 만한 '힘센 황인종'을 만든다는 미명하에 일제에 협력했습니다. 그들의 목적은 본래부터 현실주의적·자본주의적이었던 것입니다. 게다가 그들이 생각한 교육 구국은 백성들 스스로 참가하는 자율적인 것이 아닌, 행정 권력을 통해서라도 그 '은혜'를 베풀어주는 것이었습니다.

박은식이 회장직을 맡았던 서북학회(1908년 1월~1910년 9월)의 회원 전봉훈(全鳳薰)의 예를 볼까요. 전봉훈은 황해도 배천(白川)군 군수로 있을 때 군내에 14개 개화학교를 설립한 바 있습니다. 그런데 그는 그 경비를 마련하기 위해 자의적으로 호당 3두~1석 정도의 세금을 새로 만들어 군민들에게 전가했습니다(《서북학회월보》제18호). 이 전봉훈의 교육열을 찬양하는 내용이 《백범일지》(도진순 주해, 돌베개, 1997, 205쪽)에도 실려 있지요.

흥미로운 것은, 미천한 출신이라 해도 일단 출세한 뒤에는 기존 엘리트들이 '아랫것'들에게 취한 행동과 크게 다른 모습을 보이지 않았다는 사실입니다. 1888년의 영흥(永興)민란을 촉발시킨 악질적인 탐관오리 이용익의 행적을 보면, 출세

1980년대 운동권 출신 정치인들이 가장 경계해야 할 것이 엘리트주의적 폐습이다. 왼쪽에서부터 김민석 · 임종석 · 허인회.

한 천민이 옛날의 동류들에게 얼마나 가혹할 수 있는지 알 수 있습니다. 1960~1980년대 집권 군부의 우두머리들도 대개 빈농 출신이었다는 사실 역시 이와 일맥상통합니다.

역사적으로 볼 때 준엘리트의 진출은 물론 진일보의 의미를 담고 있지만, 그들이 인권 존중과 평등사상을 확고히 갖지 않는 한 사회 약자들의 신세는 그다지 나아질 것이 없는 듯합니다. 지금 중앙 무대에 진출한 1980년대의 재야 진보 운동가들에게 당부하고 싶은 것이 바로 이 점입니다. 제발, 엘리트주의적 폐습에 물들지 않기를…….

날씨가 흐린 오슬로에서 박노자 드림.

더 읽을 만한 책

- 김기승, 〈백암 박은식의 사상적 변천과정 — 대동사상을 중심으로〉, 《역사학보》114, 1987.
- 김도형, 〈대한제국기 계몽주의계열 지식층의 '삼국제휴론' — 인종적 제휴론을 중심으로〉, 《한국근현대사연구》13, 2000; 〈장지연의 변법론과 그 변화〉, 《한국사연구》109, 2000.
- 노영택, 《한말 국민국가건설과 국민교육》, 신서원, 2000.
- 박찬승, 《한국근대 정치사상사 연구》, 역사비평사, 1992.
- 왕현종, 《한국 근대국가의 형성과 갑오개혁》, 역사비평사, 2003.
- 유영익, 〈3.1운동 후 서재필의 신대한 건국 구상〉, 《서재필과 그 시대》, 서재필기념회, 2003.
- 유영익, 《갑오경장 연구》, 일조각, 1990.
- 윤경로, 〈서구 근대문명의 수용과 애국계몽운동 — 사회진화론과 기독교 영향을 중심으로〉, 《근대문명과 한국근대사》, 한국정신문화연구원, 1996.
- 전재관, 〈한말 애국계몽단체 지회의 분포와 구성 — 대한자강회, 대한협회, 오학회를 중심으로〉, 《숭실사학》10, 1997.
- 전재호, 《반동적 근대주의자 박정희》, 책세상, 2000.
- 정관, 《구한말기 민족계몽운동연구》, 형설, 1995.
- 조항래 편저, 《1900년대의 애국계몽운동연구》, 아세아문화사, 1993.
- 주진오, 〈한국근대 부르조아지의 형성과정과 위로부터의 개혁의 역사적 성격〉, 《동촌 주종환 박사 화갑기념논문집 한국자본주의론》, 1989.
- 최기영, 〈한말 애국계몽운동의 연구현황과 전망〉, 《한국사론》25, 국사편찬위원회, 1995.
- 최기영, 《한국근대 계몽사상 연구》, 일조각, 2003.
- 최덕수, 〈구한말 일본 유학과 친일세력의 형성〉, 《역사비평》15, 1991.
- 한철호, 〈갑오개혁 주도세력의 현실대응론〉, 《한국근현대사 연구》11, 1999.
- 허동현, 〈장면의 치적과 정치사상에 관한 연구〉, 《한국민족운동사연구》23; 1999.
- Chandra, Vipan, "Sentiment and Ideology in the Nationalism of the Independence Club (1896-1898)", *Korean Studies* 10(1986), pp. 13-34.
- Em, Henry H., "Minjok as a Modern and Democratic Construct: Sin Ch'aeho's Historiography", In Gi-Wook Shin and Michael Robinson, eds.,

Center, 1999.

- Robinson, Michael E., "Nationalism and the Korean Tradition, 1896-1920: Iconoclasm, Reform, and National Identity", *Korean Studies* 10(1987), pp. 35-53.

- Wells, Kenneth M., *New God, New Nation: Protestants and Self-Reconstruction Nationalism in Korea, 1896-1937*, Honolulu: University of Hawaii Press, 1990.

갑신정변 다시 보기

근대화 시계 10년 늦춘 '실패한 혁명'

외자 도입을 통한 경제 개발과 위로부터의 개혁을 우리 역사상 최초로
도모한 갑신정변(1884)에서 19세기 이래 오늘에 이르는 한국의 모든
정부의 원형적 특징을 살펴볼 수 있습니다. 박노자 교수는 흥미롭게도
박정희 · 김일성정권이 갑신정변에 대해서는 모두 높게 평가하는 공통점을
보인다고 지적하면서, 남북한의 근대화 프로젝트를 둘 다 비판합니다.
이에 반해 허동현 교수는 메이지유신이나 5.16군사쿠데타처럼 갑신정변도
성공했다면 평가가 달라지지 않았겠느냐고 변호하고 있습니다.

|구한말의 유혈 쿠데타, 갑신정변의 전말|

고종 21년(1884) 갑신년(甲申年) 12월(음력 10월) 4일에 일어난 갑신정변은, 비록 '삼일천하'로 끝났지만 이후 개혁운동과 정세에 깊은 영향을 끼쳤다. 1882년 임오군란 이후 위정척사파 같은 시대착오적인 보수 세력은 더 이상 역사의 전면에 등장하지 못했다. 그러나 중국의 간섭이 강화되면서 근대화 방법론을 둘러싸고 정치 세력이 사분오열되었는데, 크게 보아 수구파와 개화파의 갈등이라 할 수 있다. 중국을 등에 업고 다시 정권을 잡은 민영익을 필두로 한 척족 세력은 정권 유지와 자신들의 이익 보호에 골몰하는 보수 세력으로 전락하였다. 반면 다른 한쪽에서 형성된 급진개화파는 중국의 간섭은 바로 주권국가의 자주권 침해라고 규정하고, 한시바삐 보수 척족 세력을 축출하고 국민국가를 수립해야 한다고 보았다.

1884년 때마침 청국과 프랑스 사이에 전쟁이 일어나 전황이 중국에 불리하게 돌아가 조선에 주둔해 있던 청국군 1,500명이 월남으로 급파되기에 이르자, 급진개화파는 이를 절호의 기회라고 판단하였다. 중국의 군사력이 약화된 틈을 타 조선이 명실상부한 독립국가를 이룩해야 한다고 본 것이다. 그런데 아직도 1,500명의 청국군이 조선에 주둔하고 있었기 때문에, 무력이 거의 전무하다시피한 급진개화파는 미국이나 일본의 도움을 빌리기로 했다. 미국이나 일본 군대를 끌어들인다 해도 이들 국가가 이를 빌미로 조선을 침략하는 섣부른 짓은 하지 않을 것이라는 게 급진개화파의 계산이었다.

이들은 먼저 미국에 도움을 청했지만, 조선에 대해 불간섭·중립주의 태도를 취하고 있던 미국은 이를 거절했다. 이때 이들 앞에 나타난 사람이 일본공사 다케조에 신이치로였다. 휴가차 도쿄에 갔던 다케조에 공사는 청불전쟁이 터지자 곧바로 한양으로 돌아왔다. 이 전쟁을 기회로 최대한 자국 세력을 확대하라는 훈령을 받았던 것이다. 그리하여 급진개화파는 외세를 물리치기 위해 또 하나의 외세를 끌어들여 거사를 일으켰다. 그러나 급진개화파와 다케조에 공사의 동상이몽은 원세개의 무력 앞에서 무너졌다.

"폭력과 살육 서슴지 않은
근대화 지상주의자들"

갑신정변에 대한 부정적인 시각들

허동현 선생님, 안녕하십니까?

요즘에는 1884년의 갑신정변을 긍정 일변도로 보는 사람들이 많지 않은 것 같습니다. 문명 개화를 전적으로 긍정하는 근대화주의 입장에서 보더라도, 청년 정치가들의 돌발 행동이 국내 개화 세력들에게 엄청난 타격을 입혀 갑오경장(1894) 때까지 개혁 활동이 진척되지 못하였으니 갑신정변을 좋게 평가할 수 없을 겁니다.

최초의 양반 출신 개신교 입교자이자 〈마가복음〉의 언문 번역자인 이수정은 갑신정변으로 인해 형장의 이슬로 사라졌다.

이 사건으로 인해 최초의 양반 출신 개신교 입교자이자 동경 외국어 학교의 한국어 교사이며, 성경 〈마가복음〉의 언문 번역자이기도 한 이수정(李樹廷, ?~1886)이 형장의 이슬로 사라지고, 어학 천재 윤치호는 '반역자의 잔당'으로 지목돼 1885년 외국으로 떠났으며, 당대 최고의 국제법 전문가 유길준도 1892년까지 연금(軟禁)에 묶여 있어야 했습니다. 정변의 주역인 김옥균 · 박영효 등이 근대화를 위해서 일하지 못하게 된 것은 차치하고라도, 조선에 몇 없던 이수정 · 윤치호 · 유길준 같은 외국통들의 활동이 차단되거나 제한된 것

1883년 미국에 파견된 보빙사행이
출발 전 일본에서 촬영한 기념사진.
앞줄 어린이 오른쪽에 앉은 이가 당
시까지만 해도 개화파의 후견인이었
던 보빙정사 민영익이고, 그 오른쪽
옆이 서광범. 민영익 뒤편 왼쪽에 서
있는 이가 유길준이다. 유길준은 미
국에 가자마자 단발을 했다. 이들은
1년 뒤 서로 적이 되어 상대의 가슴
에 칼을 겨누었다.

은 큰 손실이었다는 것이지요.

민족주의적인 견해에서 본다면 우선 일본군에 의지한 점
이 큰 흠이고, 정변 주체들 중 상당수가 훗날 일본의 조선 통
치에 적극적으로 협력했다는 사실도 정변의 민족적 명분을
파괴한 중대한 과실입니다.

박영효가 일제시대에 체제 순응적인 토착민 엘리트를 대
표하는 거물급 '보스'였다는 사실도, 1883~1884년간 일본
의 도야마(戸山)육군학교에서 공부한 뒤 갑신정변의 행동대
로 활동하여 민씨파 대신들의 피를 손에 묻힌 정란교(鄭蘭
敎, 1864~1943)나 이규완(李圭完, 1862~1946) · 신응희(申應
熙, 1859~1928) 등 박영효 계통의 인물들이 도(道)장관(현 도

지사) · 중추원 참의와 같은, 식민지 시기 조선인이 오를 수 있는 최고의 벼슬자리를 두루 역임했다는 사실도 잘 알려져 있습니다. 처음에 일본을 근대화의 선배이자 모델로 생각했다가 나중에 점차 '아시아의 맹주', '조선 근대화의 후견인'으로 인식하게 된 그들을 두고 소신 친일파라 칭하지 않습니까?

옛날에는 한국에서 별 인기 없었지만 요즘은 점차 보편화돼가는 관점인 인간주의적인 견해에서 보더라도, 정변 주모자들이 저지른 민가(民家) 방화와 그 사건으로 인해 청 · 일 양국 군대가 충돌하여 무고한 백성 100여 명이 희생된 일은 잔혹행위로밖에 볼 수 없을 것입니다. 정변의 행동대원으로서 민씨파 대신들의 피를 손에 직접 묻힌 서재필 같은 인물이 평생 자신들의 혁명 참여를 자랑할 뿐 자기 손에 죽임을 당한 사람들에 대한 애도와 참회의 뜻을 한 번도 피력한 적이 없는 것은, 근대화 지상주의자들이 사람 목숨을 얼마나 가볍게 여겼는지를 여실히 보여줍니다.

갑신정변 때 미국으로 망명했다가 1896년 12년 만에 귀국한 서재필의 모습. 최근까지도 한국 민주주의의 비조로 알려진 그는 자신이 저지른 살육에 대해서는 한 번도 참회하지 않고 끝까지 혁명이라고 높여 불렀다.

끔찍한 살육을 혁명으로 호도한 서재필

한국 역사학에서 최근까지도 민권의 주창자, 한국 민주주의의 비조(鼻祖)로만 알고 있는 서재필의 태도에 대해서는 조금 더 부연해서 말씀드리는 것이 좋겠군요. 서재필은 나중에 미국의 한인 교포 신문에 갑신정변에 대한 회고록을 연재했는데, 여기서 다음과 같이 자신과 공범들의 행각을 묘사했습니다.

(우정국의 개국 축하연 때) 민가 방화의 현장에 민영익이 나타

최근까지도 한국 민주주의의 비조로 알려진 서재필은
갑신정변 당시 자신들이 저지른 방화와 살인에 대해
한 번도 참회한 적이 없습니다. 자신의 행각을 끝까지
혁명이라고 높여 불렀지요.

나자마자, …… 우리 도야마 출신 학생들이 당장 그를 칼로 찔러 그 귀 하나를 잘라버렸다. 그 동시에 또 다른 장교를 죽여버렸다. 그 후에는 장안에서 온갖 헛소문이 다 퍼져 궁정 내의 왕족을 포함한 모든 주민들이 다 큰 경계심을 갖게 됐다. …… 우리 도야마 출신 학생들은 구식 조선 군대에 비해서 훨씬 더 잘 무장·훈련돼 있었다. 우리는 부패한 완고당을 국가의 배신자이자 우리 개인적인 적으로 간주하여 그들과 싸우려는 사기로 불타고 있었다. 무기가 모자라고 수적으로 많지 않았지만 관련 없는 사람들을 못 들어오게 하고 계동궁을 잘 지켰다(Jaisohn, Philip, *My Days in Korea and Other Essays*, pp. 16-21).

서재필은 이 회고록에서 미국을 빛의 나라로 내세우는 한편, 점진적인 개혁을 주장한 정치인이자 화가, 그리고 개화승 이동인과 기독교인 이수정의 후견인이었던 민영익을 배신자로 매도하여 그 암살 미수를 합리화하려 했습니다. 그러면서도 자신이 맡았던 끔찍한 노릇에 대해서는 언급을 피했습니다. 그러나 그를 비롯한 도야마 출신 생도들은 단순히 경우궁과 계동궁을 지키는 데 그치지 않고, 그곳에 들어와 임금을 알현하려 한 민씨파 대신들을 직접 죽이기까지 했습니다. 김옥균이 정변 실패 후 일본으로 망명한 뒤 갑신정변에 대해 기록한 《갑신일록(甲申日錄)》을 볼까요.

이조연(李祖淵, 민씨파의 주요 대신 가운데 한 사람)이 목소리를 높여 부르짖기를 '내가 주상께 입대(入對)하고자 하니, 나를

문 안으로 들여보내주시오' 한다. 서재필이 칼로 앞을 가로
막으면서 꾸짖기를 '내가 전문(殿門) 호위의 명을 받았으니
명이 없으면 들어가게 할 수 없오' 하였다. 또 장사들이 모두
분연히 일어날 형세를 보였음으로 한규직(韓圭稷, 민씨파의
또 다른 대신)과 이조연은 어찌할 수 없이 경우궁 후문 ……
을 나갔다. 문 밖에서 황용택(黃龍澤), 윤경순(尹景純), 이규
완, 고영석(高永錫) 등이 그들을 죽였다. …… 서재필 군을
시켜 장사들로 하여금 환관 유재현(柳在賢)을 정전(正殿) 위
에 묶어 오게 하여 그의 죄목을 낱낱이 드러내고 뭇 칼날이
번뜩이는 가운데에서 곧 그를 육살했다. 그제야 환관과 궁녀
들이 다들 실색하고 숨을 죽였다.

개화승 이동인(위)과 그 후견인이었
던 민영익. 서재필은 회고록에서 민
영익을 배신자로 매도하여 그를 죽이
려 한 행동을 합리화했다.

 일본과 중국을 드나든 노련한 외교관 이조연은 정말 꼭 죽
어야 할 배신자였을까요? 또 환관 유재현의 죽을죄는요? 유
재현의 최후에 대해서는 황현의 《매천야록》 제1권(上)에도
언급돼 있습니다.

중관(中官) 유재현이 어선(御膳, 수라상)을 바치자 김옥균은
그 수라상을 차면서, '이때가 어느 때인데 수라상으로 한가
하게 지낼 수 있느냐?' 라고 하자 유재현은 그들을 크게 꾸짖
어, '너희들은 모두 교목귀경(喬木貴卿, 몇 대에 걸쳐서 벼슬을
해온 세도가 가문)으로서 무엇이 부족하여 이렇게 천고에도
없는 역적질을 하느냐?' 라고 하므로 김옥균이 칼을 빼어 그
를 내려치자 뜰 밑으로 굴러 떨어졌다. 이를 본 고종은 벌벌
떨었다.

매천의 텍스트를 그대로 믿는다면, 유재현의 유일한 죄목은 폭력적 정변에 반대한 것뿐입니다. 매천의 같은 책에는 당시 서재필의 모습도 다음과 같이 서술됩니다.

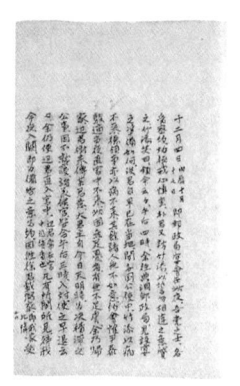

김옥균의 《갑신일록》. 정변 실패 후 일본으로 망명한 뒤 갑신정변에 대해 일기체로 기록한 책이다.

서재필이 생도들과 함께 칼을 휘두르며 조영하(趙寧夏)와 민태호(閔台鎬)를 차례로 죽였다. 그들의 몸은 산산조각이 나 흩어졌다. 고종은 이 광경을 바라보며 눈물만 흘리고 있을 뿐이었다. 이때 조영하는 칼에 맞았으나 죽지 않고 오히려 고함을 치며, '조선의 법에 누가 문신(文臣)은 칼을 차지 못하도록 하였느냐? 내 수중에 칼을 들어 너희들을 만 갈래로 쳐서 죽이지 못한 것이 한이다' 라고 하였다.

물론 고급 양반층에 속했던 서재필이 같은 계층의 양반 대신들을 직접 죽였을 가능성은 그리 크지 않습니다. 정변 때 민씨 척족과 그 측근들을 학살한 진상을, 매천의 기록보다 더 정확하게 밝히는 자료는 정변의 행동대원이었던 이규완의 회고록(《별건곤》 3, 1927년)일 것입니다.

(정변 이전에) 하루는 서재필(徐載弼) 씨의 집에를 갔더니 서 씨가 나를 보고 국사를 한참 의논하다가 눈물을 흘리며 장탄(長歎)하며 말하기를 목하(目下) 민영익은 사대당(事大黨)의 수괴일 뿐 아니라. 소위 외국까지 갔다온 자가 사상주의가 부패완고하여 국가의 대사를 그르친즉 그의 죄악이 더욱 큰지라 그 자 하나만 제거하면 대사를 가히 도모할 터이나 감히 하수할 사람이 없다 함으로 나는 내가 하겠다고 일언에 장담쾌락(壯談快諾)하니 그는 당시에 나에게 감사의 예를 하

며 이 장군(李將軍)이라 경칭하고 미리 예비하였던 일본도 한 구(口)를 나를 주었으니 그것은 원래 윤웅렬 씨가 일본에 갔을 때에 수십 구(數十口)의 일본 보도(日本寶刀)를 비밀히 사온 것인데 나를 준 것은 그중에 제일 크고 무겁기도 하려니와 광채가 섬섬(閃閃)하여 그야말로 만장의 청홍(青虹)이 백주에 이러나는 것 같은 바 한 번만 치면 제 아모리 항우(項羽) 장비(張飛) 같은 놈이라도 대번에 모가지가 천당으로 갈 것 같았다. 그의 부탁을 받고 또 칼까지 받은 나는 마치 진시황(秦始皇)을 죽이려고 함양시(咸陽市)에 간 형가(荊軻) 모양으로 한쪽으로 조심도 되고 한쪽으로 의기가 충천하였다. ……

민영익의 아버지인 민태호(閔台鎬, 1834~1884)도 갑신정변 때 김옥균 등의 개화당 손에 척살당하였다. ⓒ 국사편찬위원회

(정변 첫날에) 다시 계동궁으로 이어한 후 왕명으로 민영목(外衙總辦), 민태호(內衙總辦), 한규직(前營使), 이조연(左營使), 윤태준(後營使), 조영하(吏判) 등 사대당의 중요 인물을 급히 예궐(詣闕)케 하니 저들은 그것이 모두 개화당의 계획인지도 모르고 도살장에 들어가는 소나 양의 모양으로 궁내로 들어오다가 매복한 개화당에게 죽으니 일시 궁내는 아수라장이 돼 극히 비참하였다. 나의 칼에도 죽은 대관이 3~4명이나 되었다.

어떻습니까? 정파가 다르다는 이유만으로 한 임금을 섬긴 동료 신하의 몸을 토막 내라고 일본 칼을 선물하여 암살을 청구하는 민주주의자 서재필의 모습. 서재필은 가장 섬뜩한 부분들을 회고록에서 의식적으로 빠뜨린 것입니다. 자신의 행각이 재미 한인들에게 살육의 지휘이자 배신으로 보일 것을 눈치챈 모양입니다. 그러나 그의 지휘 아래 저질러진 그

1894년 포로가 되어 큰칼을 쓰고 있는 동학농민군 모습. 갑오개혁 관계자들은 자신들이 '개혁'에 몰두하는 동안, 일본군이 한국 농민들을 학살하고 있다는 사실을 몰랐을까?

끔찍한 살육에 대해서 단 한 번도 참회한 적이 없습니다. 끝까지 자신의 행각을 혁명이라고 높여 불렀지요.

갑신정변 주역들과 박정희의 유사점

허동현 선생님, 바로 이것이야말로 한국 근현대사의 최대 비극이 아닌가 싶습니다. 근대화를 한답시고 마구 살육을 범한 자들이 참회는커녕 자랑을 늘어놓는 것 말입니다. 과연 갑오개혁 관계자들은 바로 그때 일본군이 동학농민운동을 진압하면서 수십 만 한국 농민들을 학살하고 있다는 사실을 몰랐을까요? 아닙니다. 잘 알면서 오히려 일본군의 군사적 '업적'을 치하했습니다. 마찬가지로 박정희와 그 정권 관계자들이 정녕 베트남전쟁의 참상을 몰랐을까요? 알면서도 조국의 근대화를 위해서 젊은이들의 피를 미국에 팔아도 무방하다고 생각하지 않았을까요?

얼마 전 《매일경제신문》이 대미 관계 호전을 위해서 한국의 전투요원을 이라크에 파병하자고 제안한 것을 보면*, 피지배층 젊은이의 피를 그냥 근대화·경제 성장의 윤활유로만 여기는 사고방식이 그대로 건재한 듯합니다. 물론 어디를 가나 소위 근대의 전제 조건은 온갖 주변분자(근대화에 저항하는 구체제의 충성 분자, 저항하는 농민과 노동자, 식민지 원주민 등)의 희생이지요. 그러나 주변부형 압축 근대화의 과정에서 '내부 식민지'를 만들어야 했던 한국의 경우, 1980년의 광주 학살과 같은 사례에서 보듯이 지역적인 주변분자에 대한 관(官) 주도의 살육이 그 무엇보다도 깊고 아물기 어려운 상처

1965년 월남, 곧 베트남으로 향하는 맹호부대 용사들. 박정희정권은 베트남전쟁의 참상을 알면서도 젊은이들이 흘린 피와 땀을 '경제 성장의 자양분'으로 사용했다.

를 남겼습니다. 외전(外戰)이 아닌, 내부에서 일어난 살육이었기 때문입니다.

지금 같으면 갑신정변의 긍정적인 의미를 찾아보려는 연구자라 해도 분명히 그 한계성에 대한 단서들을 많이 달 것입니다. 그러나 박정희 시대의 관(官)학자들은 갑신정변을 대단히 높게 평가했습니다. 갑신정변을 '조선 민족 개조 사업'의 시초로 봤던 일제시대 이광수 류의 문화민족주의자들이나 김옥균 일당을 낭만적인 영웅으로 그린 김팔봉(1903~1985)과 같은 일제 시절의 통속 작가(그의 소설 《청년 김옥균》에서는 살육 장면들이 특히 긍정적으로 부각됩니다)처럼 말이죠. 그리하여 박정희에게 국방 사관(史觀) 위주의 국사를 강의했던 이선근(李瑄根, 1905~1983)은 김옥균을 '우리 나라 근대화운동의 용감한 선구자'로 이해하고, 갑신정변의 실패를 '우리 나라의 자주적인 근대화의 실패'로 간주했습니다.

*2003년 3월 11일자 《매일경제신문》 기사
"전투병 파견도 적극 검토해야"

미국이 이라크전쟁을 앞두고 우리 정부에 '적극적인 협력'을 요청했다. 전문가들은
미국의 이 같은 요청은 한국이 미국의 '진짜 동맹'인지를 테스트하는 성격을 갖고
있다고 진단하고 있다. 선택은 물론 한국의 몫이다. 그러나 북핵 위기를 맞이해 한국이
미국과 같은 배를 타는 것을 국익으로 판단한다면 차제에 화끈하게 미국을 밀어줘야
한다는 것이 전문가들의 중론이다. 비록 중동에서 다소간에 국익 손실이 있다 하더라도
한-미동맹을 이번 기회에 공고히 과시하고 이를 통해 잃어버린 신뢰를 회복할 수 있다면
그것이 국익의 상위개념에 해당한다는 것이다.

일각에서는 '전투병 파병'과 같은 전면적 협력도 고려할 필요가 있다는 의견을 개진하고
있다. 부시 미 대통령이 주도하는 대테러전을 한국이 확실히 지지하고 있음을 보여주는
계기로 삼아야 한다는 얘기다.

라종일 청와대 국가안보보좌관은 10일 노무현 대통령 주재로 열린 수석보좌관 회의에서
"이라크전쟁을 앞두고 미국이 우리 정부에 대해 지지 의사 표명, 의료, 난민 처리 등
지원을 요청했다는 보고를 했다"고 송경희 청와대 대변인이 전했다.

이 같은 미국의 요청에 대해 한-미 동맹관계 등에 비춰 미국에 대한 지원은
불가피하다는 게 대미전문가들과 정부 내의 대체적인 판단이다.

이근 서울대 국제지역원 교수는 "노무현 정부에서 한-미 동맹이 첫 시험대에 올랐다"며
"북한 핵문제 등은 한-미 공조를 통해 풀어야 하기 때문에 한-미 공조를 공고히 하는
기회로 삼아야 한다"고 밝혔다.

김정원 세종대 석좌교수도 "올해가 한-미 동맹 50주년이다. 미국이 어려울 때 한국이
도와주는 것은 당연하다"며 "우리 정부가 적극적으로 지원 의사를 밝히면서 신뢰를
구축해야 한다"고 강조했다.

정부 일각에선 '전투병 파병' 등으로 한-미간 동맹을 공고하게 다져야 한다는 주장이
나오고 있다. 정부 관계자는 "워싱턴에 확산되고 있는 반한 분위기를 친한 분위기로
전환시켜야 한다"며 "전투병 파병 등은 부시 행정부의 한국에 대한 불신을 완전히 바꿀
수 있다"고 말했다.

미국은 한미상호방위조약을 근거로 우리 정부에 '전투병 파병'을 비롯한 포괄적인
지원을 요청한 것으로 알려졌다. 다른 관계자는 "노무현 대통령의 대미 특사단이 성과
없이 돌아와 대미채널의 복원이 시급하다"며 "미국이 포괄적 지원을 요청한 만큼
파격적인 조치로 적극 대처해야 한다"고 강조했다.

그러나 정부는 미국이 이라크를 공격하면서 전쟁이 발발하더라도 전투 병력을 파견하지
않는 쪽으로 기울고 있다. 91년 걸프전 때와 비슷한 수준에서 의료, 수송 지원을
하겠다는 생각이다. 외교통상부 관계자는 이날 "우리는 이라크전쟁과 관련해
기본적으로 미국을 지지한다는 방침"이라며 "그러나 전투요원은 파견하지 않을
계획이며 구체적인 지원 방안을 논의하고 있다"고 밝혔다.

이 관계자는 지원단 파견 시기와 관련해 "전쟁이 발발하면 곧바로 지원에 나설
계획이지만 국회 동의를 거쳐야 하기 때문에 시기를 못 박기는 어렵다"고 말했다.

정부는 국내외에 확산되고 있는 반전 여론에 상당한 부담감을 갖고 있다. 섣부르게 미국
지지를 자처하면 곧바로 이슬람 테러 대상이 될 수 있는 점도 정부의 선택 폭을 좁히고
있다. 특히 전투병 파병은 '우리 젊은이들이 피를 흘릴 수 있다'는 점에서 국회의 동의가
쉽지 않다는 점도 고려되고 있다.

박정희 · 김일성 두 독재자의 김옥균관

사실 지금도 일부 보수적인 원로 사학자 · 사회학자들은, 철저하게 비(非)민주적인 일본식 근대화 모델에 압도당했던 갑신정변 주역들을 '한국 민주주의와 민족주의의 창시자'로 여기고 있습니다.

흥미로운 점은 박정희의 정치적 라이벌이었던 김일성도 갑신정변에 대한 평가에서만큼은 박정희와 같은 의견을 보였다는 것입니다. 북한에서도 김옥균과 그 측근들을 진보적이며 애국적인 반(反)봉건 인물로 인식하고, 그들의 정변 시도를 부르주아혁명이라고 높여 부르고 있습니다. 그렇다면 정치적으로 서로 대립관계에 있었던 남북의 두 독재자가 왜 갑신정변은 비슷한 방식으로 이해했을까요?

제 생각에는 이것이 남의 군부독재와 북의 유일사상체제의 구조적 상통함을 보여주는 것 같습니다. 물론 표피적인 이념 등은 많이 달랐지만, 국가 주도하에 대중을 동원하여 어떤 희생을 치르더라도 단기간에 부국강병형(型) 근대 공업국가를 건설하겠다는 근본적인 발상은 같았던 셈입니다.

메이지시대 일본의 모형대로, 국가가 무소불위의 힘을 바탕으로 근대성을 쟁취해야 한다고 생각했던 두 독재자가, 한국사상 최초로 부국강병 프로젝트를 체계적으로 구성한 김옥균과 박영효 등을 선각자로 인식한 것은 오히려 자연스러운 결과이지요. 무자비한 반대파 숙청을 계획했던 갑신정변 주역들의 잔혹성이, 집권 시기에 무수한 피를 본 두 독재자에게 크게 어필했다고 하면 지나친 말일까요.

이러한 측면에서 본다면 요즘 남한에서 갑신정변을 비판적으로 보는 시각이 우세하다는 사실은, 우리가 이미 독재시대의 근대 지상주의적 사관에서 크게 벗어났음을 보여주는 것 아닐까요?

이미 캄캄해진 오슬로에서 박노자 드림.

'인간의 얼굴을 한 근대'가
현실에 존재한 적은 없어

과거 역사에 대한 평가는 늘 변하는 것

반갑습니다. 박노자 선생님.

여름 내내 노래만 부르며 지낸 베짱이와 열심히 일
한 개미의 겨울나기를 통해 '개미처럼 살라'는 교훈
을 주었던 이솝 우화는 이제 그 생명을 다했습니다.
한여름의 무더위도 아랑곳하지 않고 노래를 연습한
덕에 인기 가수가 된 베짱이의 성공담을 전하는 새로
운 버전의 이야기가 오늘을 사는 우리의 가슴에 더 와
닿기 때문이겠지요.

우화의 주인공들을 평가하는 척도가 바뀌었듯, 갑
신정변에 대한 평가도 시대에 따라 호오(好惡)가 교차하고
긍부(肯否)가 갈렸습니다. 역사는 항상 새롭게 씌어진다고
했던가요. 변화하는 현재에 맞춰 과거를 재해석하는 것이 역
사가의 임무일 터, 우리가 서 있는 곳과 지향하는 바에 따라
갑신정변에 대한 평가도 달라지는 것이겠지요. 항상 같은 내
용이었을 것 같은 북한 학계의 갑신정변 평가도 늘 변해왔으
니 말입니다.

김옥균이 1882년 수신사 박영효와
함께 일본에 갔을 때 나가사키(長崎)
우에노(上野)사진관에서 촬영한 사
진. 김옥균은 갑신정변 때 14개 조의
혁신정책을 표방하고 내각을 주도했
으나, 정변 실패 후 결국 상해에서 암
살당했다. ⓒ 도쿄 한국연구원

주체사상이 나오기 전에 조선 력사 편찬위원회가 펴낸《조선민족해방투쟁사》(1949)는 "외국 자본주의의 영향을 받은 몇몇 귀족계급 가운데 몇 사람의 선진분자가 근대적인 주권 확립을 기도하여 실패한 것에 지나지 않는다"며 갑신정변을 부정적으로 평하였습니다. 그러나 1955년 12월 김일성이 주체적 조선 역사 연구를 진행하라고 지시한 이후 '조선 최초의 부르주아 개혁운동'(리나영,《조선민족해방투쟁사》, 1958; 사회과학원 력사연구소,《김옥균》, 1964)으로 갑자기 평가가 바뀌더니, 1970년대 들어 주체사관이 확립되면서 '부르주아혁명'(허종호 등,《조선에서의 부르주아혁명운동》, 1970)으로 평가 절상되었다가, 1980년대 중반 이후 다시 '첫 부르주아 개혁운동'(리종현,《근대조선력사》, 1984; 최운규,《조선 근대 및 현대 조선경제사》, 1986)으로 평가 수위가 낮춰졌습니다. 아마도 이러한 평가의 변천 뒤에는 당시 북한 사회의 현재가 반영되어 있겠지요.

남한 학계에서도 박정희와 그 뒤를 이은 신군부 독재정권 하에서는 정변을 '근대화운동의 선구'(보수학자) 또는 '부르주아 개혁운동 또는 혁명'(민중사가)으로 보는 시각이 우세했습니다. 그러다가 사회의 민주화가 진전된 1990년대 이후 갑신정변이 근대국가 만들기에 공헌했다는 동기론에 근거한 종래의 호평에 대해 신랄한 비판들이 가해지기 시작했습니다.

이러한 비판들은 주로 정변 방법의 부당함이나 정변이 이후 역사 전개에 끼친 악영향, 즉 근대 국민국가 만들기를 실패하게 한 과오를 지적하는 데 초점이 맞춰져 있었습니다. 갑신정변과 그 주도 세력을 비판적으로 파악한다고 해서 우리 학계가 '우리도 자생적 근대를 수립할 수 있었다'는 종래의 화두를 버린 것은 아니지만, 박노자 선생님이 지적하신 것처럼 '독재시대의 근대 지상주의적 사관'에서 벗어난 것만은 틀림없는 사실입니다.

저 역시 갑신정변을 일으킨 죄로 역사의 법정에 선 피고인들에게 준엄한 심판을 논고(論告)하는 검사이고 싶지만, 오늘만큼은 이들을 대변하는 변호사를 자임할까 합니다. 왜냐하면 이들이 보인 외세 의존적 개혁의 몰주체성과 인권의식의 결핍은, 19세기 이래 우리 나라의 거의 모든 집권정부가 태생적으로 갖고 있던 공통의 약점이라는 점에서, 우리 모두가 나누어 져야 할 공동의 멍에라고 보는 까닭입니다.

갑신정변이 일어났던 우정총국. 서울 종로구 견지동에 있는 이 건물은 현재 체신기념관으로 쓰이고 있다.

정변 세력의 자가당착이 부른 최악의 시나리오

그(김옥균)는 현대 교육을 받지 못했으나 시대의 추이를 통찰하고 조선을 힘있는 근대적 국가로 만들려고 절실히 바랐다. …… 그리하여 그는 자연 일본을 모델로 취하려고 백방으로 분주하였던 것이다. 늘 우리에게 말하기를 일본이 동방의 영국 노릇을 하려 하니 우리는 우리 나라를 불란서로 만들어야 한다고 하였다(서재필, 〈회고갑신정변〉, 민태원, 《갑신정변과 김옥균》, 1947).

서재필이 회고한 김옥균의 소망입니다. 임오군란 이후 거세어진 중국의 간섭을 주권국가에 대한 자주권 침해라고 생각한 급진 개화파는 한시바삐 근대국가를 수립해야 한다고

지금의 동대운동장 주변에
주둔하고 있던 중국 군대는
태평천국의 난을 진압한
이홍장의 직속군인
회군(淮軍)으로 중국이 보유한
최정예군이었다. 비록
청불전쟁으로 1,500명이
월남으로 떠났다고 해도 50여
명의 개화파 군대와 120여
명의 일본공사관 호위
병력으로 몰아낼 만큼 허약한
군대가 아니었던 것이다.
김옥균과 다케조에 공사는
중국이 프랑스와 전쟁을
벌이는 마당에 한반도에서
다시 전쟁을 일으키지 못할
것이라고 믿었으나, 이 가정을
위안스카이가 깨뜨린 것이다.
중국군은 정변 이틀째인 12월
5일 창덕궁 문을 닫는 것을
막았으며, 12월 6일 오후 6시
마침내 병력을 동원해
갑신정변을 무력으로
진압하였다. 당시 사망자 수는
일본군 40명, 중국군 10명,
민간인(갑신정변 연루 처형자
포함) 130명에 달했다.

보았습니다. 때마침 청불전쟁이 일어나 조선에 주둔해 있던 중국군 1,500명이 베트남으로 급파되자, 김옥균 등은 중국의 군사력이 약화된 틈을 타 명실상부한 독립국가를 수립하려 했습니다. 그런데 아직도 조선에 남아 있는 1,500명의 중국 군을 자력으로 내몰 수 없었던 김옥균 등은 먼저 미국에 도움을 청했지만, 조선에 대해 불간섭 또는 중립주의 입장을 취하고 있던 미국은 이를 거절했지요. 이때 이들 앞에 나타난 사람이 일본공사 다케조에 신이치로(竹添進一郎, 1841~1917)였습니다.

당시 다케조에에게는 이 전쟁을 기회로 최대한 자국 세력을 확대하라는 일본 정부의 훈령이 내려져 있었고, 김옥균 등도 외세를 물리치기 위해 또 다른 외세의 힘을 빌려야 하는 상황이었지요. 그러나 일본을 등에 업고 중국을 몰아내려고 한 김옥균 등과 이들을 지원함으로써 일본의 조선 침략을 확대하려 한 다케조에 공사의 동상이몽은 위안스카이(袁世凱)의 무력* 앞에서 산산조각이 나고 말았습니다.

또 하나의 외세를 빌려 외세를 몰아낸다는 전략은 그 자체로 자기모순일 뿐만 아니라, 현실적으로도 성공할 확률이 거의 없었습니다. 이런 방식의 거사가 오히려 조선의 근대화를 지연시키는 결과를 자초할 수 있다고 보는 것은 비단 오늘의 우리만이 아니었지요. 당시 양식 있는 사람들은 정변의 실패를 예감하고 있었습니다. 김옥균 등과 같은 꿈을 꾼 윤치호·윤웅렬 부자조차 갑신정변이 실패할 것을 예측하였습니다. 윤치호의 《일기》를 보면, 윤웅렬이 급진 개화파의 정변이 실패할 수밖에 없는 이유를 예측한 대목을 찾아볼 수 있습니다.

가친은 고우(古愚, 김옥균의 호) 등 여러 사람의 일이 반드시 실패할 몇 가지를 미리 헤아리셨다. 임금을 위협한 것은 순(順)한 것이 아니고 역(逆)한 것이니 실패하는 첫째 이유이다. 외세를 믿고 의지

저는 한국의 근대가 범한 살육이 서구나 일본의 근대가 범한 그것보다 참혹했다고 보지 않으며, 자신들의 범죄행위를 참회하지 않는 몰염치가 한국의 살육자들에게만 보이는 특수한 현상은 아니라고 봅니다.

하였으니 반드시 오래가지 못할 것이 실패하는 둘째 이유이다. 인심이 불복하여 변이 안으로부터 일어날 것이니 실패할 셋째 이유이다. 청군이 곁에 앉아 있는데 처음에는 비록 연유를 알지 못하여 가만히 있으나 한번 그 근본 연유를 알게 되면 반드시 군대를 몰아 들어갈 것이다. 적은 수로 큰 수를 대적할 수 없는 것이니 사소한 일본군이 어찌 많은 청병을 대적할 수 있겠는가. 이것이 실패할 넷째 이유이다. 설사 김옥균과 박영효 등이 능히 순조롭게 그 뜻을 이룬다 하더라도 이미 여러 민씨와 임금께서 친애하는 신하들을 죽였으니 이는 왕과 왕비의 의향에 위배된

1904년 윤치호가 부친 윤웅렬과 함께 찍은 사진. 여러 가지 이유로 갑신정변은 실패할 수밖에 없다고 한 윤웅렬의 예측은 정확히 맞아떨어졌다.

것이다. 임금과 부모의 뜻을 거스르고서 능히 그 자리와 세력을 지킬 수 있겠는가. 이것이 실패할 다섯째 이유이다. 여섯째, 만약 김옥균과 박영효 등의 무리가 많아서 조정을 채울 수 있다면 혹시 성공할 수 있는 길이 있다 하겠다. 그러나 두서너 사람이 위로는 임금의 사랑을 잃고 아래로 민심을 잃고 있으며, 곁에는 청국인이 있고 안으로

갑신정변은 근대화에 대한 고종의 의욕을 좌절시키는 등 조선의 근대 국민국가 수립 가능성에 치명타를 입혔다.

임금과 부모의 미움을 받고 밖으로 당붕(黨朋)의 도움이 없으니 능히 그 일이 순조롭게 이루어짐을 바랄 수 있겠는가. 일이 반드시 실패할 터인데 도리어 스스로 깨닫지 못하고 있으니 어리석고 한스럽다.

결국 윤웅렬의 예언대로 갑신정변은 중국 군대의 무력 개입으로 삼일천하(三日天下)로 끝나고 맙니다. 그리고 갑신정변이 실패하면서, 조선에는 김옥균 등이 뜻했던 것과는 정반대의 상황이 전개되었습니다. 조선의 근대 국민국가 수립 가능성이 치명적인 타격을 입었던 것입니다. 윤치호는 정변이 실패로 돌아간 다음날 일기에서 그 무모함을 다시 한 번 통탄했습니다.

아아, 김옥균 무리의 경망스러운 행동은 위로 나라 일을 실패하게 하고 아래로 민심을 흔들리게 했으며, 공적으로는 개화 등의 일을 완전히 탕패(蕩敗)시켰고, 사적으로는 자기네들의 가족을 몽땅 망하게 만들었다. 한 번 생각을 잘못해 모든 일이 실패했으니, 이 얼마나 어리석고 얼마나 도리에 어긋나는 짓이냐!

이 무모한 정변으로 근대화에 대한 고종의 의욕이 좌절되어버렸는가 하면, 갓 싹을 틔우기 시작한 개화사상이 백성들에게 불신을 받게 되었습니다. 뿐만 아니라 중국의 내정 간섭을 막고, 조선을 완전한 자주독립국가로 만들고자 했던 본래의 계획과는 정반대로 오히려 중국의 지배를 더욱 강화시키는 결과를 가져오고 말았던 것입니다.

갑신정변을 계기로 중국은 조선에서 중국을 반대하는 일체의 움직임을 근절시키기 위해 조선의 근대화 노력을 철저하게 차단했습니다. 특히 1885년 11월 위안스카이를 주차조선총리교섭통상사의(駐箚朝鮮總理交涉通商事宜)로 임명해 조선의 내·외 정치를 감시했습니다. 위안스카이는 조선 국왕에 버금가는 지위를 누리며, 철저한 우민화정책과 개화파 탄압정책을 실시하여 조선을 실질적인 중국의 보호국으로 만들어나갔던 것입니다.

갑신정변 이후 중국은 조선의 근대화 노력을 철저히 차단했다. 사진은 당시 조선의 내·외정치를 감시하는 역할을 맡았던 청나라의 위안스카이.

김옥균의 죄는 과잉방어 과실치사죄

이런 경우를 한번 생각해볼까요. 만일 교통사고를 당해 쓰러져 있는 사람을 보고 살려야 한다는 좋은 마음에 들쳐 업고 병원으로 뛰어갔지만, 오히려 그 때문에 꼭 필요한 응급조치가 늦어져 그 사람이 죽게 되었다면, 그것도 아무것도 모르는 초등학생이 아닌 대학생이 그런 실수를 범했다면, 과연 그 사람은 무죄를 주장할 수 있을까요? 모르긴 몰라도 그러기 어려울 것이라고 봅니다.

마찬가지로 김옥균 등은 당시 우리 나라에서 가장 개명한 사람들이었기에 과실치사죄를 면할 길이 없겠지요. 동기가 아무리 좋아도 잘못된 수단과 방법까지 정당화할 수는 없는 법이니까요. 허나 이들이 뒷날 일제에 협력했다 해서 이들을 고의로 사람을 죽게 한 파렴치범, 소위 '소신 친일파'로 보는 것은 너무 가혹하다고 봅니다. 결국 부역자가 되긴 했지만 애초에는 애국적 동기로 나선 것이 사실인데 말이지요.

근래 제2당(민비와 보수당)은 왕비의 보호로 크게 권력을 얻게 되자, 우리들에게 어떤 죄명을 씌워 유형에 처하려는 악질적인 계획을 꾸미고 있다는 정보가 들어왔다. 우리들은 죽음을 처음부터 각오한 바이나 그들의 손에 처형당하는 것을 바라지 않으며, 우리도 이에 대처할 계획을 세우고 있다.

갑신정변 주역의 한 사람이자 철종의 사위인 박영효는 민비와 보수당이 자신들을 제거하려 했기 때문에 '정당방위'로 거사를 일으켰다고 주장했다.

이것이 박영효가 밝힌 거사 이유입니다. 김옥균도 일본공사관원에게 자신들의 거사가 보수파의 제거 움직임에 맞선 정당방위라고 주장했지요.

우리들은 지난 수년 동안 평화적인 수단으로 모든 노력을 하였지만 여태까지 이에 대해 아무 효과가 없을 뿐만 아니라 오늘날 죽음의 경지에까지 처하게 되었다. 가만히 앉아서 죽음을 기다리는 것보다는 차라리 우리가 먼저 일어나 그들을 막아내는 대책을 취하지 않으면 안 될 형편에 몰리게 되었다. 그러니 우리들의 결심은 이미 한 길밖에 없다.

그러나 보수 세력에게 숙청당한다 해도 최악의 경우 정약용이나 윤선도처럼 풍광이 수려한 강진이나 보길도로 귀양 가는 정도였을 그들이, 칼을 빼들고 정적을 살해하는 야만적 방법을 택한 것은 정당방위의 수준을 넘어선 과잉방위가 분명한 것 같습니다. 사실 민씨 척족 세력도 동도서기(東道西器)에 입각한 개혁에는 동의하고 있었던 만큼, 물론 어려운 일이었겠지만 대화와 타협으로 상대를 설득할 여지도 분명 있었다고 봅니다.

한국의 근대가 일본 · 미국보다 더 참혹했나

그러나 이들은 자신들의 죄는 단지 실패한 것뿐이라고 항변할지도 모릅니다. 메이지유신과 5.16군사쿠데타처럼 성공했다면 자신들은 '건국의 원로'나 '산업화의 기수'로 추앙되었을 것이라고 말이지요. 어차피 인간의 얼굴을 한 근대가 현실세계에 존재한 바 없고, 근대란 본래 피비린내 나는 살벌한 것이지 않느냐고 말이지요.

저도 박 선생님처럼 갑신정변 주도 세력과 남북한 군사독재 세력이 똑같이 택한 살육의 근대화에 분개하며 반대합니다. 선생님 말씀대로 본래 근대란 살육과 '주변분자들의 해골' 위에 세워진 것이지요. 그러나 저는 한국의 근대가 범한 살육이 서구나 일본의 근대가 범한 그것보다 참혹했다고 보지 않으며, 자신들의 범죄행위에 대해 참회하지 않는 몰염치가 한국의 살육자들에게만 보이는 특수한 현상이라고도 생각하지 않습니다.

제1 · 2차 대전 기간 동안 서구 제국들이 전장에서 자행한, 그리고 미군과 러시아 군이 베트남과 아프가니스탄 · 체첸에서 범한, 일본이 동아시아에서 저지른 살육보다 한국의 근대화 세력이 저지른 살육이 더 참혹했다고 말할 수 있나요. 또한 일본과 미국과 러시아의 살육자들이 자신들의 범죄에 대해 참회한 적이 있던가요. 더구나 한국의 살육자들은 사실 범죄를 주도한 정범(正犯)이라기보다 범죄를 방조한 종범(從犯)이라고 보는 것이 합당하지 않습니까? 저는 그들이 범한

1923년 관동대지진 당시 조선인을 학살하는 일본군의 모습. 일본이 동아시아 지역에서 저지른 살육은 한국의 근대화 세력이 저지른 범죄에 비할 바가 아니다.

살육이 동족을 대상으로 했으며, 그 배후에 외세가 도사리고 있다는 점이 한국 근·현대사의 비극과 특수성을 상징하는 것 같아 더욱 마음이 아픕니다.

'인간의 얼굴을 한 근대'는 오늘을 사는 우리들의 가슴과 머릿속에 들어 있는 화두입니다. 그러나 타자와 더불어 살기와 근대 만들기는 무엇이든 뚫을 수 있다는 창과 어떤 창도 막을 수 있다는 방패의 관계처럼 동시에 이룰 수 없는 목표는 아닐는지요.

봄이 다가오는 연구실 창문 밖을 바라보며 허동현 드림.

더 읽을 만한 책

- 북한사회과학원 역사연구소 편,《김옥균》, 사회과학원출판사, 1964.
- 신용하,《초기 개화사상과 갑신정변 연구》, 지식산업사, 2000.
- 이광린,《개화당연구》, 일조각, 1973.
- 이상일, 〈운양 김윤식의 정치사상 연구〉,《태동고전연구》6, 1990.
- 이정식,《구한말의 개혁 · 독립투사 서재필》, 서울대출판부, 2003.
- 주진오, 〈해제: 북한에서의 '갑신정변' 연구의 성과와 문제점〉,《김옥균》, 역사비평사, 1990.
- 최덕수, 〈청일전쟁과 동아시아의 세력 변동〉,《역사비평》26, 1994.
- 최영호, 〈갑신정변론〉,《한국사시민강좌》7, 일조각, 1990.
- 하원호, 〈부르주아민족운동의 발생 · 발전〉,《북한의 한국사 인식》II, 한길사, 1990.
- 하원호, 〈갑신정변, 근대변혁운동의 서막인가〉,《통일시론》6, 2000.
- 한국근현대사연구회,《한국근대 개화사상과 갑신정변 연구》, 신서원, 1998.
- Lew, Young Ick, "Dynamics of the Korean Enlightenment Movement, 1879-1889 : A Survey with Emphasis on the Korean Leaders." 中央研究院近代史研究所 編,《淸季自强運動硏討會論文集》上. 臺北 : 中央研究院近代史研究所, 1987.
- Lew, Young Ick, "Late Nineteenth-Century Korean Reformers' Receptivity to Protestantism: The Cases of Six Leaders of the 1880s and 1890s Reform Movements", Ashia munhwa 4, 1988.
- Jaisohn, Philip, M.D., My Days in Korea and Other Essays, Seoul: Yonsei University Press, 1999.
- Nahm, Andrew C., "Kim Ok-kyun and the Reform Movement", Korea Journal 24:12(December 1984).
- Cook, Harold F., "Kim Ok-Kyun's Second Visit to Japan", Journal of Social Sciences and Humanities 30(June 1969).
- Cook, Harold F., "Kim Ok-Kyun's Early Career", Journal of Social Sciences and Humanities 35(December 1971).
- Hong, Soon C., "The Kapsin Coup and Foote: The Role of an American Diplomat", Koreana Quarterly 15:3-4(Fall-Winter 1973).
- Hwang, In K., "The Korean Reform Movement of the 1880s: A Study of

Transition in Intra-Asian Relations", Cambridge, MA: Schenkman Publishing Company, 1978.

- Liem, Channing, "Philip Jaisohn: The First Korean-American: A Forgotten Hero", Seoul: Philip Jaisohn Memorial Foundation, 1984; Park, Elkins, PA: The Philip Jaisohn Memorial Foundation, Inc., 1984.

- Nahm, Andrew C., "Kim Ok-kyun and the Reform Movement", *Korea Journal* 24:12(December 1984).

- Shin, Yong-ha, "The Coup d' État of 1884 and the Pukch' ong Army of the Progressive Party", *Korea Journal* 33:2(Summer 1993).

- Yang, Yong-ik, "Dynamics of the Korean Enlightenment Movement, 1879-1889: A Survey with Emphasis on the Roles of the Korean Leaders", In "Ch' onggye Paek Kang undong yont' ohoe nonmunjip" sang, Kyongbuk: Chungang yonguwon kundaesa yonguso, 1988.

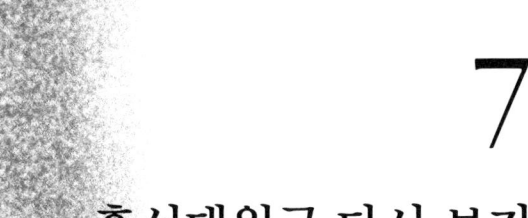

흥선대원군 다시 보기

대원군은 실패한 정치가였나?

흥선대원군 이하응만큼 양극단의 평가를 받는 인물도 많지 않습니다. 개혁

정치가라는 긍정론과 수구적 쇄국주의자라는 부정론이 크게 엇갈립니다.

허동현 교수는 대원군에 대해 기득권 세력의 위기관리 대리인으로 집권했던

한계를 극복하지 못한 실패한 정치가라고 평가하고 있습니다. 반면 박노자

교수는 당시의 시대적 요구였던 '깨끗한 정부'를 구현하는 일을 대원군이

추진했음을 긍정적으로 평가하고 있습니다. 박 교수의 글 가운데 흥미로운

것은 전근대적 중세 사회에서 근대적 부국강병 사회로 진행하는 것을

역사의 정해진 규칙으로 당연시하는 일종의 선입관을 비판하는 대목입니다.

|흥선대원군은 누구인가|

석파(石坡) 이하응(李昰應)은 영조의 5대손(五代孫)으로, 조선의 26대 고종의 아버지이다. 대원군이란 조선시대에 왕위를 계승할 적자손(嫡子孫)이나 형제가 없어 종친이 왕위를 이어받을 때 새로운 국왕의 생부(生父)를 호칭하던 말로, 이하응은 1843년(헌종 9)에 흥선군(興宣君)에 봉해졌기 때문에 흥선대원군으로 불리게 되었다.

대원군은 철종 승하 후 고종에게 왕위를 계승하게 한다는 조 대비(趙大妃)와의 묵계 때문에 집권하게 되었다는 것이 통설이나, 황현(黃玹)의 《매천야록(梅泉野錄)》에는 철종의 유지(遺志)와 안동 김씨 일문의 지원에 힘입어 대원군이 집권할 수 있었다고 되어 있다. 집권 후 대원군이 안동 김씨인 김병학(金炳學), 김병국(金炳國) 형제를 중용한 사실로 미루어 볼 때 황현의 주장은 설득력이 있다. 집권 후 대원군이 정권을 장악한 부분에 대해서는 현채(玄采)의 《동국사략(東國史略)》에 잘 나타나 있다.

대원군은 모두 세 차례에 걸쳐 섭정했다. 개항 전인 1864년부터 1873년까지 10년간이 1차 섭정이고, 임오군란(1882) 직후 한 달간이 2차 섭정, 갑오경장(1894) 이후 4개월간이 3차 섭정이다. 대체적으로 대원군에 대한 평가는 1차 섭정 때의 치적을 중심으로 내려진다. 당시 그는 당파를 초월하여 인재를 등용하였으며, 부패 관리를 적발하여 파직시켰다. 47개 서원(書院)을 제외한 전국의 모든 서원을 철폐하고, 국가 재정의 낭비와 당쟁의 요인을 없앴으며, 《육전조례(六典條例)》 등을 간행하여 법률제도를 확립하였다. 의정부와 삼군부를 두어 행정권과 군사권을 분리시켰으며, 관복(官服)과 서민들의 의복제도를 개량하고 사치와 낭비를 억제하는 한편, 세제(稅制)를 개혁하여 귀족과 상민 차별 없이 세금을 징수하였다.

그러나 한편으로 경복궁을 중건하며 원납전을 발행하여 백성의 생활고를 가중시켰으며, 천주교도 박해령을 내려 8,000여 명의 천주교도를 학살하기도 했다. 1866년 천주교도 학살을 구실로 프랑스가 무력 침공했으며(병인양요), 같은 해 미국 상선(商船) 제너럴셔먼 호가 통상을 요구하다 거절당한 사건을 빌미로 1871년에는 미국이 조선을 무력 침략(신미양요)했으나, 대원군은 쇄국양이(鎖國攘夷) 정책을 고수하였다.

"'근대화'가 평가의
잣대 되어서는 안 돼"

조선 말기 민중의 눈으로 대원군 평가해야

허동현 선생님, 안녕하십니까?

흥선대원군 이하응(李昰應, 1820~1898)에 대한 평가는 크게 두 가지로 나뉩니다. 하나는 그가 기득권 세력과 어느 정도 지속적으로 타협해온 사실과, 쇄국정책·가톨릭 탄압 등을 주도한 점을 들어 그를 역(逆)역사적인 보수 개혁가로 보는 시각입니다. 이러한 견해를 대표하는 인물로 대원군 시대를 다룬 단행본을 출간한 바 있는 제임스 팔레(James Palais) 교수가 있습니다.

팔레 교수는 대원군을 강력한 중앙집권적 국가를 재건하려고 노력하면서도 양반세력들과의 본격적인 충돌은 피하려 한, 전

역사적 평가가 극단으로 엇갈리는 흥선대원군 이하응은 병인양요·신미양요·임오군란·갑오경장 등 격변기 우리 역사적 사건들의 중심에 서있던 인물이다. ⓒ 국사편찬위원회

통 지배계급의 전형적인 현실주의적 강국(強國) 지향적 정치가로 평가했습니다. 그나마 팔레 교수는 우리가 생각하는 보수성이 당시 지배층에게는 당연한 세계관이었다고 전제하여

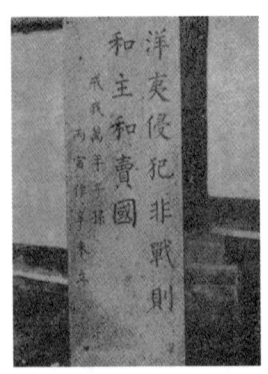

1871년 대원군이 서양인을 배척하기 위해 각지에 세운 척화비. 이 때문에 국내 일부 사학자들은 대원군이 한국의 성공적인 근대화를 방해한 반역사적인 인물이라고 평가한다.

대원군의 역(逆)역사성을 굳이 강조하지 않았지만, 국내 일부 사학자들은 대원군을 아예 시간만 낭비하고 한국의 성공적인 근대화를 치명적으로 방해한 반(反)역사적인 인물로 지목했습니다.

《한국통사(韓國痛史)》(1915)의 저자 박은식은 이와 같은 대원군관(觀)의 '원조' 가운데 한 명입니다. 그는 대원군의 "용맹 과감"과 "옛일에 구애받지 않는" 정치적 솜씨 등을 높이 평가하면서, "(근대적인) 교육을 받지 못해 전지구적 시국이 일변하여 구미의 풍조가 동아시아에까지 스며드는" 상황을 파악하지 못한 대원군이 결국 "옛것을 과감히 없애고 문명 열강과 같은 조선을 건설하는" 일에 완전히 실패했다고 결론 내렸습니다.

그러나 박정희 시대의 이선근(李瑄根)과 같은 관변 학자나 오늘날 일부 보수주의자들은 반대로 대원군을 '우리 근대 개혁의 근원' 또는 '원(原)민족주의자'로 치켜세우며 그 정치를 '성공'으로 평가합니다. 최근 출간된 한국사 개설서도 대원군이 이룩한 부국강병과 국력 신장을 찬양하고 있지요. 대원군의 정책을 '내재적 근대화의 시도'로 보는 것이야 조금 극단적인 견해지만, 대원군이 대표한 위정척사적 세계관을 한국의 근대적 내셔널리즘의 한 뿌리로 생각하는 것은 최근까지도 많은 연구자들 사이에서 거의 통설이었습니다(예를 들어, 김영작의《한말 내셔널리즘 연구》).

그런데 흥미로운 사실은, 양쪽이 외견상 서로 다른 견해를 내세우고 있는 것 같지만, 실제로는 대원군을 비판하는 쪽이나 찬양하는 쪽이나 모두 목적론적 근대 지상주의적 사관에 입각해 있다는 점입니다. 즉, 양쪽 다 중세 다음에는 반드시 근대화된 산업사회로 이동해야 한다고 믿고 있으며, 근대화 지향적인 정책을 순(順)역사적인 것으로, 근대화에 도움이 안 되거나 방해되는 정책을 역(逆)역사적인 것으로 평가합니다. 근대화와 부국강병이 역사의 논리임을 인정하는 가운데, 대원군이 부국강병에 도움이 됐는지를 놓고 논쟁을 벌이고 있는 것이지요.

이선근으로 대표되는 박정희 시대의 관변 학자들은 대원군을 '우리 근대 개혁의 근원'으로 치켜세우며 찬양했다.

저는 바로 이 점이 납득이 안 갑니다. 19세기 중반 이전 극동 사회에서도 상업적 통화경제가 서서히 발전하고 있었지만, 그 속도나 형태가 서구와 같을 수는 없었습니다. 1492년부터 미주 · 아프리카 · 남아시아를 약탈하기 시작한 서구 사회는, 이를 바탕으로 빠른 시일 안에 군국주의적 근대국가를 건설하고 산업혁명을 이루는 등 세계사적 차원의 압축 성장을 달성했습니다. 그러나 외전(外戰)과 약탈이 아닌 안정적인 농본(農本)사회를 지향했던 극동에서는 이러한 '발전'이 어려울 수밖에요.

부국강병과 개발 지상주의 등의 자본주의적 패러다임은 19세기 중반 이후 밖으로부터 극동 국가들에게 강요 · 이식된 것일 뿐입니다. 그렇다면 이 외재(外在)적 패러다임의 입장에서 이식 이전 시기의 정치를 평가한다는 것은 논리적인 오류가 아닐까요? 이러한 근대 지상주의 · 서구 중심주의적 목적론을 극복하기 위해서는 당시 민중의 욕망과 시대의 내재적 기준으로 대원군의 치적을 평가해봐야 한다고 생각합니다.

당시 백성들의 최대 소망은 '깨끗한 정부'

조선왕조 말기 전국의 관료들은 하나의 커다란 부패망을

저는 대원군을 비판하는 쪽이나 찬양하는 쪽 모두 목적론적 근대 지상주의 사관에 입각해 있는 점을 이해할 수 없습니다. 당시 민중의 욕망과 시대 기준으로 대원군을 평가해야 하지 않습니까?

이루었습니다. 박은식의 말대로, "지방 관리들이 구리(돈) 냄새로 관리 노릇을 하지 않는 자가 없었으니 그런 까닭에 그 물로 이득을 다 차지하는 것을 직으로 삼고 게다가 연못까지 말려 고기를 잡아가듯이 남김없이 빼앗아갔"습니다(《한국통사》, 제2편). 삼남이나 평안도·황해도의 감사는 1년 6개월의 재임 기간 동안 환곡을 가작(加作)하여 그 잉여분을 사용(私用)하는 방법, 세곡을 훔치는 방법, 무고한 백성을 옥에 가두어 몸값을 갈취하는 방법(소위 늑탈勒奪), 향임(鄕任)을 파는 방법 등의 각종 수법으로 5만 냥이라는 천문학적인 액수의 부정 축재를 했습니다(《국조보감(國朝寶鑑)》 권87, 철종 2년 윤8월).

이처럼 전국에 만연한 부정부패에 대해서 정부가 몰랐던 것은 물론 아닙니다. 1858년 10월에는 관료들에게 특별히 명하여 부자들의 재산을 빼앗지 못하게 하기도 했고, 1861년 3월에는 과거 때의 금전 거래를 금지시키기도 했으며, 1863년 1월에는 과다한 세금 징수를 금지시키기도 했으니까요. 문제는, 중앙 세도가들과 지방 탐관오리들이 서로 하나의 부패망으로 연결돼 있는 상황에서는 이 조치들이 힘을 발휘할 수 없었다는 겁니다.

대원군 집권 이후 각급 관료의 기강이 어느 정도 잡힌 뒤에도 관료들의 대민 폭력 사건은 계속 터졌습니다. 몇 개의 예를 들어보지요.

1874년: 평안도(平安道) 관찰사(觀察使) 신응조(申應朝)의 장계(狀啓)에 따라 민전(民錢, 백성의 돈)을 늑탈(勒徵)하고

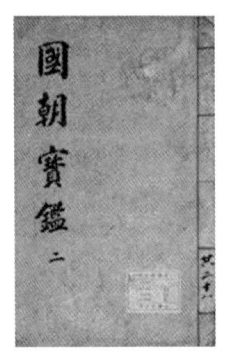

조선 역대 국왕의 치적 중 모범이 될 만한 사실을 모아 편찬한 편년체 역사서 《국조보감》 ⓒ 한국역사정보종합시스템

현민(縣民)을 고치(拷治, 고문으로 다스림)하는 양덕현감(陽德縣監) 신홍균(申弘均)을 파출나인(罷黜拿囚, 파직 체포)하고 늑탈(勒奪)한 민전은 감징(督徵)하여 환급(還給)토록 하다 《고종실록(高宗實錄)》, 高宗 11年 4月 25日).

1877년: 영의정 이최응(李最應) 계언(啓言)하여 목하(目下)의 재용 궁박(財用窮迫, 재정 부족)은 비단 연황(年荒, 흉년)에 따른 세액의 감소뿐 아니라 경외(京外)의 이속(吏屬, 하급 관료)·선한배(船漢輩, 배 주인)의 투롱(偸弄, 훔침과 농간)과 건몰(乾沒, 빼앗음)에도 연유하는 것이라 하고 한강의 선주와 이서배(하급 관료)로 1,000석 이상을 축낸 자는 효수하기를 청했다. 이를 윤허하였다(《고종실록》, 高宗 14年 6月 13日).

1878년: 우의정 김병국(金炳國)이 다음과 같이 계언하다. …… 상납세미(上納稅米)의 농간이 심하여 관리는 세곡을 전부 다 배에 싣지 않고 배 주인들은 높은 값으로써 축재하며 알곡 값이 낮으면 헐값으로 팔아치우는 이(利)가 사(私)에 돌아가고 알곡이 귀하면 건납(愆納, 조세 곡을 기한 내에 바치지 못함)의 해(害)가 공(公)에 미치는 이 같은 폐단이나 건몰(乾沒)의 환(患)이 바로 여기에 있다(《고종실록》, 高宗 15年 2月 17日).

1881년: 형조(刑曹)에 명하여 전 황해도 장연현감(前黃海道長連縣監) 원상준(元俊常)의 장물(臟物)은 그 가동(家僮, 하인)을 잡아 가두고서 독봉(督捧, 관리)케 하다. 준상(俊常)은 재직시에 수없는 사람들의 돈의 늑탈(勒奪)과 구폐전(舊弊

조선시대 형벌의 하나인 주리를 트는 광경. 조선왕조 말기에 관료들의 부정부패는 정부가 손쓸 수 없을 정도로 극심해졌다. 대원군이 집권하여 관료들의 기강이 어느 정도 잡힌 뒤에도 이러한 상황은 여전했다.

錢)의 건몰(乾沒) 등으로 7,100량을 모은 바 있다(《고종실록》, 高宗 18年 4月 25日).

이러한 기사들이 1810~1890년대의 왕조실록을 거의 1년마다 장식합니다. 정부는 백성의 돈을 훔치고 빼먹는 행위〔투롱偸弄〕·백성에게 수취한 돈을 사용하는 행위〔건몰乾沒〕·돈을 불법적으로 거두는 행위〔징봉徵捧〕·백성을 위협하고 재물을 빼앗는 행위〔위협취재威脅取財〕·뇌물을 받고 송사를 결정하는 행위〔수송뢰受訟賂〕 등을 적발하여 하급 관료에게 사형을 내리고, 양반관료 중에서 가장 심한 자를 파직하고 유배 보냈지만, 부정행위 건수는 오히려 해마다 늘어났습니다.

과거시험 합격이나 관직이 거의 공공연하게 금전으로 거래되는 마당에, 그리고 조정 측근들이 그 거래에서 이득을 취하는 마당에 부정이 없어질 리 있었겠습니까? 왕조실록에 오른 사건은 당시 일상화된 부정부패의 빙산의 일각에 불과했습니다. 당시 조선에서, 관료들의 불법 착취를 견디지 못하고 도망치거나 민란을 일으킨 백성들이 진심으로 열망한 것은 '물고기'를 조금씩 낚아도 '연못'을 송두리째 말리지는 않을 최소한의 공공성과 공익성을 갖춘 깨끗한 정부였습니다.

대원군도 개선하지 못한 최악의 부정부패

이러한 시각에서 본다면 대원군을 어떻게 평가할 수 있을까요. 대원군은 고리대로 변해버린 환곡제를 상당 부분 폐지하고 그 대신 사창제(社倉制)라는, 주자(朱子) 등 송나라 시절 성리학자들이 적극 권고했던 일종의 공동체적 상부상조 제도를 개편·확대 실시했으며, 탐관오리를 엄벌에 처하기도 했습니다. 그러나 몇몇 세도가들이 정치판을 장악하는, 부정부패의 구조적인 원인은 개선되지 않았습니다.

대원군 집권기에 일부 남인이 등용된 것을 대원군의 업적 가운데 하나로 많이 언급하지만, 안동 김씨와 풍양 조씨 등 세도가들이 여전히 조정에 포진하여 권병을 놓지 않고 있었지요. 이는 안동 김씨이면서 외가가 풍양 조씨인 김세균(金世均, 1812~1879), 1865년부터 영의정을 지낸 안동 김씨 가문의 세력가 김병학(金炳學, 1821~1879), 김병학의 동생 김병국(金炳國, 1825~1905), 또 한 명의 안동 김씨 세력가인 김병기(金炳冀, 1818~1875) 등 대원군 집권기에 조정에서 활동한 핵심 인물들의 면면을 살펴보아도 알 수 있습니다. 여기서 중요한 것은 당시 선혜청 당상이나 호조판서 등 재정 책임자로 등용된 사람은 거의 다 유력 가문(주로 안동 김씨) 출신이었다는 점입니다.

대원군 집권 후기에 안동 김씨 등이 중앙 정치 무대에서 퇴조하는 모습을 보이자, 양반관료를 비롯한 주류 세력들은 대원군의 독주에 제동을 걸기 시작했습니다. 즉, 국가 공적 기구들이 세도가들의 손에 넘어가 이미 사유화돼버린 상황에서는, 제아무리 독재자 기질이 다분한 대원군이라 해도 세도가들의 협조를 구하지 않을 수 없었던 것입니다. 그들의 협력 없이는 더 이상 권력의 장악과 유지가 불가능했으니까요.

당연히 부정부패가 생길 수밖에 없는 이와 같은 구조를, 대원군은 본격적으로 바꾸지 않고 오히려 요령껏 편승하려

했습니다. 결국 부정부패는 계속 백성을 괴롭혔고, 각처에서는 민란이 잇따랐으며, 국경 밖(노령과 만주)으로 도주하는 백성들의 규모는 점점 더 커졌습니다. 뇌물이나 추종 관계에 따라서 벼슬자리를 나누어주는 형태의 부정부패는 대원군 자신도 마다하지 않았던 것은 사실입니다. 허 선생님도 갑오내각의 법무협판 김학우(金鶴羽)가 1894년 10월 31일, 33세의 젊은 나이에 암살당한 사실은 잘 아실 것입니다. 그 당시의 풍문에 의하면 자신의 한 추종자에게 벼슬을 주라는 대원군의 분부를 공개적으로 거절한 김학우가 결국 대원군의 사주로 살해됐다는 것이었습니다(《대한계년사》 하권, 고종 31년 10월). 조선의 독자적인 전신부호를 개발하고, 우수한 러시아어와 일본어 실력으로 근대 기술 도입에 크게 기여한 젊은 인재 김학우가 대원군의 정실 인사를 막으려다가 비명에 간 것이지요.

전통시대 인물에게 근대화 책임 묻는 것은 무리

당시 재야의 양심적 지식인을 대변했던 황현이 대원군에 대해서 내린 평가는 냉정합니다.

대원군은 세도가 안동 김씨의 부귀를 탐내고 있다가 하루아침에 뜻을 얻은 후로, 음행과 사치와 교만과 폭행을 자행하여 장동 김씨들보다도 더 지나친 일을 감행하였다. 그는 원기(元氣)를 손상시키고 백성들에게 원한을 샀으며, 공연히 토목공사를 일으키고 사색당파를 두둔하였다(《매천야록》 제1권).

박은식의 평가도 비슷한 측면이 있습니다.

대원군이 혼자서 총명한 체하여 권력을 마음대로 휘두르고 어진 사람을 얻어 더불어 일하는 것을 중요하게 여기지 않고 정권을 잡은 초기부터 토목공사를 급히 하여 마음대로 조세를 거두어들였고 벌주고 죽이는 것을 남용하여 도(道)를 살리지 않고 백성을 죽였는데 …… 그것은 다 그의 단점들이다(《한국통사》).

대원군은 일부 세도가들이 전권을 휘두르는 부정부패의 구조적인 원인을 개선하지 않고, 오히려 요령껏 편승했다. 심지어 1882년 임오군란 이후 4년간 청나라에 구인돼 있을 때(사진)에도 청나라 대신들에게 막대한 뇌물을 바쳤다.

　실제로 대원군은 1882~1885년에 청나라에 감금됐을 때 청 조정의 유력 대신들에게 엄청난 양의 뇌물을 바치는 것은 물론(《매천야록》 제1권), 아예 민비 축출을 위하여 청나라 대신을 조선에 파견하여 조선 조정을 감독하게 해달라고 청의 권신 이홍장(李鴻章)에게 빌기까지 했습니다(《이문충공 전집(李文忠公 全集)》 제17권, 광서(光緖) 11년 6월 23일). 조선 임금의 아버지로서 지녔던 체면은 온데간데없이 사라진 겁니다.

　그렇다면 동학농민 일부 지도자를 비롯한 당시의 민중 대변자들은 왜 국태공(國太公), 곧 대원군에게 희망을 걸었을까요? 황현에 의하면, 당시 백성들이 대원군 시절을 그리워한 유일한 이유는 대원군 이후에 집권한 민씨 족벌의 부정과 파행이 대원군 시절의 그것보다 훨씬 더 심했기 때문입니다.

　동학농민의 무장운동 당시 발간된 일본 신문들도, 조선 백성들이 부정부패와 비리의 원천인 민가를 살육하기 위해서 그 숙적인 대원군을 밀어준다고 비슷하게 분석했습니다(《니로꾸 신뽀(二六新報)》, 1894년 10월 14일자). 해마다 부정부패가 심해져가는 절망적인 상황에서 지푸라기라도 잡는 심정으로 대원군의 감국(監國)을 바랐던 겁니다.

전통시대의 인물인 대원군에게 왜 일찌감치 서구식 개화를 지향하지 않았느냐고 따지는 것은 무리입니다. 그것은 물고기에게 왜 새처럼 날아다니지 않느냐고 물어보는 것과 같은 격이지요. 서구식의 근대적 군사주의 국가 건설이나 자본화가 비(非)서구 지역에서 꼭 자생적으로 이뤄져야 한다는 역사의 법칙도 없고, 서구적 근대국가를 선(善)으로 볼 이유도 없습니다.

그러나 당대의 주요 세력가들과 별로 다르지 않은 모습으로 운현궁 앞에서 뇌물을 받은 대원군이, 당시 비리에 신음하던 민초들의 바람을 충족시켰다고 보기는 어렵겠지요. 그도 결국 세도정치의 한계를 뛰어넘지 못한 정치인이었습니다.

밤이 깊어가는 오슬로에서 박노자 드림.

대원군은 위기 관리 떠맡은 '세도정권 대리인'

대원군이 '새'가 될 마음만 먹었다면

박노자 선생님, 반갑습니다.

선생님 말씀대로 대원군은 분명 '물고기'였지 '새'가 되지는 못했습니다. 그와 같은 시대를 산 이웃 웅덩이의 물고기는 새로 둔갑하는 데 성공하였고, 다

1882년 음력 6월, 구식 군대에 대한 차별대우 등에 불만을 품은 군졸들이 궁궐을 점령하고 일본공사관을 공격한 임오군란을 일으켰을 때, 물러나 있던 대원군은 일시 정권을 잡았다. 그림은 도주하는 일본공사관원들의 위협 사격에 놀라 뒤로 물러서는 조선 사람들. 이 그림은 당시 일본 신문에 실렸던 삽화이다.

른 한 마리는 지느러미를 날개로 바꾸려고 노력하고 있었는데 말이지요.

그러나 저는 물고기로만 사는 것이 대원군의 숙명이었다고는 보지 않습니다. 대원군이 누구입니까. 고종 즉위 초 10년(1864~1873), 임오군란(1882) 때 한 달여, 그리고 갑오경장(1894~1895) 때 4개월여 등 왕조의 운명이 풍전등화의 처지에 놓일 때마다 집권하여 그 위기를 넘긴 장본인이 아닙니까. 갑신정변(1884)의 주도 세력과 동학농민군 지도자 전봉준, 그리고 경복궁 점령에 나선 일본군까지 대원군과 손을 잡으려한 것은 그가 그만큼 역량 있는 인물이었기 때문입니다.

"대원군이 맘만 먹으면 개혁은 성공할 수 있다"고 한 김옥

해방 이후 국내 학자들은 일본이 메이지유신을 단행하고, 중국에서 양무운동이 한창일 때 대원군이 아무런 시도조차 하지 않은 것을 비판했다. 사진은 서구의 군사기술을 받아들인 양무운동의 결과 직접 대포를 제조하고 있는 청나라 군사의 모습.

* 부록 339쪽 수록.

균의 말처럼, 대원군은 마음만 먹으면 새가 될 수 있는 가능성이 높았던 인물입니다. 따라서 국내 학계가 해방 이후 제기한 대원군 비판의 핵심은 일본이 메이지유신(明治維新, 1868)을 단행하고 중국에서 양무운동(洋務運動, 1860)이 한창이던 시절, 그는 왜 새가 되려 하거나 날개라도 달아보려는 시도조차 하지 않았느냐는 것이었습니다. 선생님 말씀대로 자생적인 서구식의 근대적 군사주의 국가 건설과 자본화를 잣대로 대원군에게 질책을 가한 것이지요.

대원군을 '실용주의적 보수주의자(pragmatic conservative)'로 본 제임스 팔레(James B. Palais) 교수도 최근 발간한《유교적 경국책과 조선의 제도: 유형원과 후기 조선왕조》*라는 책에서, 실학에서 근대성을 찾으려는 국내 학계의 연구 동향에 일침을 가했습니다. 요컨대 유형원과 같은 소위 실학자들의 사상에 보이는 진보성은 근대 지향적이라고 할 수 없으며, 어디까지나 유교적이며 전통적인 규범 안에서 존재한 것이라는 말이지요. 제가 이해하기로는 서구 근대가 무엇이 좋다고, 잔인한 포식자의 삶이 무엇이 아름답다고 자꾸 일본처럼 되고 싶어하느냐는 비판으로 들리더군요. 마찬가지로 박노자 선생님께서도 새가 될 수 없는 물고기에게 왜 자꾸 새가 되려 하지 않았느냐고 탓하는 것은 무리가 아니냐고 반문하시는 것 같습니다.

서구 근대 따르는 것 외에 다른 대안 없어

선생님 말씀대로 부국강병과 개발 지상주의 등의 자본주의적 패러다임은 19세기 중반 이래 밖으로부터 강요 · 이식

된 것이기 때문에 극동에서 서구류의 발전이 자생적으로 이뤄지기는 어려웠습니다. 그러나 같은 조건에서 일본은 어떻게 '새'가 된 것일까요? 설마 메이지 일본의 지도자들이 뛰어났다던가, 일본의 사회·경제적 발전 단계가 조선의 그것보다 수세기 이상 앞서 있었다는 일본 우파 학자들의 생각에 동의하시지는 않겠지요?

양심적인 일본 학자들은 일본이 새가 되고, 조선은 새가 될 수 없었던 이유를 19세기 중반 이후 서구 근대의 도입을 모색하던 시기에 두 나라에 가해진 외압의 차이라는 국제적 요인에서 찾고 있더군요. 일본처럼 우리에게도 시간과 기회가 일찍 충분히 주어졌다면, 서구 근대가 이식될 수 있었다고 말이지요.

저 역시 이성과 합리성에 기초한 진보적인 역사 발전을 신봉하는 서구적 모더니티(modernity)의 관점에서 역사 발전을 단선적인 것으로 인식하고 서구의 경험을 보편적인 것으로 보아 한국사의 내재적 발전을 구명하는 작업에 몰두한 국내 학계의 연구 경향이, 자국의 강대국화를 꿈꾼다는 면에서 국수주의 사학과 일맥상통할 수도 있다고 생각합니다. 또한 저도 포식자의 삶을 예찬하는 근대 지상주의자들과 생각을 같이하지는 않습니다. 자연계의 포식자들은 생존을 위해 꼭 필요한 만큼만 먹이를 사냥하는 데 반해, 인간 세계의 포식자들은 동종인 인간을 상대로 그칠 줄 모르는 탐욕과 무자비한 살육을 자행하는 것이 현실이니 말이지요. 그러나 포식자가 되지 않으면 먹이가 될 수밖에 없는 것이 정글의 법칙인 것만큼은 부인할 수 없는 사실 아닌가요? 포식자와 '먹이'들이 사이좋게 살아가는 세상은 동화 속에나 존재하는 것 아닐까요?

선생님 말씀대로 대원군의 치적은 그 시대 민중의 욕망과 시대 기준으로 평가해야겠지요. 그렇다면 그 기준은 무엇이 돼야 할까요? 저는 당시 찾을 수 있는 가장 합리적이고 성공 확률이 높은 모델을 도입하려 했느냐 아니냐를 기준으로 그 치적을 평해야 한다고 봅니다. 대원군이란 '토종 물고기의 제왕'이 자기가 다스리는 웅덩이에 사는 쏘가리·메기 같은 내부 포식자들의 횡포나 잔혹한 외부 포식자들이 던지는 그물에서 송사리·미꾸라지 같은 '민중 물고기'의 삶을 얼마나 잘 지켜주었는지를 평가하려면, 과거나 미래가 아닌 그 시대에 실재한 모델을 기준으로 삼아야 타당하다는 겁니다.

당시 민중 물고기들에게 인권과 경제적 생존이 보장되는 인간다운 삶을 보장해주기 위해서는 잔혹하긴 해도 서구 근대를 따라 하는 것 말고 다른 현실적 대안이 있었을까요? 그렇기에 저는 대원군에게 왜 새가 되려 하지 않았는지 아직도 따져 묻는 것입니다. 오늘날 다시금 포식자들이 으르렁거리며 사냥터를 확보하기 위해 힘을 겨루는 마당에 우리가 다시 그 먹이가 될 수는 없지 않습니까?

대원군의 시대와 지금 우리가 처한 상황이 놀랄 정도로 유사하기에, 그의 실패를 거울 삼아 똑같은 실수를 되풀이하지 않는 것이 우리가 대원군의 치적을 다시 살피는 가장 큰 이유이자 역사를 배우는 본래 목적이라고 생각합니다.

태생적 한계로 근본 개혁에 실패

개혁이냐 미봉이냐. 500년 동안 조선왕조를 지탱해온 질서와 제도는 너무 낡아 여기저기 구멍이 숭숭 뚫리고, 그 구멍 사이로 모기떼(포식자)들이 몰려들고 있었습니다. 이에 대한 처방으로 대원군이 내린 조치는 구멍에 가죽을 덧대 튼튼하게 누빈 것일까요, 아니면 바늘과 실로 얼기설기 엮어 눈가림만 해놓은 격일까요? 전자라면 개혁이고, 후자라면 미봉에 지나지 않을 터.

대원군은 양극단의 평가를 받고 있습니다. 한편에서는 그를 사색당파를 초월한 인재 등용·경복궁 중건·서원 철폐·호포제(戶布制)와 사창제(社倉制)를 실시한 개혁 정치가이자, 병인양요(1866)·제너럴셔먼 호 사건(1866)·신미양요(1871)와 같은 외세의 침략에 맞서 국가를 지킨 원(原)민족주의자(proto-nationalist)라고 칭송합니다. 하지만 또 다른 사람들은 그를 다른 세상을 꿈꾼다는 이유만으로 수많은 동학교도와 천주교도를 처형한 독재자이자, 일본과 중국이 양무운동과 메이지유신을 단행하여 서구를 배울 때 우물 안 개구리로 시간을 허송한 시대착오적 정치가라고 비판합니다.

과연 대원군은 "조선 근대의 괴걸이요, 유사 이래 어떤 제왕이든 감히 잡아보지 못했던 '절대'적 권리를 손에 잡고 이 팔도 삼백여 주를 호령하며, 밖으로는 불란서·미국·청국을 내리누르고, 안으로는 자기 백성의 복지를 위해 일생을

대원군 집권기인 1871년 남양 앞바다에 모습을 드러낸 아시아함대 사령관 로저스 제독의 콜로라도 호(왼쪽)와 이 '신미양요' 때 일시 승리하여 강화도 초지진 포대지에 상륙한 미군의 모습.

복원된 대원군의 사저 운현궁의 모습.

바친"(김동인의 소설 《운현궁의 봄》) 위인일까요? 아니면 "몸은 과히 크지 아니하고 파리하나 원기가 있고, 그 눈은 항상 번득번득하여 보기에 무서우며, 성품은 조급하고 탐독합니다. 새 조정을 다스리는 대원군이 비록 모든 폐단을 고치고 없이 하겠다 하나, 흉악한 일을 마음대로 행하고 사람을 무수히 죽여도 어떻게 무슨 일로 죽이는지 알 수 없으니, 이 악독한 사람이 잠깐 사이에 만들어내는 환난을 우리가 면할는지, 나는 마음을 놓지 못하겠습니다"라고 한 프랑스 선교사의 편지대로 잔인무도한 독재자일까요?

그런데 많은 사람들이 대원군에 대해서 오해하고 있는 사실이 하나 있습니다. 그가 미친 사람 흉내로 안동 김씨의 박해를 피하고, 왕실의 조 대비와 묵계를 맺는 기지를 발휘해 집권에 성공했다는 것이지요. 그러나 황현은 대원군이 권모술수만으로 권력을 잡은 것은 아니라고 이야기합니다.

철종도 일찍이 고종에게 왕위를 물려줄 뜻이 있었으므로 장김(壯金, 안동 김씨 세도가)도 이를 도왔다. 이에 김흥근(金興根)이 말하기를 '흥선군이 살아 있으니 이는 곧 두 임금이고, 두 임금을 섬기느니 차라리 흥선군으로 임금을 삼는 것이 좋지 않느냐'고 했다. 김병학(金炳學)은 그의 딸을 왕비로 간택하여줄 것을 흥선군과 약속하고 외척의 세도를 유지하려 했다(《매천야록》).

사실 대원군은 철종과 안동 김씨 · 풍양 조씨 세도가, 노론

계 원로대신 등 보수 세력들이 합의하여 내세운 위기 관리자
였습니다. 그런 까닭에 자신을 밀어준 보수 세력의 이익에
반하는 어떠한 개혁도 할 수 없었던 것이지요. 제 생각에 대
원군은 세도 가문과 양반이 감당할 수 있는 만큼의 양보만으
로 한계 상황에 다다른 농민의 불만을 잠재우려 한, 두 마리
토끼를 쫓다 한 마리도 잡지 못한 실패한 정치가 같습니다.

대원군 집권기와 냉전 붕괴 후 오늘의 유사성

　역사는 되풀이되는 것일까요? 대원군 집권기와 냉전 붕괴
후의 오늘이 너무도 많이 닮아 있습니다. 중국 중심의 동아
시아 질서와 냉전이 붕괴된 후 서구 자본주의 국가들이 문호
개방(양요와 IMF)을 요구하고, 세도정권과 군부독재가 무너
진 후 개혁의 목소리(민란과 노동운동)가 높아진 상황이 너무
나 비슷합니다. 3당 합당과 DJP연합을 통해 집권한 김영삼
과 김대중 대통령이 집권을 도운 세력의 이익에 결정적으로
반하는 개혁을 추진하지 못한 점도 비슷하고요. 어떤 점이
그러한지 좀더 구체적으로 살펴볼까요.

　첫째, 사색당파의 고른 등용과 지역 편중을 넘기 위한 인
사 개혁에만 초점을 맞추어 제도 개혁을 소홀히 한 결과, 노
론 중심의 문벌 세력이나 영·호남
세력의 권력 독점을 막는 데 실패한
점. 둘째, 경복궁 복원과 중앙청(조
선총독부) 철거, 남북 정상회담 성사
등 왕권이나 정권의 정당성을 과시
하려는 업적 지향형 정치에 매몰되
었다는 점. 셋째, 호포제와 사창제,

3당 합당(사진)과 DJP연합을 통해
집권한 김영삼·김대중정권은 집권
을 도와준 세력의 이익에 반하는 개
혁을 추진하지 못했다는 점에서 대원
군과 비슷하다.

100년 전 살 길을 찾아 간도로 월경한 사람들(사진)이나 오늘날 중국을 떠도는 탈북자들의 참상은 크게 다르지 않다.

금융 실명제와 의약 분업 등 여러 개혁 조치들이 변죽만 울리다 만 미봉책에 불과했다는 점에서 닮은 꼴인 것 같습니다.

시각을 넓혀보면 유사점은 남한에만 그치지 않습니다. 중국이 사회주의 시장경제를 추진하고 러시아가 자본주의로 전환한 상황에 비추어 볼 때, 북한의 위정자들이 택한 대외정책은 대원군 시절의 시대착오적 쇄국정책과 다르지 않다는 비난을 면하기 어려울 듯합니다. 나아가 다른 세상을 꿈꾼다는 이유만으로 대원군 집권 기간 동안 방방곡곡에서 처형된 8,000명의 천주교도와 인권의 사각지대에 놓인 북한의 반체제 인사들, 그리고 연명을 위해 간도나 연해주로 월경한 사람들과 탈북자들의 참상도 그때나 지금이나 크게 다르지 않습니다.

다만 대원군 시대의 실정 책임이 대원군과 그를 둘러싼 양반 보수 세력의 몫이라면, 오늘의 실정은 시민사회를 사는, 시민임을 자각하는 우리 모두가 나누어 짊어져야 할 공동의 책임이라는 것이 그때와 지금의 차이겠지요.

개혁을 꿈꾸는 집권자들이 대원군 이하 과거의 집권자들에게 얻을 수 있는 교훈 하나는 개혁의 성패는 자신의 집권을 도와준 세력에게서 얼마나 자유로울 수 있는지에 달려 있다는 겁니다.

밤이 깊어가는 연구실에서 허동현 드림.

더 읽을 만한 책

- 권석봉, 〈청정에 있어서의 대원군과 그의 환국〉,《동방학지》27 · 28, 연세 대학교 국학연구원, 1981.
- 김의환, 〈새로 발견된 '홍선대원군 약전'〉,《사학연구》39, 과천: 한국사학 회, 1987.
- 김정기, 〈대원군 납치와 반청의식의 형성 1882~1894〉,《한국사론》19, 서울 대학교 국사학과, 1988.
- 배항섭, 〈전봉준과 대원군의 '밀약설' 고찰〉,《역사비평》39, 1997.
- 성대경, 〈대원군 정권의 정책〉,《대동문화연구》18, 성균관대학교 대동문화 연구소, 1984.
- 성대경, 〈대원군 집정기의 권력구조〉,《대동문화연구》15, 1982.
- 성대경, 〈대원군 집정의 원인적 제상황에 대하여〉,《인문과학》10, 성균관 대학교 인문과학연구소, 1981.
- 성대경, 〈대원군의 보정부담초 - 오여륜 대담기〉,《향토서울》40, 서울특별 시사편찬위원회, 1982.
- 성대경, 〈대원군의 서원훼철〉,《천관우선생 환력기념 한국사학논총》, 정음 문화사, 1985.
- 성대경, 〈대원군정권의 과거 운영 - 문과를 중심으로〉,《대동문화연구》19, 성균관대학교, 1985.
- 연갑수,《대원군 집권기 부국강병정책 연구》, 서울: 서울대학교출판부, 2001.
- 유영익, 〈홍선대원군〉,《한국사 시민 강좌》13, 1993.
- 이광린, 〈개화당의 대원군관〉,《개화파와 개화사상 연구》, 일조각, 1989.
- 이광린, 〈구한말 노령 이주민의 한국 정계 진출에 대해서〉,《한국개화사의 제문제》, 일조각, 1986.
- 이만열, 〈대원군을 어떻게 볼 것인가〉,《우리 역사 5천년을 어떻게 볼 것인 가》, 바다출판사, 2000.
- 최병옥, 〈대원군의 하야에 대하여〉,《서암 조항래교수 화갑기념 한국사학 논총》, 1992.
- 최병옥,《개화기의 군사정책 연구》, 경인문화사, 2000.
- 팔레 저, 이훈상 역,《전통한국의 정치와 정책》, 신원문화사, 1993.
- Choe, Ching Young, *The Rule of the Taewon' gun, 1864~1873: Restoration in Yi Korea*, East Asian Research Center, Harvard University, Cambrige,

Mass, 1972.

- Palais, James B., *Politics and Policy in Traditional Korea*, Harvard University Press, 1975.
- Palais, James B., *Confucian Statecraft and Korean Institutions : Yu Hyongwon and the Late Choson Dynasty*, University of Washington Press, 1996.

8

황사영 백서와 외세

외국 군대 요청, 종교 수호인가 민족 배반인가

국가를 넘어 개인의 인권이 보장되며, 민족을 넘어 타자(他者)와 함께하는

삶은 오늘날 우리 사회의 주요 화두입니다. 학계의 논쟁거리 중 하나인

'황사영 백서'는 국가와 개인의 갈등을 서양 문물 도입 초기에 이미

보여주고 있습니다. 박노자 교수는 신앙의 자유를 내건 이 백서가 민족을

배반한 것이 아니라 국제적 연대를 호소한 것으로 보아야 한다고

변호합니다. 이에 반해 허동현 교수는 백서에 보이는 독선과 폭력을

지적하며 관용과 대화의 중요성을 강조하면서, 개인의 인권과 신앙의

자유를 얻기 위해서라면 외국의 군대 동원과 같은 폭력적 수단을 써도

좋은지 묻고 있습니다.

황사영 백서란 무엇인가?

초창기 한국 가톨릭교회 지도자의 한 사람인 황사영이 1801년 신유박해의 전말과 그 대응책을 흰 비단에 적어 중국 북경의 구베아 주교에게 보내려고 기도한 밀서. 1801년 천주교 박해가 일어나 중국인 주문모 신부를 비롯하여 많은 교회 지도자들이 체포되자, 황사영은 충청도 제천의 배론이라는 토기 굽는 마을로 피신한 후 토굴에 숨어서 자기가 겪은 박해상을 기록했다. 이때 박해를 피해 배론까지 찾아온 황심을 만나 조선 교회를 구출할 방도를 상의한 끝에 박해의 경과와 재건책을 길이 62센티미터, 너비 38센티미터의 흰 비단에다 적었다. 한 줄에 95~127자씩 121행, 도합 1만 3,311자가 깨알같이 적힌 이 백서를 옥천희에게 주어 북경 주교에게 전달하려고 했으나, 9월 20일(양력 10월 27일) 옥천희가 먼저 잡히고 이어 황심이 9월 26에 체포됨으로써 계획은 수포로 돌아갔다. 이때 백서는 압수되고, 황사영 자신도 29일 체포된다.

백서의 내용은 1785년(정조 9) 이후의 교회 사정과 박해상, 신유박해의 전개 과정과 순교자들의 약전(略傳), 주문모 신부의 활동과 죽음에 대한 증언으로 되어 있다. 여기서 특히 문제가 되는 내용은 폐허가 된 조선 교회를 재건하고 신앙의 자유를 획득할 수 있는 방안에 대하여 언급한 부분으로, 청나라 황제에게 청하여 조선을 청나라의 한 성으로 편입시켜 감독하게 하거나, 서양 군대를 조선에 보내어 신앙의 자유를 허용하도록 해달라는 내용 등이다. 백서를 읽고 대경실색한 조선 조정은 관련자들을 즉각 처형하고 천주교인들에 대한 탄압을 더 강화했다.

황사영 백서 원본은 압수된 뒤로 줄곧 의금부에 보관되어오다가 1894년 갑오경장 후 옛 문서를 파기할 때 우연히 당시의 교구장이던 뮈텔 주교의 손에 들어가, 1925년 한국순교복자 79위의 시복식 때 로마교황에게 전달되어 현재 로마교황청 민속박물관에 보관되어 있다.

"황사영이 지키려 한 것은 보편적 정의"

"신앙의 자유 위해 조선을 무력으로 제압해달라"

허동현 선생님, 안녕하십니까?

황사영(黃嗣永, 1775~1801)의 백서(帛書)* 사건만큼 우리 나라 사람들의 미묘한 감정을 자극하는 역사적 사건도 없을 것입니다. 물론 열렬한 민족주의자들도 당시 황사영이 처했 던 상황의 절박성에 대해서는 대체로 인정하는 것 같습니다. 소위 신유사옥(辛酉邪獄)이라고 부르는 1801년의 이 무자비 한 교회 탄압 사건으로 황사영은 인척과 친우들을 포함해 거 의 100명의 교우를 잃고, 또 다른 400명은 유배지로 떠나 보 내야 했으니까요. 본인도 죽음을 앞둔 절망적인 상황에서 '백서'라는 과격하고 극단적인 타개책이라도 강구해볼 만했 었다는 것입니다.

경기도 양주군 장흥면 부곡리에 있는 황사영의 묘는, 족보를 확인하는 작 업을 거쳐 지난 1980년에야 비로소 그 위치가 확인됐다.

* 부록 340쪽 수록.

사실 황사영의 이름을 따로 언급하지는 않았지만 최남선 과 같은 일제 시기의 내셔널리스트들이 황사영을 포함한 천 주교 순교자들의 헌신성과 강인한 신앙 등을 "화랑정신의 계 승"이자 "조선 인종의 태생적 우월성"의 증거로 삼아 '민족 화' 시키기도 했습니다(《조선상식문답》). 즉, 그 당시의 극단적

인 박해 상황과 초기 천주교 신도들의 숭고한 순교정신에 대해서는 천주교 신앙과 거리가 먼 내셔널리스트들조차 뭐라 하지 못하고, 오히려 이를 내셔널리즘 이념에 꿰어 맞추려 한 것입니다.

1890년경 조선의 한 장터에서 설교를 하고 있는 서양 선교사의 모습. 그러나 황사영이 북경 주교에게 백서를 보낸 19세기 초는 교회에 대한 조선 조정의 탄압이 극심하던 때이다.

그러나 북경에 있는 프랑스인 주교 구베아(Alexander de Gouvea)에게 황사영이 전달하려고 한 백서의 내용을 보면, 동시대인이나 지금 우리가 쉽게 받아들이기 어려운 부분들이 있습니다. 예컨대 황사영은 수난을 당하고 있는 조선의 가톨릭교회를 다음과 같은 방략으로 다시 일으키고자 했습니다.

이 나라는 방금 위태롭고 불안하고 문란한 지경에 처해 있어 무슨 일이나 막론하고 중국 황제의 명령이 있으면 감히 좇지 않을 수 없습니다. 이러한 때를 타서 주교께서 황제에게 서한을 보내시어 내가 조선에 성교(천주교)를 전하고자 하는데 들건대 그 나라는 중국 조정에 속하여 있어 외국과 상통하지 아니한다 하므로 이렇게 청하오니 원컨대 폐하는 그 나라에 따로 칙령을 내리시어 서양 선교사를 받아들여 그들로 하여금 충성하고 효도하는 도리를 가르쳐 백성들이 황조(청나라)에 충성을 다하여 폐하의 덕에 보답케 하옵소서 하고 간청하면 황제는 본래 서양 선교사의 충실하고 근실함을 잘 알고 있으므로 그 허락을 받을 가망이 있습니다. 이것이 이른바

천자(天子, 청나라 황제)를 끼고
제후(조선의 왕)를 호령하는 격이
니 성교(천주교)가 평화롭게 나
아갈 것입니다.

狗敎者黃嗣永肖像

(만약 조선의 왕이 말을 듣지 않는
다면) 마땅히 조선을 중국의 내
부와 같은 행정구역으로 삼아 의
복을 중국과 차별 없이 입게 하
고 서로의 왕래를 터 이 나라(조
선)를 만주에 소속시켜야 합니
다. 중국 황제의 영토를 넓히고
안주와 평양 사이에 안무청(조선
관리 관청)을 설치하여 친왕(親王)을 임명하고 조선을 감독

보호하게 하되 은덕을 후하게 베풀어 민심을 굳게 단결시켜
놓으면 중국에 사변(청나라 왕조를 위협하는 민중반란)이 일어
나더라도 요동과 심양 동쪽을 갈라 근거로 삼아 그 험한 산
악지대를 방위할 수 있고, 또한 장정들을 모아 훈련을 시켰
다가 유사시 출동시키면 이것이 튼튼한 기초를 만대에 이루
도록 마련하는 것입니다.

여기에 조선 사람으로 하여금 꼼짝 못하고 명령에 복종시킬
수 있는 계책이 또 있습니다. …… 이 나라의 병력은 본래 미
약하고 모든 나라 가운데 맨 끝인데다가 태평세월이 2백 년
을 계속해왔으므로 백성들은 군대가 무엇인지 모릅니다. 게
다가 위에는 뛰어난 임금이 없고 아래로는 어진 신하가 없어

황사영이 세도가들에게 맞섰음에도 남한의 민중
사학자들이나 북한 사학계가 그를 맹목적인
사대주의자 또는 외세 의존적 환상가라고 혹평하는
것은, 바로 우리 근대사의 쓰라린 경험에서 나오는
민족주의적 감정과 연관돼 있는 것 같습니다.

불행한 사태가 일어나기만 한다면 흙더
미처럼 무너지고 기왓장처럼 흩어질 것
이나 그대로 보고 있을 수밖에 없습니다.
만일 할 수 있다면 (서양) 군함 수백 척과
정예군 5~6만 명을 얻어 대포와 무서운
무기를 많이 싣고 겸하여 말도 잘하고 사리에도 밝은 중국
선비 3,4명을 데리고 해안에 이르러 국왕에게 서한을 보내되
우리는 서양의 전교하는 배요 여자와 재물을 탐내어 온 것이
아니고 교종의 명령을 받고 이 지역에 생령(生靈)을 구원하
러 온 것이니 귀국에서 한 사람의 선교사를 용납하여 기꺼이
받아들이신다면 우리는 이상 더 많은 것을 요구할 것도 없고
절대로 대포 한 방이나 화살 하나 쏘지 않고 티끌 하나 풀 한
포기 건드리지 않을 뿐 아니라 영원한 우호조약을 체결하고
는 북 치고 춤추며 떠나갈 것입니다라고 할 것입니다. ……
반드시 온 나라가 놀라고 두려워 감히 좋지 아니하지 못할 것
입니다. …… 이 계책이 어렵기는 하나 실현만 된다면 반드
시 조금도 틀림이 없을 것입니다. 형편이 허락하여 극력 추진
해주시면 천만다행이겠습니다.

다시 말해 중국 황제의 권위로 조선을 눌러 선교와 신앙의
자유를 얻거나, 반(反)만주 반란에 대비해야 하는 청나라의
안보 문제도 고려할 겸 조선을 중국에 합방시켜 만주족의 근
거지로 삼아 중국과 같은 수준의 선교 기회를 얻거나, 아예
서구의 병력으로 약하기 그지없는 조선을 굴복시키자는 것
입니다. 만약 조선이 신앙의 자유를 계속 불허하면 조선을
중국의 한 지방으로 청나라에 편입시켜 감독해야 하고, 서양

의 큰 배 수백 척과 군대 5~6만 명을 조선에 보내는 등 무력 시위를 해서라도 신앙의 자유를 얻어내야 한다는 백서의 내용은 당시 지식인이나 지금의 우리들을 경악시키기에 충분합니다.

다산 정약용은 황사영의 인척이었으나, 백서를 본 후 황사영을 역적으로 매도했다.

단순히 '외세의 앞잡이'로 볼 것인가

황사영의 인척이었던 다산 정약용(丁若鏞, 1762~1836)마저 황사영을 역적으로 매도하지 않았습니까. 실학자 이덕무의 손자였던 이규경(李圭景, 1788~?)의 유명한 백과사전《오주연문장전산고(五洲衍文長箋散稿)》의 관련 자료는 전통시대의 황사영관(觀)을 그대로 보여줍니다. 이규경은 황사영을 '간악한 무리'로 명명하고, 황사영이 서양 군함의 무력시위가 아닌 침략을 인도했다고 과장되게 묘사한 조정 문서를 그대로 백과사전에 실었습니다(경사편 제3, 석전류 제3, 서학).

당시 지식인들의 글을 보면, 황사영을 '외국 침략의 앞잡이'로 보는 것이 공통된 시각이었음을 알 수 있습니다. 황사영이 종교의 자유를 얻기 위해 외압을 계획했다는 사실은 그다지 고려해주지 않고 말이지요. 더군다나 민족주의적 이데올로기를 주입받고, 불우한 근대사에서 외국 군함의 도래는 바로 최악의 상황이라고 배운 우리 세대의 경우, 황사영이 처한 상황을 이해한다 해도 그의 계획을 민족 반역 이상으로 보기는 어렵지 않겠습니까? 황사영이 민중을 혹사·착취한 세도가들에게 맞섰음에도 남한의 민중 사학자들이나 북한 사학계가 그를 맹목적인 사대주의자 또는 외세 의존적 환상가라고 혹평하는 것은, 바로 우리 근대사의 쓰라린 경험에서 나오는 민족주의적 감정과 연관돼 있는 것 같습니다. 사실

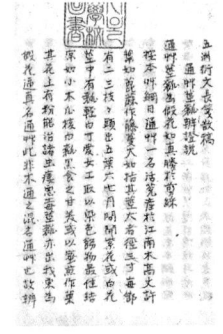

조선 후기 실학자 이규경이 백과사전 식으로 찬술한《오주연문장전산고》. 이 책 역시 황사영 등을 '간악한 무리'로 규정했다.

가톨릭 국가 프랑스의 침략을 받아 식민화된 베트남의 경우, 프랑스 군에 부역하거나 프랑스 침략을 반겼던 19세기 베트남 가톨릭에 대한 사학자들의 필주(筆誅)는 한국보다 훨씬 더 가혹합니다. 가톨릭 신앙의 전파가 단순히 제국주의의 '정신적 침략'으로밖에 이해되지 않는 형편입니다.

이러한 정서를 이해 못할 바도 아니지만, 황사영의 백서가 지닌 의미를 단순히 외세를 끌어들이는 계획 정도로만 축소시키는 것이 타당할까요? 1만 3,311자에 달하는 그 방대한 내용을 보면 가혹한 고문에 굴하지 않고 끝까지 신앙을 지킨 조선 순교자들의 빛나는 사적들을 알리는 내용도 있고, 세도 정치로 기울어가는 당시 조선의 형편을 사실 그대로 알리는 내용도 있습니다. 예컨대, 다음과 같은 황사영의 지적은 당시 조선의 상황에 대한 정확한 서술이 아닐까 합니다.

이씨(李氏)가 미약하여 실오리 같아 겨우 끊어지지 않고 여군(女君, 수렴청정을 했던 대왕대비 정순왕후)이 정치를 하니 세력 있는 신하들이 권세를 부리므로 행정이 문란하여 백성들이 탄식하고 원망합니다.

당시의 집권자들이 듣기에는 별로 달갑지 않은 내용이지만, 백성의 처지에서 보면 사리에 맞는 내용이 아닙니까? 외국 사정에 대한 양반 집권층의 극단적인 무지를 지적하는 다음과 같은 내용은 어떻습니까.

(집권자들이 천주교를 배척하는 이유 중의 하나는) 견문이 넓지 못해 안다는 것이 오직 송나라 학문뿐이므로 자기와 조금만

다른 행위가 있으면 그것을 천지간의
큰 괴변으로 보기 때문입니다. 이를 비
유하면 궁벽한 시골의 어린아이가 방
안에서만 자라 바깥 사람을 못 보다가
우연히 낯선 손님을 만나면 반드시 깜
짝 놀라 우는 것과 같습니다. 오늘 이
나라에 광경이 이와 같은데 실은 의심

17세기 중엽 조선에 소개된 천주교
는 급속히 교세를 확장해나가 북경의
천주교 교구에서 조선에 프랑스 신부
들을 파견하기에 이르렀지만, 파견된
신부들은 모두 발각되어 처형당했다.

이 많고 겁이 많고 어리석고 무식하고 약하기가 천하에 둘도
없을 것입니다.

우리가 읽기에는 부끄럽기 짝이 없는 내용이지만, 과연 사
실이 아닌가요? 이양선(서양 선박)이 찾아와도 그 배가 도대
체 어느 나라 배인지, 또 그 나라가 어디에 붙어 있는지 정확
하게 알지 못하던 것이 당시 조선의 사정이었습니다. 그러나
문제는, 이 무지를 성토하는 황사영 자신조차 당시 국제 사
정에 밝지 않았다는 점입니다.

황사영이 끌어들일 외세는 존재하지 않았다
이와 관련한 이야기를 더 자세히 하자면, 황사영이 외세를
끌어들이려고 계획했었다고 말하는 것 자체가 대단한 허점
을 안고 있지 않나 싶습니다. 일찍이 한국 가톨릭 역사의 권
위자인 고려대 조광(趙珖) 교수도 지적한 바 있듯이, 그 당시
에는 황사영 등 박해받던 조선의 가톨릭교도들이 마땅히 끌
어들일 만한 외세란 실제로 존재하지 않았기 때문입니다.
당시 로마 교황청은 프랑스혁명(1789~1794)과 나폴레옹전
쟁의 와중에서 무력화돼, 1801년 반도의 괴수로 규정한 나폴

황사영의 생각과 달리 18세기 중국의 가톨릭교회도 극심한 탄압을 받고 있었다. 중국에서 선교의 자유가 허락된 것은 제1차 아편전쟁(그림) 이후이다.

레옹과 어쩔 수 없이 타협을 봐야 하는 어려운 처지였습니다. 그렇다면 당시 유럽을 호령하던 나폴레옹 정도면 극동에서 군사적 침략을 감행할 수 있었을까요? 1798~1801년에 나폴레옹은 이집트 점령을 시도했지만, 영국 해군의 공격과 현지인들의 끈질긴 저항으로 프랑스군의 3분의 1을 사상자로 만들고도 결국 영국인에게 항복해야 했습니다. 지중해 반대쪽의 이집트도 굴복시키지 못한 나폴레옹이, 과연 지구 반대쪽에 있는 극동 지역에서 마음대로 야심을 펼칠 수 있었겠습니까? "중국이라는 '잠자는 거인'이 일어나기만 하면 전세계를 진동시키겠다"는 나폴레옹의 명언이 잘 보여주듯이, 나폴레옹에게도 조선의 외교적 후견인이었던 청나라는 결코 만만한 존재가 아니었습니다.

따라서 교황청이나 서구 국가들이 청나라 정부에 영향력을 행사해주길 바라고, 청나라가 신앙의 자유를 지켜줄 것이라고 믿은 황사영의 생각은 현실과 동떨어진 순진한 착각이었습니다. 오히려 18세기 청나라 황제들은 그의 생각과는 반대로 제사를 금지시키려고 한 교황청의 조치에 대로해 20만 명의 신자를 거느렸던 중국 가톨릭교회에 대한 탄압을 계속 강화했습니다. 특히 가경(嘉慶, 1796~1820)연간의 박해가 심해, 사천성의 주교 대리였던 뒤프레세(Jean Gabriel Taurin Dufresse, 1751~1815)와 같은 거물급 프랑스 선교사들이 가혹

한 고문 끝에 순교자의 최후를 맞
이하는 일이 비일비재했습니다.
정도의 차이가 있긴 하지만, 19세
기 초반의 조선의 가톨릭 탄압정
책도 상당 부분 청나라의 금교(禁
敎)정책의 전례를 따른 것이기도
했지요.

제국주의 세력들이 총칼을 앞세
워 중국에서 선교의 자유를 요구하게 된 것이 제1차 아편전
쟁(1839~1842) 이후의 일이니, 그 전에 순교한 황사영을 외
세 침략의 앞잡이로 보는 것은 엄청난 비약입니다. 설령 백서
가 베이징의 주교에게 전해졌다 해도, 죽어가는 조선 가톨릭
교도의 처절한 외침에 응할 만한 외세는 사실 전무했습니다.

충북 제원군 봉양면 구학리에 있는
천주교 사적지 '배론'. 마을 계곡이
배밑바닥(舟論)처럼 생겼다 하여 이
런 이름이 붙었다. 1791년 신해박해
를 피해 온 가톨릭교도들이 신앙공동
체를 이룬 곳이자 ,1801년 신유박해
때 황사영이 백서를 작성한 곳이기도
하다.

요즘 식으로 보면 유엔에 탄원한 것

충청북도 제천 배론(舟論)의 토굴에 숨어 체포와 죽음을
앞두고 "큰 배들이 와서 이 박해를 멈추지 않는 한 조선의 교
회가 살아남지 못할 것이다"라는 절망 섞인 꿈을 꾸었던 천
주교 청년 황사영. 청나라 정세나 서구 지리도 알지 못하면
서, 중세의 세계주의적 · 보편주의적 이상대로 교황청과 청나
라 황제를 세계의 중심이자 공평한 조정자로 인식했던 그의
몽상적인 신앙 자유의 획득 방안을 우리가 과연 민족의 이름
으로 심판할 권리와 필요성이 있을까요?

그가 꿈꾸었던 큰 배 파견이나 조선에 대한 감독이 보편적
인 정의를 대표하는 세계 중심(교황청 · 청나라)에 의해 이뤄
지는 일이라면, 그의 절박한 절규는 요즘 식으로 보면 유엔

에 탄원서를 제출하는 것과 같다고 볼 수 있지 않을까요?

황사영에게는 천주교가 절대적 가치를 지닌 성교(聖敎)이자, 서구인과 중국인이 다 같이 믿는 세계의 보편적인 진리였습니다. 그의 세계관이 우리와 다르다고 해서, 자신의 절대적이며 보편적인 진리를 위해서 가혹한 지배자와 목숨을 걸고 사투를 벌인 그를, 우리가 꼭 민족의 이름으로 성토해야 할까요? 일각의 민족주의 사학자들은 황사영을 외세 숭배자로 부르지만, 그가 진정으로 숭배한 것은 전지구인이 공동으로 섬길 수 있는 보편적인 신(神)이었습니다. 종교인을 정치사적 기준으로 심판하는 것은 무리가 아닐까요?

과거 역사에 대한 판단은 현재의 세계관이 아닌 그 당시의 인식틀과 논리, 그리고 다른 이들의 신앙과 신념을 있는 그대로 존중해주는 다원주의 원칙에 의거해서 내리는 것이 불완전한 인간으로서 취할 수 있는 최선의 태도가 아닐까 합니다.

눈이 계속 오는 겨울의 땅 오슬로에서 박노자 드림.

"자기 신념 위해
또 다른 폭력 부른 건 잘못"

매국에서 순교까지, 백서에 대한 엇갈린 평가

안녕하세요, 박노자 선생님.

"네가 20세가 되거든 나를 만나러 오
너라. 내가 어떻게 해서든 네게 일을 시
키고 싶다." 16세에 진사가 된 신동의
손목을 잡고 정조(正祖)가 한 말입니다.
임금의 옥수(玉手)가 닿았던 손목에 붉

중앙에 있는 신부를 송별하기 위해 한
자리에 모인 조선 신자들. 황사영이
처형된 지 꼭 100년 뒤의 모습이다.

은 천을 감고 다닌 장래가 촉망되던 청년 황사영. 그러나 그
는 17세 되던 해에 천주교에 입교한 후 양반관료로서의 길을
포기하였으며, 신유박해 무렵에는 교계의 핵심 지도자로 떠
올랐습니다. 그리고 배론의 한 토굴에서 흰 비단 천에다 박
해의 전말과 순교자들의 행적 및 교회 재건에 도움을 달라는
내용의 긴 편지를 북경의 구베아 주교에게 썼지요.

소위 '황사영 백서'라고 불리는 이 서한은 사전에 발각되
어 북경의 주교에게 전달되지 못했지만, 신앙의 자유를 얻기
위해 외세의 개입을 요청했다는 점에서 그 역사적 의의를 둘
러싼 논란이 계속돼왔습니다. 황사영은 이 편지에서 서양 제

국의 재정 원조와 북경 교회와의 긴밀한 연락, 선교사의 조
선 입국 허용을 위한 로마 교황의 중국 천자에 대한 협조서
신 발송, 조선 교회의 안정을 위한 조선에 대한 중국의 보호
와 간섭, 서양 함대 및 병력의 조선 파견 등을 구체적인 방안
으로 제시했지요.

　이 백서를 평하는 사람들은 각자의 정치적 · 집단적 · 계급
적 이해에 따라 극과 극의 평가를 내립니다. 조선왕조의 위
정자들은 이 백서에서 천주교도 박해의 정당성을 찾았고, 일
제 식민주의사가들은 당파성론을 입증하기 위해, 신교측 교
회사가들은 구교와 차별화하기 위해, 유물사가들은 제국주의
침략의 첨병으로 천주교를 공격하기 위해 이 백서를 이용한
바 있습니다. 반면 호교론(護敎論)의 가톨릭교회사가들은 황
사영의 주장을 옹호합니다. 그 의견들을 한번 보시지요.

조선왕조 위정자 : 하늘과 땅을 다 찾아보고 만고에 걸쳐 살
펴보아도 듣거나 본 적이 없는 흉모 · 음계(陰計)이다(《사학
죄인사영등추안(邪學罪人嗣永等推案)》).

일제 식민사가 : 순조 원년(純祖元年), 즉 1801년에 돌발한
천주교 박해는 실로 시벽(時僻) 양파의 투쟁에 터전하고 있
는 것이다. 그것은 결코 종교적인 일만은 아니었다. 이를 입
증하는 자료가 황사영 백서이다(오다 쇼고小田省吾, 〈이조의
붕당을 약술해 천주교 박해에 이름(李朝の朋黨を略述して天主敎
迫害に及ぶ)〉, 《청구학총(青丘學叢)》1, 1930).

신교측 교회사가 : 천주교에 대한 박해의 이유는 위에서 이

미 지적한 바 있거니와 황사영의 백서 사건에서, 청국의 조선 병합과 서양으로부터의 무력 침공을 제의한 것이 …… '매국' 행위로 규탄받을 구실로 전용된 일도 있었다. 이런 것은 순수한 신앙 고백으로서의 순교 가치를 저하시킨 것이라 생각된다(김재준, 〈한국사에 나타난 신교 자유에의 투쟁〉, 1966).

대원군 집권기 천주교도 처형에 쓰이던 형구. 조선왕조 위정자들은 황사영의 백서에서 천주교도 박해의 정당성을 찾았다.

유물사가 : 황사영이란 남인 신자는 일단 법망을 벗어나 산속에 숨어서 이 사건의 전말을 보고하며 구원을 청하는 백서를 북경에 있는 천주교 주교에게 몰래 보내다가 발각되었는데 여기에는 조선에서의 포교 자유를 획득하기 위하여 구라파 렬강의 무력간섭을 요청하는 매국적 내용이 들어 있었다. 황사영의 백서는 조선에서의 천주교 포교가 자본주의 침략 세력과 밀접히 련결되어 있다는 것을 자체 폭로한 것으로서 조선 인민들에게 커다란 파문을 일으켰다. 그러나 봉건 통치배들은 내정을 개혁하고 국방을 정비하는 데 대해서는 아무런 관심도 없이 오직 자기들의 탐욕을 채우는 데만 광분하였다(조선민주주의 인민공화국 과학원 력사연구소, 《조선통사》, 조선민주주의 인민공화국 과학원 력사연구소, 1956).

구교측 교회사가 : 오늘의 정치 역학에서 황사영 백서를 보지 말고 그 당시 황사영 자신이 쓴 텍스트 안에서 그와 만나 이야기를 하도록 해야 한다는 것이다. 그를 이해하기 위해서는 그가 쓴 백서를 편견 없이 그 시대적 상황과 그의 인물됨과 함께 바라보아야 할 것이다. 자신의 안전과 입신영달을

위해서가 아니라 교회의 재건과 이 겨레의 구원을 이루기 위해 왕조체제에 과감히 도전하였기 때문에 진리 편에 서서 국가의 추한 면을 폭로한 것이다. 다시 말하면 진리 위주의 노선을 고수하면서 겨레를 구하기 위해 국가를 거슬러 고발한 왕조체제에 대한 도전이지 민족을 배반한 것은 아니다. ……
황사영의 백서는 박해로 인한 대량 학살의 비극으로부터 부당한 죽음과 어려움을 당하는 민족을 구하기 위해 국제적인 원조를 요청한 인권 존중 옹호의 텍스트다. 또한 우리 나라 역사에서 왕실과 국가를 분리시키려고 한 최초의 문서로서 우리 나라 근대 정치사상의 분기점을 이루고 있는 것이다(배은하,《역사의 땅, 배움의 땅 배론》, 성바오로 출판사, 1992).

개인과 전체를 떼어놓고 생각한다는 것

이처럼 백서는 신앙의 자유와 인권을 쟁취하려 한 목적의 정당성과 외세를 동원하려 한 수단의 결함 때문에, 당시는 물론 오늘날까지도 그 평가가 엇갈리고 있습니다. '흉서 · 매국의 계책 · 비상식을 극한 공상 · 외세 의존의 반국가적 행위 · 몽상 · 매국적 편지'와 같은 혹평에서부터 '조선 교회 구출의 원대한 계획 · 인권 존중 옹호의 텍스트 · 인권선언

"국민의 윤리와 정신적인 기반을 확고히 하기 위해" 1968년 박정희 대통령이 반포한 〈국민교육헌장〉의 어린이 그림책. 이처럼 개인과 사회 · 국가를 하나로 생각하도록 교육받은 이 땅의 기성세대들은 황사영 백서를 '인권 존중의 텍스트'로만 보는 것이 쉽지 않은 일이다.

서'와 같은 찬탄까지 극과 극을 달리지요. 마찬가지로 황사영의 인물됨에 대해서도 '전대미문의 역적 · 민족 반역자 · 민족 허무주의자 · 구라파에 대한 사대주

의자 · 기만적 천주교리에 맹목된 광신자'와 같은 악평과 '신시대의 건설자 · 선각적 지식인 · 훌륭한 순교자 · 사회 변혁과 사상 변혁을 시도한 개혁운동가'와 같은 호평이 교차하고 있습니다.

그러나 개인과 전체를 따로 떼어놓고 생각하기란 쉬운 일이 아닙니다. 특히 우리처럼 물이 새는 제방을 밤새 고사리 손으로 막아 마을을 수몰 위기에서 구한 네덜란드 소년의 이야기에 감동하고, "우리는 민족 중흥의 역사적 사명을 띠고 이 땅에 태어났다"로 시작하는 〈국민교육헌장〉을 달달 외우며 자란 30 · 40대들에게는 말이지요. 이처럼 이 땅의 30 · 40대는 전체(국가와 민족)를 위해 개인을 희생하는 것이 당연하다고 교육받았습니다. 인간이란 한 시대의 지배적 정신에서 자유로울 수 없습니다. 교회사가 문규현 신부도 예외일 수 없었습니다.

국민교육헌장

우리는 민족 중흥의 역사적 사명을 띠고 이 땅에 태어났다. 조상의 빛난 얼을 오늘에 되살려, 안으로 자주 독립의 자세를 확립하고, 밖으로 인류 공영에 이바지할 때다. 이에, 우리의 나아갈 바를 밝혀 교육의 지표로 삼는다.

성실한 마음과 튼튼한 몸으로, 학문과 기술을 배우고 익히며, 타고난 저마다의 소질을 계발하고, 우리의 처지를 약진의 발판으로 삼아, 창조의 힘과 개척의 정신을 기른다. 공익과 질서를 앞세우며 능률과 실질을 숭상하고, 경애와 신의에 뿌리박은 상부 상조의 전통을 이어받아, 명랑하고 따뜻한 협동 정신을 북돋운다. 우리의 창의와

협력을 바탕으로 나라가 발전하며, 나라의 융성이 나의 발전의 근본임을 깨달아, 자유와 권리에 따르는 책임과 의무를 다하며, 스스로 국가 건설에 참여하고 봉사하는 국민 정신을 드높인다.

반공 민주 정신에 투철한 애국 애족이 우리의 삶의 길이며, 자유 세계의 이상을 실현하는 기반이다. 길이 후손에 물려줄 영광된 통일 조국의 앞날을 내다보며, 신념과 긍지를 지닌 근면한 국민으로서, 민족의 슬기를 모아 줄기찬 노력으로, 새 역사를 창조하자.

1968년 12월 5일

대통령 박 정 희

이제 황사영 백서에 대해 말하고자 합니다. 이 백서는 북경의 주교에게 들어가기 전 압수되었으나 파문은 대단히 컸습니다. 피신지 충청도 배론의 토굴 속에서 작성된 백서는 교회의 입장으로 보면, 심각한 탄압과 위기에 처한 교회를 구하고자 하는 열렬한 청원과 기도입니다. 또 당시의 박해 상황과 교회 실태를 잘 알 수 있게 해주는 귀중한 사료이기도 합니다. 그러나 백서가 발각되자 나라 안은 발칵 뒤집혔고, 백서는 흉서(凶書)로 낙인 찍혔으며, 천주교인들에 대한 체포와 학살은 극단으로 치달았습니다. ······ 그처럼 외세에 의존하려던 모습들은 너무나 캄캄한 암흑과 고립 속에서도 신앙을 지키기 위한 충정에서 비롯되었다고 말할 수 있습니다. ······ 이렇게 이야기하면 다 되는 것인가? ······ 오늘의 시선으로 찾아보는 교훈이긴 하나, 종교의 자유를 획득할 수 있는 원동력, 힘은 민족의 현실, 민중의 삶의 자리에서 찾아졌어야 할 것입니다. 민족사 안에서 초기 교회 공동체가 빛내었던 자주적이고 개혁적인 모습의 예언자적 소명이 그간의

과정에서 사위여갔음은 무척이나 안
타까운 일입니다. 완고할 뿐더러 민
중의 고혈을 짜낼 줄만 알 뿐 위로하
고 치유할 줄 모르는 봉건 정부를 향
해 민중들과 일체를 이루고, 봉건 정
부의 기반을 내부로부터 허물어 내
리는 그러한 신앙운동이 펼쳐졌어야
했다는 것입니다. 민족의 이익을 배

1900년 용산 신학교 성당의 모습.
교회사가 문규현 신부는 황사영 백서
를 평하면서, 민족사 안에서 초기 교
회 공동체의 자주 개혁적인 모습이
많이 사라졌다고 지적하고, '민족의
이익을 배반해가며 지키는 교회'란
어떤 것인지 되물었다.

반해가며 지키는 교회, 한 민족의 존엄성과 그 구성원들의
오랜 삶의 터전, 그리고 소중한 문화 전통을 쓸어내며 전파
하는 복음이란 과연 어떤 것인지 되묻게 됩니다. 종교의 자
유, 신교의 자유만 주어진다면, 그렇게 해서 '교회'를 지킬
수만 있다면 다른 가치들은 무시되어도 좋은 것인지를 다시
생각해봅니다(《민족과 함께 쓰는 한국천주교회사 Ⅰ》, 1994).

개인의 인권이라는 측면에서 본다면

그러나 고사리 손으로 제방의 균열을 막는 일이 현실세계
에서 가능한 일인가요. 혹 국가와 민족의 이름을 빌려 개인
의 자유를 제한하려 한 독재정권의 최면 걸기는 아닐까요?
개인은 국가나 민족에 봉사해야 하는 종속적 존재가 아니며,
국가는 개인의 인권을 지켜주어야 한다는 것이 오늘날 우리
사회의 상식입니다. 현행 대한민국 헌법 제20조 1항에는 '모
든 국민은 종교의 자유를 가진다'고 명시되어 있습니다.

시대가 변하면 역사를 보는 눈도 바뀌는 법. 결국 개인의
발견 없이는 우리에게 진정한 근대는 없는 것이겠지요. 그렇
다면 국가권력의 횡포에 맞서 개인의 기본권인 신앙의 자유

지금으로부터 200년 전, 27세의 청년 황사영이 숨어서 백서를 작성한 배론의 토굴. 황사영의 백서는 '매국행위'라는 비판과 함께, 국가권력의 횡포에 맞서 개인의 기본권인 신앙의 자유를 쟁취하려 한 '인권 선언'이라는 양극단의 평가를 받고 있다.

를 쟁취하려 한 황사영 백서의 역사성도 새롭게 조명되어야 한다고 봅니다. 저 또한 백서를 인권 선언과 국제적 연대의 이정표로 재평가할 수도 있다는 데 생각을 같이합니다.

비록 황사영이 강구한 수단과 방법이 현명하지 못했고 이로 인해 초래된 결과가 참담했다 하더라도, 그것이 장기적으로 우리 나라의 역사 발전에 어떠한 교훈을 주었는가라는 정신사적 관점에서 백서를 평가하는 것이 바람직하다고 생각하기 때문입니다. 특히 19세기 이래 오늘에 이르기까지 한국에서 위로부터의 근대화를 꿈꾼 세력이라면 그 누구도 주체성 결여와 외세 의존이라는 공통의 약점에서 벗어날 수 없기에 더욱 그러합니다.

이렇게 볼 때 백서는 지구촌시대를 사는 우리들이 지향해야 할, 배타적 민족주의를 넘어선 다원적 시민사회 구현과 국제적 연대의 이정표로서 자리매김할 수도 있을 것입니다. 국가를 넘어 개인의 인권을 보장하고, 민족을 넘어 타자와 함께하는 삶은 오늘날 우리 사회의 주요 화두이니 말이지요.

세상 바꾸는 힘은 관용과 대화뿐

허나 저는 역사의 법정에 선 황사영을 마냥 옹호할 수만은 없다고 봅니다. 왜냐하면 그 역시 자신과 다른 세상을 꿈꾸는 사람들을 굴복시키기 위해 서양의 군사력이라는 또 하나의 물리력을 빌리려 했다는 점에서, 상대와 똑같은 잘못을 범하고 있기 때문입니다. 나아가 조선왕조 지배층의 피비린내 나는 박해는 전통적 제사 관습을 부정한 천주교의 일방적 포교 전략이 자초한 것이라는 점도 부정할 수 없는 사실이기 때문입니다. 그렇다면 논란 많은 백서 사건에서 우리가 얻을 수 있는 교훈은 무엇일까요.

우리 교회는 세계 정세에 어둡던 박해시대에 외세에 힘입어 신앙의 자유를 얻고 교회를 지키고자 한 적도 있었으며, 서구 문화를 받아들이는 과정에서 문화적 갈등을 빚기도 했습니다. …… 우리 교회는 다종교 사회인 우리 나라 안에서 다른 종교가 지닌 정신 문화적 가치와 사회 윤리적 선을 충분히 이해하지 못한 잘못도 고백합니다. …… 우리는 참회를 통하여 우리 자신을 새롭게 하면서 그리스도의 가르침에 따라 선의의 모든 사람과 더불어 더 나은 세상, 정의와 평화가 가득한 세상을 만들어나가기 위하여 노력하겠습니다(한국 천주교 주교회의,〈쇄신과 화해〉, 2000년 12월 3일).

과거의 잘못을 돌아보고 참회함으로써 미래에 대비하는 천주교단의 과거 반성은 타자와 더불어 살아가기를 꿈꾸는 우리들에게 많은 것을 일깨워주는 듯합니다. 자기만의 가치와 신념을 고집하며 지향을 달리하는 사람들을 무조건 배척하거나, 고귀한 목적을 이루려 한다는 명분 아래 폭력이라는 수단을 사용한다면 결코 세상을 변화시킬 수 없다는 것이겠지요. 관용과 대화만이 세상을 바꾸는 유일한 힘이 아닐는지요.

봄의 문턱에 선 수원에서 허동현 드림.

더 읽을 만한 책

- 권희영, 《한국사의 근대성 연구》, 백산서당, 2001.
- 노길명, 〈조선후기 한국 가톨릭교회의 민족의식〉, 《성농 최석우 신부 고희 기념 한국가톨릭 문화활동과 교회사》, 한국교회사연구소, 1991.
- 박현모, 〈세도정치기 조선 지식인의 정체성 위기: 황사영 백서를 중심으로〉, 《정신문화연구》92, 2003.
- 방상근, 〈황사영 백서의 분석적 이해〉, 《교회사 연구》13, 1998.
- 배은하 편, 《역사의 땅, 배움의 땅 배론》, 성바오로 출판사, 1992.
- 여진천 편, 《황사영 백서 논문선집》, 기쁜소식, 1994.
- 윤재영 역, 《황사영 백서》, 정음문고: 105, 1975.
- 인터넷 황사영 백서(한글 번역): http://www.baeron.or.kr/100.txt.
- 정두희, 〈황사영 백서를 어떻게 볼 것인가〉, 《신앙의 역사를 찾아서》, 바오로의 딸, 1999.
- 조광, 〈황사영백서의 사회사상적 배경〉, 《사총》21~22합집, 1977.
- 조광, 《조선후기 천주교사 연구》, 고려대 민족문화연구소, 1988.
- 주명국, 《하늘에서 땅 끝까지: 향내나는 그분들의 발자국을 따라서》, 가톨릭출판사, 1996.
- 하성래, 〈황사영의 교회활동과 순교에 대한 연구〉, 《교회사 연구》13, 1998.
- 허동현, 〈근·현대 학계의 황사영 백서관 연구〉, 《한국민족운동사 연구》 28, 2001.
- Ladany, L., The Catholic Church in China, N.Y.: Freedom House, 1987.
- Ljungstedt, Anders, "An historical sketch of the Portuguese settlements in China, and of the Roman Catholic Church and Mission in China", a supplementary chapter: Description of the City of Canton, 초판 : Boston, 1836; 영인본: Hong Kong, 1992.

《조선책략》의 허와 실

친미(親美), 순진한 착오였나 현명한 전략이었나

구한말 중국의 외교관 황준헌이 쓴 《조선책략》은 당시
청나라·일본·러시아·미국 등 열강의 틈바구니에서 활로를 모색하던
조선의 지식인들에게 큰 영향을 미쳤습니다. 특히 그 논지가 미국과의
연대를 처음으로 제시했다는 점에서 이후 전개된 한국사의 방향을 고려할
때 많은 생각거리를 제공합니다. 박노자 교수는 강대국에 대한 부정확한
정보가 어떤 결과를 가져오는지를 보여주는 대표적 사례라고 비판합니다.
이에 반해 허동현 교수는 청나라·일본에 대한 견제 세력으로 미국을
내세웠다는 점에 주목하며 오히려 현명한 책략일 수 있다고 합니다.

|《조선책략》은 어떤 책인가?|

《조선책략》은 1880년 일본에 파견된 제2차 수신사 김홍집과 주일중국공사관 참찬관 황준헌이
여섯 차례에 걸쳐 나눈 필담을 황준헌이 책으로 꾸민 것으로, 원명은
《사의조선책략(私擬朝鮮策略)》이다.

《조선책략》의 기본 관점은 대외적 균세론(均勢論)과 대내적 자강론(自强論)이다.
구체적으로는 러시아를 영토 확장욕에 가득 찬 야만국으로, 미국을 약소국 편에 서는
부강하고 공평무사(公平無私)한 문명국으로 보고, 세력 균형을 위해
'친중국(親中國)·결일본(結日本)·연미국(聯美國)' 할 것을 주장하였다. 이를 촉진하기 위해
서양인 교사와 기술자를 초빙하고, 유학생을 파견하여 서구의 선진 과학기술을 습득해오는
방안을 제시했다.

고종은 이《조선책략》과, 김홍집이 복명시 전하는 일본의 발전 모습을 듣고 하루빨리
밖으로는 미국과 수교하고 안으로는 자강책을 추진해야 한다고 판단했다. 그리고 9월 8일
원로대신회의를 소집했는데, 이 자리에서 영의정 이최응(李最應, 1815~1882)을 비롯한
고위관료들은 미국과 수교하는 것을 긍정적으로 받아들였다. 이리하여 조선은 그때까지의
고립주의에서 벗어나 문호를 개방하고 부국강병정책, 다시 말해 개화(開化)정책을 지향하게
되었다.

고종은 개화정책에 대한 지식인들의 동의를 얻기 위해《조선책략》을 전국의 유생들에게
배포했으나, 유생들은 일본은 '서양 오랑캐'와 다르지 않으며, 서양과 수교 또는 연합하는
것은 천주교를 퍼뜨리는 결과를 가져올 것이라며 정부의 개화정책에 반대하는 상소를 올렸다.

" 현대 친미론의
토양 만드는 데 이바지 "

고종 등 집권층의 미국 인식을 바꾼 책

허동현 선생님, 안녕하십니까?

최근에 친미와 반미가 중요한 논의거리로 떠오르면서, 우리 친미의식의 뿌리가 어디에 있는지 물어오는 사람이 꽤 있습니다. 그런 질문을 받을 때마다 120여 년 전 주일중국공사관의 참찬관(參贊官)이었던 황준헌(黃遵憲, 1848~1905)이 쓴 《조선책략(朝鮮策略)》*이라는 소책자에 대해 이야기합니다.

주일중국공사 참찬관으로, 당시 일본에 체재하던 김홍집을 만나 《조선책략》이라는 소책자를 건내준 황준헌.

* 부록 361쪽 수록.

1880년 황준헌이 조선의 수신사 김홍집(金弘集, 1842~1896)에게 건네준 이 책에는 미국에 대한 긍정 일변도의 묘사가 담겨져 있고, 호시탐탐 조선을 침략하려고 노리는 러시아를 막으려면 반드시 연미(聯美, 미국과 조약 체결·관계 유지)해야 한다는 주장이 보이기 때문입니다. 일개 외교관이 며칠 만에 쓴 얇은 소책자이지만, 이 책은 미국을 '개와 양과 같은 자(犬羊之類)들의 땅'으로만 여긴 대원군 시기 조선 조정의 의식을 바꾸는 데 거의 결정적인 역할을 했습니다.

이러한 점에서, 물론 오늘날의 친미론과 직접 연결시키는 것은 약간 무리가 있지만, 이 책이 현대 친미론이 배태될 수

있는 토양을 만드는 데 이바지했다고 봅니다. 왜냐 하면 이 책으로 인해 미국을 긍정적으로 생각하게 된 고종과 그 측근들이 미국 선교사들을 호의적으 로 대접해주었고, 그들이 세운 배재학당(1886) 등 여러 미션스쿨(선교사들의 학교)에서 이승만(李承 晩, 1875~1965) · 신흥우(申興雨, 1883~1959) · 오긍 선(吳兢善, 1879~1963) 등 각계의 친미적, 개신교적 지도자들이 배출됐기 때문입니다. 미션스쿨의 초기 졸업생들을 중심으로 형성된 인맥은 결국 대한민국 건국 초기 지배층의 근골을 이루었다고 할 수 있습 니다. 그들은 미국을 이상적인 문명의 모델로 설정 하고, 레닌주의적 '현실 사회주의' 같은 그 모델에 서 벗어나는 일체의 정치 형태들을 극도로 이질

1880년 수신사로 일본에 건너간 김 홍집의 모습. 이때 김홍집은 황준 헌 · 하여장 등에게 필담을 통해 '개 화 수업'을 받았고, 이는 이후 조선 조정의 대외 인식 변화에 막대한 영 향을 미쳤다.

시 · 적대시하는 등 극히 일방적이고 편협된 사고틀에 얽매 여 있었습니다. 과거의 선비들이 중화(中華)와 한문을 숭배 한 그 이상으로 미국과 영어를 유일무이한 '문명의 기준'으 로 인식했던 것입니다. 말하자면《조선책략》은 미국이 굳게 잠겨 있던 조선의 문을 열고 종교적 · 문화적으로 침투하는 데 하나의 열쇠가 되었던 셈입니다.

황준헌이 제공한 '자강' 아이디어

이 책자를 처음 건네 받은 김홍집이 황준헌과 그 상사인 주일청국공사 하여장(何如璋, 1838~1891)을 몇 차례 만나면 서 바뀐 것은 미국에 대한 생각만이 아닙니다. 1880년 7월 동경에서 있었던 이들의 만남은, 어떻게 보면 조선의 고급 관료가 받은 최초의 개화 수업이라 할 만했습니다. 예컨대

김홍집은 '자강(自强)'이라는, 이후 한 시대
의 표어가 된 표현을 황준헌과 나눈 필담에
서 처음 익혔을 것입니다. 외국의 침략 위협
을 어떻게 물리칠 수 있느냐고 묻는 김홍집
에게 황준헌은 다음과 같이 답했습니다.

조선에 대한 청나라의 보살펴주는 마음은 단단하여 천하만
국에 그 예가 없을 정도이지만, 오늘의 급무는 힘써 자강을
도모하는 데에 있을 뿐이다(《대청흠사필담록(大淸欽使筆談
錄)》).

1901년 배재학당의 수학 수업 광경.
19세기 말에 배재학당 등 여러 미션
스쿨이 세워질 수 있었던 것도 《조선
책략》의 영향으로 볼 수 있다.

 중국의 입장을 대변하는 위치에 있던 황준헌인지라, 자강
의 방도로서 중국에 유학생을 보내어 서양 언어와 조선 기
술, 서구적 무기 제작 등을 익히는 방안부터 제안했습니다.
그러나 아울러 서양인들을 초대해서 군사학과 천문학·광
학·화학 등을 익힐 수 있는 학교를 조선에 세워야 한다고
주장하기도 했습니다(《조선책략》). 네 명의 미국 교관이 조선
군인들에게 서구식 병법을 가르친, 조선 최초의 서구식 사관
양성기관인 연무공원(鍊武公院, 1888~1894)에 대한 아이디
어를 바로 황준헌이 제공한 셈입니다.

고종은 수신사 김홍집을 만난 뒤 "우
리가 스스로 부강해지는 것이 유일한
해법"이라는 결론을 내렸다.

 김홍집은 고종을 알현할 때 황준헌의 자강 이야기를 했고,
고종은 "청나라 사신의 말이 간곡하게 들리지만, 청나라의
진짜 뜻도 알 수 없으니 우리가 스스로 부강해지는 것이 유
일한 해법이다"라는 결론을 내렸습니다(《수신사입시연설(修信
使入侍筵說)》). 자강이 조야 노력의 최상 목표가 되는 시대가
점차 다가오고 있었습니다.

황준헌이 상상한 국제사회는 악당 러시아가 조선을 침범하려 하고, 선량한 서양은 조선을 보호해주려 한다는 것이었습니다. 《조선책략》은 정확한 국제 정보의 중요성을 다시금 일깨웁니다.

이외에도 황준헌은 보호관세 개념을 조선 관료들에게 최초로 설명해준 사람인 듯합니다. 관세 장벽을 통해서 자국의 이익을 보호해야 한다는 그의 지론은 오늘날에도 개도국들에게 꼭 맞는 말로 들리지만, 흉년 때 조선이 방곡령을 선포하여 미곡 수출을 금지해도 일본이 별다른 조치를 취하지 않을 것이라는 황준헌의 예상은 크게 빗나갔습니다. 1890년대 초기에 조약문 내용만을 믿고 함경도에 방곡령을 선포했다가 일본의 협박으로 거액의 배상금까지 물어준 일을 떠올려보십시오. '결일본(結日本)'을 열심히 권고했던 황준헌이, 일본이 힘의 외교를 통해서 자국의 이익을 보호하려는 조선의 시도를 무력화시킬 가능성이 있다는 예상을 했을 리가 만무합니다.

황준헌의 또 다른 오판, 일본 화친론

어디 관세 문제뿐입니까? 당시 중국과 국경 분쟁을 벌이던 '호랑이 나라' 러시아를 조선이 막아야 한다는 목적의식에 사로잡힌 황준헌은, 일단 러시아를 이 세계에서 가장 음흉하고 위험한 국가로 설정합니다.

유럽 대륙에서 여러 강한 세력들이 서로 팽팽히 맞서고 있기 때문에 어느 한 나라가 다른 나라를 호시탐탐 노려본다 해도 쉽게 침략할 틈을 얻지 못한다. 그래서 천하에서 다 알다시피 이제는 침략을 동쪽에서 하려고 하고 특히 조선을 꼭 범하려고 한다. 러시아로서 꼭 조선을 얻어야 아시아의 전역을 그 손아귀에 넣을 수 있다. 그 궁극적인 의도는, 아시아 전역을 손아귀에 넣은 뒤에 다시 유럽으로 예봉을 돌려 불가항력으로 유럽을 공략하려는 것이다. 원래 서양의 만국공법에서 한 나라를 멸망시키는 법이라고는 없는데 조약을 맺지 않는 나라의 경우에는 유사시에 도와주지 못할 수 있다. 그래서 서양의 각국들이 지금 조선과 조약을 맺어 러시아의 조선에 대한 침략의 욕망을 꺾어 천하의 균세(均勢)를 유지시키려고 한다.

19세기 말 한국을 둘러싼 중국·일본·러시아 삼국의 각축전을 묘사한 삽화.

한 마디로 황준헌이 상상한 국제사회는 세계를 손아귀에 넣으려는 악당 러시아가 조선을 침범하려는 온갖 노력을 기울이고, 선량한 서양 각국은 조선을 보호해주려는 일념 아래 조선과 조약을 체결하려고 한다는 것이었습니다. 러시아를 천하의 가장 큰 위험 요소로 본 사람은 황준헌만이 아니었습니다. 중국이 러시아와 국경 분쟁을 빚고 있는 상황에서, 아시아에서 벌어진 식민지 쟁탈전에서 러시아의 최대 경쟁국이었던 영국 쪽에 가까웠던 중국의 온건 개화파 인사들의 상당수도 러시아를 '현대판 진(秦)나라'로 생각했지요. 예컨대 조선 개화파 사이에서도 인기가 좋았던 청나라의 매판자본가 정관응(鄭觀應, 1841~1923)은 《이언(易言)》이라는 저서에서 러시아를 모든 열강의 '공동의 적'으로 묘사합니다.

러시아는 그 지리적 조건에 힘입어 부강한 나라가 돼 새로운 땅을 개척하는 것을 늘 도모하는 것은 꼭 진나라의 계략과 닮은 것이다. 영국, 프랑스, 독일, 미국, 오스트리아 등이 다

서로 동맹을 맺어 군대를 훈련시키고 러시아를 방비하고자
한다.

　그러나 실제로는 1870년대 후반~1880년대 초반 당시, 러
시아는 영국·프랑스와 갈등을 겪으면서도 독일·미국과는
비교적 좋은 관계를 유지하고 있었으며, 연해주에 주둔시킨
병력이 몇 천 명에 불과했으므로 조선을 침략하고 싶어도 침
략할 수가 없었습니다. 그런데도 러시아에 적대적이던 영국
의 언론을 주된 정보원으로 삼았던 중국의 개화파 인사들은
이러한 현실과 무관하게 '호랑이 나라'라는 그림을 그리는
데 열중하고 있었던 것입니다.
　《조선책략》은 러시아를 막기 위해 일본과 화친해야 한다
고 제안한 뒤, 일본의 상황과 의도에 대해 다음과 같이 서술
했습니다.

조선과 중국은 그 정의가 한집안 같고, 조선이 중국을 섬기
기를 예전보다 더 하니 일본인들도 그 힘이 겨룰 수 없음을
헤아리고 함께 화친하고자 할 것이다. …… 만약 일본이 조
선을 공격한다 하더라도 반드시 이긴다고 하기 어렵고 하물
며 중국의 도움을 얻어 좌우로 돕고 동서로 정벌하면 일본이
반드시 지탱하지 못할 것이다. …… 더군다나 일본은 겉으로
강한 듯하나 속으로는 메말라 조야가 어그러지고 정부 금고
가 비어서 스스로를 꾀함에도 겨를이 없음에랴!

　중국에 대한 굳건한 믿음으로, 만약 일본이 침략한다 해도
중국이 언제나 조선을 구해줄 것이라고 확신한 황준헌의 태

도는 이해하지 못할 바가 아닙니다. 1880년대 조선에서 중국과 일본이 대결하여 결국 어떻게 끝났는지 우리야 잘 알지만, 동시대인 가운데 작은 나라 일본이 노대국 중국을 쓰러뜨릴 수 있다고 보는 이는 거의 드물었습니다. 이는 유럽 인들도 마찬가지였지요. 메이지 개혁이 아직 시작 단계였던 1880년은 물론, 1894년의 청일전쟁을 앞두고 대부분의 유럽 신문들은 중국의 승리를 의심치 않았습니다.

그런데 여기서 한술 더 떠 일본보다 러시아가 조선에 더 위협적이라니요. 황준헌의 이 같은 주장이 세계 정세에 어둡기로 유명했던 당시 보수적인 유생들에게마저 통할 리 만무했습니다. 1881년 이만손 등이 황준헌의 주장을 조목조목 비판하여 올린 '영남만인소(嶺南萬人疏)'*(《일본외교문서》 제14권 수록)를 보면, 일본이 딴 마음을 품을 것이 뻔한데 조선과 본래부터 무관한 러시아를 막기 위해서 일본과 연대한다는 것이 도대체 무슨 말이냐고 따지고 있습니다. 우리는 보통 위정척사파 선비들을 완고한 존재로 상상하지만, 이 경우에는 그들의 상황 판단이 중국의 개화파 황준헌보다 훨씬 정확했던 것입니다.

결국 조선 정부도 미국을 계속 '선량한 보호자'로 인식하면서도, 황준헌이 강요하려고 한 공로(恐露, 러시아에 대한 공포)의식을 상당히 빨리 극복했지요. 1882년에 벌써 김옥균의 측근 백춘배(白春培)가 블라디보스토크로 밀파돼 그쪽 조선인 주민을 통해서 러시아가 침략 의도를 갖고 있다는 주장의 진위 여부를 확인하는 작업을 벌였으니까요. 이러한 조선 정부의 정보 수집 노력과 독일인 외무고문 묄렌도르프(Paul

1881년 영남의 유생 1만여 명이 정부의 개화정책에 반대하여 낸 상소인 '영남만인소'에는 황준헌의 주장을 조목조목 비판하는 내용이 실려 있다. 결과적으로 위정척사파들의 정세 판단이 중국 개화파 황준헌보다 더 정확했던 것이다.

* 부록 371쪽 수록.

von Möllendorff, 1848~1901)를 통해 러시아가 적어도 단 · 중기적 침략 계획을 갖고 있지 않다는 사실이 확인되자 고종의 측근들은 러시아에게 도움을 받아야 한다는 생각까지 하게 됐습니다. 한 마디로 러시아도 미국도 조선을 예속화하려는 청나라를 견제할 역외 세력으로 인식했던 것입니다.

조선 정부도 《조선책략》에 실린 러시아 위협론을 확인하기 위해 백방으로 정보를 수집했는데, 독일인 외교고문 묄렌도르프는 러시아가 적어도 단 · 중기적 침략 계획은 갖고 있지 않다는 사실을 확인해주었다.

'약소한 자를 돕는 나라' 미국의 진실

다시 《조선책략》 이야기로 돌아가볼까요. 당시 조선 사회에 엄청난 파장을 일으킨 이 소책자를 오늘날에 와서 다시 읽으면 묘한 느낌이 듭니다. 특히 미국과 관련한 부분이 그렇지요. 당시 중국에서 제일 개명한 사람에 속했던 황준헌의 글을 한번 봅시다.

미국은 민주와 공화로써 정치하기 때문에 남이 가지고 있는 것을 탐내지 않는다. 그리고 나라를 세울 당시에 영국의 학정(虐政)으로 말미암아 발분하여 일어났기 때문에 늘 아시아에 친근하고 유럽에 소원해왔다. …… 그 나라의 강성함은 유럽의 여러 대국들과 함께하지만 땅이 동 · 서양 사이에 뻗쳐 있기 때문에 늘 약소한 자를 돕고 공의를 유지하여 유럽 사람으로 하여금 그 악을 함부로 하지 못하게 하고 있다. …… 이를 끌어들여 우방으로 삼음으로써 도움을 얻을 수 있고 재앙을 풀 수 있을 것이다. 그렇기 때문에 연(聯)미국이라고 하는 것이다.

황준헌이 그린 그림은 어떻습니까? 허동현 선생님께서 좋아하시는 표현을 빌리자면, 꼭 호랑이에게 쫓겨 나무 위에

올라간 아이들에게 하늘이 내려준 동아줄을 묘사한 것 같
지 않습니까? 황준헌이 미국은 우리를 해칠 마음이 없
을 뿐만 아니라 우리를 이롭게 하려고 우리에게 접근
했다는 긍정 일변도의 초상화를 그린 목적은 분명합
니다.

당시 중국의 외교 책임자였던 이홍장(李鴻章,
1823~1901)은 중국과 국경 분쟁을 일으키고 있던 러
시아를 자신들의 속국인 조선을 침략하려는 나라로 지
목하였고, 이에 대응할 가장 좋은 방아책(防俄策, 러시아를
막는 대책)으로 조선의 대미조약 체결을 내놓았습니다. 그런

중국의 외교 책임자였던 이홍장이 조
선에 러시아 위험론을 설파하고, 대
미조약 체결을 권유한 직접적인 이유
는 당시 러시아가 중국과 국경 분쟁
을 일으키고 있었기 때문이다.

가운데 황준헌은 조선의 보수적인 지도층에게 대미 수교의
장점을 설득력 있게 납득시킬 의무를 맡았던 것입니다.

그런데 그가 《조선책략》에서 러시아를 악마로, 미국을 동
양의 수호천사로 그린 것은 상부의 지시 때문만은 아니었습
니다. 당시 중국의 외국통이었던 황준헌의 대미의식은 실제
로 흑백 그림의 수준을 크게 넘지 못했습니다. 그는 극동에
서 상리(商利)만을 추구했던 미국의 궤변적이고도 형식적인
약속, 곧 거중조정(居中調停, 조약 체결의 상대 국가에게 각종
외교적 도움을 줌)을 진정한 것으로 오해하였으며, 하와이 병
탄·필리핀 침략 등 태평양 방면으로 세력 확장을 꿈꾸던 미
국을 순진하게도 영토적 야욕이 없는 나라로 생각한 겁니다.

엘리트 외교관의 대미의식 수준이 이 정도였으니 청나라
가 끝내 무너진 이유를 이해할 수 있겠지요. 청일전쟁(1894)
의 발발을 앞둔 시점에서도 일본의 중국공사관에서는 일본
의 대륙 침략 계획을 까맣게 모른 채, 일본이 감히 우리의 위
엄을 무시할 수 있으랴는 식으로 생각할 만큼 청나라 말기의

1894년 청일전쟁 때 일본 해군에 의해 격침되는 청나라 수송선. 청나라는 청일전쟁 직전까지도 일본의 침략 계획을 전혀 알지 못할 만큼 외부 세계의 동향에 대해 무지했다.

지배층은 외부 세계의 동향에 대해 무지했습니다.

결국 이 무지와 오해가 《조선책략》과 같은 책자를 통해서 조선에 옮겨와 미국에 가본 적도 없는 고종과 그의 대신들을 신미(信美)주의자로 만들어버렸습니다. 1905년 미국의 대통령 루스벨트가 고종의 애원을 무시하고 일본이 한국을 자국의 보호국으로 만드는 것을 적극적으로 지지하고 나선 후에야, 황준헌이 심어준 신미주의의 뿌리는 본격적으로 흔들리기 시작했습니다. 이렇듯 《조선책략》은 우리에게 외국에 대한 정확한 정보가 얼마나 중요하고, 강대국에 대해 순진한 꿈을 품는 것이 얼마나 위험한지 다시 한 번 가르쳐주고 있습니다.

캄캄해진 오슬로에서 박노자 드림.

미국 끌어들여
청·일 견제한 생존전략

청의 주장 곧이곧대로 믿을 만큼 순진했을까

안녕하세요, 박노자 선생님.

저는 《조선책략》이 미국에 대한 잘못된 허상을 전파하고 친미파를 길러내는 발판 역할을 함으로써 미국이라는 제국주의 국가에게 침략의 길을 열어준 '트로이 목마'였다고는 생각하지 않습니다. 오히려 조선왕조의 위정자들에게 정글의 법칙이 지배하는 세상에서 살아남을 방법을 알려준, 판도라 상자 속의 '마지막 희망'이었다고 봅니다.

《조선책략》이 제기한 두 가지 생존 전략, 곧 주변 열강들 사이에 힘의 균형을 만들고(대외적 균세론均勢論), 부국강병을 도모하라(대내적 자강론自强論)는 전략이 오늘날에도 여전히 유효하다고 보기 때문입니다.

물론 선생님의 지적대로 이 책에 담긴 영토 확장욕에 불타는 야만국 러시아나, 약소국 편에 서는 부강하고 공평무사(公平無私)한 미국의 이미지는 황준헌이 청국의 이해에 맞춰

《조선책략》. 대외적 균세론과 대내적 자강론을 주장하는 이 책자는 미국을 부강하고 공평무사한 문명국으로, 러시아를 야만국으로 묘사했다.

날조·왜곡한 흑백 사진에 불과합니다. 그러나 저는 유학까지 다녀온 황준헌이나 당시 청국 지도부의 지적 수준이 실질적 구속력이 없는 미국의 외교적 수사를 진심으로 받아들일 만큼 저급했다거나, 조선 사람들이 그처럼 왜곡되어 있는 남의 눈을 통해서만 세상을 보았다고는 생각하지 않습니다. 고종을 위시한 조선 정부도 직접적인 정보 수집을 통해 러시아의 남침 가능성을 검증하기 위한 노력을 전개한 바 있습니다.

황준헌이 《조선책략》에서 제기한 균세론·자강론의 배후에는 중국이 조선 개화의 옹호자 혹은 인도자라는 의식이 깔려 있었을 뿐 아니라, 조선에 개방을 촉구하고 서양 문물을 적극적으로 받아들일 것을 권유한 이면에도 정치·경제적으로 중국의 영향력을 증대하려는 의도가 크게 작용하고 있었던 것은 사실입니다. 그러나 이는 역으로 만일 중국이 조선에 대한 실질적인 위협 세력이나 침략자로 판명났을 때, 중국이 침략 세력으로 규정한 러시아가 나서서 세력 균형을 이룬다면 오히려 러시아가 조선 독립의 옹호자로 그 역할이 바뀔 수도 있다는 말이 됩니다.

실제로 조선 정부는 중국이 의도적으로 유포한 러시아 위협론을 맹목적으로 믿지 않았으며, 스스로 수집한 정보를 바탕으로 주변 열강들이 세력 균형을 이루는 데 동원할 수 있는 가능성들을 계속 타진해온 바 있습니다.

조선 정부도 자체적인 정보 수집 활동

《조선책략》이 전해진 이후 조선 정부는 러시아 사정에 밝은 인물을 1880년 말에 신설된 통리기무아문(統理機務衙門)에 배치하고, 1881년 초 일본에 파견된 조사시찰단(朝士視察

朝野新聞

第十七百六十二號　明治十四年七月二十日　本局…

朝鮮国朝士、視察のため来日（明治14年5月20日　朝野）

このたび来航の朝鮮国朝士は一概に開進党とのみ云うべからず。一党は守旧、一党は開進の両派にて、京城に在る時は互いに持論を執り、氷炭相容れざる勢いなれば、このたびともに日本視察の内命を蒙り同行釜山へ下るといえども、なお隠然両党相容れざる勢いありと云う。しかして右朝鮮士中甲は陸軍、乙は海軍、丙は外務、丁は内務、戊は大蔵、工部、文部、税関、郵便、電信、鉄道、汽船と各々分担する所みありて、その体要を得ざる心組みなり。右に付き一奇聞あり。釜山にて近藤領事がこの一行を訪われたる際、参議沈相学手がこの一行を迎うる際、はこれを見てその故を問い、もし病いの起りしならば医師を迎うべしと云われしに、開化党の沈相学は日本の水を以って洗い、日本の風に吹かるるときはたちまちにして癒ゆべしと。この事を聞くや守旧党の沈相学は大いに怒りその故を告りしく、允すこれに答え、公等の退光いを惜りこれに答え、公等の退光い起したるよし。また過日記載せしごとく、守旧党の巨魁李万孫が韓廷にたてまつりし奏議の写しを得たれば、次号の紙上に掲ぐべしと東京横浜毎日新聞にあり。

團, 소위 신사유람단)의 조사(朝士)들에게도 러시아를 비롯한 주변국들의 침략 가능성에 관한 정보를 수집해 보고하도록 하였습니다. 대다수 조사들은 일본 시찰을 통해 일본처럼 부국강병에 성공하는 것만이 일본이나 러시아의 침략을 막을 수 있는 최선의 대책이라고 보았습니다. 중국의 춘추전국시대보다 더 생존경쟁이 치열한 시대에는 오직 부국강병만이 국가의 생존을 보장해줄 수 있다고 생각한 것이지요.

일례로 조사 어윤중(魚允中, 1848~1896)은 당시 국제 정세가 "러시아에는 내부 변란(알렉산더 2세의 암살)이 있고, 프로이센과 프랑스도 서로 견제하고 있는 때"이므로, 조선이 부국강병을 이룩할 수 있는 절호의 기회라고 판단하고 "힘을 다해 미리 면밀하게 준비하여 부강을 이루도록" 해야 한다고 주장한 바 있습니다(어윤중, 《수문록(隨聞錄)》). 특히 그가 수집한 정보에 의하면, 당분간 러시아가 조선을 침략할 가능성은 거의 없었습니다.

실제로 당시 조선인들은 러시아의 위협이 과장된 것임을 보여주는 정보도 접하고 있었습니다. 1884년 6월 23일자 《한성순보(漢城旬報)》에 실린 다음의 기사를 보시지요.

일본의 《조야신문》에 실린 조사시찰단 기사. 《조선책략》이 전해진 뒤 조선 정부는 일본에 간 조사시찰단에게도 러시아를 비롯한 주변국들의 동향에 대한 정보를 수집해오게 했다.

러시아의 수도에서 훈춘(琿春)까지는 서(西)로든 동(東)으로든 수만 리의 거리며 중간에 동서백리아(東西伯利部, 동부 시베리아)가 황막(荒漠)하여 끝이 없으니 서쪽으로부터 군사를 움직이려고 하면 결코 성공하기 어려울 것이고 동부에는 비록 병사가 있으나 충분하지 못하니 러시아가 비록 침식하고 싶은 뜻이 있더라도 다른 날을 기다릴 것이라 결코 지금 싸움을 벌이지는 않을 것이다. …… 러시아가 비록 고려를 넘어다본다 하여도 동부의 힘으로는 병탄하기에 부족하고 서부의 병사는 또 실어 나르기가 쉽지 아니하니 실지는 중국의 길림·흑룡강 두 성(省)을 도모하려는 것처럼 뜻은 있어도 이루지 못하는 것과 한가지다. 더욱이 고려는 현재 미국과 이미 통상을 하였고 또 영국과도 조약을 맺었으며 그리고 중국의 도움을 받을 수 있고 일본의 후원이 있으니 러시아가 어찌 감히 사지(私志)를 드러내겠는가.

청과 일본이 두려워하는 러시아를 끌어들여라

이러한 정보와 인식을 바탕으로 오히려 러시아는 조선을 둘러싼 열강들이 세력 균형을 이루는 데 필요한 존재로 인식되었고, 김옥균(金玉均, 1851~1894)·박영효(朴泳孝, 1861~1939) 등 개화파 인사와 고종은 러시아와 수교를 맺기 위해 독자적인 노력을 기울였습니다. 이들은 임오군란 이후 부차적 제국주의(secondary imperialism) 세력으로서 중국의 간섭이 점점 노골화하자, 중국이 가장 두려워한다고 본 러시아와 수교함으로써 조선의 독립을 옹호해줄 세력을 만들려고 한 것이지요.

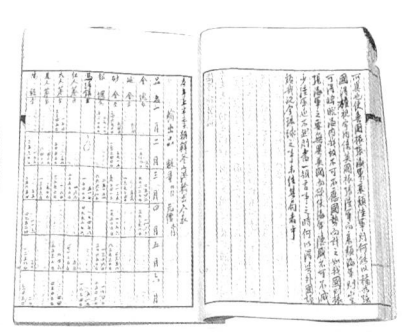

　실제로 김옥균 등은 임오군란 이후 수신사절로 일본에 갔 을 때 주일러시아공사 로센(Romananovih R. Rosen)과 만나 수교를 위한 교섭을 전개했습니다. 특히 김옥균은 1884년 초 에도 주일러시아공사 다비도프(Alexandre P. Davydow)에게 조약 체결 의사를 표명한 바 있으며, 고종도 김관선을 노브 키예브스코(Novokievskoe)로 보내 러시아 관리에게 수교 의 사를 전달했습니다. 이러한 노력의 결과, 1884년 윤5월 15일 마침내 서울로 들어온 천진(天津) 주재 러시아영사 웨베르 (Carl Waeber)와 전격적으로 수호통상조약을 체결하기에 이 르렀습니다.

　고종이 이른바 조로밀약(朝露密約)을 추진하는 등 러시아 를 끌어들이려는 인아책(引俄策)을 적극 구사하고, 고종과 그 주변 세력들이 청국 견제를 위해 러시아를 이용하려 했음 은 1885년 7월 2일자(음력) 윤치호(尹致昊, 1865~1945)의《일 기》에서도 확인할 수 있습니다.

이날 일본 신문을 보니 '조선 정부에서 러시아 정부의 요구 에 응하여 제주의 조차(租借)를 허락하였다'고 하였다. 또 '조선과 러시아가 맺은 내약(內約)에 러시아의 보호를 부탁

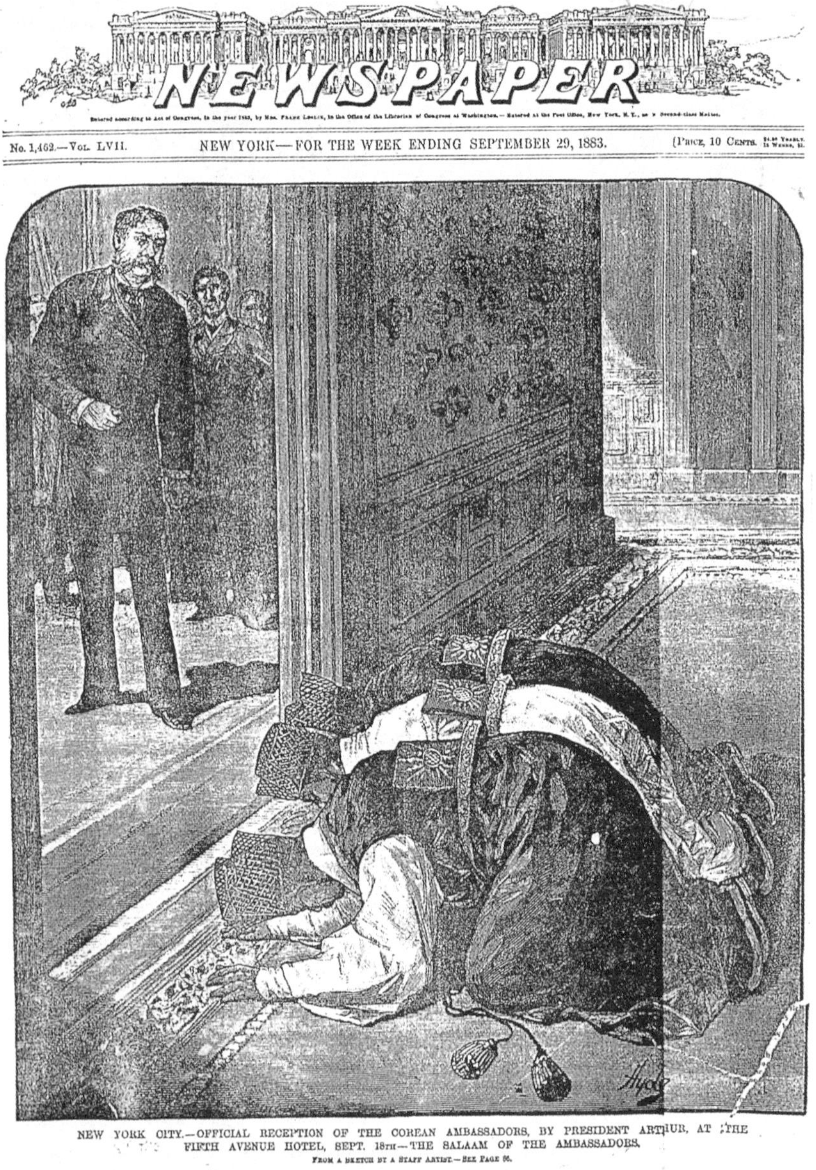

No. 1,462.—Vol. LVII.   NEW YORK—FOR THE WEEK ENDING SEPTEMBER 29, 1883.   [Price, 10 Cents.

NEW YORK CITY.—OFFICIAL RECEPTION OF THE COREAN AMBASSADORS, BY PRESIDENT ARTHUR, AT THE FIFTH AVENUE HOTEL, SEPT. 18TH—THE SALAAM OF THE AMBASSADORS.
FROM A SKETCH BY A STAFF ARTIST.—SEE PAGE 66.

1883년 뉴욕에서 발행되는 주간지 《뉴스 페이퍼》 9월 29일자에 실린, 민영익 일행이 미국의 아서 대통령을 공식 접견하는 사진 그림. 민영익은 미국과 유럽을 다녀온 뒤 고종에게 "러시아의 보호를 받는 것이 상책"이라고 보고했다.

하였다'고 하였다. 이를 비록 믿을 수 없다 하더라도 또한 믿
을 단서가 있는 것이다. 2,3년 전 조정 내에서 일찍이 이런
논의가 있었던 까닭이다.

　그러면 당시 인아책을 구사한 인아론자(引俄論者)들은 누
구였을까요? 고종의 측근이었던 민영익(閔泳翊, 1860~1914)
과 한규직(韓圭稷, ?~1884)이 바로 그들입니다. 민영익은 보
빙사(報聘使)로 미국과 유럽을 다녀온 후 고종에 복명하면서
"유럽에서는 특히 러시아가 강대하며 유럽 여러 나라는 모두
러시아를 두려워합니다. 그리고 조만간 러시아가 아시아로
침략의 손을 뻗쳐 조선에도 그 영향이 미칠 것이니 우리 나
라 입국(立國)의 근본 정책은 일본이나 청국만 상대할 것이
아니라 한 걸음 더 나아가 러시아의 보호를 받도록 하는 것
이 상책입니다"라고 헌책(獻策)한 바 있습니다(김도태, 《서재
필 박사 자서전》, 수선사, 1948).

　민씨 척족정권의 중요 인물 중 하나이자 경흥부사를 역임
한 한규직도 다음과 같이 인아론을 제기한 바 있지요. "일본
은 청과 러시아를 의식하여 감히 조선을 병탄하지 못하지만
늘 침략하고자 하는 뜻을 가지고 있으며, 청은 다른 나라가
조선을 점령해도 힘이 부족하여 조선을 보호하지 못할 것이
지만 조·일간의 조약에 문제가 있으면 '감국제권(監國制
權)' 하려고 할 것이며, 러시아는 세계 최강국으로 세계가 두
려워하지만 조선과 더불어 도울 수 있다(《청계중일한관계사료
(淸季中日韓關係史料)》4, 도서번호 999)"고 말이지요.

　1880년대 이전 러시아는 중앙아시아와 발칸 반도 경략에
몰두하였으며, 새로 개척한 극동 지역 쪽으로는 육로 교통망

명성황후의 국장 모습. 명성황후가
시해된 뒤 고종은 아관파천을 단행해
일본의 독주를 견제했다.

도 갖추어지지 않았기 때문에 조선에 대한 영향력을 적극적으로 확대하려 하지 않은 것이 사실입니다. 러시아가 조선을 둘러싼 국제 정치에 눈에 띄는 영향력을 행사하는 것은 갑신정변(1884)의 결과 조선의 대내외 정치에 대한 중국의 간섭이 심해진 후부터이며, 조선을 둘러싼 각축전에 능동적으로 개입해 괄목할 역할을 수행하는 것은 1895년 삼국간섭으로 일본을 굴복시킨 다음부터입니다.

한 마디로 1860년 북경 함락 이후 중국이나 조선은 자력만으로는 적대 세력을 막을 수도, '힘의 균형(balance of power)'을 도모할 수도 없게 되었습니다. 따라서 렌슨(George Alexander Lensen)의 지적처럼, 이홍장이나 고종이 이이제이(以夷制夷)라는 전통적 외교 술책에 의존하는 '책략의 균형(balance of intrigue)'을 꾀하였다고 보는 것이 더 합리적이라고 생각합니다. 조선왕조가 힘의 논리가 지배하는 세상에 뛰어든 1876년 개항 이래 국권을 빼앗긴 1905년까지 30여 년간 그나마 명맥을 유지할 수 있었던 것도, 열강의 각축 속에

러시아공사관에서 환궁을 요구하는
일본군을 알현하고 있는 고종의 모
습. 당시 조선 정부는 청나라와 일본
을 견제하는 데 러시아를 이용했다.

서 주권을 지키기 위해 도모한 책략이
유효했기 때문 아닐까요.

조선이 미국을 짝사랑한 진짜 이유

　사실 조선 정부는 개항 이후 줄곧 러
시아의 침략성을 강조하는 청·일 두
나라의 러시아 위협론을 맹종했다기보

미국은 1899년 개통된 한국 최초의
철도 경인선(사진) 부설권과 운산금
광 채굴권 같은 노른자위 이권을 조
선 정부에게서 넘겨받았다.

다는, 러시아를 두려워하는 이 두 나라를 견제하는 데 러시
아를 이용하려 했습니다. 1884년 갑신정변 실패 후 러시아를
끌어들여 더욱 거세진 청국의 압력을 견제하려 한 '인아거청
책(引俄拒淸策)'이나, 명성황후 시해 사건 이후 일본의 독주
를 견제하기 위해 고종이 러시아공사관으로 거처를 옮긴 아
관파천(俄館播遷)이 그 대표적 사례입니다.

　어떻게 보면 한 세기 전 한반도를 열강의 즐거운 '이권 사
냥터'로 만들었던 조선 정부의 이권 양여정책도 이러한 이이
제이에 입각한 균형의 책략이라고 볼 수 있습니다. 마치 후
세인 치하의 이라크 정부가 미국을 견제하기 위해 프랑스와
독일에게 유전 개발권을 준 것처럼 말이지요.

　그렇다면 경부·경인철도 부설권과 운산금광 채굴권 같은
노른자위 이권을 미국에게 준 이유가 단지 순진하게 미국의
'의리'를 믿은 때문일까요? '천상천하 유아독존' 격으로 제
국의 오만을 과시하는 현재의 모습과 달리, 100년 전의 미국
은 선생님 말씀대로 상리만 쫓는 2류국가에 불과했습니다.
국제 정치에서 차지하는 위상도 지금과 전혀 달랐지요. 그런
데 개화기의 조선 사람들은 왜 그런 미국에게 일방적인 짝사
랑을 퍼부었을까요? 그 주된 이유를 당시 열강들이 조선에

대해 갖고 있던 이해의 크기와 소재—영토적 야욕 · 전략적 동기 · 경제적 이익 · 문화적 욕구—에서 찾아봅시다.

먼저 청국은 순망치한(脣亡齒寒), '입술이 없으면 이가 시리다'는 말처럼, 조선이 자국에 위협적인 러시아 · 영국 · 일본 같은 나라의 영향권에 들어가지 못하게 막으려는 전략적 동기를 갖고 조선을 종속시키려 했습니다. 일본은 상품 판매 시장과 원료 공급지 확보라는 경제적 이익과 영토적 야욕, 그리고 러시아와 같은 적대 세력의 한반도 장악을 막으려는 전략적 동기로 침략했지요. 러시아는 태평양 진출에 필요한 부동항을 얻으려는, 영국은 중국 무역과 인도 경영에 위협이 되는 러시아의 부동항 확보를 막으려는 전략적 목표가 있었고, 프랑스와 미국은 천주교와 기독교를 포교하려는 문화적 욕구가 있었습니다. 미국은 여기에다 고래잡이와 무역 같은 경제적 이익도 노렸지요.

재미있는 것은 자본주의가 고도로 발달한 최강대국 영국이나 프랑스 같은 진짜 제국주의 국가들은 조선에 큰 욕심이 없었고, 후발 제국주의 국가인 러시아와 미국은 그다지 절실하지 않은 전략적 · 경제적 동기만 갖고 있었던 데 비해, 제국주의라고 할 수도 없는 부차적 제국주의 국가인 청 · 일 양국은 조선에 매우 절실한 이해가 걸려 있었다는 것입니다. 그래서 조선 정부는 청국과 일본의 침략을 막기 위해 러시아와 미국을 이용하려 했던 것 아닐까요? 지금 미국이 동아시아 지배를 위해 한국에서 추구하는 전략적 동기가 그때 미국에게는 없었던 것이지요. 이것이 당시 한국인들이 미국을 짝사랑한 진짜 이유가 아닐까요?

오늘의 우리가 《조선책략》에서 얻을 교훈은 자력 없이 남

의 힘을 이용하는 책략만으로는 다시 돌아온 열강 각축 시대
를 뚫고 나갈 수 없다는 것이겠지요. 현명한 책략과 견실한
자강, 이것이 먹이를 노리는 포식자들의 다툼에서 우리의 번
영과 양심을 지켜줄 방패일 겁니다.

개나리와 진달래가 꽃망울을 터뜨리는 수원에서 허동현 드림.

더 읽을 만한 책

- 고정휴, 〈8.15전후 국제정세와 정치세력의 동향〉,《통일지향 우리 민족 해 방운동사》, 역사비평사, 2000.
- 권석봉,《청말 대조선정책사 연구》, 일조각, 1986.
- 동덕모, 〈한국의 개국과 국제 관계〉, 서울대학교 출판부, 1980(1882년 조미 수호통상조약 텍스트).
- 송병기 편역,《개방과 예속》, 단국대학교출판부, 2000(《조선책략》번역문).
- 유영익, 〈조미조약의 성립과 초기 한미 관계의 전개〉,《한국근현대사론》, 일조각, 1992.
- 이광린,《한국개화사의 제문제》, 일조각, 1986.
- 이배용,《한국근대 광업 침탈사 연구》, 일조각, 1989.
- 이영학, 〈한국 근대사의 기점과 제국주의〉,《한국역사입문》3, 1996.
- 정용욱, 〈해방 이전 미국의 대한구상과 대한정책〉,《한국사연구》83, 1993.
- 주진오, 〈미국제국주의의 조선 침략과 친미파〉,《역사비평》3, 1988.
- 한철호,《친미개화파 연구》, 국학자료원, 1999.
- Deuchler, Martina, *Confucian Gentlemen and Barbarian Envoys : The Opening of Korea, 1875~1885*, Seattle and London : University of Washington Press, 1977.
- Kamachi, Noriko, *Reform in China: Huang Tsun-hsien and the Japanese Model*, Cambridge, Mass. and London : Harvard University Press, 1981.
- Conroy, Hilary, "Chosen Mondai: The Korean Problem in Meiji Japan", *Proceedings of the American Philosophical Society* 100:5(October 15, 1956): pp. 443-454.
- Iriye, Akira, "Japan's Drive to Great-Power Status", In Marius B. Jansen, ed., *The Cambridge History of Japan, volume 5: The Nineteenth Century*, Cambridge: Cambridge University Press, 1989.
- Kim, Dal Choong, "Chinese Imperialism in Korea: With Special Reference to Sino-Korean Trade Regulations in 1882 and 1883", *Journal of East and West Studies* 5:2(October 1976): pp. 97-110.
- Kim, Key-Hiuk, *The Last Phase of the East Asian World Order: Korea, Japan, and the Chinese Empire, 1860-1882*, Berkeley: University of California Press, 1980.
- Kim, Key-Hiuk, "The Aims of Li's Policies toward Japan and Korea, 1870-

1882", *Chinese Studies in History* 24:4(Summer 1991): pp. 24-48.

• Kim, Key-Hiuk, "The Aims of Li' s Policies toward Japan and Korea, 1870-1882", In Samuel C. Chu and Kwang-Ching Liu, eds., *Li Hung-chang: Diplomat and Reformer*, Armonk, NY: M.E. Sharpe, 1993.

• Kim, Key-Hiuk, *Opening of Korea: A Confucian Response to the Western Impact*, Seoul: Institute for Modern Korean Studies, 1998.

10

아나키스트의 이상과 좌절

조선 독립 도운 일본인은 사회주의자인가

일제 강점기 조선의 독립을 도운 일본인들이 있었습니다. 그들은 대개
아나키스트였습니다. 무정부주의라고 번역되는 아나키즘은 자유를
억압하는 모든 권력구조를 비판합니다. 박노자 교수는 아나키즘을
사회주의의 한 갈래로 인식하면서, 식민지 시절 아나키스트들은
이념 · 국경 · 민족의 경계를 넘는 실천을 선보였다고 평가합니다. 나아가
그들의 꿈이 좌절됐을지라도 그들의 실천이 있었기에 전후(戰後) 일본의
민주주의도 가능했다고 보고 있습니다. 허동현 교수는 박 교수와 달리
아나키즘과 마르크스주의는 다르다고 하면서, 아나키스트의 이상과 꿈을
기업가 유일한, 정치가 장면과 비교해 눈길을 끌고 있습니다. 좌 · 우의
경계를 넘어 박애를 실천한 사람들의 공통점을 찾아보자는 제안입니다.

|아나키즘과 한국의 아나키스트들|

흔히 무정부주의(無政府主義)로 번역되는 아나키즘(anarchism)은 모든 정치적 조직과
규율·권위를 거부하고, 국가권력기관의 강제 수단 철폐를 통해 자유와
평등·정의·형제애를 실현하고자 하는 유토피아적 이데올로기와 그 운동을 일컫는다.
국가나 정부기구는 본래 해롭고 사악한 것이며, 인간은 정부기구 없이도 올바르고 조화로운
삶을 영위할 수 있다는 신념이 아나키즘의 근간을 이루고 있다.

아나키스트(무정부주의자)들은 인간이 만들어낸 법규를 부인하고 재산을 압제의 수단으로
간주한다. 아나키즘의 내용은 사상가에 따라 조금씩 다른데, 첫째 이상사회에서 집단의
권위를 어느 정도 인정할 것인가, 둘째 사적 소유를 긍정할 것인가, 셋째 폭력을 이상사회
실현 수단으로 용인할 것인가의 세 가지 관점에 따라 구별된다. 한국의 아나키즘운동은
1920년 무렵부터 중국으로 망명한 독립운동가들과 일본으로 건너간 유학생·노동자들
사이에서 민족해방운동의 한 이념으로 싹트기 시작하여 점차 국내로 전파되었다. 중국으로
망명한 아나키스트들로는 이회영·신채호·유자명·이을규·이정규·정화암 등이
대표적인데, 이들은 일제는 물론 세계의 모든 강권주의·군국주의의 폭정을 부정하고,
자유와 독립이 보장된 자유연합의 평등사회를 이상으로 설정하는 한편, 폭동과 암살 등
테러리즘을 투쟁 수단으로 채택했다. 일본에서는 1920년 12월 박열·조봉암·김약수 등이
일본 최초의 한국인 사상단체인 흑도회(黑濤會)를 조직한 것이 그 시초이다. 흑도회는
아나키즘에다 민족주의와 사회주의를 혼합한 사상단체였다. 1923년 관동대지진 당시 일제는
이를 빌미로 한국인을 학살·탄압했는데, 이때 박열과 그의 애인 가네코를 일본왕 암살
미수범으로 검거했다. 박열 사건 이후 조선인 아나키스트들은 도쿄와 오사카를 중심으로
흑우연맹 등 각종 무정부주의 단체를 조직하고 기관지를 발간하며 활동했다. 박열 사건 이후
국내에서는 서울과 대구·평양을 중심으로 각지에서 각종 아나키즘운동단체가 생겨나
활동했으나, 1930년대 민주사변과 중일전쟁 이후 침체 상태에 빠졌다.

"소수 사회주의자의 자각이
민주주의 발전에 기여"

20세기 초 극동권 사회주의자들의 다양한 존재 양상

허동현 선생님, 안녕하십니까?

1990년대에는 사회주의의 실패를 이야기하는 것이 하나의 유행이었지요. 동구권 몰락에 이어 1989년 천안문 사태로 중국 공산당 권력의 살인적인 탄압성이 전세계에 알려졌고, 북한의 기아 사태가 한반도에서 병영식 사회주의의 암울한 미래를 보여주었기 때문입니다.

물론 사회주의가 군사주의적 근대국가 건설을 지향하는 권력집단의 이데올로기로 왜곡되면서, 많은 사람을 희생시키고 진정한 사회주의적 이상과 거리가 먼 사회를 만든 것은 사실입니다. 그러나 아직까지 평등과 박애에 입각한 더 나은 사회를 건설하지 못했다 해서 극동 사회주의의 역사를 무조건 실패작이라고 치부할 수 있을까요?

약육강식의 세계를 초월하려 한 초기 사회주

1989년 베를린 장벽이 무너지고 동독 공산당 체제가 붕괴되면서 동베를린에 있던 레닌 상이 철거됐고(위), 같은 해 중국에서는 시민들의 민주화 요구를 중국 당국이 탱크로 밀어붙인 천안문 사태가 일어났다.

한국의 인본주의적 사회주의의 선구자 조소앙은 1920년대 초기부터 자신의 노선이 볼세비즘과 본질적으로 다르다고 밝혔다.

의자들은 결국 이상향에 도달하지 못했지만, 그 구도(求道)의 길에서 적어도 한 가지는 얻은 것 같습니다. 그것은 바로 인종과 국경을 뛰어넘는 사해동포적 인류주의의 이상과 실천입니다.

또 한 가지 고려해야 할 사항은 20세기 초반의 극동권 사회주의자들이 결코 모두 전체주의적 색깔의 레닌 · 스탈린주의에 홀린 것은 아니었다는 점입니다. 물론 홉스봄(Eric Hobsbawm)의 표현대로 당시는 '극단의 세기'였던 만큼 한 · 중 · 일 삼국의 좌파운동에서 스탈린주의의 여러 갈래들이 패권을 잡은 것은 사실이지만, 그렇지 않은 소수도 존재했다는 사실을 기억해야 할 듯합니다.

예컨대 이북에서 불우한 죽음을 맞이한 인본주의적 사회주의의 선구자였던 조소앙(趙素昻, 1887~1959)은 이미 1920년대 초기부터 자신의 노선이 소련의 볼세비즘과 본질적으로 다르다는 것을 명확하게 이야기했지요. 마찬가지로 기독교의 입장에서 사회주의를 받아들인 여운형(呂運亨, 1886~ 1947) 같은 온건 · 중도 사회주의자들은 명백하게 폭력혁명과 무산계급의 독재론을 부정하고, 민주적 사회주의 이론을 전개했습니다. 또한 사회주의의 한 갈래로 인식됐던 아나키즘 운동가들 역시 1920년대에 소련식 공산주의의 비민주성과 독재성을 신랄하게 비판한 바 있습니다.

이렇듯 국가와 계급과 경쟁이 없는 새로운 사회를 만들어보겠다고 전력투구한 이들에게 레닌 · 스탈린주의의 범죄에 대한 책임을 추궁하는 것은 올바르지 않을 듯합니다. 그리고 비록 레닌주의 당에 몸담은 사람이라 해도, 그 사유방식이나 추구하는 목표, 그리고 투쟁 방법이 꼭 '정통' 레닌주의와 같지 않을 수도 있었지요. 레닌주의자로 좌파 정치 생활을 시작했다가 나중에 스탈린주의자가 되기를 거부하고, 민주주의 옹호와 트로츠키의 '지속적 혁명' 사상을 융합하는 방향으로 나아간 천두슈(陳獨秀, 1879~1940) 선생 같은 사람의 이념적 편력은 중국에서 좌파사상이 얼마나 복잡하게 발전했는지 잘 보여줍니다.

온건·중도 사회주의자 여운형도 폭력혁명과 무산계급 독재론을 부정하고, 민주적 사회주의 이론을 전개했다.

인간적 연대 중시한 크로포트킨의 아나키즘

극동 아나키즘의 중요한 이론적인 특징은 근동의 초기 근대 지식인의 핵심적인 담론이었던 사회진화론을 극복한 것이었습니다. 사회진화론이 사회 진화의 원동력을 잔인한 경쟁에서 찾는 데 반하여, 1920년대 극동에서 대단한 인기를 끌었던 아나키즘의 원조 크로포트킨(Pyotr Kropotkin, 1842~1921)은 상호 애정과 상부상조라는 인간적 연대를 진화의 원천으로 봤습니다. 1920년대 한국의 대표적인 지성인 잡지 《동광》(제10호, 1927년 2월)에서 크로포트킨의 인류애와 연대주의사상을 소개한 대목을 볼까요.

중국의 혁명가이자 정치가인 천두슈는 레닌주의자로 출발했으나, 민주주의와 트로츠키 사상을 융합하는 방향으로 나아갔다.

크로포트킨 씨의 입론의 근거를 먼저 알아야 한다. 그는 말하기를 '사회 성립은 다만 인류 협동(協同)의 사회적 본능에 의한 것'이라 하였고 '문화 발생은 다만 몇 세기, 몇 천만 명의 이름 없는 군중의 한갓 노력으로 되었다'고 하였다. 사회는 사랑과 동정심으로 조성된 것이 아니고 다만 인류 협동의 의식으로 조성된 것이라고 하였고 또 그의 말은 이러하다:

'…… 동물의 사회성(社會性)을 단순히 사랑과 동정심으로만 본다면 실로 동물의 보편성과 중요성을 감소시킨다. 인류의 도덕도 이러하다. 만약 단순히 사랑과 개인 동정심으로 윤리의 기초를 삼는다면 도리어 전체 도덕 감정의 의의를 협소하게 만드는 것이다. 우리가 만약 이웃집에 불이 남을 보면 곧 물통을 가지고 그 집으로 달려간다. 이 이웃은 우리가 잘 알지 못하는 집이다. 이것이 결코 사랑은 아니다. 이것은 비교적 광대하고 비교적 막연한 협동심과 사회성의 감정이 우리를 감동시킨 것이다. 동물도 역시 이러하다. 반추류(反芻類)와 야마(野馬)가 한 무리가 되어 늑대를 방어하는 것은 사랑도 아니고 진정한 동정심도 아니다. 늑대는 무리를 지어 사냥꾼이 그를 공격함을 방어하며, 어린 고양이와 어린 양과의 장난이나 각종 작은 새가 가을날에 놀며 즐기는 이 모든 것은 사랑이 아니다. 더욱 한 종류의 노루 새끼들이 각처에 분산하여 있다가 큰 내를 건너려할 때는 모두 한곳에 모인다. 이 역시 사랑도 아니고 동정심도 아니다.

사랑과 동정심보다 더욱 광대한 것은 곧 동물과 인류 사회 중 점점 진보하는 (진화의) 본능이다. 이러한 본능은 동물과 인류로 하여금 상부상조의 실천으로부터 힘을 얻게 할 수 있다. 또 그들로 하여금 사회생활로부터 쾌락을 얻게 할 수 있다. 사랑과 동정심과 희생은 비록 우리의 도덕 감정의 발전에 큰 공헌이 있지마는 그러나 인류 사회는 사랑과 동정심으로 기초를 만듦이 아니고 다만 인류의 협동의식으로 기초를 만든다. 비록 본능의 영역에만 한정돼 있지만 이것은 무의식적으로 상부상조의 실험으로부터 나온 힘을 승인하게 되며 무의식으로 개인의 행복은 모든 타인의 행복과 밀접한 관계가 있음을 승인하게 되며 더욱 무의식적으로 각 개인으로 하여금 다른 개인의 권리와 자기의 권리가 동등하다고 인정케 하는 정의와 평등을 승인케 한다. 허다한 고상한 도덕 감정은 이 광대한 필연의 기초 위에서 발전한다.'

크로포트킨 씨의 사상은 인류의 사회는 인류의 협동적 본능이 조성한 것이라는 것이다. 인류 자신은 곧 전세계다. 비록 작은 세포나마 모두 '자치적 유기체며 자치적 유기체는 협동이며 상부상조한다.' 고로 그는 호조(互助)를 사회 성립의 일개 중대한 요소로 보았다(38~40쪽. 현대 한국어로 간추려 번역했음—인용자 주).

크로포트킨의 아나키즘은 1920년대 극동에서 큰 인기를 끌었다. 크로포트킨은 상호 애정과 인간적 연대를 진화의 원천으로 파악했다.

즉, 크로포트킨과 그 지지자들이 믿었던 것은 개인적 차원의 사랑이나 동정심이 아니라 전체 인류의 '협동 본능'—무의식적인 연대의식—이 동물계와 인간 사회의 진화를 이끌었다는 것입니다. 비록 진화를 인정한다는 점이 다르긴 하지만, 인간을 포함한 일체 만물의 집단적 본성을 협동으로 규정한 점은 측은지심과 같은 자비로운 마음이 인간의 본질에 속한다고 믿은 유교와 흡사한 면이 있습니다. 사실, 신채호 같은 1920년대의 진보적 지식인들은 크로포트킨을 석가나 공자와 같은 대열에 속하는 인물로 평가하기도 했습니다.

윤봉길의 거사를 기뻐한 일본인 기자

저는 아나키즘이 극동에서 그토록 유행한 이유가 바로 이처럼 유교적인 휴머니즘을 닮았다는 점 때문이 아닐까 합니다. 어쨌든 1920년대 당시 근대 과학의 성과를 이용하면서 사회진화론의 논리를 체계적으로 부정할 수 있었던 이데올로기는 아나키즘을 비롯한 좌파사상이 유일했지요. 그러니 새로운 차원에서 '휴머니즘으로의 귀환'을 이룬 아나키즘을 창조적으로 수용했다는 것은 아직 사회진화론이 사상계를 풍미하던 1920년대 한국의 상황에서는 일대 쾌거라 할 만했습니다.

민족간의 경쟁이 아닌 협동, 그리고 운동가들의 초(超)국가적 연대를 주장한 아나키즘정신이 투철한 사람이라면 사회진화론이 만들어낸 근대의 가장 무서운 독약인 폐쇄적인 국가 중심의 민족주의를 상당히 탈피할 수 있었으니까요. 예컨대 한문을 익히는 유생으로 시작하여 1964년 한국민주사회주의 연구회를 만드는 등 한국적 사민주의(社民主義) 발전에 크게 기여한 독립운동가 정화암(鄭華巖, 1896~1981)은 1932년 윤봉길의 거사와 관련해 다음과 같은 재미있는 에피소드를 소개한 일이 있습니다.

중국인 동지의 소개로 알게 된 일본인 종군 기자를 통해서 천장절(天長節, 일본 천황의 생일 기념일) 기념식에 나올 놈들의 명단과 식순을 쉽게 입수했어요. …… (거사가 성사되고 나서) 그 일본인 기자가 비를 맞고 뛰어 들어오면서, '너희 성공했다, 너희 성공했다' 하는 겁니다. '무엇이 성공했느냐' 했더니 '터졌어, 터졌어. 상해 방면 최고 사령관 시라카와 대장이 폭사하고 제3함대 노무라 사령관이 눈알이 빠지고……'. 이 친구는 일본인 종군기자이면서도 은근히 우리 계획을 눈치채고 성공을 바랐던 겁니다(《혁명가들의 항일 회상》, 김학준 편집, 326~327쪽).

1932년 일본 천장절 기념식장에 폭탄을 던져 일본군 사령관 등을 살해한 뒤 일본 경찰에 끌려가는 윤봉길(왼쪽). 한국적 사민주의 발전에 기여한 정화암(오른쪽)은 윤봉길의 이 거사를 일본인 기자가 기뻐했다고 소개했다.

　　일본이 군국주의 열풍에 휩싸였던 1930년대에, 일본인으로서 조선인들의 독립투쟁을 이처럼 도와주고 반기는 것이 과연 쉬운 일이었을까요? 그러나 사회주의와 아나키즘의 영향을 강하게 받은 극소수의 젊은 인텔리겐치아들은 일본 군벌이 입은 손실에 대해서 조선인보다 더 기뻐했습니다. 정화암이 그 일본인 기자를 신뢰할 수 있었던 이유도, 그 자신이 발기인이었던 비밀 무정부주의 조직 '남화(南華) 한인(韓人) 청년 연맹'(1931년 11월 결성)에서 이미 두 명의 일본인 동지가 일제에 맞서 싸우고 있었기 때문입니다.

반인륜적 자본주의에 맞서는 평화적인 원리

　　물론 오늘의 입장에서 보면, 정화암과 그 동지들이 사용한 암살이라는 운동 방법은 무자비하고 미숙하기 짝이 없습니다. 아나키즘의 근본 정신인 인류 협동정신과도 모순되고 말이지요. 운동 자금을 얻기 위해서 중국에 거주하는 한국인 자산가, 특히 상해에 거주하는 금은상(金銀商)이나 인삼상 등을

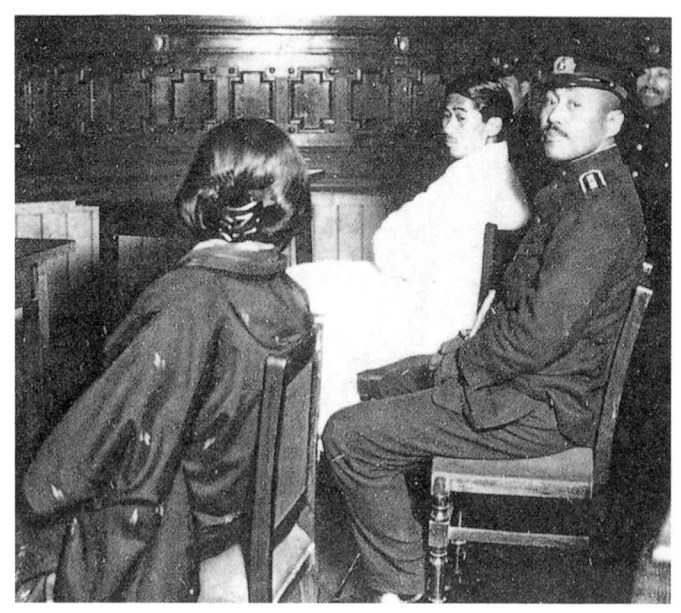

1923년 9월 2일 일본 천황을 암살하려다 체포돼 한복 혼례복 차림으로 재판정에 앉은 박열과 그의 일본인 연인 가네코 후미코. 이러한 초국가주의와 초민족주의가 1920~30년대 극동 아나키즘의 특징이었다.

협박·납치·강탈·살해한 아나키스트들의 재정 운영 방식 또한 적어도 오늘날의 기준으로 봐서는 별로 좋게 여겨지지 않을 듯합니다. 그러나 경쟁을 위주로 하는 반인륜적 자본주의 사회를 평화적으로 개조시키는 데에 절망한 유럽의 일부, 극동의 소수 아나키스트들이 파괴주의의 유혹에 빠지긴 했어도, 대다수 아나키스트들은 온갖 역경 속에서도 아나키즘의 원칙대로 평화적 수단만을 썼다는 사실을 기억해야 합니다.

저는 1920~30년대 극동의 아나키스트들에게 배울 점은 일본인 기자의 사례가 보여주듯 초(超)국가주의·초(超)민족주의 아닌가 싶습니다. 이를 잘 보여준 인물이 조선인 아나키스트 박열(朴烈, 1902~1974)과 함께 일본 천황을 암살하려다 투옥돼 감옥에서 변사체로 발견된 박열의 일본인 연인이자 동지인 가네코 후미코(金子文子)입니다. 그뿐입니까? 동아시아 삼국과 베트남·인도 등지의 무정부주의자들의 연합

246

체인 '무정부주의동방연맹'(1927년 9월 창립)의 일원으로, 연맹의 선전 활동과 폭탄 제작 자금을 마련하려고 외환을 위조하려고 했던 신채호는 또 어떻고요. 1928년 5월, 신채호가 일본 경찰에 붙잡혔을 때 그와 함께 검거돼 공판을 받은 동지들 중에는 한국인 두 명과 중국인도 두 명 있었습니다. 성균박사(成均博士, 성균관에 소속된 교수)가 된 뒤 1900년대 중반에 열렬한 비타협적 민족주의 논객으로 재출발한 신채호는, 결국 "세계상 모든 국가의 국체 변혁"과 "모든 인류의 국가 없는 자유로운 삶"을 목표로 싸우는 보편주의자가 된 것입니다. 이는 그가 근대적 차원에서 유교와 같은 보편적인 논리로 귀환한 것이 아니었나 싶습니다. 신채호가 오랜 사상적 편력 끝에 공맹처럼 인류의 내재적 선(善)을 믿은 크로포트킨을 지지하게 된 것은 결코 우연이 아닌 것이지요.

물론 허동현 선생님께서는 대다수가 국가주의의 환상에 빠져 있는 상황에서 소수 사람들의 깨인 정신이 무슨 소용이냐고 반문하실지도 모르겠습니다. 물론 사회주의에 입각한 소수의 보편주의적 자각은 30년대에는 일본 군국주의를 이기지 못했습니다. 그러나 이들은 전후(戰後) 일본의 민주주의 심화에 크게 공헌하지 않았습니까?

우리와 관련된 사건들만 보아도 1970~80년대에 김대중 구명운동을 벌인 사람이나, 일본 교과서의 역사 왜곡에 맞서 싸우는 사학자와 시민들도 대개 좌파에 속하거나 좌파의 영향을 강하게 받은 사람들입니다. 저는 그러한 사람들이 일본 사회에서 상당한 영향력을 갖고 있기에 일본이 지금까지 전후의 평화주의적 헌법을 그대로 고수할 수 있었다고 생각합니다. 즉, 사회주의자들이 아직까지 이상향을 건설하지 못했

다 해도, '우리 세상'이라는 이름의 지옥을 뜯어고치는 데
약간이라도 도움이 됐다고 말이지요.

캄캄해지는 오슬로에서 박노자 드림.

"이젠 관용과 대화로
동아시아 전체가 연대할 때"

아나키즘과 마르크시즘의 이상은 달라

반갑습니다, 박노자 선생님.

무정부주의자들은 개인의 자유와 평등을 극대화하고, 정부와 통치권의 존재 이유를 부정하며, 모든 제약이 사라진 완전한 자연 상태로 복귀하는 것을 꿈꾸었습니다. 아나키스트 정화암과 박열, 두 사람도 국가 · 법 · 감옥 · 사제(司祭) · 재산 등 자유를 억압하는 모든 힘이 사라진 세상을 꿈꾸었지요. 이 점에서 두 사람은 국가가 권력과 소유를 독점하는 사회를 꿈꾼 마르크스주의자들과 달랐습니다.

볼셰비키의 폭력주의에 실망하여 민족주의로 돌아섰던 조소앙은 개인과 개인, 민족과 민족, 국가와 국가간의 완전한 균등을 꿈꾼 '삼균주의'를 완성했다.

1919~21년에 임정 대표로 만국사회당대회 참석차 유럽을 여행한 조소앙도 볼셰비키의 계급독재론과 폭력주의에 실망해 민족주의의 입장을 취했지만, 독립운동 진영의 좌 · 우 분열을 우려해 연합전선을 추구한 바 있습니다. 그러다 1927년 2월 15일 국내에서 좌우합작으로 신간회가 창립되고, 여기에 자극받아 중국에서 유일독립당운동이 전개되자 이에 적극 참여했지요. 이 운동이 실패로 끝날 무렵, 조소앙은 개인과 개인간의 균등 · 민족과 민족간의 균등 · 국가와 국가간의

균등·완전한 세계의 균등 등 완전 균등을 꿈꾸는 삼균주의(三均主義)를 완성했습니다. 이는 1929년 3월 1일 그가 주동이 되어 만든 한국독립당의 주의와 정책을 해설한 '한국독립당의 근상(近像)'이란 글에 잘 나타납니다.

그렇다면 독립당이 표시로 내걸은 주의는 과연 어떠한 것인가? '인간과 인간, 겨레와 겨레, 나라와 나라 사이의 균등한 생활을 주의로 삼는다' 할 것이다. 무엇으로써 인간과 인간 사이의 균등을 꾀할 것인가? 정치의 균등화, 경제의 균등화, 교육의 균등화라고 하는 것이 바로 이것이다. 보선제를 실행하여 정권을 가지런하게 하고, 국유제를 실행하여 경계를 가지런하게 하며, 국비로 의무학제를 실행하여 교육을 가지런하게 할 것이니, 이로써 나라 안에서 인간과 인간의 균등한 생활이 실현된다. 무엇으로써 겨레와 겨레가 균등하게 이르도록 할 것인가? '민족자결'을 제 민족과 다른 민족에게 적용시킴으로써 소수민족과 약소민족으로 하여금 압박을 당하고 통치를 받는 자리에 빠지지 않도록 할 것이다. 무엇으로써 나라와 나라 사이의 균등을 꾀할 것인가? 식민정책과 자본 제국주의를 무너뜨리고, 약소한 자를 점령하거나 우매한 자를 치거나 혼란을 틈타 이득을 취하거나 남의 패망을 업신여기는 따위의 전쟁행위를 금지하며, 모든 나라로 하여금 서로 간섭하거나 침범하지 않고 서로 침탈함이 없도록 함으로써 국제 생활에 있어 평등한 지위를 온전하게 하며, 나아가서는 사해 일가, 세계 일원이라는 최종 목적들을 꾀할 수 있다 할 것이다(홍선희, 《조소앙의 삼균주의 연구》, 58쪽).

조소앙의 삼균주의는 사회주의의 한계를 넘어 민족주의와 사회주의 양자의 변증법적 진테제(Synthesis, 종합)를 지향하고 있다는 점에서 민족과 평등 문제를 생각하는 오늘의 우리에게 아직도 설득력을 발휘한다고 봅니다.

아나키스트와 유일한 · 장면의 공통분모

이렇듯 정화암 · 박열 · 조소앙 세 분의 삶과 꿈은 모순으로 가득 찬 이 세상에서 우리의 정신이 썩지 않도록 막아주는 소금과 같은 역할을 하고 있습니다. 저는 여기에 더해 이 세 분과 다른 길을 걸었던 인물 가운데 민족기업가 유일한(柳一韓, 1895~1971)과 민주주의 정치가 장면(張勉, 1899~ 1966)의 삶과 꿈도 소중한 희망의 기억이라고 생각합니다.

평등과 박애의 세상을 만들려면 지향의 좌우를 넘어 함께 생각하고 모색하는 노력이 중요하다고 보기 때문이지요. 어떻게 하면 계층 · 인종 · 남녀 · 좌우 · 국경을 넘어 나와 다른 존재인 타자와 더불어 살 수 있을 것인가, 이것이 우리 세상

민족기업가 유일한(왼쪽)과 그가 1926년 설립한 유한양행의 초창기 광고. 유일한은 1939년 우리 나라 최초로 종업원지주제를 도입하여 나눔의 정신을 실천했다.

국가 · 법 · 감옥 · 재산 등 자유를 억압하는 모든 힘이
사라진 세상을 꿈꾼 아나키즘은 마르크시즘과
달랐습니다. 저는 조소앙 · 장면 등 우리 역사 속
몇 분의 사례에서 더불어 살아가는 방법을 찾으려
합니다.

의 화두 아닙니까? 그렇다면 1939년 우리 나라 최초로 종업원지주제를 도입한 유일한의 나눔 정신과, 노동자들이 자주적으로 꾸려나가는 산업체를 세우려 했던 아나키스트들의 꿈 사이에서 공통분모를 찾을 수 있다고 생각합니다. 또 기독교 정신에 따라 국가와 민족을 넘어 완전한 평등이 구현되는 '사해동포주의 이상향'의 실현을 꿈꾼 장면에게서도 폐쇄적인 국가 중심의 민족주의를 극복할 가능성을 찾을 수 있습니다. 장면의 이야기를 들어보시지요.

우리 시대는 이들 많은 비그리스도교국이 자유와 독립정신의 강력한 부흥에 참여하고 있다. 이러한 부흥은 신흥 국민 사이에도 완전한 평등에 대한 동경이 숨어 있다. 세계는 나날이 좁아져가고 모든 종족과 모든 국민 사이의 접촉은 더욱 친밀하게 되어간다. 사람들 사이에서 커다란 일치, 더 큰 협동체를 원하는 마음이 뚜렷이 눈에 띈다. 더욱 밀접한 일치와 참된 평등을 구하는 소망은 당연한 것이며 정당한 것이다. 교회의 태도는 그 교육과 그 유력한 원조로 이 갈망을 채우기 위하여 온 힘을 기울인다. 하느님은 아버지이기 때문에 사람은 누구나 형제라는 이 교회의 가르침은 피부의 색깔, 인종, 사회적 지위의 구별 없이 인격의 영원한 운명에 대하여 평등한 존엄을 각자에게 주는 것이다. 우리는 그리스도교도가 아닌 우리 형제, 특히 지식인에게 교회의 이 가르침을 열심히 또 절실하게 알려야 한다(장면, 〈우리는 무엇을 해야 할 것인가〉, 《한 알의 밀이 죽지 않고는》, 가톨릭출판사, 1999,

149~150쪽).

기독교 신앙에 입각해 국가를 초월한 인류의 평등
을 지향한 그의 국제주의적 정치사상은 현실세계
에서 실현되기 어려운 비현실적 이상에 불과할 수
도 있습니다. 그러나 냉전 붕괴 후 지역간 갈등이
증폭되는 현재 상황에 비춰 볼 때 사해동포주의에
입각한 그의 자유민주주의 정치사상은 시대를 넘어
서는 설득력을 갖고 있다고 봅니다.

한 세기 전 서구와 일본인들이 근대 만들기에 전력할
때 제국주의 열강의 침략에도 맞서 싸워야 했던 우리 선조들

제2공화국 국무총리인 장면은 기독
교 정신에 따라 국가와 민족을 넘어
완전한 평등이 구현되는 사해동포주
의를 실현하려고 했다.

처럼, 오늘의 우리도 계층과 세대는 물론 남·북간의 분열을
극복하고 동아시아 지역의 화해를 이끌어내야 하는 무거운
짐을 지고 있지요. 제가 정화암·박열·조소앙·유일한·장
면, 이 다섯 분의 삶과 꿈에서 갈등과 분열, 지향과 세대의
장벽을 넘어 자유와 박애를 바탕으로 더불어 살아가는 세상
을 만드는 공통의 방법을 찾으려 하는 이유가 바로 여기에
있습니다.

독립운동과 올바른 과거사 정립에 힘쓴 일본의 양심들

유럽 통합으로 상징되는 지역간 화해와 통합의 시대에도,
일제의 침략으로 깊어진 한·일 양국간의 반목과 갈등은 일
본의 불충분한 전후 청산 노력 때문에 여전히 극복되지 못하
고 있습니다. 이는 얼마 전 우리 국민들을 분노에 떨게 한 역
사교과서 왜곡 파동만 보아도 알 수 있지요. 그렇다면 이러
한 한·일 양국간의 갈등과 반목을 주체적이고 상호 평등한

아나키스트 박열과 그의 아내를 변호
한 일본인 변호사 후세 다츠지는 평
생 독립운동의 정당성 옹호와 일제의
인권 탄압에 맞서 싸운 일본의 양심
이다.

이에나가 사부로 교수는 무려 32년
동안 일본의 과거사 왜곡을 막기 위
해 일본 정부를 상대로 법정 싸움을
벌였다. 결국 그는 1997년 3차 소송
최고재판소 선고공판에서 일부 승소
판결을 받아냈다.

화해와 협력의 선린관계로 발전시키기 위해서는 어떻게 해
야 할까요?

그 첫걸음은 불행한 과거에 대한 화해에서 시작해야
할 것이라고 봅니다. 아나키스트 박열과 그의 아내를 변
호한 일본인 변호사 후세 다츠지(布施辰治, 1880~1953),
그리고 일본 정부의 역사 왜곡에 맞서 싸운 이에나가 사부
로(家永三郎, 1913~2002) 교수의 삶은 우리에게 많은 메시지
를 전해줍니다.

후세 다츠지는 3.1운동을 맞아 〈조선독립운동에 경의를
표한다〉는 글을 발표하고, 1920년대에 비타협 폭력노선 항일
운동을 펼친 의열단 관련 사건의 변론을 맡는 등 평생을 독
립운동의 정당성 옹호와 일제의 인권 탄압에 맞서 싸우다 옥
고를 치르기도 한, 일본인이기를 부끄러워한 일본의 양심이
었지요.

또한 노벨평화상 후보로 지명되기도 했던 이에나가 사부
로는 "일본인으로서 과거의 역사를 반성하고 평화 유지를 위
해서 노력하는 것은 당연하며, 과거의 역사를 맹목적으로 미
화(美化)하는 것은 일본인으로서의 자각을 높이고 민족에 대
한 애정을 기르는 올바른 길이 아니다"라는 인식을 갖
고, 1965년 일본 정부의 역사교과서 검정에 항의하
는 소송을 제기한 이래 무려 32년 동안 과거사 왜
곡을 막기 위해 국가를 상대로 법정 싸움을 벌인
인물입니다. 1997년 3차 소송 최고재판소 선고공
판에서 일부 승소 판결을 받아낸 뒤 그가 한 말은
특히 가슴에 와 닿습니다.

양심적인 많은 사람들의 지원하에 싸워 이긴 것을 영광스럽게 생각한다. 전전(戰前)에 국정교과서로 공부를 했던 사람으로서 두 번 다시 그런 시절로 되돌아가서는 안 된다는 마음이 간절하다. 나는 전쟁에 가담하지는 않았지만 침략을 막기 위해 아무런 일도 하지 않았다는 점에서 간접적으로 전쟁에 대한 책임이 있다고 생각한다. 때문에 내 이름으로 출판되는 역사교과서가 문부성의 주장대로 수정되는 것을 결코 받아들일 수 없었다(《국민일보》, 1997년 8월 30일자).

이 두 분의 삶은 한국과 일본의 해묵은 갈등을 풀고 화해와 관용의 길로 이끌 희망의 기억이라고 봅니다. 때문에 저 또한 선생님의 우려와 달리 우리의 독립운동을 도운 일본의 열린 지성들과 오늘날 일본의 우경화에 저항하는 시민들의 노력에 찬사를 보냅니다. 특히 얼마 전 일본 정부의 검인정을 통과한 왜곡 교과서*가 교육 현장에서 사용되는 것을 막아낸 일본 시민사회의 성숙된 모습에서 새로운 믿음과 희망을 발견했습니다. 일본 시민들이 초국가주의와 배타적 민족주의를 넘어설 수 있는 저력을 갖고 있으며, 불행했던 역사의 기억에 대해 한국과 일본의 시민들이 화해할 수 있다는 희망 말이지요. 지금 일본에서 성장하고 있는 다원화된 시민사회의 힘은 향후 동아시아 지역에 화해와 통합의 시대가 도래하는 데 한몫을 할 것입니다.

배타적 민족주의에서 벗어나는 노력 필요

이러한 희망이 현실이 되기 위해서는, 국가주의나 민족주의를 넘어 타자와의 공존을 도모하는 일본 내 양심 세력에

* 일본 '역사교과서 왜곡 파동' 관련 기사 일지
· 일 우익, 중학교과서 검정 신청(2000년 7월 30일)
· '교과서 왜곡' 주도 학계, 정·재계 우파 총망라(2000년 8월 8일)
· 우익단체 '왜곡교과서' 채택 청원(2000년 11월 23일)
· 일 역사학자 889명 "왜곡 교과서 우려"(2001년 2월 15일)
· 일 우익 역사교과서 2차 수정본 제출(2001년 2월 22일)
· 일 교과서 왜곡 규탄대회 잇따라(2001년 3월 1일)
· 일 왜곡교과서 137곳 수정 … 기본틀은 그대로 유지(2001년 3월 5일)
· 일 문부상 '교과서 파동' 망언(2001년 3월 12일)
· "일 우익교과서 난징사건 수정"(2001년 3월 14일)
· 역사교과서 왜곡 대응 한·일 지역운동으로 확산(2001년 3월 27일)
· 일 우익교과서 등 8종 검정 합격(2001년 4월 3일)
· 시민단체 일본상품 불매운동 돌입(2001년 4월 9일)
· 일본인 60% '역사왜곡 반대'(2001년 4월 15일)
· 일본교과서 바로잡기 국제 캠페인(2001년 6월 12일)
· 산케이, 한국 교과서 비판(2001년 6월 13일)
· 일 우익교과서, 교육현장서 첫 채택(2001년 6월 16일)

일본의 '새로운 역사 교과서를 만드는 모임'이 만든 중학교 역사교과서의 채택을 반대하는 일본 시민들의 모습. 100년 전 한국의 독립을 도운 일본인 아나키스트들처럼, 오늘날 일본의 우경화에 저항하는 일본의 열린 지성과 시민들의 존재는 배타적 민족주의를 넘어설 수 있는 가능성을 제시해주고 있다.

대한 국제적 지원 세력으로서 우리가 우리 몫의 책임을 다해야 한다고 봅니다. 욕하면서 배운다고 했던가요. 일본의 역사교과서 왜곡을 둘러싼 일본 내 갈등을 보면서 우리도 결코 이 문제에서 자유롭지 못함을 절감합니다.

현행 한국의 국정교과서 체계가 일본의 교과서 검정체계보다 국가주의적 색채가 더 짙은 상황에서 일본의 왜곡된 역사 서술에 대한 비판은 공허하기만 합니다.* 역사의 기억을 둘러싼 일본의 '내전'을 바라보며, 우리도 반성적·비판적 시각에서 우리의 국사교과서를 성찰해야 한다고 봅니다. 이제 저항적 민족주의에서 기인한 배타성과 우월의식 같은 우리 안의 특수성을 일반적인 문제로 환원시켜 봐야 할 시기가 왔기 때문입니다.

사실 국가와 민족을 앞세워 개인의 권리를 경시하는 전체주의나 우월주의에 입각하여 배타적인 민족주의를 고취하는 역사 교육의 악영향은 한 나라만의 문제로 그치지 않습니다. 과거사 왜곡 문제는 시민단체 같은 자국 지성의 문제만이 아니라 국제적 연대와 관심이 필요한 범지구 차원의 문제라고 생각합니다. 따라서 일본의 역사교과서 왜곡 문제는 역사의 기억을 둘러싼 일본 국민들 사이의 '내전'이 아니라, 동아시아 지역 사람들이 모두 나서서 함께 싸워야 할 '국제전'이 되어야 마땅하지요.

그렇다면 우리 안과 밖에서 평등과 박애의 세상을 이루기 위해서는, 한 세기 전 실패의 역사에서 어떠한 교훈을 얻어야만 할까요? 그 첫걸음은 지향과 국경을 넘어 나와 다른 생각을 갖고 있는 사람, 이해를 달리하는 집단과 더불어 살려는 열린 자세로 생각을 나누는, 즉 관용과 대화에서 시작해야만 하지 않겠습니까?

벚꽃이 흐드러지게 핀 교정을 바라보며…… 허동현 드림.

---

* "한국 교과서에도 문제 있다"
—산케이, 한국 교과서 비판
(2001년 6월 13일자
《연합뉴스》)
일본 우익교과서의 후원자 격인 《산케이》 신문이 13일 교과서 특집물을 통해 한국 초등학교 교과서에 투영된 '역사관'을 문제삼았다.
《산케이》는 이날 특집물에서 "한국의 초등학교 '사회 6-1' 교과서에서는 한국의 역사인식이 간결하게 녹아 있다"면서 "교과서 전체에 걸쳐 패배와 실패 등 참담한 역사는 거의 기록되지 않고 민족적 승리의 역사가 거론되고 있다"고 주장했다.
《산케이》는 청산리대첩, 고구려와 수·당나라의 전투, 19세기 개화기의 프랑스 함대 격퇴, 일본 관료를 대상으로 한 해외 '폭탄테러' 등의 사진이 수십 군데에 걸쳐 실려 있음을 예로 열거했다.
또 신문은 한국의 상하이 임시정부가 일본에 선전포고를 하고 연합국과 연락해서 독립을 이뤄냈다는 부분에 대해서도 "민족적인 사기를 위해 그렇게 생각할 수는 있지만, 한국의 독립은 일본이 연합국에 패배한 결과라는 게 사실"이라고 주장했다.
《산케이》는 특집물에서 "교과서의 역사란 당연히 자국의 입장에서 민족적 자긍심을 기록하게 돼 있는 법"이라며 일본 우익 진영의 '새 역사교과서를 만드는 모임' 측이 자국중심사관에 입각해 편집됐다는 한국의 주장에 반론을 편 셈이다.

더 읽을 만한 책

- 강만길, 〈한국민족주의와 삼균주의〉, 《삼균주의연구론집》7, 1986.
- 고범서, 〈기독교와 기업윤리 유일한씨의 경우〉, 《한국의 근대화와 기독교》, 1983.
- 김기승, 〈조소앙의 사상적 변천과정 – 청년기 수학 과정을 중심으로〉, 《한국사학보》3 · 4합집, 1998.
- 김기승, 《조소앙이 꿈꾼 세계》, 지영사, 2003.
- 김학준 편, 《혁명가들의 항일회상》, 민음사, 1988.
- 박환, 〈중일전쟁 이후 중국 지역 한인 무정부주의 계열의 향배〉, 《한국민족운동사연구》16, 1997.
- 오장환, 《한국 아나키즘 운동사 연구》, 국학자료원, 1998.
- 운석 기념회, 《한 알의 밀이 죽지 않고는: 장면 박사 회고록》, 가톨릭출판사, 1999.
- 유영렬, 《한일관계의 미래지향적 인식》, 국학자료원, 2000.
- 유일한 전기 편집위원회, 《유일한》, 유한양행, 1995.
- 이호룡, 〈일제 강점기 재중국 한국인 아나키스트들의 민족해방운동〉, 《한국민족운동사연구》35, 2003.
- 이호룡, 《한국의 아나키즘: 사상편》, 지식산업사, 2001.
- 정준영, 〈역사발굴: '일본판 쉰들러' 후세 다쓰지(布施辰治) 변호사〉, 《신동아》 2001년 2월호.
- 정화암, 《어느 아나키스트의 몸으로 쓴 근세사》, 자유문고, 1992.
- 한상도, 《한국독립운동과 국제환경》, 한울, 2000.
- 허동현, 〈일본 역사교과서 문제에 관한 일관견〉, 《경기사학》5, 2001.
- 홍선희, 《조소앙의 삼균주의 연구》, 한길사, 1982.
- Dirlik, Arif, *Anarchism in the Chinese Revolution*, University of California Press, 1991.

11

후세인과 박정희

전후(戰後) 이라크 국민의 선택은?

지난 100년간 한국 근대화의 상징적 인물은 박정희 전 대통령입니다. 그와
비슷한 역할을 이라크에선 후세인 대통령이 했습니다. 조국 근대화의
리더인 두 인물은 개발독재라는 비판도 함께 받고 있습니다. 박노자 교수는
개발독재와 외세 침략이라는 두 갈래에서 이라크 국민이 개발독재를
지지하는 점을 주목해야 한다고 했습니다. 허동현 교수는 독재를 외세의
지배보다 나은 선택이라고만 볼 수는 없다며, 전쟁을 부르는 독재정권의
속성을 파악해야 한다고 말합니다.

|사담 후세인과 이라크전쟁|

1937년 4월 28일 바그다드에서 북쪽으로 100마일 떨어진 티크리트 외곽의 한 시골 마을에서
태어난 사담 후세인 전 이라크 대통령은, 열 살 때 바그다드로 이주한 뒤 1941년 중등학생
신분으로 시리아에서 창당된 아랍바트사회당에 입당하여 비종교주의와 사회주의·전체
아랍연합주의에 전념했다. 1959년 동료들과 군사 쿠데타를 일으켜 1958년에 정권을 잡은
압둘 카림 카셈 장군을 암살하려 했으나 실패하고, 다리에 총상을 입은 채 이라크에서
도망쳤다. 이집트에 머물던 후세인은 바트 당원들이 '라마단혁명'을 통해 카셈 정권을
타도하자 1963년 이라크로 돌아왔지만, 다시 쿠데타가 일어나 1964년 투옥됐다. 그러나 투옥
생활 중 바트 당 고위 인사가 되어 1967년 탈옥에 성공했고, 1년 후 쿠데타를 일으켜 같은 바트
당원이자 사촌인 아흐메드 하산 알-바크르를 이라크의 새 지도자로 등극시켰다.
혁명지휘위원회(RCC) 부의장을 맡아 권력의 2인자가 된 후세인은 1960년 말과 1970년대 초
많은 진보적인 정책을 시행했다. 병원 시설을 개선하고, 여성들에게 더 많은 자유를
허용했으며, 국가적인 문맹 퇴치 프로그램을 진행하고, 외진 지역에도 전기와 식수를
공급하고 도로를 만들었다.
1979년 알-바크르가 "질병 때문에" 하야하고, 후세인은 새로운 대통령이 되었다. 후세인은
이듬해 이란을 침공하여 8년 동안이나 전쟁을 벌였고, 그 결과 이라크인 50만 명과 이란인
100만 명이 사망했다. 이때 후세인은 전쟁 당시 이란을 도왔다는 이유로 쿠르드 족을
화학무기까지 사용해 대량학살했다. 1990년 후세인은 이라크의 경제적 어려움을 타개하기
위해 쿠웨이트를 침공했으나, 이듬해 미국 주도의 다국적군에 패하였다. 이것이 제1차
걸프전이다.
'제2차 걸프전'으로 불리는 이라크전쟁은 2003년 3월 20일, 대량살상무기와 UN의 핵시설
사찰 문제로 이라크와 갈등을 빚던 미국이 바그다드 시내를 정밀 폭격하면서 시작됐다. 전쟁
초반 후세인과 이라크 군은 미군에 강력히 저항했으나, 전쟁 개시 한 달여 만인 5월 1일 조지
부시 미국 대통령이 '주요 전투 종료'를 선언하며 사실상 미국의 승리로 끝났다. 그러나
미국이 이라크를 침공한 주요 목적 가운데 하나였던 후세인 제거는 실패로 돌아가,
아직까지도 후세인의 생존 여부와 행방에 대해서 알려지지 않고 있다.

"후세인정권은
이라크 주민 생존 담보한 국민국가"

이라크에서 벌어지고 있는 게릴라전

허동현 선생님, 안녕하십니까?

현재 벌어지고 있는 미국의 이라크 점령
과 재식민화 과정에서 이라크 국민이 보이
는 태도는 조금 뜻밖입니다. 30여 년 동안
후세인(Saddam Hussein, 1337~?)의 압제에
시달려온 그들이 미군을 환영하기는커녕

이라크전쟁은 아직 끝나지 않았다. 미
국이 "본격적인 전쟁은 끝났다"고 선
언한 지 한참 지난 지금까지도 이라크
국민들의 저항은 계속되고 있다.

오히려 사력을 다해 '본격적인 전쟁'이 끝났다고 선언된 후
인 지금까지도 계속 싸우고 있지 않습니까.

허 선생님께서도 뉴스에서 보시겠지만, 하루가 멀다 하고
미 점령군 한두 명이 빨치산에게 처단되고, 미군의 운반 차
량이 습격당하고, 미군이 사용하는 건물들이 폭파되고, 미제
에 부역하는 몇 안 되는 이라크 인들이 응징당하고 있습니
다. 거의 베트남전쟁 시절의 대미 저항을 방불케 하는 이 저
항 캠페인을, 죽음을 면해 피신 중인 후세인이나 그 측근들
이 지휘하고 있음이 거의 확인된 듯하고, 미군 점령에 저항
하는 게릴라전의 시나리오를 후세인이 이미 썼다는 추측도

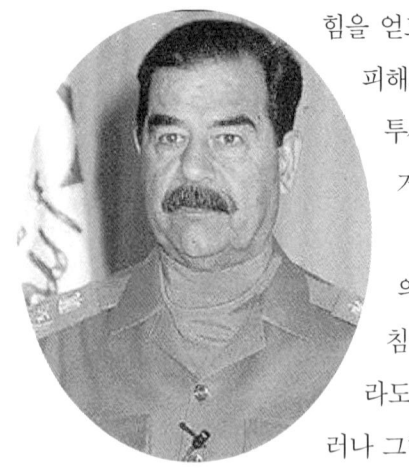

1979년 이라크의 대통령이 된 사담 후세인은 전쟁과 철권정치로 이라크를 도탄에 빠뜨린 장본인이지만, 이라크 국민들에게는 이라크 근대화의 지도자이자 미국에 대한 '독립의 상징'으로 여전히 남아 있다.

힘을 얻고 있습니다. 그렇다면 사실상 후세인정권의 최대 피해자라 할 수 있는 대다수 이라크 국민들이 후세인의 투사가 되어 게릴라전에 적극 참여하고 대미 부역을 거부하는 이유는 과연 무엇일까요?

만약 1970년대에 일본이 과거 식민지였던 한국의 국민을 유신정권에서 해방시키겠다는 명분하에 침공해왔다면, 유신 철폐를 외쳤던 운동권 학생이라도 자진하여 박정희의 군대에 합류했을 겁니다. 그러나 그렇다고 해도 후세인의 최대 정적인 지하 공산당을 포함한 거의 전 이라크 국민이 후세인의 반미 항전을 지지하는 상황, 후세인에게 가장 많은 피해를 본 집단 가운데 하나인 시아 파마저도 점차 적극적인 반미 저항으로 돌아서는 상황을 애국심만으로 설명할 수 있을까요?

박정희와 후세인, 두 독재자의 유사점

이를 위해 과거 우리가 경험한 개발독재와 후세인정권의 성격을 비교해볼까 합니다. 박정희의 선(先)개발 · 후(後)분배정책에 의해 일주일에 70~80시간에 달하는 살인적인 노동에 시달리고도 쥐꼬리만한 월급에 만족해야 했던 노동자들이 박정희 사망 소식에 애통해했던 우리의 과거를 생각하면, 이라크의 현재를 어느 정도 이해할 수 있기 때문입니다. 어디 노동자뿐입니까? 1965년의 굴욕적인 저자세 대일 외교와 그 후의 베트남 파병 등을 통해 박정희의 대외 종속적 실체를 알아차렸으면서도, 5 · 16정권 출발 초기에는 사상가 겸 언론인인 장준하 작가 김승옥 같은 비판적인 자유주의적 지식인들조차 군부정권의 '민족 중흥'에 대해 상당한 희망을 가졌습니다.

1968년 무력정변으로 집권한 후세인의 바트(Ba'ath, 아랍 사회주의 부활) 정당이 내건 목표는 박정희나 장제스(蔣介石, 1887~1975)가 내세운 목표와 다르지 않았습니다. 부국강병, 곧 군사주의적 국가 주도의 개발이었지요. 그 방법 역시 박정희의 중앙정보

이라크 사람들이 후세인에 대해 느끼는 감정은 살인적인 개발독재에 시달리면서도 박정희의 사망 소식에 애통해한 과거 우리의 정서와 닮아 있다.

부를 방불케 하는 공안기관과, 대만의 국민당과 흡사한 유일 정당인 바트 당을 골격으로 하는 무소불위의 개발, 그리고 국가가 주도한 석유 수출 소득(그 유명한 '오일 달러')을 공업과 군비에 재투자하는 것이었습니다.

석유를 가진 후세인은 자원이 없는 한국이나 대만에 비해 더 수월하게 개발의 꿈을 추진할 수 있었습니다. 1972년 외국 자본이 소유했던 석유산업을 국유화한 후세인은, 프랑스와 서독·소련의 기술을 빌려 제철소와 비료·트랙터 공장 등 현대식 공업을 발전시킴으로써 아랍 세계의 부러움을 샀습니다.

같은 시대 한국에서 일어났던 변화와 어떤 유사점이 발견되지 않습니까? 무기 연구와 군수공업에 과감하게 투자한 후세인의 정책은 박정희 시대 자주 국방을 연상시키고, 유일 정당 중심의 정치체제라는 점에서 상당히 흡사한 이라크와 대만은 모두 기간(基幹)공업을 국유화했습니다. 제철산업에 대한 후세인의 집요한 관심과, 지금 세계 제2의 제철소로 알려져 있는 포항제철을 만든 박정희의 철강 생산 욕망은 상당히 유사해 보이기도 합니다. 철강은 '자주 국방'의 기초 원료이기도 하고, 더 넓은 의미에서는 근대화·산업화의 상징

지금 총을 메고 미제와 사투를 벌이고 있는 이라크
투사들에게 후세인은 어떤 존재일까요? 만약
70년대에 일본이 유신정권에서 해방시켜주겠다고
침공해왔다면, 운동권 학생이라도 박정희 군대에
합류했을 겁니다.

이기도 하지요. 또 후세인의 최측근과 대자본가들의 유착관계는 한국의 재벌자본주의를 보는 듯합니다.

"국가가 잘되는 것이 내가 잘되는 것"

두 독재자는 문화정책상으로도 눈에 띌 정도로 유사합니다. 한국과 이라크 사회 모두 유학생 출신들이 기술관료 집단의 핵심을 이루는 등 서구화 지향적인 신(新)엘리트들이 사회 분위기를 이끌며, 이를 통해 세계체제에 편입하려고 했습니다. 이승만 시절에 쓰던 단기(檀紀)를 박정희가 폐지했다는 사실은 의미심장하지요.

그러나 또 한편으로는 '국민' 만들기와 통합, 정권의 정통성 부여와 권위 유지 차원에서 양쪽 사회 모두 기존 전통들을 정치적 세뇌 자료로 이용했습니다. 박정희의 전통 날조(invention of tradition) 사례로는 이순신 숭배, 충효 교육 강조, 처음에는 국수주의적 색깔이 짙었던 정신문화연구원의 설립, 언어 순화 캠페인, 한글 전용운동 등을 들 수 있습니다. 후세인의 경우에는, 이라크를 고대 바빌론문명의 계승국가로 설정하고, 슈메르·바빌론 유적의 대대적인 발굴·정비·박물관화를 추진했지요. 마치 경주의 왕릉공원을 '한국의 명소', '전통의 상징'으로 만든 박정희처럼 말씀이지요. 정권 말기로 접어들어서는 여태까지 도외시해온 이슬람을 예전보다 훨씬 더 강조하기도 했습니다.

이처럼 전통을 날조한 궁극적인 목적은, 두 독재자 모두 국가주의형 '국민의식' 만들기였습니다. "나를 확대한 것이 국가이자 민족이며", "국가가 잘되는 것이 내가 잘되는 것"

(박정희, 1970년 1월 9일 연두기자회견)이라는 표현은 박정희가 애용했던 수사법이고, "아랍 민족 부흥을 위한 절대적 헌신이 바로 모든 이라크 국민의 신성한 의무"임을 강조한 것은 후세인이었습니다.

이라크에서 개발독재정책의 최대 수혜자는 물론 후세인의 지도부와 당, 군 간부, 정상배 등입니다. 1970~80년대 한국의 '신흥 양반'의 이라크 판이라고 할 수 있는 이들이지요. 물론 그 과정에서 한국과 대만의 경우처럼 이라크 일반 민중의 교육 · 의료 · 복지 수준이

박정희정권과 후세인정권은 유사한 점이 많다. 제철산업에 집요한 관심을 쏟았던 후세인처럼 박정희도 포항제철에 특별한 애정을 보였으며(위), 후세인이 이라크를 고대 바빌론문명의 계승국으로 설정하고 대대적인 유적 발굴을 추진한 것처럼 박정희 또한 충효와 전통을 강조했다.

어느 정도 동반 상승했습니다. 80년대 초반 이라크의 의료 · 교육제도는 아랍권 제일이라는 찬사를 받았고, 억압구조의 핵심 기관인 당과 군대는 한편으로 많은 평민들에게 예전에는 꿈도 꿀 수 없었던 출세의 기회를 제공하기도 했습니다. '괜찮은' 대학만 나오고 체제에 잘 순응하기만 하면 국가기구나 재벌기업에 들어가 비교적 쉽게 나름대로의 입신양명을 이룰 수 있었던 개발독재의 고성장 시절에 대해 오늘날 많은 한국인들이 품는 일종의 향수는, 결국 그 시절의 활발한 사회적 신분상승과 이동에 대한 집단적 기억이 만들어낸 감정이 아닐까요. 물론 이 '박정희 신드롬'을 수구 언론들이

후세인 집권기 이라크 국민들의 후세인 숭배는 상상을 초월할 정도였다. 비록 이라크 개발독재의 최대 수혜자는 후세인과 일부 정상배였지만 이 과정에서 일반 민중의 복지 수준이 동반 상승한 것은 사실이며, 이것이 한국의 '박정희 신드롬'처럼 이라크 민중들에게 후세인에 대한 향수를 자극하는 듯하다.

극력 부추기는 측면도 무시할 수는 없지만 말이지요.

또 한 가지 후세인과 박정희의 공통점은, 후세인의 출신 지역(티크리트)과 박정희의 출신 지역(영남) 인사들에게 출세 과정에서 수많은 특혜를 준 지역주의 구조의 조장입니다. 이와 동시에 내부 식민지라고 부를 만한 쿠르드 지역(이라크의 호남인 셈이지요)이 배척을 받아 엄청난 희생을 치른 점도 흡사합니다. 그러나 한편으로는 비주류 시아 파와 기독교계 아랍인들도 정권의 고려와 포섭 대상이 됐습니다. 일종의 합의독재가 탄생한 셈이지요. 지역 안배나 종파 안배의 차원에서는 후세인이 박정희보다 훨씬 더 균형 잡히고 지혜로운 정책을 폈다는 평가를 내릴 수 있지 않나 싶습니다. 물론 결과적으로 이라크 민중이 신흥 관료와 자본주의적 엘리트에게 이용당했다고 봐야 하겠지만, 이라크 역사상 최초로 농민 출신들이 과학자나 의사가 될 수 있는 시대가 열린 것 또한 사실입니다.

미워도 미국보다 나은 존재, 후세인

지금 총을 메고 빨치산 부대에서 미제와 사투를 벌이고 있는 이라크 투사들에게 후세인은 어떤 존재일까요? 두렵기도 하고 밉기도 하고 위대하기도 한 조국 근대화의 지도자일 겁니다.

그들은 순수한 애국심에서 미국에 적개심을 느끼는 한편, 최소한의 독립성과 공공성을 보유한 후세인의 개발독재가

266

식량배급제도와 학교·병원을 그나마 돌아가게 한다는 사실도 잘 알고 있습니다. 지금 이라크를 재식민화하고 있는 미국이 과연 그 정도라도 사회적 서비스를 제공할 수 있겠습니까? 식량 배급이 잘 안 되고, 전직 군인들이 월급도 연금도 받을 수 없으며, 병원과 박물관들이 약탈에 노출된 지금의 이라크 상황으로 봐서는 그런 것 같지 않습니다. 약탈을 당하는 국립박물관에 대해서는 아무런 관심도 보이지 않고, 오직 석유와 관련된 정부 부서만을 집중적으로 보호했던 바그다드 점령 직후의 미국의 태도는, 자원 약탈밖에 아무것도 모르는 오늘의 미국 극우파 통치자의 기본 자세를 잘 보여줍니다. 추악한 형태이긴 하나, 후세인정권은 야수적인 제국주의 세계에서 이라크 주민들의 집단적 생존을 담보하는 국민국가였던 것입니다.

식량을 배급받기 위해 늘어서 있는 이라크 사람들. 미국은 전쟁 후 이라크 국민들의 생존보다는 석유에만 관심을 보이고 있다.

이라크 민중의 고통이 끝나는 날이 오기를 기원하면서, 박노자 드림.

개발독재가
외세의 지배보다 나은가?

아직도 후세인은 '반미 항전 지도자'

박노자 선생님, 안녕하세요.

미국의 부시 행정부는 전쟁이 시작되면 폭정에 시달리던 이라크 사람들이 떨쳐 일어나 독재자 후세인을 제거하리라고 생각하였습니다. 그러나 미국의 예상과 달리 이라크 사람들은 전쟁 중에도 후세인 편에 섰을 뿐만 아니라, 후세인 정권이 무너진 지 몇 달이 지난 오늘까지도 미·영 두 나라 군대에 저항하고 있습니다. 그리고 이러한 저항의 대열에 후세인 정권에 저항하던 시아파 사람들까지 합류하고 있지요. 저 또한 정파와 종파를 초월한 이라크 인들의 저항이 애국심만으로는 설명되지 않는다고 봅니다.

박 선생님 지적처럼 만일 유신정권 아래에서 일본이 독재 타도와 민주 회복을 명분으로 침략해 들어왔다면, 박정희정권에 맞서 싸우던 운동권 학생들까지도 대일 저항의 총을 높이 들었을 것입니다. 일본이 내건 명분을 그대로 믿기에는 역사 속 일본의 모습이 너무도 추악했기 때문입니다. 마찬가지로 후세인의 철권정치에서 해방시켜주겠다는 미국의 사탕

손을 맞잡은 영국과 미국 정상. 80여 년 전 이라크 인 1만여 명을 학살한 영국과 얼마 전 이라크 전역을 폐허로 만든 미국은 이라크 사람들에게 크게 다를 바 없는 존재이다.

발림을 곧이곧대로 믿기에는, 이라크 사람들이 지금까지 외세로 인해 겪은 살육과 착취의 역사가 너무도 참혹합니다. 이번 이라크전쟁에서 미국이 써먹은 전략은, 지난 1920년 식민모국 영국의 착취와 폭정에 격분하여 일어난 '아랍민족 무장운동'을 진압할 때 영국이 이미 써먹은 방법입니다. 80년 전 독가스와 폭탄으로 이라크 인 1만여 명을 학살한 영국과, 얼마 전 미사일과 폭탄을 앞세워 이라크 전역을 폐허로 만든 미국은 이라크 사람들에게 크게 다를 바 없는 존재인 것이지요.

이러한 쓰라린 경험이 있기에 후세인은 "서방에 맞설 수 있는 강한 이라크 건설"을 모토로 내걸고 국민 통합을 이룰 수 있었으며, 이를 기반으로 권력을 유지할 수 있었다고 봅니다. 거리에서 더 이상 후세인 동상을 찾아볼 수 없게 된 지금도 이라크 사람들의 마음속에 후세인이 '미국의 침략에 저항하는 지도자'로 자리잡고 있는 것은, 단순한 애국심의 발로라기보다는 이러한 역사적 기억 때문이겠지요.

바티칸박물관에 있는 아누비스 상. 외세와 개발독재를 이 아누비스의 '정의의 저울'에 달아본다면 과연 어느 쪽으로 기울까.

후세인과 박정희, 미국의 친구에서 적으로

이렇게 볼 때 이라크 사람들에게 미·영 두 나라 군대는 침략군이요, 후세인은 이에 맞서 싸우는 독립의 상징이라고 할 수 있습니다. 그렇다면 석유를 노린 미국의 제국주의적 침략보다 후세인의 개발독재가 더 나은 삶을 가져다주기에 이라크 사람들이 미국에 저항한다고 보시는 선생님의 생각도 틀린 것은 아닙니다. 그러나 과연 외세의 지배보다 개발독재가 이라크 사람들에게 더 나은 삶을 보장해줄까요? 저는 시민들의 삶의 터전을 파괴하고 인간의 존엄을 짓밟는 외세와 개발독재는, 이집트 사람들이 죽은 자의 죄를 심판한다고 믿은 아누비스(Anubis)의 정의의 저울을 빌려 달아본다면 그 어느 쪽으로도 기울지 않을, 둘 다 똑같은 중죄가 아닐까 싶습니다.

사실 민주화와 다원화라는 과제를 어느 정도 달성한 오늘날까지도 박정희 시대의 개발독재 망령이 떠돌고 있는 우리 한국 사회에서, 박정희와 후세인의 개발독재를 비교해보는 일은 매우 유의미한 작업일 수 있습니다. 박 선생님 말씀대로 두 사람의 개발독재는 닮은 구석이 많으니까요.

우선 후세인과 박정희 두 사람 모두 빈농 출신으로 불우한 성장기를 보냈고, 일본의 군국주의와 아랍 민족주의 같은 전체주의의 세례를 받았으며, 쿠데타로 권력을 장악해 군부와 재벌에 기댄 메이지 일본식 부국강병형 개발독재를 추진했다는 점이 같더군요. 또한 둘 다 한때 마르크시즘을 추종했고, 스탈린 류의 공포정치를 통해 권력을 유지했다는 점도 비슷합니다.

그러나 무엇보다도 유사한 점은 미국과의 관계입니다. 두 사람 다 한때 자신의 지역에서 미국의 국익을 지켜주는 보루로 총애를 받았지요. 박정희의 군사정부는 냉전하 동아시아에서 사회주의 세력의 확장을 막아줄 '반공의 보루'로, 후세인 정부는 이란의 이슬람근본주의 혁명(1979)의 파급을 막아줄 '중동 근대화의 희망'으로 각각 미국인의 눈에 비쳐졌습니다.

박정희 신드롬이나 이라크 사람들이 후세인을 추종하는 것 모두 개발독재의 최면이 풀리지 않았기 때문입니다. 저는 국제적 분쟁을 일으키는 독재정권을 어떤 이유로든 지지할 수 없다고 생각합니다.

그뿐입니까. 이들의 몰락도 미국과 깊이 관련되어 있습니다. 1970년대 중반 자주국방의 기치 아래 추진하던 핵무기 개발 계획이 박정희를 죽음에 이르게 한 주된 원인이라는 주장(CIA 음모설)이 제기된 적이 있지요. 이를 소재로 한 소설이 베스트셀러가 되면서 박정희 신드롬이 한바탕 우리 사회를 휩쓸었고요. 마찬가지로 대량살상무기 확산 저지를 명분으로 내세운 미국의 후세인 제거 계획은, 이라크 국민과 아랍 사람들에게 후세인이 미 제국주의에 맞서 싸우는 아랍의 영웅이라는 생각을 심어주었습니다.

박정희 · 후세인 시대의 풍요는 외세와 타협한 결과물

그러나 이 두 사람이 진정한 영웅일까요? 과연 이들의 독재가 외세의 지배보다 나은 선택이었다고 할 수 있을까요? 군부의 힘에 기댄 개발독재는 어떤 형태로든 국민을 전장으로 내몰고 만다는 사실을 우리는 역사를 통해 잘 알고 있지 않습니까. 베트남전쟁과 이란 · 이라크전도 개발독재의 후원자 미국을 위한 대리전이었지요. 후세인은 주변국 이란과 쿠웨이트 사람들에겐 침략자요, 집권 후 자국민을 끊임없이 전장으로 내몬 장본인입니다. 공포와 무력으로 내부 갈등을 억누르며, 협상이 아닌 전쟁으로 외부 갈등을 해결하려는 것이 독재정권의 속성입니다. 안으로는 시민사회 형성을 막고, 밖으로는 국제적 분쟁과 갈등을 야기시킨다는 점에서 독재정권은 어떤 이유로든 지지할 수 없다는 것이 제 생각입니다. 따라서 저는 박정희 신드롬이나 이라크 사람들이 후세인을 '반미 항전의 지도자'로 추종하는 것 모두 개발독재가 사람들에게 걸어놓은 우민화의 최면이 아직도 풀리지 않았기 때문이라고 봅니다.

나아가 생각을 달리해보면, 1970년대 '한강의 기적'과 1980년대 초 이라크가 누린 풍요는 모두 외세와의 타협이 가져다 준 산물이었습니다. 박정희 시대의 성장이 미국의 원조와 차관·베트남전쟁과 중동 특수 등 미국 중심의 세계체제에 기생한 덕에 얻은 것이라면, 후세인 시대 이라크의 풍요는 세속적 사회주의를 표방하며 이슬람혁명을 일으킨 이란과 싸운 대가로 얻은 대량살상무기와, 석유를 수출해 얻은 오일달러 덕이었습니다. 때문에 이라크의 풍요와 강성함은 서방의 경제 제재와 무력 응징으로 원유 수출이 제한되고 폭탄이 투하되자 흔적도 없이 사라져버린 것입니다.

이라크와 한국 두 나라는 외세 침략과 개발독재의 경험을 공유합니다. 오늘의 이라크를 보면서 우리는 외세에 기생해서 얻은 부강은 그것이 그들의 이익과 충돌할 때 한순간에 물거품으로 돌아갈 수 있다는 사실을 절감합니다. 사실 이라크가 미국의 공격을 받게 된 것은 그들이 쿠웨이트를 점령한 이후부터입니다. 이라크 입장에서 보자면 영국이 부존 석유 자원을 탐내 갈라놓은 옛 영토의 수복이지만, 미국의 눈에는

중동 석유 지배권에 대한 심각한 도전으로 비쳐
졌던 것이지요. 지금 미군이 후세인정권을 무너
뜨린 이유도 석유 지배권 확보가 주목적이기에,
미국은 자국의 이익을 챙겨줄 친미정권이 등장하
기 전까지는 이라크를 떠나지 않을 것입니다.

어떤 명분으로도 전쟁 합리화할 순 없어

후세인과 박정희의 개발독재가 이라크와 한국에서 산업화
와 근대화를 이룩하는 데, 그리고 일반 사람들의 삶의 질을
높이는 데 어느 정도 이바지한 것은 사실입니다. 그러나 저는
이들의 개발독재가 실은 두 나라 사람들의 미래를 가불한 것
이었다는 점을 간과해서는 안 된다고 생각합니다. 한국의 재
벌자본주의와 이라크의 정경유착은 결국 IMF라는 외국 자본
의 간섭과, 미·영 두 나라의 군사적 침략을 불러일으켜 두
나라 시민의 삶을 피폐하게 한 주된 원인이 되었다고 봅니다.

따라서 저는 박정희나 후세인을 산업화의 선구자로 보는
시각에 동의하지 않습니다. 왜냐하면 한국의 산업화와 민주
화는 개발독재에 굴하지 않고 묵묵히 자기 몫을 다한 우리의
어머니 아버지들과 경제 정의 실현과 정치적 자유, 그리고
무엇과도 바꿀 수 없는 인권을 지키기 위해 노력한 수많은
사람들의 공로라고 보기 때문입니다. 군부독재의 어둡고 긴
터널을 뚫고 나오면서 한국인들이 얻은 교훈 하나는 자유와
인권은 남이 가져다주는 것이 아니라 시민들 자신의 힘으로
만 얻을 수 있다는 것이지요. 마찬가지로 이라크 사람들의
인권과 자유도 시민들의 자각과 각성이 따를 때에만 얻을 수
있으리라고 봅니다.

이라크 사람들이 후세인을 아직도
'반미 항전 지도자'로 추종하는 것은
개발독재가 걸어놓은 우민화의 최면
이 채 풀리지 않았기 때문일 것이다.

우리 나라를 포함한 세계 각국에서 벌어진 이라크전쟁 반대 및 파병 철회 시위. 다원적 시민사회를 수립하기 위해서는 양식 있는 국제 시민사회와 연대하는 것도 한 방법이다.

끝으로 이라크전쟁 참전 문제를 둘러싸고 찬반양론이 들끓던 때, 저는 기호지세(騎虎之勢)라는 옛말을 떠올렸습니다. 호랑이 등에 올라탄 사람마냥 내릴 수도 그냥 타고 있을 수도 없는 상황이 반전과 참전 어떤 쪽도 선뜻 지지할 수 없는 우리의 처지를 잘 대변한다고 생각했기 때문이지요. 오늘 우리의 번영이 미국 중심의 세계체제에 편승해 얻은 것임을 부인할 수 없기에, 파병을 요구하는 미국의 요구를 거부하지 못한 노무현 정부의 입장을 이해 못하는 바는 아닙니다. 그러나 우리가 우리의 번영과 양심을 지키기 위해 최선을 다하고 있는가라는 의구심은 떨칠 수 없었습니다. 다원적 시민사회를 완성하고, 이를 지켜낼 민주적 국민국가를 만들고 유지하는 것뿐만 아니라, 양식 있는 국제 시민사회와 연대하는 것도 우리가 나아갈 길이라고 믿기 때문입니다. 자유로 포장되었건 신의 이름을 빌리건, 어떠한 명분으로도 전쟁은 시민들의 삶의 터전을 앗아가고 정신을 파괴한다는 점에서 반대해야 한다는 것이 동족상잔의 비극을 겪은 우리의 경험칙(經驗則)이 아닐까 합니다.

이라크에 진정한 평화가 깃들 날이 어서 오길 바라며
…… 허동현 드림.

더 읽을 만한 책

- 강만길, 《20세기 우리역사》, 창작과 비평사, 1999.
- 강준만, 《인물과 사상》2, 개마고원, 1998.
- 김경일, 《한국의 근대와 근대성》, 백산서당, 2003.
- 박정희, 《국가와 혁명과 나》, 고려서적, 1965.
- 사이드 K. 아부리쉬 저, 박수철 역, 《사담 후세인 평전: 복수의 정치학》, 자전거, 2003.
- 유병용 외, 《근대화전략과 새마을운동》, 백산서당, 2001.
- 이광일, 〈박정희정권에 관한 연구현황과 과제〉, 《역사와 현실》29, 1998.
- 이완범, 〈박정희 군사정부 5차헌법 개정 과정의 권력구조 논의와 그 성격〉, 《한국정치학회보》34-2, 2000.
- 전재호, 《반동적 근대주의자 박정희》, 책세상, 2000.
- 정태헌, 〈8.15와 한국자본주의의 종속적 재편〉, 《한국자본주의의 역사》, 역사비평사, 2000.
- 조동걸, 《그래도 역사의 힘을 믿는다》, 푸른역사, 2001.
- 조희연, 《현대 한국 사회 운동과 조직》, 한울, 1993.
- 한홍구, 《대한민국사》, 한겨레신문사, 2003.
- Efraim Karsh; Inari Rautsi, *Saddam Hussein : a political biography*, NY, 1991.
- Andrew Cockburn; Patrick Cockburn, *Out of the ashes : the resurrection of Saddam Hussein*, NY, 1999.
- Munthe, Turi, *The Saddam Hussein reader*, NY, 2002.
- Amatzia Baram, Basingstoke, *Culture, history and ideology in the formation of Ba'thist Iraq, 1968-89*, Macmillan in association with St. Antony's College, 1991.
- *Committee Against Repression and for Democratic Rights in Iraq, CARDRI, Saddam's Iraq : revolution or reaction?*, London : Zed Books, 1986.
- Black, George, *Genocide in Iraq : the Anfal campaign against the Kurds*, New York : Human Rights Watch, 1993.

12

허동현 · 박노자 대담

"닫힌 역사에서 열린 역사로 가는 첫걸음"

초여름 더위가 시작되던 지난 2003년 7월 5일, 허동현·박노자 교수가
얼굴을 마주하고 앉았다. 박 교수가 방학을 맞이하여 귀국한 덕이었다.
늘 글로만 만나오던 두 사람이었기에 '할 말' 이 적지 않았다. 이 '말
길' 을 터주는 역할은 서울대 강사이자 퍼슨웹 운영위원인 천정환 씨가
맡았다.

소위 '서신 논쟁' 이라는 틀에서, 글이라는 형식이 가진 어쩔 수 없는
자기검열에서 벗어난 자유로움 탓이었을까. 본래 한 시간으로 예정됐던
대담은 두 시간을 넘기고도 그칠 줄을 몰랐다. '건강한 보수' 허동현
교수와 '개인주의적 진보' 박노자 교수의 진지하고 유쾌한 '말싸움' 이
시작된다. 【정리―푸른역사 편집부】

노르웨이와 한국은 '지척'

천정환(이하 천) 두 분 만나뵙게 되어 기쁩니다. 사실 저는 두 분이 논쟁하신 주제인 개화기에 대해서 잘 모릅니다만, 그냥 일반 독자의 입장에서 선생님들의 글을 읽고 궁금한 점을 이것저것 물어보려고 이 자리에 앉게 되었습니다.

저는 이 책을 '역사적 상상'에 관한 글로 읽었습니다. 별로 행복하지 않은 시대, 불행했던 시절, 실패한 역사에 대한 상상으로 말이죠. 결국 식민지화로 귀결되고 만 개화기의 정치인이나 지식인들이 맞닥뜨려야 했던 더 이상 상상력을 전개시킬 수 없는 한계 지점, 이렇게도 할 수 없고 저렇게도 할 수 없는 실천적 딜레마에 대해서 두 분이 얘기하신다고 느꼈습니다.

그러면서 두 분이 그 딜레마에 대해 서로 다른 관점으로 얘기하시니까 논점에 대한 시야가 배중된다고나 할까요. 당시의 딜레마와 지금 평가하는 관점이 2 곱하기 2가 된다는 느낌이 들었습니다.

질문의 방향을 크게 세 가지로 잡았는데요. 우선 책의 이모조모에 대해 말씀을 듣고 싶습니다. 우선 박노자 선생님은

《아웃사이더》나 《진보정치》 같은 매체에 기고해온 대표적인 진보 논객이고, 허 선생님은 주로 학술적인 글만 써오시다가 처음으로 대중 저널리즘에 도전하신 걸로 아는데요.

허동현(이하 허) 전에 대중화한다고 한번 써봤는데, 책이 많이 안 팔렸으니까 대중화가 안 된 거죠. 하하하.

노르웨이의 박 선생과 이메일을 주고받으며 의견을 교환했죠.

천 어떤 취지와 배경에서 두 분의 논쟁이 시작되었는지 궁금합니다.

허 박 선생과 저는 원래 경희대학교에서 같이 있었는데, 박 선생이 노르웨이 오슬로대학의 한국학 교수로 가시고 난 다음에 서로 이메일을 많이 주고받으면서 안부도 묻고 의견도 교환하고 했었죠. 그러던 중에 푸른역사 박혜숙 사장님이 이 얘기를 듣고 역사 대중화 작업의 좋은 기회가 되겠다며 제안을 하셨지요.

박노자(이하 박) 우리 사회에는 그런 게 있지 않습니까. 예컨대 한쪽에서 특정 상대를 비판해도 논쟁이 불가능한 거요. 서로 비판하면서도 그 차이를 메우는 장치들이 부족하지요. 저희 두 사람의 생각은 무엇이었냐 하면요. 허 선생님은 근대화 과정에서 수많은 기형적인 현상과 왜곡이 나타났다는 사실은 인정하시면서도 근본적으로는 근대화가 역사의 진보였다고 보는 입장이고, 저는 특히 요즘 들어 서구적 근대 자체에 대해서 상당히 회의적으로 생각하는 입장이지요. 환경 문제도 그렇고 제3세계 주변부와의 관계 문제도 그렇고. 그래서 서신 교환을 통해 상대의 아이디어를 이해하고 논쟁하고. 그러면서 내 생각을 성숙시키려는 생각이었죠. 옛날에

퇴계 선생과 고봉 선생이 편지를 주고받았던 것처럼요. 퇴계 선생은 이 과정에서 자기 학설을 고치기까지 했죠.

진보와 보수, 그 가깝고도 먼 거리

천 두 분의 글을 읽으며 먼저 눈에 띈 점은 한 분은 진보, 또 한 분은 보수를 자처하신다는 것이었습니다. 그런데 특히 우리 지식인 사회에서 보수를 자처한다는 것은 상당히 용감한 행동이 아닌가요?

박 그렇지요. 우리 사회에서 진보와 보수는 복잡하면서도 미묘하죠. 보수를 자처하지만 실은 극우인 경우가 많고. 저 또한 한국 사회에서 말하는 '진보'와는 약간 다른 부분이 있지요.

허 제가 이 논쟁을 시작하면서 가졌던 생각은 이랬습니다. 논쟁이 가능한 문제를 잡자, 서로 도움이 되는 비판적이고 열린 토론을 하자. 그런데 토론이 되자면 세상을 보는 눈이 서로 달라야 하지 않겠는가. 이런 전제에서 보자면 저는 우리 사회에도 지켜야 할 가치가 있다는 쪽이고, 박 선생은 이 문제를 다른 방향으로 확대해서 보는 쪽이었죠. 그래서 서로 역할을 나눴던 것입니다. 그런데 제가 보수라고 해서 정치적인 성향에서의 '보수 반동'은 아니니 오해 마세요, 하하. 사실 저는 열려 있다는 것이 진정한 의미의 컨서버티브(conservative, 보수주의자)라고 생각합니다. 그래서 우리 사회에 지켜야 할 게 있다면 그게 뭔가, 그리고 어떻게 해야 하나. 그러기 위해서는 변화를 얘기하는 쪽과 지켜야 할 걸 얘기하

퇴계 선생과 고봉 선생처럼 서신 교환을 통해 생각을 성숙시킬 수 있었습니다.

는 사람들이 서로 공통분모를 찾아야 하지 않을까, 뭐 이런 생각이었습니다.

박 우리 사회에서는 함석헌 선생 같은 분들이 거의 '진보'로 통했지만, 사실 함석헌 선생은 기독교적 도덕적인 가치를 중시하고 저항 민족주의적 성향이 분명한, 건강한 보수에 가깝습니다.

허 그렇지요. 보수나 진보 개념 모두 명확히 정의하기 어렵습니다. 오죽하면 "합리적으로 얘기할 수 있으면 진보다"라는 말까지 나왔겠습니까.

천 그래서 두 분 견해가 다른 점도 있지만, 서로 교차하는 부분도 적지 않았군요. 진보나 보수 사관이 단순하고 단선적일 수 없는 것이니까요.

허 보수를 자처했다고는 하지만, 저는 한국적인 특수한 상황에서 말하는 보수가 아니었기 때문입니다. 보편적인 기준에서의 보수라고나 할까요. 저는 현재 우리 사회에도 분명히 지켜야 할 가치가 있고, 그걸 지키는 사람들에 의해서 이만큼 발전해왔다고 생각합니다. 여태까지 나서지 않았지만 이

보수와 진보 개념은 정의내리기 어렵습니다. 오죽하면 "합리적으로 얘기할 수 있으면 진보"라는 말까지 나왔겠습니까.

사회를 움직이는 힘은 분명 그런 건강한 보수층에서 나왔다고 말이지요. 그리고 더 나아가 국제 사회의 보편적 이익까지도 염두에 두는 그러한 보수가 존재하고, 또 존재해야 한다고 믿고 있습니다.

중심과 주변의 이분법, 수정주의 사관

천 허 선생님의 글 가운데 오리엔탈리즘이라든지 커밍스 류의 수정주의를 비판한 대목이 특히 눈에 들어왔습니다만.

허 수정주의나 오리엔탈리즘은 기본적으로 서구인의 시각입니다. 우리도 우리 식으로 우리 자신을 볼 필요가 있지 않을까요. 서구인들이 보기에 우리는 아직도 네이션(nation, 국가) 만들기의 단계에 머물고 있습니다. 그러니까 그들 눈에는 자신들이 예전에 이미 겪은 시행착오를 '주변부'에 지나지 않는 우리 나라가 겪고 있다고 보이는 것이죠. 그렇게 보면 우리는 우연히, 서구에 기생해서 성장한 사회로 비칠 수도 있지요. 하지만 그러면 우리의 주체성, 정체성 문제는 어떻게 되는 겁니까? 전 그런 시각에는 동의 못하겠다는 거죠.

천 수정주의 사관이 진보적 사관을 대표하는 양 인식되기도 했잖습니까?

허 수정주의 사관도 기본적으로 미국의 제국주의적인 대외정책을 공격한다는 점에서는 상당히 의미가 있죠. 그러나 수정주의는 결국 우리를 미국이라는 중심국가의 괴뢰국이라고 보아 왜곡되고 정당성이 결여된 국가로 만들어버리는 측면이 없지 않습니다. 저는 현재 우리 사회가 그렇게 그들의 힘에 의해서만, 또 거기에 야합한 세력에 의해서만 만들어진 것은 아니라는 거죠. 미국 학자들이 자기 사회를 건강하게 지키기 위해 내놓은 시각이 수정주의라면, 우리도 우리 사회를 건강하게 지키는 시각이 필요하다는 겁니다. 이런 시각으로 우리가 자체적으로 이룬 발전과 그 한계가 뭔지 살필 눈이 필요하다는 얘기죠. 현재의 우리를 긍정할 수 있어야 미래도 있는 거고, 우리의 잣대로 우리를 비판할 수 있을 때 진짜 미래를 찾을 수 있다고 생각합니다. 사실 여태까지 수많은 이론이 우리 사회에 들어왔지만, 우리 학자들이 자체적으로 만들어낸 것은 거의 없었다는 점은 반성할 부분이지요.

박 그렇습니다. '중심부'에서 볼 때에는 비중심부의 모든 것들이 뭔가 비슷해 보이고, 차별성을 갖지 못하는 존재로 비쳐지죠. 예컨대 수정주의 사관이 발전하기 시작된 게 베트남전쟁 때인데, 당시 베트남전쟁을 반대하고 남베트남 정부를 괴뢰정부로 규정한 사람들의 머릿속에는 남한을 남베트남과 동질화해서 보는 부분이 분명히 있었습니다. 이것이 지금 이라크전쟁 반대하는 사람들의 문제점이기도 한데, 반대하면서도 해당 지역의 역사와 문화에 대한 지식은 결여돼 있는 것이 중심국 사람들의 병폐 중 하나입니다. 남베트남은 괴뢰국가고 남한도 이와 비슷할 것이다라고 모호하게 생각하면서 남한이 어떤 역사적 과정을 겪어왔는지에 대해서는 관심을 두지 않았던 것이지요.

또 역사라는 게 어떤 사람이 아주 적절하게 얘기했듯이 원래부터 "특정 사관에다 사실이

수정주의는 우리를 미국의 개입으로 정당성을 잃은 국가로 만들어버립니다.

284

라는 살을 붙이는 것"이거든요. 사관을 먼저 만들고 거기다가 필요한 사실을 뜯어 붙여서 최소한의 현실성을 보장하고, 객관성을 가장 (假裝)하는 것이 역사 만들기 과정이죠. 어느 사관이든 간에 마찬가지일 거예요. 수정주의 사관에도 그런 부분이 있었지요. 예컨대 브루스 커밍스의 몇 가지 주장들, "식민지시대 말기에 한반도는 사회혁명의 전야 상태였다." "식민지 말기의 극단적인 압박 속에서 이미 사회적 혁명이 준비 단계였다." 하는 주장들에는

역사란 "특정 사관에다 사실이라는 살을 붙이는 것"인데, 수정주의도 그런 부분이 있지요.

반론의 여지가 많습니다. 지금까지 축적된 식민지 말기 연구 성과들에 따르면, 식민지 말기 사회는 실제로는 상당히 안정된 규율적인 통제 · 동원의 사회였다고 합니다.

천 안정된 사회였다고요?

박 아, 안정된 사회라기보다는 거의 완벽에 가깝게 통제되던 사회였다고 하는 편이 좋겠군요. 국민 동원이 아주 높은 수준에 도달했고, 상당수 조선인 소장파 엘리트들이 스스로 일본인이라고 생각할 정도로 의식과 사상 통제가 완벽에 가까웠던 그런 사회였다는 것이죠. 제가 보기에 수정주의자들이 혁명 전야를 운운하는 것은 북한에 완벽한 정통성을 부여하고, 남한의 정통성은 부정하기 위함이기도 합니다.

허 정리하면, 제국주의 국가에 이용당하고 있는 괴뢰국가인 남쪽은 정당성을 갖지 못했고, 반면 북쪽은 주체적이었다는 것입니다. 이 주장을 입증하기 위해 미국이라는 제국주의 국가가 개입하지 않고 그냥 놔뒀으면 사회 혁명이 일어났을 텐데, 미국이 들어와서 역사 발전을 왜곡시켰다는 거죠.

지금 남한의 발전이 미국 시민의 원조 덕이라는
수정주의 시각에 동의할 수 없습니다.

박 수정주의 사관의 그런 문제점을 저도 인정
합니다. 다만 제가 아까 말씀드린 것처럼 역사
에 앞서 있는 게 사관이에요. 사관은 역사 만들
기 과정에서 효모 역할을 하죠. 수정주의 사관
도 북한에 대한 외교적인 접근법을 가능하게
만들었다는 점은 인정해줘야겠죠. 여태까지 반
공주의 이데올로기는 북한을 완전한 악마로만
보았는데, 수정주의 사관은 북한의 역사적 뿌
리에 대한 깊은 성찰을 자극한 부분이 있어요.
특히 북한의 이념적 뿌리에 대해 커밍스의 성
찰은 되새겨볼 만합니다. 예컨대 주체이데올로기와 일제시
대의 조합주의, 천황을 모시는 것과 수령님을 모시는 것이
어떻게 같고 다른가 하는 부분, 주체이데올로기와 성리학의
관계, 주체 이데올로기와 초기 내셔널리즘의 관계 등은 눈여
겨볼 만하죠. 그러니까 반공적 이데올로기를 극복하고 북한
을 좀더 애정어린 시각으로 볼 수 있는 원동력이 수정주의
사관에는 있죠.

허 수정주의가 미국 중심의 정통 사관을 비판한다는 점은
인정하지만, 특히 커밍스처럼 북한을 조선왕조의 적통으로
보는 시각에는 찬동할 수 없습니다. 조선왕조 때 근대와 자
본주의 세계관에 저항하던 사람들의 주체의식과 김일성의
주체의식이 같다는 인식 말이지요. 미국이라는 세계 자본주
의 국가의 중심국이 남한에 들어와서 식민지를 만들지 않았
다면 한국은 지금 북한과 다를 바 없는 사회였을 것이고, 지
금 남한 사회의 자본주의적 발전은 미국 시민의 원조에 의한
것이라는 시각에는 동의할 수 없습니다.

'인간의 얼굴을 한 근대'란 무엇인가

천 그렇다면 어떤 시각이 필요합니까?

허 저는 우리도 그들과 마찬가지로 우리 힘으로 근대를 이룰 수 있었다는 걸 확인하는 작업이 선행돼야 한다고 봅니다. 우리의 근대라는 것에 문제가 있다는 건 다 아는 일인데, 이 문제를 해결하기 위해서는 우선 근대를 달성해야 말이 됩니다. 우리의 근대는 남들이 300년에 걸쳐 이뤄낸 것을 압축해서 단기간에 만들어낸 측면이 강하거든요. 어떤 면에서는 굉장히 조숙하고, 또 어떤 부분에서는 굉장히 지체돼 있지요. 우리는 지금 상상의 공동체로 민족을 단일화하는 국민국가도 이뤄보지 못했으면서, 소위 국민국가체제를 넘어서는 새로운 것을 모색해야 하는 이중의 과제를 안고 있다고 할 수 있습니다. 그런데 박 선생께서 말씀하신 것처럼 미국이라는 존재는 우리의 근대를 말할 때 빼놓을 수 없는 핵심이거든요. 여기서 여러 가지 문제가 생겨납니다. 다만 저는 일제 식민지 식의, 박정희 류의, 메이지유신 식의 근대화 방식을 보수로 보지는 않습니다. 국가와 민족의 이름 아래 개인의 존재를 말살하는 것은 파시즘이지요.

천 여기서 다시 보수 논쟁이 시작되는군요. 그렇다면 선생님께서는 무엇을 보수라고 생각하시는지요.

허 지금 우리는 모든 개인을 하나의 독립된 주체로 생각합니다. 이렇듯 여태까지 거대담론 속에서 희생됐던 개인들의 가치를 재발견하는 것, 그것이 진짜 보수주의가 아닐까 합니다.

천 그게 글에서 '인간의 얼굴을 한 근대'라고

수정주의가 여태까지 '악마'로만 보아온 북한의 역사적 뿌리를 성찰하게 한 부분은 있어요.

표현하신 건가요?

허 인간의 얼굴을 한 근대화란 사회주의에서 얘기하는 것과는 좀 다르죠. 어차피 이 단계에서 저 단계로 가기 위해서는 그 사이의 단계를 밟지 않고서 갈 수 없는 것입니다. 그 과정을 생략할 수는 없죠. 직접 부딪히고 싸워보면서 가야 하거든요. 진보란 액셀러레이터만 밟아준다고 되는 것은 아니란 거죠. 여기에는 브레이크라는 제동 장치가 필요하고, 이 브레이크가 열린 보수의 역할이라고 생각합니다.

천 그렇다면 인간의 얼굴을 한 근대를 계속 밀고나가다 보면 결국은 근대 자체를 부정해야 한다는 결론이 나오지 않을까요. 박 선생님께 여쭤보죠. 근대 자체가 폭력과 점령, 착취로 이룩되어왔는데, 결국 인간의 얼굴을 한 근대란 이상으로나 존재하는 것 아닙니까?

박 만약 세계체제의 중심부와 주변부 사이의 착취적 관계의 대안이 무엇이냐 물어보시는 것이라면 스칸디나비아의 사례를 들 수 있지요. 예를 들어서 노르웨이나 덴마크, 스웨덴 같

*산업화가 진행된 사회의 근대적 모순을 해결하기 위해서는 생산시설의 사회화
등 민주적 사회주의로 가는 방법이 있을 겁니다.*

은 나라는 국가 예산의 대략 1퍼센트를 제3세계 원조금으로
쓰고 있습니다. 이것도 절대 부족한 액수이긴 하지만, 문제
는 다른 대부분의 국가는 이마저도 지출하지 않는다는 것이
지요. 이처럼 제3세계에 대한 원조금을 높이는 동시에 채무
를 탕감하고, 중간착취 관계를 청산하는 것도 한 방법이 될
수 있습니다. 제3세계와 직거래를 하고, 제3세계에서 생산되
는 자원의 가격을 단순히 시장가격으로 매길 것이 아니라 해
당 국가의 사회적 필요성에 맞게 책정해주는 것이라든
가……. 만약 산업화가 이미 된 사회 안에서의 근대적 모순
의 해결법을 물어보시는 것이라면, 대규모 생산시설의 점차
적 사회화(socialization)와 증권시장의 기능 축소 등 민주적
사회주의로 가는 길을 얘기해야 할 것입니다.

허　인간의 얼굴을 한 근대를 말하기 위해서는, 애초에 '야
수'의 모습을 하고 있던 나라가 인간의 얼굴을 하기 위해서
얼마나 많은 피를 빨았는지 먼저 이야기해야 한다고 생각합
니다. 근대란 어떤 형태로든 피를 필요로 하는 측면이 있기
때문이죠. 박정희 류의 근대화를 칭송하는 사람들은 어차피
근대라는 것이 그런 거 아니냐고 얘기합니다. 그러나 적어도
야수성을 줄일 수 있는 방법이 분명히 있는 거고, 그런 가능
성으로서 우리의 제2공화국을 재평가할 수 있다는 것이지요.
지금 박 선생님의 말씀도 서구 노동자들이 인간답게 살 수
있는 배경에는 제3세계 노동자들의 희생이 있었고, 이 사실
을 깨달았기 때문에 일부 국가들이 제3세계를 지원하고 더

허동현·박노자 대담　289

이상 그들을 착취하지 않는 구조로 가려고 하는 거죠. 그러나 사실 제3세계에 내놓은 1퍼센트를 제외한 99퍼센트는 여전히 그들 몫이라는 점도 명심해야 합니다. 결국 이런 조치들은 빵을 더 이상 썩지 않게 만드는 소금의 효용밖에 없다는 생각입니다.

천 그러면 실제로는 문제를 근본적으로 치유할 구체적인 방안이 없다는 말씀이신가요?

허 우리가 일본이나 북구와 다른 점이라면 그들의 문제는 밖에서 온 것인데 반해, 우리의 문제는 안에서 일어난 것이 많았다는 거예요. 이 상처를 어떻게 아우르면서 미래를 담보할 것인가, 이것이 문제인데 이 답은 바깥에서 올 수 없어요. 우리가 겪은 바를 다시 한 번 돌아보고 앞으로 나아갈 방향을 논의해봐야 한다는 거죠. 이때까지는 힘으로, 어떻게든 상대방을 부정하려고만 했는데 그래가지고는 아무것도 나오지 않아요. 지금 저희 두 사람이 하는 작업도 이런 노력의 연장선상에 있다고 보면 됩니다. 서로 생각이 다른 사람들이 머리를 맞대고 공통분모를 찾고, 지향점을 찾는 거죠. 자동차로 이야기하자면 진행 방향은 보수나 진보나 똑같다고 봅니다. 자동차를 몰고 갈 때 액셀러레이터만 밟아서는 안 되지 않습니까. 웅덩이가 나오면 브레이크를 잡아야죠. 둘의 역할이 잘 배분되어야 잘 가죠.

우리가 일본이나 북구와 다른 점은 우리의 문제는 안에서 일어났다는 겁니다.

우리에게 미국은 무엇인가

천 이제 화제를 조금 바꾸지요. 두 분이 이 책에서 논의 대상으로 삼은 시기는 1870년부터

1900년대까지입니다. 그런데 보통 사람들의
생각에는 이 시기가 혼란만 있고 가능성은 전
무했던 시기로 보입니다. 하지만 그때 사람들
이라고 손 놓고 앉아만 있었겠습니까. 그런데
자주적 근대화가 실패한 이유가 뭔가라는 것이
지요. 책에서 언급하신 것처럼 대외적 요인이
컸겠는데요. 당시는 러시아·일본·미국·청
나라 등이 서로 충돌하는 정세였다면, 지금도
미국·중국·러시아·일본 등 주변 강국이 여
전히 각축을 벌이고 있다는 점에서 유사점을

1870년부터 1900년대 초반까지 우리에겐 혼란만 있었을까요?

찾을 수 있습니다. 저는 개화기 역사에서 지혜를 찾고자 한
다는 이 책에서 한 가지 빠진 게 있다면 현재 조성돼 있는 국
제정세상의 위기에 대한 언급이라고 생각합니다. 한반도를
둘러싼 정세, 특히 북-미, 중-미 사이의 정세를 구체적으로
말하지 않고 역사에서 교훈을 얻어야 한다고 말하는 것은 공
허할 수 있는데요. 이런 문제들을 풀어나가는 데 100년 전의
역사가 주는 힌트 같은 게 있다면 뭐라 생각하시는지요?

허 저는 역사가 그런 것을 준다고 생각하지 않습니다. 역사
가 교훈을 줄 수는 있지만, 구체적인 방안까지 제시해주지는
않는다는 겁니다. 지금 미국과 북한을 한반도 국제정세의 축
이라고 하셨는데, 이제는 모두 다 축이요 주체입니다. 100년
전과 지금의 다른 점은 100년 전에는 우리가 우리 문제에서
아무런 결정권도 행사하지 못하고 구경만 하는 존재였다는
거예요. 지금 북한이 핵을 가지고 미국과 거래를 한다고 해
서 그들은 주체고 남한은 아닌가요.

북한은 잃을 게 없기 때문에 거래를 하기 쉽지만, 남한은

지금 미국에 대들지 않는다고 비주체적이라고
하는 건 현명한 시각이 아니죠.

그럴 수 없는 게 미국에 의존하는 게 너무 많아요. 그걸 담보하지 않고서는 우리가 지금 선택할 대안이 없어요. 우리에게도 나름대로 주사위를 던질 수 있는 책략이 필요한 거예요. 그걸 지금 미국에 대들지 않는다고 비주체적이라고 하는 건 현명한 시각이 아니라는 거죠. 우리는 지금 우리를 굉장히 크게 생각하는데 우리보다 열 배 이상 큰 일본도 미국에 대들지 못합니다. 다만 100년 전에 비쳐봤을 때 주변 강대국들이 우리의 결정을 가지고 장난치지 못하게 막을 수 있는 힘을 가졌다는 점에서 남북한 둘 다 어느 정도 성공한 거예요. 이제 미국이라는 강자를 만나 서로 현명하게 이용하고 활용하는 부분에서는 100년 전의 역사에서 우리가 배워야겠죠.

박 역사적으로 봤을 때 미국은 극동 지역에서 두 차례나 코가 납작해진 경험이 있습니다. 한국전쟁과 베트남전쟁 때죠. 미국에게는 극동이 세계전략상 유럽과 중동 다음으로 중요한 지역임에도 패권 확립에는 가장 어려운 지역이었지요. 북한과 월남에게는 준패배와 패배를 당한 것이고, 지금 중국은 미국의 새로운 맞수로 등장하지 않았습니까. 냉전시대에 극동 지역이 비교적 안정된 지역에 속했던 것은 미국과 중국이 일종의 동반자로서 대소 고립전략을 구사했기 때문이지요. 문제는 소련이 없어지면서 이 균형이 완전히 깨졌고, 그 결과 판도가 완전히 달라졌다는 겁니다. 이제 중국은 미국과의 '유사 동맹' 상태에서 벗어나 정치·문화·사회적으로 상당히 자기중심적인 방향으로 가고 있으며, 20~30년내에는

GNP로 미국과 겨룰 수 있을 것이 분명합니다. 그러면 중국은 아편전쟁 이후로 입은 모든 치욕에서 벗어나서 극동 지역의 패권을 회복하려고 노력할 것입니다.

그런데 미국의 군사 동맹국인 일본은 경제 침체로 생기를 잃고, 또 한편으로는 군사적 복고론자들이 득세하고 있지 않습니까. 또 다른 변수라 할 러시아는 지금 취약한 상황이지만 박정희 식 개발독재를 통해 초고속으로 무기 생산을 늘리고 군대를 강화하고 있습니다. 전쟁 준비를 하고 있는 거죠. 여기에 엎친 데 덮친 격으로 냉전체제 아래서는 미국을 안전장치로 생각하던 동아시아 국가들이 이제는 미국을 불안 요소로 보기 시작했습니다. 문제는 동아시아 지역에서 미국의 군사행동을 저지할 나라가 없다는 점입니다. 일본도 그렇고 남한이나 북한은 당연하고. 제가 보기엔 이 부분에 우리가 나아갈 바가 있는 거 같아요. 미국의 패권을 어느 정도 줄이거나 상대화할수 있는 중국 중심의 동아시아적인 지역공동체를 만드는 것이 미국의 침략을 방지하는 훌륭한 방법이 아닐까 합니다. 경제체제와 문화 코드를 단일화하고, 공동의 역사를 이해하고 지역적인 안보 장치를 마련하는 것이 구체적인 방안이겠지요.

천 우리나 북한 같은 나라는 관심을 가질 방안이겠지만, 중국도 그럴까요?

허 유럽연합이 등장하여 유럽을 블록화하고 그러는 것을 보면 지역을 묶는 게 꼭 자본의 논리만은 아닌 거 같아요. 공동의 문화, 지켜야 할 가치가 같다는 거거든요. 그렇다면 중국과 일본, 한국, 북한이 공통으로 지향하는 가치가

중국 중심의 동아시아 지역공동체를 만드는 것이 미국의 침략을 방지하는 방법이 아닐까 합니다.

존재하느냐. 현실적으로는 어떻게 살아남느냐 하는 것이 아닐까 하는데요.

박 그렇습니다.

허 국제 정세로 봤을 때 100년 전과 지금은 유사한 상황입니다. 100년 전엔 중국이 우리의 훌륭한 보호자 역할을 했지만, 지금은 그런 장치가 없습니다. 그런데 지금 동아시아에서 우리 나라만큼 기독교가 득세하는 나라가 없어요. 동양에서 서양화 정도를 놓고 본다면 한국인만큼 서구에 동화된 사람들이 없다는 거예요. 동아시아 지역에서 누가 이질이냐 하면 우리가 이질적인 존재예요. 우리가 지금 이런 번영을 누리고 있는 이면에는 미국이라는 세력이 뒤에 버티고 있다는 사실을 간과할 수 없어요. 동전의 양면처럼 종속이 있으면 얻는 것도 있는 거죠. 수정주의 학파에서 말하는 것처럼 우리 부의 일부분을 미국이 준 것만은 틀림없어요. 문제는 야수들이 우글대는 이런 '정글'에서 자존심을 지키면서 어떻게 우리 자신을 지켜낼 것인가죠. 그렇다면 우리에게 덜 위

험한 포식자가 누구냐, 다른 포식자를 견제해줄 수 있는 자
가 누구냐, 여기에 대한 합의가 필요한 것입니다. 100년 전
엔 중국이 우리를 아비처럼 보살펴주었지만, 이제는 아무도
없잖아요.

이제 러시아의 푸친도 예전의 호랑이 모습으로 돌아가는
중이고, 일본은 경제 침체를 해소해줄 방안을 외부에서 찾고
있죠. 임진왜란도 일본 경제가 어려웠을 때 일어났습니다.
일본의 첫 번째 발톱이 어디로 가는지는 역사적 경험으로 알
수 있는 거 아닙니까. 그런데 지금 우리가 더불어 잘살자고
하면 누가 말을 듣습니까. 힘 없으면 공허한 얘기거든요. 밀
림의 법칙에서 보자면 힘센 놈과 싸울 때 열 대를 맞더라도
코피가 나도록 한방을 후려칠 수 있어야 그놈이 다시 날 못
때립니다. 그런데 100년 전에도 그랬지만, 지금 우리에게 이
런 힘이 있는가 자문해봐야 합니다.

천 바로 이 부분에서 북한이 핵을 가지면 미국이 우리를 못
때릴지도 모르지 않느냐라는 민족주의적 논리가 나오기도
하던데요. 바꿔 말해 미국이든 중국이든 강국들이 민족주의
나 국가주의를 포기하지 않는 한 우리가 먼저 그런 것을 포
기할 이유가 없다는 거죠. 양심적 병역 거부든 반전이든 좌
파들은 그런 이유로 엉뚱한 비난을 받기도 하던데요.

박 그 때린다는 비유가 참 좋았는데요. (웃음) 때린다는 것이
무엇인지를 한번 생각해봐야 할 것 같습니다. 아까 제2공화
국의 장면 선생 이야기도 나왔는데, 한국 중도보수의 한계는

외국 모델을 보편적 모델로 착각하고 외국의 시장 만능주의 모델을 마치 보편적인 민주주의 또는 보편적인 근대인 양 착각한다는 것이죠. 또 유럽에 대해 관심을 갖고 이를 활용하려는 의지가 있으면서도 미국을 일종의 표준으로 생각하는 한계도 있죠. 미국한테 요구할 것을 요구하려는 의욕을 가지면서도 정작 필요할 시기에 요구하지 못하는 소심증이랄까요. 한국의 중도보수 계보를 보면 식민지 시절의 실력양성파들로 거슬러 올라가는데, 그들은 개인적으로 미국을 거의 낙원으로 생각했어요. 안 도산 선생의 글을 읽어봐도 그렇고, 미국 국회의원 방문단이 왔을 때 《동아일보》에서는 "자애로운 어머니가 아이 입을 적시기 위해서 왔다"고 했을 정도거든요.

허 강대국이 변하지 않는 한 약소국은 어차피 주체적일 수 없죠. 누가 선이냐 악이냐 하는 기준은 이제 존재하지 않는 것 같습니다.

박 지금 전쟁이라는 건 누구한테도 이득이 되지 않을 것 같습니다. 그러니 제가 보기에는 우리도 미국한테 노(No)할 줄 안다는 걸 한번 보여주는 것이 허 선생님이 말씀하신 '코피 내기'가 아닐까 합니다. 예를 들어 이라크전쟁 당시 미국이 파병을 요구했을 때, 비록 대통령은 못한다 해도 국회라도 거절했어야 한다고 생각합니다. 국회에서 거절하면 그거 할 말 없거든요. 사실 극동 지역 국가들이 그 정도로 미국과 거리를 둘 줄 알아야 지역적인 블록으로 갈 수 있을 겁니다.

강대국이 변하지 않는 한 약소국은 어차피 주체적일 수 없죠.

허 왜 그걸 못하는가 하면, 우리가 자존심 세

우겠다고 그랬다가 미국이 현대자동차 수입 금
지령이라도 내려버리면 현대자동차 다니는 사
람들 다 직장 잃어버리는데 그 사람들 원성을
어떻게 듣냐는 거죠.

허 김대중정권이나 노무현정권이 기존 정권과
달랐던 점은 대미정책에서 어느 정도 자존심을
세우려고 했다는 점입니다. 결국 좌절되기는
했지만. 그러나 전 그것이 좌절이라고 생각하
진 않습니다. 어차피 대외정책이나 외교라는

*이라크전쟁 때 미국의 파병 요구를 국회라도
나서서 거절했어야 합니다.*

것은 서로 거래를 해야 하는 거니까요. 다만 우
리가 현실을 직시하고 거기서 어떻게 살아남을까 모색해야
하는 것이 100년 전 역사에서 우리가 얻을 수 있는 교훈이라
고 생각합니다.

역사가 주는 '나'의 교훈

천 역사의 교훈이란 말이 나와서 말인데요. 두 분의 글이 어
떻게 보면 상당히 교훈적으로 읽히거든요. 주고받는 편지투
가 진지하고 진중하기 때문에 상당히 계몽적으로 들립니다.
역사의 교훈이란 제한적이고 주관적일 수밖에 없다고 하셨
는데, 그렇다면 100년 전의 역사를 통해 현재를 본다, 현재
의 문제를 타개할 수 있는 지혜를 얻는다라는 것은 어떤 의
미인지.

허 냉전이데올로기가 붕괴된 후 민중이나 국가 같은 거대담
론에서 벗어나서 자그만 것들에 대한 관심이 일어나고 있습
니다. 예전에 냉전체제 아래서는 역사의 필연성을 이야기하
는 사람이 많았어요. 역사가 과학이고, 그걸 움직이는 어떤

*이제 역사는 과학이기보다 문학이고,
필연이기보다 우연입니다.*

법칙성 같은 것이 있다는 믿음이 강했죠. 그런데 이제는 역사가 우발적인 거고, 뛰어난 개인에 의해서도 그 물줄기가 바뀔 수 있다고 생각합니다. 그런 면에서 역사는 과학이기보다 문학에 가까운 것 같습니다. 내러티브한 면에서의 역사, 구술로서의 역사, 할머니한테 옛날이야기를 듣듯이 들으면서 즐겁고 아울러 교훈을 얻을 수 있는 역사라는 거죠. 그런 면에서 저는 우리의 기획이 현재의 요구에 적절히 조응하고 있는 것 같다고 생각합니다.

박 허 선생님이 제가 할 얘기를 상당 부분 하셨으니, 저는 약간 다른 얘기를 하겠습니다. 허 선생님이 대담하시는 중에 '우리'라는 말씀을 많이 하셨는데, 저는 역사에서 배울 수 있는 것이 우리를 넘어서는 '나'라고 생각합니다. 역사라는 것이 결국 개개인의 스토리들의 집합체 아닙니까. 그런 '내'가 한 개인으로서 어떻게 살아야 하는가 하는 고민은 보편적인 것이지요. 아까 역사 자체의 한계성에 대해 언급하지 않았습니까. 특정 사관이 핵심이 될 수밖에 없다는. 그런데 인간으로 태어난 것 또한 한계적 상황이에요. 지나간 역사를 통해 사람들이 역사적 한계뿐만 아니라 인간으로 태어난 한계를 어떻게 극복했는지 보는 건 의미있는 일이죠. 근대의 사회운동들에서 인류를 얘기할 때 궁극적으로는 인류로서의 한계를 극복해보자는 것이거든요.

천 구체적인 예를 든다면요?

박 고대나 중세는 그만두고라도 근대만 얘기하더라도 한용운 같은 사람들이 있잖아요. 인류로 태어난다면 언제나 집단에 소속되어야 하고, 집단에 소속되면 여러 가지 예의를 찾고 집단에 충성해야 하는데, 한용운은 주지 모임에서 "똥보다 더 더러운 것이 너희 조선 주지들이다"라고 말할 정도로 집단의 권력을 혐오했어요. 석가모니보고 '우주적 혁명주의자', 자신은 '일종의 불교적 사회주의자'라고 말한 사람이 한용운이었습니다. 이런 사람을 통해서 우리는 어쩔 수 없이 인류로 태어나 집단에 속해 살지만, 그 집단과 거리를 둘 수 있는 방법, 종교를 진보적으로 해석하는 방법 등을 볼 수 있는 거죠.

천 그렇다면 역사 연구의 방향이 바뀌어야 하지 않을까요?

박 그렇죠. 한국 독립운동사를 보면 의거다 의사다 하는 말들이 수없이 나오는데, 저는 독립운동을 했던 사람들의 개인적 선택 부분을 집중 조명해보면 어떨까 싶습니다. 조소앙 같은 사람은 일본 최고 학부를 졸업하고 한국에 와서 판검사를 할 수 있는 사람이었는데, 그걸 내팽개치고 상해에 가서 어렵게 독립운동하고 평생 떠돌며 살았습니다. 자발적으로 물질적인 풍요를 거부한 사람이죠. 독립운동을 한 사람 중에는 보장된 풍요로운 자리를 거부한 예가 꽤 많아요. 저는 지금 우리에게 필요한 것이 세계체제 안에서의 담보된 풍요로운 자리를 박차고 다른 걸 하고 살겠다 하는 정신이 아닐까 싶은데……. 그러니까 역사 속에는 '우리'로서의 교훈뿐만 아니라 '나'로서의 교훈도 많아요.

저는 역사에서 배울 수 있는 것이 우리를 넘어서는 '나'라고 생각합니다.

함께 사는 역사학을 위해서

천 글을 읽다 보면 "당시 민중이 바라던 것은

이것이었다” 하는 말들이 나오는데, 실제로 그때를 살지 않
았으면서 어떻게 당시 사람들의 욕망과 바람을 그렇게 추론
할 수 있는지 궁금합니다.

박 당시의 문맥을 고려하는 일은 어렵고도 중요한 일이지
요. 어차피 역사는 과거의 일이고 역사 서술은 현재의 인간
이 만들어낸 작품이지만, 또한 사실에 대한 최소한의 충실성
을 보유하지 않으면 북한의 주체사상 사학 같은 완전한 ‘소
설’이 되고 말거든요. 그건 역사학자가 읽어내야 하고, 어느
정도는 읽어낼 수 있습니다. 예를 들어 동학 관련 문서를 보
면 탐관오리들이 어떤 식으로 관직을 매매하고, 어떻게 농민
들을 괴롭히고 돈을 갈취했으며, 민중들이 아전 앞에서 얼마
나 떨어야 했는지 나오거든요. 그런데 이 문서를 쓴 사람은
꼭 동학 농민이 아니거든요. 그러니까 일반 농민들이 경험한
바와 다를 수 있고, 바로 이 점을 주의해서 읽어야 합니다.

허 민중이 원하는 언어 자체가 대개는 현재의 언어들이에
요. 당시 농민들이 원하던 게 뭔가, 당시 사회적 콘텐츠를 조

역사학도 결국은 인간을 위한 학문입니다. 그래서 인본주의적이고 민주적인 방향으로 역사학을 이끌어야죠.

망하는 일은 어려운 일이죠. 현재 우리의 열망에 따라 당시 모든 사람들이 평등하게 살고 싶다는 열망이 강했을 거라고 믿고 동학농민전쟁이냐 동학농민혁명이냐 이런 식의 분석들을 하는데. 그러려면 그렇게 추정한 근거 자료, 즉 역사 연구 텍스트 자체가 객관성과 합리성을 갖추고 있어야 하는데 그러기가 쉽지 않아요. 다만 유생의 입장에서 본 것도 있고, 농민들의 얘기도 있으니 이 조각들을 꿰어 맞춰서 복원한 뒤에 학계의 토론을 거쳐 이랬을 거다 하는 역사 상황을 도출해보는 거죠. 그게 역사와 문학의 차이라면 차이랄 수 있겠지요.

박 근데 이념성이 지나치게 강한 일부 사학자들에 의해서 너무 허구화돼버렸어요. 어차피 역사도 허구지만, 허구 중에서도 허구가 되면 곤란하죠. 혹시 이동휘 장군의 동지이자 노령 고려인의 유명한 교육자셨던 계봉우 선생님의 회고록 제목 아세요? '꿈속의 꿈'이지요. 역사 자체도 하나의 꿈이지만 너무 허구화되면 꿈속의 꿈이 돼버리는 겁니다. (웃음)

천 대표적인 예가 갑오농민전쟁이라면서요.

허 갑오농민전쟁을 이야기하는 학자들은 동학의 관련성도 부정합니다. 그들이 꿈꾸는 현재는 노동자 농민, 모든 사람이 계급 없이 평등하게 사는 것인데, 역사에서 그 기원을 찾다 보니까 거기까지 간 거죠. 북한에서는 조선노동당 이전에는 그런 게 없다고 보기 때문에 갑오농민전쟁을 부르주아혁명이라고 보는 거예요. 아까 선생님이 말씀하신 것처럼 역사란 게 어차피 사관에다 살 붙이기일 수밖에 없어요. 과학이 아니라는 거죠. 모든 학문 자체가 어떻게 살 것인가라는 문제와 연결되는 거잖아요. 역사학도 인간을 위한 학문이어야 하죠.

박 그래서 되도록이면 서로 죽이지 않고 상부상조하는 쪽으로 가기 위해, 역사학을 인본주의적이고 민주주의적이고 인간박애주의적인 방향으로 끌고 가려는 것이죠. 사실 일본 역사 교과서 왜곡이다 뭐다 하지만 직접 보면 사실 왜곡이 그다지 많지 않은 것 같아요. 해석 왜곡이 문제죠. 사실이 아니라 해석이 문제인 거죠. 전쟁 당시의 국민의식이라든가 국민들이 얼마나 일본에 충성했는가 그런 것을 강조한 것인데, 그런 면도 없지 않아 있었을 거라고요. 문제는 그것을 교과서 중심에 놓으면 일본 젊은이들이 보고 그렇게 믿게 된다는 거죠. 즉, 인조(人造)된 집단기억인 역사 서술이 미래를 좌우할 수도 있느니만큼 타자 배제를 긍정하는 쪽으로 가면 안 되지요.

허 같은 역사의 기억을 가진 사람의 입장에서 무엇이 문제냐 하면, 보통 일본 사람들에게는 내 아들딸들이 또다시 '천황 폐하 만세'를 외치며 가미가제 비행기를 몰고 적함에 뛰어내리는 것이 연상된다는 거죠. 그 사람들(일본 우익)은 국민 동원을 위해 역사적 사실을 꿰어 맞추는 거지, 그게 사실이냐 아니냐에는 전혀 관심이 없어요. 그건 역사 교과서가 아니라 '수신 교과서'죠. 일본 시민 사회의 건전성을 담보하자면 이것은 극복돼야 하는 얘긴데, 그 교과서로 배운 사람들이 일본 시민 사회의 주역이 됐을 때, 그때가 문제인 거죠.

더불어 살기 위해서는 타자를 볼 수 있는 역사책이 필요합니다.

우리가 또다시 징용 나가고 정신대 나갈 수는 없는 거 아녜요. 이 지점에서 한·일 양국의 양식있는 사람들의 연대가 필요한 거죠. 두 개의 서로 다른 기억을 가졌지만, 하나의 공통되는 인식은 저렇게 살아서는 안 된다는 거예요. 더불어 살기 위해서는 타자와 함께 볼 수 있는 역사책이 필요하다는 거죠. 이를 위해서는 객관적으로 우리에게 무슨 과오가 있고, 무엇을 지향해야 하는지, 거짓말로 얼버무려서는 곤란하죠. 역사를 거짓으로 적는 나라는 망합니다.

일본의 역사교과서 왜곡 문제도 사실 왜곡보다는 해석 왜곡이 문제예요.

천 그런 점에서 두 분이 진보와 보수 양쪽에서 하신 작업의 의의를 찾을 수 있을 거 같은데요.

허 예. 사실 지금까지 이런 식의 논의가 별로 없었지요. 아까 저희들 얘기도 계몽적이고 근대 담론일 수밖에 없다고 하셨는데 물론 그렇습니다. 그렇지만 이러한 얘기조차 해본 적이 없기 때문에 한 번은 거쳐서 넘어가야 하는 게 아닌가 싶어요.

서로 어떤 역사학자인지 평가한다면

천 같이 역사를 연구하는 사람으로서 상대 선생님을 어떻게 평가하시는지 궁금합니다. 이 책이 가진 관점이 기존 역사학계의 주류와 어떻게 다른지도 궁금하고요. 우선 허 선생님이 박노자 선생님은 어떤 역사학자이신지 말씀해주십시오.

허 박노자 선생은 우리 학계에 매우 신선한 충격을 주시는 분입니다. 우리 역사를 얘기할 때 우리는 흔히 일본이라는 나쁜 놈만 없었다면 우리도 정상적인 근대 만들기에 성공할

박 선생님은 우리가 당연시하는 것을 다르게
생각하게 만드는 '한 알의 밀' 같은 존재입니다.

수 있었을 텐데 하고 말합니다. 그러면서 우리
몫의 책임을 소홀히 한 부분이 있어요. 바깥에
서 우리를 보는 시각은 물론 달랐지만, 우리 학
계는 그동안 남의 시각에 대해서는 관심이 없
었죠. 해방 후 식민주의 사관을 극복하는 데에
만 급급해서 다른 것을 보지 못했죠. 그런데 박
선생은 구미 학자들과 달리 우리 사회 현실 속
에 동참해서 우리의 문제를 고민하고 해결하려
고 했다는 거죠. 박 선생은 냉소적인 서구의 시
각을 소개해줄 뿐만 아니라, 우리 아픈 상처를
감싸고 어떻게 하면 옳은 방향으로 나아갈 수 있을지 다른
시각을 제공해주었습니다.

박 아까도 말했지만 진보와 보수라는 것은 애매모호한 개념
입니다. 우리는 사실 파시스트 집단을 자주 보수라고 부릅니
다. 한국의 진보는 특히 서구의 진보에선 찾기 힘든 민족주
의적인 정서가 강하고요. 아까도 말했다시피 역사라는 건 결
국 특정 사관에다 살을 붙이는 것이지만, 특정 사관이라는
뼈다귀의 특수한 부분에만 살을 붙이면 너무 기형적이 되지
않습니까. 어차피 역사 쓰기라는 것이 주관적이지만 '박정희
주의자'들의 역사 쓰기라는 것은 거의 신화 만들기에 가까운
것입니다. 지금 북한을 보면 무슨 말인지 아실 겁니다.

  한국의 보수학계에서 진정한 보수, 객관적 사실을 그 시대
의 문맥에서 보려는 분은 흔치 않습니다만 있기는 있습니다.
예를 들어 동학을 민중적 저항이나 근대 지향적 운동이 아니
라 단지 왕조 말기에 일어날 수밖에 없었던 전국적 피지배민
들의 운동이면서도, 당시 대원군을 비롯한 여러 정파들의 복

잡한 정치 관계 속에서 유교적 가치를 새로운 모양으로 복원하려고 한 운동이라고 정의하신 유영익(연세대) 선생님이 그런 분입니다. 제가 보기에 허동현 선생님은 기본적으로 유 선생님의 학맥을 이은 분이라고 생각합니다. 정세에 휘말리지 않고 사실들을 그 당시의 문화적·이념적 문맥 속에서 바로 보고, 그것이 오늘에 어떤 가능성을 주는지 살피는, 오늘과 과거의 관계에 주의를 기울이시는 분이라고 생각합니다. 허 선생님의 학위논문이 조사시찰단 연구인데, 이는 한국의 민족주의 사관에서 무시해온 주제이지요.

천 허 선생님은 박 선생님의 주장들이 신선한 충격이고 기존 역사학계 내에서 안티체제로서 기능한다고 말씀하셨는데, 실제로는 기존 학계의 민족주의적 전통이 너무 강해서 박 선생님의 '식민지시대의 역사 인식'이 잘 받아들여지지 않는다는 얘기도 들었거든요.

허 우리는 한국 사람으로 태어나고 자라면서 민족을 떠나서는 한 번도 생각해본 적이 없어요. 그런 면에서 박 선생님 같은 생각을 가진 사람이 나타나기 시작했다는 것이 '한 알의 밀'이거든요. 우리가 당연하게 생각해서 관심을 가지지 못했던 것을 다르게 생각하게 만들어 우리를 썩지 않게 해주지요. 저는 이렇게 썩지 않고 살아갈 방법을 역사 속에서 찾아야 한다고 생각합니다. 당장의 생존 문제만 볼 게 아니라 어떻게 하면 인간답게 사느냐, 무엇을 보고 무엇을 지향해야 하느냐, 거기에 대한 합의점을 도출해보자는 얘기거든요. 그런 점에서 과거 사람들의 삶에서 우리가 무엇을 찾아야

허 선생님은 정세에 휘말리지 않고 오늘과 과거의 관계를 살피는 분입니다.

할지, 어떤 걸 골라내야 할지 꾸준히 제시해주시고 그걸 현
재에 접목시키는 분이 박노자 선생님이지요. 바로 이런 대목
에서 우리 사회가 열린 상태로 새롭게 만들어지는 가능성을
엿볼 수 있다는 겁니다. 비록 지금 당장은 어려워도 이런 논
의들은 불과 2,3년 전만 해도 나오지 않았던 얘기들이거든요.
금방 담론화될 수는 없겠지만, 이런 얘기들이 나온다는 것 자
체가 우리에게 희망이라고 생각합니다.

일방적 역사에서 '대화체' 역사로

천 글이 최대한 예의를 지키는 편지 형식이어서 주장을 펴
는 데 좀 답답한 점도 있었을 것 같은데. 특히 박 선생님은
다른 지면에서보다 발언 수위를 낮추신 게 아닌가 싶어요.
박 역사에 대한 편견 가운데 하나가 역사를 무슨 심판이라
고 생각하는 거죠. 특히 민간인들 중에서, 하하. 이것도 근대
주의적 의식이겠지요? 영어로 '무의식을 드러내는 프로이트
적인 말실수(Freudian slip)'라는 말이 있는데 제가 제 무의식

을 드러냈나요? 어쨌든 역사는 도덕주의에 입각한 심판이
될 수는 없습니다. 자기 행동의 도덕적인 책임이 각자의 것
이듯, 과거 인물에 대한 도덕적인 판단도 각자가 하는 것이
지 역사학자가 하는 것은 아니죠. 그런 점에서 현실적인 문
제들을 비판할 수는 있어도, 역사학자가 인물이나 사건에 대
해 도덕적 판단을 내려서는 안 된다고 생각합니다. 그때 왜
그 사람이 그렇게 했는가, 윤치호가 왜 하필 태평양전쟁에
열광했는가, 왜 그렇게 하필 미국을 쳐부수는 일에 전심전력
했는가, 그 문맥을 복원하는 것이 역사학자의 일이겠죠. 완전
히 북한식 주체사학으로 전락되지 않으려면 어디까지나 우리
정서와 생각, 비판의식에 휘말리지 않고 구체적인 사실들을
논리적으로 복원하는 일이 제일 중요하다고 생각합니다.

천 선생님에게는 역사학자로서의 학문적인 글쓰기와 시민
으로서의 글쓰기는 어떻게 다른지요.

허 그건 다를 수밖에 없는 거죠. 저희들의 글쓰기 작업은 누
가 누굴 가르치겠다는 것이 아니라 이렇게 볼 수도 있다는
것을 보여주는 것뿐이에요. 성서처럼 여겨온 국사교과서를
다르게 볼 수도 있다는 걸 말하고 싶었습니다. 그런 다양성
을 인정하는 것 자체가 다원화된 사회라는 거죠. 남과 다른
꿈을 꿀 수 있고 남과 다르게 볼 수 있는 자유, 그것이 박노
자 선생이 얘기하는 개인이 서는 가장 큰 바탕일 거예요. 우
리는 그걸 보여주고 싶었던 거죠.

박 그러면서도 객관적인 정보, 적어도 객관화하려고 노력한

정보를 제공하는 것이 역사학자로서의 의무라는 사실을 잊지 않으려고 노력했습니다. 제가 보기엔, 독자한테 객관적 정보를 제공하고 그 사실들에 대한 판단은 독자에게 맡기는 것이 역사하는 바른 방법이 아닌가 싶습니다. 만약 우리가 독자 입장이 돼서 저놈이 나쁜 놈이고 변절을 해서 이렇게 하고 저렇게 해서 역사에서 제외돼야 한다고 주장한다면 이것은 전근대적인 충신과 역적의 '열전 쓰기' 방법이겠지요. 여러 가지 해석 방법들의 실례를 제시해주고 사람들의 지적 선택의 폭을 넓혀주는 것, 그게 역사학자의 임무겠죠.

천　초기에는 공방이 교대로 진행되었는데 회가 거듭되면서 주로 박 선생님이 선공을 하고, 허 선생님이 댓글을 다는 식이었는데요. 허 선생님은 댓글 달기가 힘이 드셨겠어요. 본인이 하고 싶은 이야기를 다 하지 못했을 수도 있고……

허　어차피 우리 기획이 진보와 보수의 공방인데 진보가 창이라면 보수는 방패죠. 창이 오지 않는데 방패가 먼저 나갈 수는 없으니까요. 그건 제가 맡은 역할에서 나오는 한계죠. 보수라는 게 지키는 거고 지키는 게 막는 거죠. 나 여기 막을 테니까 여기 찔러라 할 수도 없는 거고, 하하하.

천　반면 사실상 생각은 비슷하게 하면서도 방어를 해야 하니까 다르게 표현할 때도 있었을 텐데.

허　그랬어요. 제 생각은 사실 박 선생과 같은데 하다 보면 반대를 위한 반대를 해야 할 때도 있었죠, 하하.

박　사실은 해석을 달리할 여유가 아주 적어요.

우리가 여태까지 연구실에 박혀서 생각한 것을 최대한 독자들에게 돌리려고 했습니다.

다루는 사안이 대부분 어느 정도 확인되고 검증된 사실들이기 때문에.

허 강요된 자료 읽기를 할 수밖에 없었는데, 사실은 그 과정을 통해 제 지평도 많이 넓어졌고 얻은 게 아주 많아요.

천 역사학적 서술이란 게 어쩌면 고압적인 글쓰기가 될 수밖에 없는데, 두 분이 대화 형식을 시도한 것 자체가 아주 큰 의의가 있다고 생각합니다. 두 분이 갖고 계신 관점으로 인해 더 풍부한 역사 해석의 가능성을 보여주셨고요.

역사는 결국 해석의 문제인데, 그 해석을 선택하는 것은 시민 각자의 몫이에요.

박 지금까지 우리의 역사적 관점이란 게 식민사관을 극복한 '올바른' 관점과 식민사관을 극복하지 못한 '틀린' 관점밖에 없었어요. 결국은 올바른 우리 관점과 틀린 저들의 관점, 이렇게 나뉘어졌죠. 실제로 정부 대외 홍보 정책을 입안할 때도 '한국 바로 알리기'에 역점을 두고 있습니다. 우리가 아는 한국이 바로 진짜 한국이다, 이게 전제였죠. 오랫동안 민족주의 사관이 지배하면서 우리가 아는 한국과 그들이 악의를 갖고 보는 한국, 이 두 가지 관점밖에 없었어요. 그러나 사실 역사를 보는 눈은 천차만별일 수 있고, 역사에는 왜곡도 진실도 없는 거죠. 결국은 모든 역사가 사실에 입각하는 한 어느 정도 진실이고, 서술자의 해석 과정을 거치는 한 어느 정도 왜곡이라는 거예요. 역사 쓰기는 결국 증거물인 사료에 대한 해석일 뿐이고 그 해석은 다양할 수 있고 당신에게 맞는 진실을 당신이 선택할 수 있다, 국가가 선택하는 게 아니고 시민 각자가 나의 역사 이해를 선택할 수 있다, 그런 가능성을 제시한 것이 이번 기획의 가장 큰 의미라고 생각합니다.

천 마지막으로 독자들에게 하고 싶은 말이 있으시다면.

허 두 사람의 사적인 대화에서 시작된 글을 최대한 객관화 시키려고 노력했고, 우리가 여태까지 연구실에 박혀서 생각하고 공부한 것을 남들에게 되돌리는 작업을 하려고 노력했습니다. 어떻게 보면 기특한 면이 있으니까 부족하더라도 그런 성과를 감싸는 눈으로 봐주기를 바랍니다.

박 결국 우리가 실현하고자 하는 것은 그런 게 아닐까 합니다. 고압적인 역사의 민주화라고나 할까요. 역사는 이제 더이상 국가나 민족의 것이 아니고, 국사와 민족의 시대는 이미 끝났습니다. 이제 역사는 시민 개개인의 것입니다. 시민 개개인이 알맞은 역사 해석을 선택할 권리가 있고, 자신만의 진실을 역사의 해석을 통해 찾을 권리가 있습니다. 역사학자는 어떤 민족의 과거를 추적하는 사람도 아니고, 민족의 나아갈 길을 제시하는 사람도 아니며, 민족의 영웅들을 기리는 사람도, 민족 반역자를 규탄하거나 민족의 얘기를 쓰는 사람도 아닙니다. 시민들에게 역사 읽는 여러 방법을 이야기해주는 소개자, 내레이터이자 과거 일의 많은 해석자 가운데 한 사람일 뿐입니다.

■ 부록-원전 읽기

; 모든 원문은 원전 표기를 따름. 단, 필요한 경우 한자 앞에 한글을 부기함.

1장 43쪽

유길준의 〈과문폐론(科文弊論)〉(1877)

–출전: 유길준 저, 유길준전서편찬위원회 편, ≪유길준 전서≫5, 일조각, 1971.

과문(科文)[1]이 나옴에 성인(聖人)의 도(道)는 폐멸(廢滅)되어 행해지지 않고 남아 있는 것도 빛을 받하지 못하니, 그 폐해가 양주(楊朱)·묵적(墨翟)·노자(老子)·불교(佛敎)가 우리에게 끼친 해악보다도 심하다. 저들 양주·묵적·노자·불교는 변(變)·탄(誕)·황(荒)·음(淫)으로 일개 도를 이루는 것이니, 선왕(先王)의 의복을 입고 선왕의 말씀을 암송하는 사람들은 가히 피하여 멀리해야 할 것을 알아 모두 말하기를 그들은 이단(異端)이며 우리의 도가 아니라고 한다.

여기에 이르면, 과문을 선왕의 유교(遺敎)요 사자(士子)들이 업(業)으로 삼을 바라고 하면서 사람의 부형들이 그 자제(子弟)들에게 바라는 것은 이것을 잘 하라고 하는 것에 불과하다. 사우(師友)가 서로 마탁권계(磨琢勸戒)하는 것도 역시 다 이것을 잘 하라고 하는 것이며, 사람들이 그 자신에게 다짐하는 것 또한 이것을 잘 하자는 것에 불과하다.

과문에 능하면 스스로 뽐내며 자랑하기를, 십만 군사를 거느리고 호정(胡庭)을 소탕하여 단우(單于)의 목을 매달고 북궐(北闕) 아래 대령하여 만호후(萬戶侯)에 봉해지고 기린각(麒麟閣)에 자신의 화상(畵像)이 걸릴 듯이 한다. 그리고 과문에 능하지 못하면 상지실기(喪志失氣)하여, 부상대가(富商大賈)가 육로와 수로로 운송해 놓은 보화가 산더미 같은데도 빈자(貧者)는 빈손으로 방황하며 미소(微小)한 금옥(金玉)과 한 조각의 금패(錦貝)도 얻을 수 없어 옆에서 구경만 하는 듯이 한다. 그러므로 그 서책을 읽고 외며 익히는 데 몸과 마음을 다하고 정신과 사려를 다 소모하면서 늙어 흰머리가 다 되도록 고달프게 주위 모으니, 부지런하다면 부지런하다고 할 수 있다.

그들이 배우는 바를 살펴보면 옛사람의 글귀를 따서 시문(詩文)을 짓거나 경전(經傳)의 문장을 표절(剽竊)하며, 풍운(風雲)의 부광(浮光)을 비말(批抹)하거나 월로(月露)의 허영(虛影)을 친롱(穿弄)할 뿐이니, 그 뜻이 불과 이러한 것을 잘 하는 데 그친다면 그들을 장차 어디에다 쓰겠는가. 자신들은 격물진성(格物盡性)의 학문이라고 하지만, 도대체 격물(格物)한 바와 진성(盡性)한 바가 어떤 것이란 말인가. 본래 이용후생(利用厚生)의 도에 몽매하니 그 용(用)이 사람들의 생활을 편리하게 하고 그 의식을 풍부하게 할 수 없는 것이다. 이것으로 어찌 국가의 부

1) 科文 : 文科 科擧 때 시험보이는 詩·賦·表·策·疑·議 등의 글체.

강을 성취하고 인민의 안태(安泰)를 이룩할 수 있겠는가. 대저 윗사람이 바른 것으로 인도하면 아랫사람은 이를 따라서 행할 것이며, 바르지 못한 것으로 가르치면 이에 응하는 것도 그와 같을 뿐인 것이다.

소위 선비를 문장으로 시험한다는 것은 방법치고는 너무 졸렬한 것이다. 두 세 명의 시험관이 붓을 들고 심실(深室) 속에 앉아서 그 고하(高下)에 방점을 찍어 그 장단(長短)을 판별한다고 하나, 눈은 이미 혼미하고 마음마저 흐리멍텅하니 손놀림도 따라서 황란(慌亂)해지는 것이다. 하루 사이에 어떻게 천만명이 평생동안 지력(志力)을 기울인 것을 다 판별할 수 있단 말인가. 가령 세상에 이부(伊傅) 같은 현사(賢士)가 있다면 필시 고개를 숙이고 발을 끌면서 그 밑에 허리를 굽히고 들어가 만일의 요행을 기대하고자 하지는 않았을 것이며, 차라리 밭도랑 사이에서 늙어 죽더라도 자신의 도를 스스로 즐기면서 다만 그 몸을 닦았을 것이다.

그러므로 과문이란 것은 도를 해치는 함정이자 인재를 해치는 그물이며, 국가를 병들게 하는 근본이자 인민들을 학대하는 기구(機具)이니, 과문이 존재하면 백해(百害)가 있을 뿐이며 없더라도 하나도 손해가 없는 것이다. 위로는 조정의 백관에서부터 밑으로는 민간의 글방 서생에 이르기까지 모두 과문으로 부몰(浮沒)하니, 필경 취생몽사(醉生夢死)하다가 끝내 각성하여 깨닫지 못할 것이다.

혹 뛰어난 견해와 탁월한 식견을 가진 선비가 스스로 조금 분발할 줄 알아서 벼슬의 유혹에 빠지지 않는 자가 있으면 머리를 맞대고 손바닥을 두드리면서 무리를 지어 비웃으니, 사풍(士風)이 이 때문에 타락하고 대도(大道)가 이 때문에 폐절된 것이다. 사람들은 사자(士子)의 진신(進身)하는 길도 알지 못하면서 입신양명(立身揚名)의 길만을 온세상이 한결같이 칭송하니 어찌 그 생각하지 못함이 심하지 않은가.

아! 과문이 폐지되지 않으면 성인의 도는 행해지지 않을 것이요, 성인의 도가 행해지지 않으면 세교(世敎)가 진작될 수 없어 인민의 풍속이 날로 천박해질 것이다. 나는 성인의 도로써 치국(治國)한다는 말은 들은 바 있어도 과문으로 치국한다는 말은 들은 적이 없다.

1장 47쪽
유길준의 〈중립론(中立論)〉(1885)
-출전: 유길준 저, 유길준전서편찬위원회 편, 《유길준 전서》 4, 일조각, 1971.

대개 국가의 중립에는 두 가지 방법이 있는데, 하나는 전시중립(戰時中立)이라 하고 다른 하나는 항구중립(恒久中立)이라 한다. 중립이라는 것은 만국(萬國)의 중간에 서서 제국(諸國)과 전쟁을 하지 않는 것을 이르는 것이다.

전시중립이란 무엇을 이르는 것이냐. 갑국(甲國)·을국(乙國) 두 국가가 사단(事端)이 있어 서로 다투다가 무력으로 충돌하기에 이르면, 그 인근의 제방(諸邦)들이 중립령(中立令)을 선포하고 군대로 수비를 엄히 하여 갑국·을국이 자국(自國) 경내에서 임의로 전쟁을 벌여 서로 승부를 겨루는 것을 허용치 않음을 이르는 것이다. 그러므로 한 나라가 약소하여 자력(自力)으로 중립의 성책(城柵)을 지킬 수 없으면, 이웃나라들이 서로 협의하여 행하기도 함으로써 자국 보호의 방책으로 삼기도 하니, 이는 바로 부득이한 형세에서 비롯된 것으로, 공법(公法)이 허용하고 있는 바이다.

항구중립이란 무엇을 이르는 것이냐. 이는 어느 한 나라가 있어, 그 영토가 각국의 요충에 위치하여 부강하였으나 후대에 와서 자수(自守)하지 못할 정도로 그 형세가 절박해져서 강국의 수중에 들어가게 되면 시국의 대권이 흔들리고 이웃나라에도 화기(禍機)를 미치게 되므로 여러 나라들이 협의(協議)·입약(立約)하여 그 나라를 중립국으로 만들어 평시(平時)·전시(戰時)를 막론하고 외국군(外國軍)이 그 국경에 진입하는 것을 허락치 않는 것이다. 만일 조약을 어기는 나라가 있으면, 여러 제약국(締約國)이 공동으로 그 나라를 쳐서 그 죄과를 묻는 것이다.

현재 유럽 대륙의 벨기에, 불가리아 및 흑해 주변의 2∼3개 섬은 혹은 중립국이거나 혹은 중립지이다. 만국공법(萬國公法)을 보면 자주국(自主國)만이 중립권을 가질 수 있다고 하는데, 벨기에의 경우는 본래 자주국이지만 불가리아는 바로 터키에 공물을 바치는 일개 소국이며, 흑해 주변의 섬들도 주변국에 분할·예속되어 국가라고 할 수 없는 데도 중립권을 갖고 있으니, 이는 공법으로도 설명할 수 없는 바이다.

현재 우리나라는 지리적으로는 아시아의 인후(咽喉)에 위치하고 있어 마치 유럽에서의 벨기에와 같으며, 그 국제적 지위로는 중국의 공방(貢邦)이어서 불가리아와 터키의 관계와 같다. 그러나 동등지례(同等之禮)로 세계 각국과 조약을 체결할 권리를 불가리아는 갖고 있지 못하나 우리나라는 갖고 있다. 공방(貢邦)의 반열에서서 외국의 책봉을 받는 일은 벨기에의 경우에는 없지만 우리나라는 이런 일이 있다. 이런 까닭에 우리나라의 체세(體勢)는 실로 벨기에와 불가리아 양국의 전례(典禮)를 겸하고 있는 것이다. 불가리아를 중립화한 조약은 유럽의 강대국들이 러시아의 남하를 막으려고 한 계책에서 나온 것이고, 벨기에를 중립화한 조약은 유럽 강대국들 상호간의 자국 보호를 위한 방책인 것이다. 이로써 논하면 우리나라가 아시아의 중립국이 되는 것이 실로 러시아를 막는 큰 계기가 될 것이며, 또한 아시아 강대국들의 상보(相保)하는 정략도 될 것이다.

대저 러시아라는 나라는 만여 리에 달하는 거칠고 추운 땅에 위치하고 있으면서 백만 명의 정병(精兵)으로 날마다 그 영토를 넓히는 데 힘쓰고 있다. 중앙아시아 지역의 작은 나라들을 회유하여 보호국으로 만들기도 하고 혹은 그 독립권을 보장하기도 하였지만, 그 맹혈(盟血)이 채 마르지도 않았는데 그 토지를 모두 군현화(郡縣化)하고 그 인민들을 노예화하였다. 강한 나라가 약한 나라를, 큰 나라가 작은 나라를 병탄(倂呑)하고자 하는 것은 본래 인간세상의 기양(技癢)이다. 그런데 러시아는 특히 무도(無道)하기 때문에 천하가 탐욕스럽고 포악한 나라로 지목하고 있는데도, 그 호랑지심(虎狼之心)은 오히려 더욱 왕성하여져서 그칠 줄 몰랐다. 교도(敎徒)의 일을 가탁(假托)하여 터키와 전쟁을 일으켜 그 나라를 없애고 군사 탄정보(君斯坦堡)를 근거로 하여 장차 유럽을 잠식할 기반으로 삼으려 하였다. 영국·프랑스 등 여러 나라가 함께 일어나 터키를 원조하여 그 예봉(銳鋒)을 꺾고 그 계략을 저지하였다. 러시아인이 강대한 인접국과 반목할 수 없다는 것을 깨달아 마침내 그 군대를 동쪽으로 옮겨 중병(重兵)을 해삼위(海蔘威)에 주둔시키고 서백리아(西伯利亞) 철로를 가설하기에 이르렀다. 그 비용이 매우 거대하여 얻는 것이 잃은 것을 보충하지 못하니, 그 노리는 바는 지자(智者)가 아니라도 알 만한 것이다.

그러니 우리나라의 위태로움은 그 절박함이 얼마나 심한 것인가. 우리나라가 금일과 같은 형세로도 만국의 사이에서 토지와 인민을 보전할 수 있는 것은 중국이 내려 준 바인 것이다. 러시아인이 우리에게 눈독을 들여 온 지 오래되었으나 아직 감히 움직이지 못하는 것은 비록 균세(均勢)의 법칙이 저지한 바라고는 하지만, 실제로는 중국을 두려워하여 그런 것이다.

일본도 우리를 침략할 뜻이 없었던 것이 아니지만, 그 형세가 부족한 바가 있고 힘도 미치지 못함을 알기 때문에 스스로를 보전하기에도 겨를이 없으니, 어찌 감히 중국과 항쟁할 수 있겠는가. 그러므로 우리나라가 의뢰하여 나라를 보전하는 것은 중국이 돌보아 주는 데 달려 있다고 할 수 있는 것이다.

혹자는 "중국이 우리나라를 병탄하려 하지 않는다는 것을 어찌 알 수 있겠느냐"고 하지만, 이는 그렇지 않은 것이다. 진실로 중국이 병탄하려 했다면 왜 고생스럽게 여러 나라와 조약을 맺도록 권유하고서 금일에 와서야 비로소 병탄하고자 하겠는가. 먼나라 사람을 대하는 중국의 도(道)는 예로부터 지금까지 대개 관유(寬柔)함을 주로 하여, 단지 그 공물을 받고 책봉을 해주어 스스로 자치하게 할 뿐이며 나머지는 더 이상 간섭하지 않았다.

혹자는 "미국은 우리나라와 우의가 두터우니 의지하여 도움을 받을 만하다"고 하지만 그렇지 않은 것이다. 미국은 멀리 대양의 저편에 있으며 우리나라와 별로 깊은 관계도 없다. 더구나 만노약(蔓老約)을 표명한 후에는 유럽이나 아시아의 일에 간섭할 수 없게 되어 설사 우리나라가 위급해지더라도 그들이 말로는 도움을 줄 수 있을지언정 군대를 동원해 구원해 줄 수는 없다. 옛 말에도 천 마디 말이 탄환 한 발과 같지 못하다고 했다. 그러므로 미국은 통상(通商)의 상대로서 친할 수 있을 뿐이며, 위급함을 구해주는 우방으로서는 믿을 바가 못된다.

그러나 중국은 우리나라와 몇천 년간 봉공(奉貢)·수책(受冊)해 온 나라이며, 의관(衣冠)·문물(文物)도 모두 다 모방해 왔고, 속상(俗尙)·호오(好惡)도 서로가 비슷하거나 동일하다. 우리나라 사람들은 기성(箕聖)의 여풍(餘風)을 지켜왔고, 지리적으로도 연경(燕京)의 동쪽 울타리에 해당하여 친부(親附)해 온 관계가 깊었으므로 믿고 의지해온 것이 돈독하였다. 중국이 다소 시무(時務)에는 뒤떨어졌다고 하나 이번 원병을 청했을 때의 한 가지 일만 보아도 평소의 애호(愛好)는 짐작할 수 있는 것이다.

그런데 일본은 우리나라에 대해 걸핏하면 중국을 본떠 한층 더 심하게 하니, 내륙무역과 해변의 어채(漁採) 및 한성개잔(漢城開棧) 등 여러가지로 이미 우리나라는 그 폐해를 두루 입고 있다.

그리고 이번에 중국군이 2백 리 밖에 주둔했는데도 일본군이 멀리서 몰려와 서울로 진주하여 마치 사람이 없는 것 같이 행동하였으니, 이는 우리나라를 깔본 것뿐만이 아니며, 거기서 그들이 방자하게 중국을 경시하고 있다는 점을 알 수 있는 것이다. 진실로 우리가 힘이 있으면 역습을 하여 그들을 모두 죽여버리지 못할 것도 아닌데, 한 마디 힐난(詰難)도 하지 못하고 벌벌 떨면서 실화(失和)할 것만을 두려워하였으니, 이는 우리나라 인민들이 자강(自强)하지 못한 데 책임이 있는 것으로, 다시 누구를 탓하겠는가.

가령 일본군이 지금 철수하여도 우리가 무턱대고 기뻐할 것이 아니며 백 년 동안 주둔한다고 해도 우리가 더 이상 근심할 일이 못된다. 왜냐하면 그들이 비록 오늘 물러가더라도 내일 다시 오고 싶으면 올 수 있기 때문이다. 그들이 오고자 한다면 어찌 구실이 없음을 근심하겠는가. 이후로부터는 비단 일본만이 그러한 것이 아니라 천하에 군대를 보유한 모든 나라들이 다 이와 같이 하려 할 것이다. 그러므로 지금 일본군이 잠시 철병(撤兵)한다 하더라도 이는 단지 눈앞의 군대가 물러갈 뿐이며, 각국이 품고 있는 흉중(胸中)의 침략욕이 소멸되는 것은 아니다.

압록강과 두만강 두 강의 사이에서는 날마다 은연중에 만국(萬國)에 영향을 미치는 군대들의 각축이 그칠 때가 없다. 러시아인의 우려는 이 때문에 더욱 커지는 것이 아닌가 한다. 대저 버마나 월남 같은 나라는 그 유무(有無)가 중국과 그다지 깊은 관계가 없다. 그런데도 영국과 프랑스가 발호하는 사태가 벌어지자 중국의 성위(聲威)를 손상시켰던 것이다. 지금 러시아가 우리나라에 대해 하려고 하는 것이 또한 영국이 버마에, 프랑스가 월남에게 하려 했던 것과 같은 것이다. 가령 우리나라가 침략을 받게 되면, 중국의 환난은 이가 입술을 잃은 것 같아 더욱 위태롭게 될 터이니, 어느 겨를에 성위(聲威)를 논하겠는가.

설사 중국이 우리나라를 평소에 적국시하였다 해도 영국과 프랑스가 우리나라의 영토를 탐냈다면 오히려 피흘려 싸워서 우리나라를 보존(保存)하는 것이 스스로를 지키는 방책이라고 여겼을 것이다. 하물며 4천 년간 관계를 맺어 왔고 수백 년간 복사(服事)해 온 사이에서랴. 내란 같은 작은 문제에도 구원해 주었는데 하물며 외우존망(外憂存亡)의 계제임에랴.

　모든 일은 미연에 방지하는 것이 최상이니, 중국은 장차 어떤 계책으로 우리나라를 보존하려 하는가. 만일 러시아인이 움직이기를 기다려 군대를 동원해 멀리서 구원한다면 선후(先後)가 이미 갈라져서 승패를 알 수 없으며, 설혹 러시아군을 국경 밖으로 내몬다 해도 병력과 비용의 소모가 커서 폐해가 매우 클 것이니 양책(良策)이라고 볼 수 없는 것이다. 군대를 미리 파견해서 우리나라 북변에 주둔시켜 러시아에 대비하려 한다면, 바로 러시아인에게 구실을 주게 되는 것이며, 일본 또한 오늘과 같은 망동(妄動)을 할 것이니, 그것은 도리어 평지풍파를 일으켜 그 화란의 단서를 재촉하는 것이 된다.

　그런 즉 어떻게 하면 좋겠는가. 아마도 우리나라가 아시아의 중립국이 되는 것이 좋을 듯하다. 대저 한 나라가 자강(自强)하지 못하고 여러 나라와의 조약에 의지해 간신히 자국을 보존하고자 하는 계책도 매우 구차한 것이니 어찌 즐겨 할 바이겠는가. 그러나 국가는 자국의 형세를 아는 것이 가장 중요하니 억지로 큰소리를 치면 끝내 이로운 일이 없는 것이다. 사람은 원려(遠慮)가 없으면 반드시 근우(近憂)가 있게 되나, 나라는 소란(小亂)이 있어야 큰 업적을 세울 수도 있는 것이다.

　우리나라는 통상을 시작한 이후 현재에 이르기까지 무우(無憂)하다 할 수 없으며, 또한 무난(無亂)하다고도 할 수 없다. 오직 중립 한 가지만이 진실로 우리나라를 지키는 방책이지만 이를 우리가 먼저 제창할 수 없으니, 중국이 이를 맡아서 처리해 주도록 청하는 것이 좋을 듯하다. 만일 중국이 혹 일을 핑계삼아 즉시 들어주지 않으면, 오늘 청하고 내일 또 청해서, 중국이 조약의 주창자가 되어 영국·프랑스·일본·러시아 등 아시아 지역과 관계가 있는 여러 나라들이 회동(會同)하는 자리에 우리나라가 참여하여 공동으로 그 조약문을 작성하도록 요청해야 한다.

　이것은 우리나라의 입장만을 생각한 것이 아니고 중국에게도 이익이며 여러 나라가 서로 보존하는 계책이기도 한데, 어찌 근심만 하면서 이를 행하지 않는가. 유럽의 대국(大國)들이 러시아의 남하정책에 맞서 자국을 보존할 계책에 급급하다가 벨기에와 불가리아 양국의 중립이 한번 제창되자 모두 동의하여 잠깐 사이에 성취되었는데, 어째서 아시아지역의 대국들은 단지 우려할 줄만 알고 러시아의 남하정책을 막을 계책은 알지 못하는가.

　지난 날에는 본래 그럴 기회가 없었으나 지금은 그 시기가 왔고 분위기도 무르익었다고 할 수 있다. 우리나라가 이때에 반드시 이 기회를 이용하여 중국에 청하면 중립을 달성할 수 있는 것이다. 이는 러시아인의 흉심(兇心)을 우호적인 외교관계에서 가만히 제거하여 살벌한 분위기가 웃으면서 이야기하는 사이에 바뀌게 될 것이며, 중국은 군대를 쓰지 않고도 동쪽에 대한 우려를 영원히 끊을 수 있고, 우리나라는 믿음직한 장성(長城)을 얻은 것과 같아서 앉아서 만세(萬世)의 이득을 얻게 되는 것이다. 그 모든 방략은 중국에 달려있을 뿐이고 우리나라가 친신(親信)할 바도 중국만한 나라가 없으니, 우리 정부가 간절하게 청하기를 바랄 뿐이다.

2장 58쪽
유길준의 ≪서유견문≫ 제14편 중 '개화(開化)의 등급(等級)'
-출전: 유길준 저, 유길준전서편찬위원회 편, ≪유길준전서≫1, 일조각, 1971.

　大槩開化라ᄒᆞᆫ者ᄂᆞᆫ 人間의 千事萬物이 至善極美ᄒᆞᆫ境域에抵흠을 謂흠이니 然ᄒᆞᆫ故로 開化ᄒᆞᆫᄂᆞᆫ境域은 限定ᄒᆞ기不能ᄒᆞᆫ者라 人民才力의 分數로 其等級의 高低가有ᄒᆞ나 然ᄒᆞ나 人民의習尙이 邦國의規模롤 隨ᄒᆞ야 其差異홈도 亦生ᄒᆞ느니 此ᄂᆞᆫ 開化ᄒᆞᄂᆞᆫ軌程의 不一홈 緣由어니와 大頭腦ᄂᆞᆫ 人의爲不爲에 在홀ᄯᆞ름이라 五倫의 行實을

純篤히ᄒᆞ야 人이 道理ᄅᆞᆯ知ᄒᆞᆫ則 此ᄂᆞᆫ 行實의 開化며 人이 學術을窮究ᄒᆞ야 萬物의理
致ᄅᆞᆯ格ᄒᆞᆫ則 此ᄂᆞᆫ學術의開化며 國家의政治ᄅᆞᆯ正大히ᄒᆞ야 百姓이泰平호樂이有ᄒᆞᆫ者ᄂᆞᆫ
政治의 開化며 法律을 公平히ᄒᆞ야 百姓의 寃抑호事가無ᄒᆞᆫ者ᄂᆞᆫ 法律의 開化며 器械
의 制度ᄅᆞᆯ 便利히ᄒᆞ야 人의用을 利ᄒᆞ게ᄒᆞᆫ者ᄂᆞᆫ 器械의開化며 物品의 制造ᄅᆞᆯ 精緊히
ᄒᆞ야 人의生을 厚히ᄒᆞ고 荒麤호事가無ᄒᆞᆫ者ᄂᆞᆫ 物品의開化니 此屢條의開化ᄅᆞᆯ合호 然
後에 開化의具備호者라始謂ᄒᆞᆯ디라 天下古今의 何國을顧考ᄒᆞᆫ지 開化의 極臻호境
에 至ᄒᆞᆫ者ᄂᆞᆫ無ᄒᆞ나 然ᄒᆞ나 大綱其層級을 區別ᄒᆞ건디 三等에 不過ᄒᆞ니 曰開化ᄒᆞᆫ
者며 曰半開化호者며曰未開化호者라.

開化ᄒᆞᆫ者ᄂᆞᆫ 千事와萬物을 窮究ᄒᆞ며 經營ᄒᆞ야 日新ᄒᆞ고 又日新ᄒᆞ기ᄅᆞᆯ 期約ᄒᆞᄂᆞ
니 如此홈으로 其進取ᄒᆞᄂᆞᆫ氣像이 雄壯ᄒᆞ야 些少의 怠惰홈이無ᄒᆞ고 又人을待ᄒᆞᄂᆞᆫ道
에 至ᄒᆞ야ᄂᆞᆫ 言語恭遜히ᄒᆞ며 形止ᄅᆞᆯ端正히ᄒᆞ야 能호者ᄅᆞᆯ 是傚ᄒᆞ며 不能호者ᄅᆞᆯ
是矜ᄒᆞ고 敢히 慢侮ᄒᆞᄂᆞᆫ氣色을 示ᄒᆞ지못ᄒᆞ며 敢히 鄙悖호容貌ᄅᆞᆯ設ᄒᆞ지못ᄒᆞ야 地位
의 貴賤과 形勢의强弱으로 人品의區別을 不行ᄒᆞ고 國人이 其心을合一ᄒᆞ야 屢條의
開化ᄅᆞᆯ 共勉ᄒᆞᄂᆞᆫ者며,

半開化호者ᄂᆞᆫ 事物의 窮究도 不行ᄒᆞ며 經營도不有ᄒᆞ야 苟且호 計圖와 姑息ᄒᆞᄂᆞᆫ
意思로 小成호域에 安ᄒᆞ고 長久호策이無호디 猶且自足ᄒᆞᄂᆞᆫ 心性이有ᄒᆞ야 人을接待
ᄒᆞ기ᄂᆞᆫ能호者ᄅᆞᆯ 許與홈이 少ᄒᆞ고 不能호者ᄅᆞᆯ 凌侮ᄒᆞ야 恒常 倨傲호氣色을 帶ᄒᆞ고
妄意自重ᄒᆞ야 貴賤의地位와 强弱의形勢로 人品의區別을 己甚히行ᄒᆞᄂᆞᆫ故로 國人이
各其一身의 榮華와 慾心을 經綸ᄒᆞ고 屢條의 開化에 心을 不專ᄒᆞᄂᆞᆫ者며,

未開化호者ᄂᆞᆫ 卽野蠻의種落이니 千事와 萬物에規模와 制度가 無有호뿐더러當初
에經營도 不爲ᄒᆞ고 能호者가如何호지 不能호者가如何호지 分別도 不能ᄒᆞ야 居處와
飮食에도 一定호規度가 不存ᄒᆞ며 且人을待ᄒᆞ기에 至ᄒᆞ야ᄂᆞᆫ 紀綱과禮制가 無호故로
天下에 最可矜호者라.

若是ᄒᆞ게 等級을分ᄒᆞ야 論ᄒᆞ나 然ᄒᆞ나 勉勵ᄒᆞ기ᄅᆞᆯ 不己ᄒᆞ면 半開化호者와 未開
化호者라도 開化ᄒᆞᄂᆞᆫ者의 闘域에至ᄒᆞᄂᆞ니 俚言에云ᄒᆞ디 始作이半이라 勉勵ᄒᆞ면 不
成ᄒᆞᄂᆞᆫ者가 何有ᄒᆞ리오 大槩半開化호者의 國에도 開化ᄒᆞᄂᆞᆫ者가 有ᄒᆞ며 未開化호者
의 國에도 開化ᄒᆞᄂᆞᆫ者가有ᄒᆞ니 然호故로 開化ᄒᆞᄂᆞᆫ者의 國에도 半開化호者ᄅᆞᆯ有ᄒᆞ며
未開化호者도有ᄒᆞ지라. 國人이 一齊히開化ᄒᆞ기ᄂᆞᆫ極難호事니 人生의 道理ᄅᆞᆯ守ᄒᆞ며
事物의理致ᄅᆞᆯ 窮究ᄒᆞ면 是ᄂᆞᆫ 蠻夷의國에 在ᄒᆞ야도 開化ᄒᆞᄂᆞᆫ者며 人生의 道理ᄅᆞᆯ 不
修ᄒᆞ고 事物의 理致ᄅᆞᆯ不究ᄒᆞ면 開化호國에 在ᄒᆞ야도 未開化호者라 如此히言ᄒᆞ기ᄂᆞᆫ
各其一人의身을 擧論홈이어니와 一國의景況을 議論ᄒᆞ기에 至ᄒᆞᆫ則 其人民의 開化ᄒᆞ
ᄂᆞᆫ者가 多ᄒᆞ면 開化ᄒᆞᄂᆞᆫ國이며 半開化호者가 多ᄒᆞ면 半開化호國이며 未開化호者가
多ᄒᆞ면 未開化호國이니 半開化호者ᄅᆞᆯ 勸ᄒᆞ야 是ᄅᆞᆯ行ᄒᆞ게홈과 未開化호者ᄅᆞᆯ 誨ᄒᆞ야
是ᄅᆞᆯ覺ᄒᆞ게홈은 開化ᄒᆞᄂᆞᆫ者의 責望과 職分이라竊想ᄒᆞ건디 行實의開化ᄂᆞᆫ 天下萬國
을 通ᄒᆞ야 其同一호 規模가 千萬年의 長久홈을 閲歷ᄒᆞ야도 不變ᄒᆞᄂᆞᆫ者어니와 政治
以下의 諸開化ᄂᆞᆫ 時代ᄅᆞᆯ隨ᄒᆞ야 變改ᄒᆞ기도ᄒᆞ며 地方을 從ᄒᆞ야 殊異ᄒᆞ기도ᄒᆞ리니
然호故로 古에 合ᄒᆞ든者가 今에ᄂᆞᆫ 不合ᄒᆞᄂᆞᆫ者가 有ᄒᆞ며 彼에 善호者가 此에ᄂᆞᆫ 不
善호者도 有호則 古今의 形勢ᄅᆞᆯ斟酌ᄒᆞ며 彼此의 事情을 比較ᄒᆞ야 其長을 取ᄒᆞ고
其短을 捨홈이 開化ᄒᆞᄂᆞᆫ者의大道라.

開化ᄒᆞᄂᆞᆫ事ᄅᆞᆯ 主張ᄒᆞ야 務行ᄒᆞᄂᆞᆫ者ᄂᆞᆫ 開化의主人이오 開化ᄒᆞᄂᆞᆫ者ᄅᆞᆯ 歆羨ᄒᆞ야 學
ᄒᆞ기ᄅᆞᆯ喜ᄒᆞ고 取ᄒᆞ기ᄅᆞᆯ 樂ᄒᆞᄂᆞᆫ者ᄂᆞᆫ 開化의 賓客이며 開化ᄒᆞᄂᆞᆫ者ᄅᆞᆯ 恐懼ᄒᆞ고 疾惡
호디 不得已ᄒᆞ야 從ᄒᆞᄂᆞᆫ者ᄂᆞᆫ 開化의奴隷니 主人의 地位ᄅᆞᆯ 居ᄒᆞ기不得호딘디 寧賓
客의 座ᄅᆞᆯ取ᄒᆞᆯ디언뎡 奴隷의 列에ᄂᆞᆫ 立홈도 不可ᄒᆞ니 賓의 名이有ᄒᆞ야도 猶且主人의
禮遇나有ᄒᆞ고 又進取ᄒᆞᄂᆞᆫ 性氣가奮發ᄒᆞ기에 至ᄒᆞᆫ則主人의 一座ᄅᆞᆯ 占居ᄒᆞ야 客의名
位ᄅᆞᆯ 脱棄ᄒᆞ고 或且舊日主人으로 賓을作ᄒᆞ기도 期必ᄒᆞ려니와 萬若 奴隷되ᄂᆞᆫ時ᄂᆞᆫ
恒常他人의 指揮ᄅᆞᆯ隨ᄒᆞ야 羞恥되ᄂᆞᆫ 事端이 不少호뿐더러 些少라도 先手ᄒᆞᄂᆞᆫ境이
有ᄒᆞ면 其土地와 人民도 保全ᄒᆞ기不能ᄒᆞ야 開化ᄒᆞᄂᆞᆫ者의 附庸되기 容易ᄒᆞ니 可히

謹愼ᄒᆞᆯ者가 此에 莫過ᄒᆞ지라 大槩人의 氣癖으로 議論ᄒᆞ면 開化ᄒᆞᄂᆞᆫ事에 實의座ᄅᆞᆯ
處ᄒᆞᆷ도 恥愧의極ᄒᆞᆫ者ㅣ나 然ᄒᆞ나 時勢와 處地ᄂᆞᆫ 人力으로 如何ᄒᆞ기不能ᄒᆞᆯᄯᅥ니 設令
出衆ᄒᆞᆫ智慧와 非凡ᄒᆞᆫ 勇斷이有ᄒᆞ야도 超脫ᄒᆞ기 不能ᄒᆞ고 但順行ᄒᆞᆯᄯᆞ롬이라 故로
外國의新開化ᄅᆞᆯ 初見ᄒᆞᄂᆞᆫ者ㅣ 其始에ᄂᆞᆫ 嫌懼ᄒᆞ며 疾惡ᄒᆞ야 不取ᄒᆞ기不可ᄒᆞᆫ者가 有
ᄒᆞᆫ則 已ᄒᆞ기不得ᄒᆞ야 取用ᄒᆞᄂᆞᆫ形貌가 開化의奴隷ᄅᆞᆯ 不免ᄒᆞ다가 及其 聞見이 廣博
ᄒᆞ며 知覺이高明ᄒᆞ 時ᄅᆞᆯ當ᄒᆞ면 始乃開化賓客이되ᄂᆞ니 此ᄅᆞᆯ困ᄒᆞ야 勉行ᄒᆞ기不已ᄒᆞ
면 主人의 堂戶에 入居ᄒᆞ기도 成就ᄒᆞᆯ디라 今夫天下各國의 開化ᄒᆞᄂᆞᆫ始初ᄅᆞᆯ 詳考ᄒᆞ
건디 智慧로以ᄒᆞᄂᆞᆫ 規模가穩全ᄒᆞ고 弊端이不存ᄒᆞᆯᄯᅮᆫ아니라 恒常主人의 形勢ᄅᆞᆯ 保
有ᄒᆞ고 勇斷으로以ᄒᆞᄂᆞᆫ 完全ᄒᆞᆫ規度가少ᄒᆞ고 無數ᄒᆞᆫ弊端이 生ᄒᆞᄂᆞᆫ故로 差失ᄒᆞᄂᆞᆫ事
가 多ᄒᆞ나 久後에至ᄒᆞ야ᄂᆞᆫ 主人의席이나 賓客의位ᄅᆞᆯ 占有ᄒᆞᆷ者가多ᄒᆞ며 威力으로以
ᄒᆞᄂᆞᆫ者ᄂᆞᆫ 百姓의知識이 缺乏ᄒᆞᆷ을困ᄒᆞ야 全혀臆地로 行ᄒᆞᄂᆞᆫ事가 多ᄒᆞᆫ故로 其規模의
如何ᄒᆞᆷ은 姑舍ᄒᆞ고 弊端은 猶且勇斷ᄒᆞᆫ者에 比ᄒᆞ야 略少ᄒᆞ나 其政府의 危殆ᄒᆞᆷ인則
國中에 大敵이有ᄒᆞᆷ과 恒同ᄒᆞ야 最難ᄒᆞᆫ者로디 萬若 政府ᄒᆞᄂᆞᆫ者가 不如此ᄒᆞ면 百姓
이 開化의奴隷되야 他人의 指揮ᄅᆞᆯ 受ᄒᆞ기不免ᄒᆞᆯ디라 然ᄒᆞᆫ故로 政府가 不得已ᄒᆞ야
保國ᄒᆞᄂᆞᆫ計ᄅᆞᆯ 用ᄒᆞᆷ이로디 一心으로 人民을 愛護ᄒᆞ야 進取ᄒᆞᄂᆞᆫ氣像이 雄壯ᄒᆞᆷ으로
此도 亦賓客의地位ᄅᆞᆯ 不失ᄒᆞ고 歲月의長久ᄒᆞᆷ을 閱歷ᄒᆞ야 人民의 知識이 博高ᄒᆞ기
에至ᄒᆞ則 主人의名號ᄅᆞᆯ 圖謀ᄒᆞᄂᆞᆫ者가 有ᄒᆞ거니와 萬一政府와 人民이 一同ᄒᆞ게 無
識ᄒᆞ야 智慧로以ᄒᆞᆷ도 無ᄒᆞ고 勇斷으로以ᄒᆞᆷ도無ᄒᆞ고 威力으로以ᄒᆞᆷ도無ᄒᆞ야 更張ᄒᆞ
ᄂᆞᆫ規模ᄅᆞᆯ 不行ᄒᆞ며 振起ᄒᆞᄂᆞᆫ氣力이 不足ᄒᆞ야 愛好ᄒᆞ되 不效ᄒᆞ며 歆美ᄒᆞ되 不學ᄒᆞ
고 恐懼ᄒᆞ되 不悟ᄒᆞ면 他人의 奴隷되야 開化ᄒᆞᄂᆞᆫ 指揮ᄅᆞᆯ 服從ᄒᆞᆯᄯᆞ롬이니 國人이
心을 同ᄒᆞ야 戒愼ᄒᆞᆯ者가 此에 在ᄒᆞᆷ이라.

且夫開化ᄂᆞᆫ 實狀과 虛名의 分別이有ᄒᆞ니 實狀開化라ᄒᆞᄂᆞᆫ者ᄂᆞᆫ 事物의 理致와 根
本을窮究ᄒᆞ며 考諒ᄒᆞ야 其國의處地와 時勢에合當케ᄒᆞᄂᆞᆫ者며 虛名開化라ᄒᆞᄂᆞᆫ者ᄂᆞᆫ
事物上에 知識이不足ᄒᆞ되 他人의景況을見ᄒᆞ고 歆美ᄒᆞ야 然ᄒᆞᆫ든지 恐懼ᄒᆞ야 然ᄒᆞᆫ든
지 前後ᄅᆞᆯ推量ᄒᆞᄂᆞᆫ 智識이無ᄒᆞ고 施行ᄒᆞ기로 主張ᄒᆞ야 財물 費ᄒᆞ기不少ᄒᆞ되 實用
은 其分數ᄅᆞᆯ 抵ᄒᆞ기不及ᄒᆞᆷ이니 外國을 始通ᄒᆞᄂᆞᆫ者가 一次ᄂᆞᆫ 虛名의開化ᄅᆞᆯ經歷ᄒᆞ나
歲月의 久遠홈으로 無限히練歷이有ᄒᆞᆫ後에 至ᄒᆞ則 實狀開化에 始赴ᄒᆞᆷ이라 然ᄒᆞᆫ故로
他人의 長技ᄅᆞᆯ取ᄒᆞᄂᆞᆫ者가 決斷코 外國의 器械ᄅᆞᆯ 購買ᄒᆞ거나 工匠을雇用ᄒᆞ지勿ᄒᆞ고
必先自己國人民으로 其才ᄅᆞᆯ 學ᄒᆞ야 其人으로써 其事ᄅᆞᆯ 行ᄒᆞᆷ이可ᄒᆞ니 盖人의才操ᄂᆞᆫ
窮盡ᄒᆞᆷ이 無ᄒᆞ거니와 財物은 有限ᄒᆞᆫ者라 萬若 自己國人이 其才ᄅᆞᆯ修ᄒᆞ던디 當場에
利ᄒᆞᆯᄯᅮᆫ아니라 國中에 傳播ᄒᆞ야 其效驗이 後世에遺ᄒᆞ기에 至ᄒᆞ려니와 外國의 器械
ᄅᆞᆯ 購買ᄒᆞ면 其器械가 傷ᄒᆞᄂᆞᆫ時ᄂᆞᆫ 其器械가 更無ᄒᆞᆯᄭᅵ오 工匠을雇用ᄒᆞ면 其工匠이
去ᄒᆞᄂᆞᆫ時ᄂᆞᆫ 其工匠이 更無ᄒᆞ리라 如何ᄒᆞᆫ器械와 如何ᄒᆞᆫ工匠으로 其事ᄅᆞᆯ 更行ᄒᆞ리오
其勢가 其器械ᄅᆞᆯ更購ᄒᆞ고 其工匠을更雇ᄒᆞᄂᆞ니 眞實로 如是ᄒᆞᆯ던디 我의虛費ᄒᆞᄂᆞᆫ者
ᄂᆞᆫ 財物이라 若玆히 虛費ᄒᆞᄂᆞᆫ財物이 何處로從ᄒᆞ야 得來ᄒᆞ리오 畢竟은 百姓에게其
害가 歸ᄒᆞᆯᄯᆞ롬 嗟呼라 開化ᄒᆞᄂᆞᆫ事가 他人의 長技ᄅᆞᆯ取ᄒᆞᆯᄯᅮᆫ아니오 自己의 善美ᄒᆞᆫ者
ᄅᆞᆯ 保守ᄒᆞ기에도 在ᄒᆞ니 大槩他人의 長技ᄅᆞᆯ取ᄒᆞᄂᆞᆫ意向도 自己의 善美ᄒᆞᆫ者ᄅᆞᆯ 補ᄒᆞ
기爲홈인故로 他人의 才操ᄅᆞᆯ取ᄒᆞ야도 實狀잇게 用ᄒᆞᄂᆞᆫ時ᄂᆞᆫ則 自己의 才操ᄅᆞᆯ時勢ᄅᆞᆯ
量ᄒᆞ며 處地ᄅᆞᆯ審ᄒᆞ야 輕重과 利害ᄅᆞᆯ判斷ᄒᆞᆫ然後에 前後ᄅᆞᆯ 分辨ᄒᆞ야 次序로 施行홈
이可ᄒᆞ거늘 過ᄒᆞᄂᆞᆫ者ᄂᆞᆫ 毫末의分別도無ᄒᆞ고 外國이면 盡善ᄒᆞ다ᄒᆞ야 自己의國에ᄂᆞᆫ 如
何ᄒᆞᆫ事物이든지 不美ᄒᆞ다ᄒᆞ며 己甚ᄒᆞ기에至ᄒᆞ야ᄂᆞᆫ 外國의景況을 稱道ᄒᆞ야 自己의
國을 慢侮ᄒᆞᄂᆞᆫ弊俗도 有ᄒᆞ니 此ᄅᆞᆯ 開化黨이라 謂ᄒᆞ나 此豈開化黨이리오 其實은 開
化의罪人이며 不及ᄒᆞᆫ者ᄂᆞᆫ 頑固ᄒᆞᆫ性禀으로 事物의 分界가 無ᄒᆞ고 外國人이면 夷狄
이라ᄒᆞ고 外國物이면 無用件이라ᄒᆞ고 外國文字ᄂᆞᆫ天主學이라ᄒᆞ야 敢히 就近ᄒᆞ지못
ᄒᆞ며 自己의身이 天下의第一인듯 自處ᄒᆞ나 甚ᄒᆞ기에 至ᄒᆞ야ᄂᆞᆫ 避居ᄒᆞᄂᆞᆫ者도有ᄒᆞ니
此ᄅᆞᆯ 守舊黨이라謂ᄒᆞ나 此豈守舊黨이리오 其實은 開化의讎敵이니 聖人의言이有ᄒᆞ
디 過ᄒᆞᆷ과 不及ᄒᆞᆷ이 同ᄒᆞ다ᄒᆞ나 然ᄒᆞ나 開化ᄒᆞᄂᆞᆫ道에 至ᄒᆞ야ᄂᆞᆫ 過ᄒᆞᆫ者의弊害가 不

及호者에서甚호니 其故는 無他라 過호者는 其國을 危케홈이速호고 不及호者는 其國을 危케홈이 遲홈이라 然홀故로 必然히 得中호者가有호야 過호者룰調制호며 不及호者룰勸勉호야 他의 長技룰取호고 自己의美事룰 守호야 處地와時勢룰 應호然後에 民國을 保全호야 開化의大功을 奏호리니 若其口中에 外國卷烟을 含호고 胸前에 外國時標룰佩호며 其身이 拚登이나 交椅애 踞坐호야 外國의風俗을 閒話호야 其言語룰 略解호는者가 豈曰開化人이리오 此는 開化의罪人도아니오 開化의讎敵도아니라 開化의虛風에 吹호야 心中에 主見업시 一簡開化의病身이라.

世級이降홀스록 人의開化호는道는 前進호느니 言者가 或曰호디後人이前人을 不及호다호나 然호나 此는 未達호 談論이라 人事가 無窮홀故로 時代룰隨호야 變幻홈이 有호거늘 後人이 應變호는道理룰 不行호고 舊規模룰 株守호야 事爲上에施行호다가 不合호는者가有호면 輒日今人이 何敢古人과 同호리오호나 此言이豈然호리오 萬若 人의 氣質과 局量이代마다 減衰홀딘디 秪今을從호야 幾千年을經호면 應當人의 事爲가 絶홀디오 又幾千年을 再過호면 人의道理도 無호리니 此는 理의不然홈이 的實호지라 人의 知識은 閱歷이多홀스록 新奇호者와 深妙호者가 疊出호느니 今에 此룰 證호건디 古人은 陸地往來에 代步호는物이 馬아니면 車라 千里長路룰 旬望의旅行으로 艱辛히 得達호더니 今人은 火輪車의 神速홈으로 半日의工을 不費호고 水路에는 一片木船으로 萬頃의滄波에 出沒호야 風濤의 險惡홀時눈 危殆홈도 極臻호더니 今人은 火輪船의堅固홈으로 萬里의風浪을 平地에서 便히 來往호고 古人은 百里間에 一封書消息을 傳호기에 來往間二三日은 虛費호더니 今人은 電機線의 深妙홈으로 萬千里의 殊域이라도 瞬息間에 往復호야 咫尺에 對話홈과 無異호고 古人은 各種物品의 製造호는法이 人力을 費홀쓰룸이라 其辛苦호景狀이 可矜호더니 今人은 火輪器械의 便利홈으로 一日의 製作호는者가 幾萬人의 工夫룰 對敵호則 此等事는 吾輩의聞見홀더로 古人의不能홈바며 近世에 至호야 其功效룰始顯호者라.

抑此新奇호고 深妙호理致는 舊世界에 不存호고 今日에始有호者아니오 天地間의 其自然호根本은 古今의差異가 無호더 古人은 窮格호기 不盡호고 今人은 窮究호야 擴到호者니 此룰由호야 觀호면 今人의才識이 古人에比호면 越加호듯호나 然호나 實狀은 古人의草創호者룰 潤色홀쓰룸이라. 火輪船이 雖日神妙호나 古人의 作舟호 制度룰 違호기는不能호고 火輪車가 雖日奇異호나 古人의 造車호規模룰 不由호면 不成홀디오 此外에도 如何호事物이든지 皆然호야 古人의成法을 離脫호고 今人의 新規룰剏出호기는 不能호니 我邦에도 高麗磁器난 天下의有名호者며 李忠武의 龜船은 鐵甲兵船이라 天下의 最先剏出호者며 校書舘의 鐵鑄字도 天下의 最先創行호者라 我邦人이 萬若 窮究호고 又窮究호야 便利호道理룰 經營호얏스면 千萬事物이 今日에 至호야 天下萬國의 名譽가 我邦에歸호얏슬디어늘 後輩가 前人의 舊規룰 潤色디아니홈이로다.

3장 75쪽
〈2002년 11월 24일자 빈 라덴의 편지〉
-출처: 인터넷 ≪옵서버(The Observer)≫(http://www.observer.co.uk/worldview/story/0,11581,845725,00.html)

Sunday November 24, 2002

In the Name of Allah, the Most Gracious, the Most Merciful, "Permission to fight (against disbelievers) is given to those (believers) who are fought against, because they have been wronged and surely, Allah is Able to give them (believers) victory." [Quran 22:39]

"Those who believe, fight in the Cause of Allah, and those who is believe, fight in the cause of Taghut (anything worshipped other than Allah e.g. Satan). So fight you against the friends of Satan; ever feeble is indeed the plot of Satan."[Quran 4:76]

Some American writers have published articles under the title 'On what basis are we fighting?' These articles have generated a number of responses, some of which adhered to the truth and were based on Islamic Law, and others which have not. Here we wanted to outline the truth - as an explanation and warning - hoping for Allah's reward, seeking success and support from Him.

While seeking Allah's help, we form our reply based on two questions directed at the Americans:

(Q1) Why are we fighting and opposing you?

(Q2) What are we calling you to, and what do we want from you? As for the first question: Why are we fighting and opposing you? The answer is very simple:

(1) Because you attacked us and continue to attack us.

  (a) You attacked us in Palestine:

    (i) Palestine, which has sunk under military occupation for more than 80 years. The British handed over Palestine, with your help and your support, to the Jews, who have occupied it for more than 50 years; years overflowing with oppression, tyranny, crimes, killing, expulsion, destruction and devastation. The creation and continuation of Israel is one of the greatest crimes, and you are the leaders of its criminals. And of course there is no need to explain and prove the degree of American support for Israel. The creation of Israel is a crime which must be erased. Each and every person whose hands have become polluted in the contribution towards this crime must pay its price, and pay for it heavily.

    (ii) It brings us both laughter and tears to see that you have not yet tired of repeating your fabricated lies that the Jews have a historical right to Palestine, as it was promised to them in the Torah. Anyone who disputes with them on this alleged fact is accused of anti-semitism. This is one of the most fallacious, widely-circulated fabrications in history. The people of Palestine are pure Arabs and original Semites. It is the Muslims who are the inheritors of Moses (peace be upon him) and the inheritors of the real Torah that has not been changed. Muslims believe in all of the Prophets, including Abraham, Moses, Jesus and Muhammad, peace and blessings of Allah be upon them all. If the followers of Moses have been promised a right to Palestine in the Torah, then the Muslims are the most worthy nation of this.

When the Muslims conquered Palestine and drove out the Romans, Palestine and Jerusalem returned to Islaam, the religion of all the Prophets peace be upon them. Therefore, the call to a historical right to Palestine cannot be raised against the Islamic Ummah that believes in all the Prophets of Allah (peace and blessings be upon them) - and we make no distinction between them.

    (iii) The blood pouring out of Palestine must be equally revenged. You must know that the Palestinians do not cry alone; their women are not widowed alone; their sons are not orphaned alone.

  (b) You attacked us in Somalia; you supported the Russian atrocities against us in Chechnya, the Indian oppression against us in Kashmir, and the Jewish aggression against us in Lebanon.

  (c) Under your supervision, consent and orders, the governments of our countries which act as your agents, attack us on a daily basis;

(i) These governments prevent our people from establishing the Islamic Shariah, using violence and lies to do so.

(ii) These governments give us a taste of humiliation, and places us in a large prison of fear and subdual.

(iii) These governments steal our Ummah's wealth and sell them to you at a paltry price.

(iv) These governments have surrendered to the Jews, and handed them most of Palestine, acknowledging the existence of their state over the dismembered limbs of their own people.

(v) The removal of these governments is an obligation upon us, and a necessary step to free the Ummah, to make the Shariah the supreme law and to regain Palestine. And our fight against these governments is not separate from out fight against you.

(d) You steal our wealth and oil at paltry prices because of you international influence and military threats. This theft is indeed the biggest theft ever witnessed by mankind in the history of the world.

(e) Your forces occupy our countries; you spread your military bases throughout them; you corrupt our lands, and you besiege our sanctities, to protect the security of the Jews and to ensure the continuity of your pillage of our treasures.

(f) You have starved the Muslims of Iraq, where children die every day. It is a wonder that more than 1.5 million Iraqi children have died as a result of your sanctions, and you did not show concern. Yet when 3000 of your people died, the entire world rises and has not yet sat down.

(g) You have supported the Jews in their idea that Jerusalem is their eternal capital, and agreed to move your embassy there. With your help and under your protection, the Israelis are planning to destroy the Al-Aqsa mosque. Under the protection of your weapons, Sharon entered the Al-Aqsa mosque, to pollute it as a preparation to capture and destroy it.

(2) These tragedies and calamities are only a few examples of your oppression and aggression against us. It is commanded by our religion and intellect that the oppressed have a right to return the aggression. Do not await anything from us but Jihad, resistance and revenge. Is it in any way rational to expect that after America has attacked us for more than half a century, that we will then leave her to live in security and peace?!!

(3) You may then dispute that all the above does not justify aggression against civilians, for crimes they did not commit and offenses in which they did not partake:

(a) This argument contradicts your continuous repetition that America is the land of freedom, and its leaders in this world. Therefore, the American people are the ones who choose their government by way of their own free will; a choice which stems from their agreement to its policies. Thus the American people have chosen, consented to, and affirmed their support for the Israeli oppression of the Palestinians, the occupation and usurpation of their land, and its continuous killing, torture, punishment and expulsion of the Palestinians. The American people have the ability and choice to refuse the policies of their Government and even to change it if they want.

(b) The American people are the ones who pay the taxes which fund the planes that bomb us in Afghanistan, the tanks that strike and destroy our homes in Palestine, the armies which occupy our lands in the Arabian Gulf, and the fleets which ensure the blockade of Iraq. These tax dollars are given to Israel for it to continue to attack us and penetrate our lands. So the American people are the ones who fund the attacks against us, and they are the ones who oversee the expenditure of these monies in the way they wish, through their elected candidates.

(c) Also the American army is part of the American people. It is this very same people who are shamelessly helping the Jews fight against us.

(d) The American people are the ones who employ both their men and their women in the American Forces which attack us.

(e) This is why the American people cannot be not innocent of all the crimes committed by the Americans and Jews against us.

(f) Allah, the Almighty, legislated the permission and the option to take revenge. Thus, if we are attacked, then we have the right to attack back. Whoever has destroyed our villages and towns, then we have the right to destroy their villages and towns. Whoever has stolen our wealth, then we have the right to destroy their economy. And whoever has killed our civilians, then we have the right to kill theirs.

The American Government and press still refuses to answer the question:

Why did they attack us in New York and Washington?

If Sharon is a man of peace in the eyes of Bush, then we are also men of peace!!! America does not understand the language of manners and principles, so we are addressing it using the language it understands.

(Q2) As for the second question that we want to answer: What are we calling you to, and what do we want from you?

(1) The first thing that we are calling you to is Islam.

(a) The religion of the Unification of God: of freedom from associating partners with Him, and rejection of this: of complete love of Him, the Exalted: of complete submission to His Laws: and of the discarding of all the opinions, orders, theories and religions which contradict with the religion He sent down to His Prophet Muhammad (peace be upon him). Islam is the religion of all the prophets, and makes no distinction between them - peace be upon them all.

It is to this religion that we call you: the seal of all the previous religions. It is the religion of Unification of God, sincerity, the best of manners, righteousness, mercy, honour, purity, and piety. It is the religion of showing kindness to others, establishing justice between them, granting them their rights, and defending the oppressed and the persecuted. It is the religion of enjoining the good and forbidding the evil with the hand, tongue and heart. It is the religion of Jihad in the way of Allah so that Allah's Word and religion reign Supreme. And it is the religion of unity and agreement on the obedience to Allah, and total equality between all people, without regarding their colour, sex, or language.

(b) It is the religion whose book - the Quran - will remained preserved and unchanged, after the other Divine books and messages have been changed. The Quran is the miracle until the Day of Judgment. Allah has challenged anyone to bring a book like the Quran or even ten verses like it.

(2) The second thing we call you to, is to stop your oppression, lies, immorality and debauchery that has spread among you.

(a) We call you to be a people of manners, principles, honour, and purity; to reject the immoral acts of fornication, homosexuality, intoxicants, gambling's, and trading with interest.

We call you to all of this that you may be freed from that which you have become caught up in; that you may be freed from the deceptive lies that you are a great nation, that your leaders spread amongst you to conceal from you the despicable state to which you have reached.

(b) It is saddening to tell you that you are the worst civilization witnessed by the history of mankind:

(i) You are the nation who, rather than ruling by the Shariah of Allah in its Constitution and Laws, choose to invent your own laws as you will and desire. You separate religion from your policies, contradicting the pure nature which affirms Absolute Authority to the Lord and your Creator. You flee from the embarrassing question posed to you: How is it possible for Allah the Almighty to create His creation, grant them power over all the creatures and land, grant them all the amenities of life, and then deny them that which they are most in need of: knowledge of the laws which govern their lives?

(ii) You are the nation that permits Usury, which has been forbidden by all the religions. Yet you build your economy and investments on Usury. As a result of this, in all its different forms and guises, the Jews have taken control of your economy, through which they have then taken control of your media, and now control all aspects of your life making you their servants and achieving their aims at your expense; precisely what Benjamin Franklin warned you against.

(iii) You are a nation that permits the production, trading and usage of intoxicants. You also permit drugs, and only forbid the trade of them, even though your nation is the largest consumer of them.

(iv) You are a nation that permits acts of immorality, and you consider them to be pillars of personal freedom. You have continued to sink down this abyss from level to level until incest has spread amongst you, in the face of which neither your sense of honour nor your laws object.

Who can forget your President Clinton's immoral acts committed in the official Oval office? After that you did not even bring him to account, other than that he 'made a mistake', after which everything passed with no punishment. Is there a worse kind of event for which your name will go down in history and remembered by nations?

(v) You are a nation that permits gambling in its all forms. The companies practice this as well, resulting in the investments becoming active and the criminals becoming rich.

(vi) You are a nation that exploits women like consumer products or advertising tools calling upon customers to purchase them. You use women to serve passengers, visitors, and strangers to increase your profit margins. You then rant that you support the liberation of women.

(vii) You are a nation that practices the trade of sex in all its forms, directly and indirectly. Giant corporations and establishments are established on this, under the name of art, entertainment, tourism and freedom, and other deceptive names you attribute to it.

(viii) And because of all this, you have been described in history as a nation that spreads diseases that were unknown to man in the past. Go ahead and boast to the nations of man, that you brought them AIDS as a Satanic American Invention.

(xi) You have destroyed nature with your industrial waste and gases more than any other nation in history. Despite this, you refuse to sign the Kyoto agreement so that you can secure the profit of your greedy companies and*industries.

(x) Your law is the law of the rich and wealthy people, who hold sway in their political parties, and fund their election campaigns with their gifts. Behind them stand the Jews, who control your policies, media and economy.

(xi) That which you are singled out for in the history of mankind, is that you have used your force to destroy mankind more than any other nation in history; not to defend principles and values, but to hasten to secure your interests and profits. You who dropped a nuclear bomb on Japan, even though Japan was ready to negotiate an end to the war. How many acts of oppression, tyranny and injustice have you carried out, O callers to freedom?

(xii) Let us not forget one of your major characteristics: your duality in both manners and values; your hypocrisy in manners and principles. All manners, principles and values have two scales: one for you and one for the others.

(a) The freedom and democracy that you call to is for yourselves and for white race only; as for the rest of the world, you impose upon them your monstrous, destructive policies and Governments, which you call the 'American friends'. Yet you prevent them from establishing democracies. When the Islamic party in Algeria wanted to practice democracy and they won the election, you unleashed your agents in the Algerian army onto them, and to attack them with tanks and guns, to imprison them and torture them - a new lesson from the 'American book of democracy'!!!

(b) Your policy on prohibiting and forcibly removing weapons of mass destruction to ensure world peace: it only applies to those countries which you do not permit to possess such weapons. As for the countries you consent to, such as Israel, then they are allowed to keep and use such weapons to defend their security. Anyone else who you suspect might be manufacturing or keeping these kinds of weapons, you call them criminals and you take military action against them.

(c) You are the last ones to respect the resolutions and policies of International Law, yet you claim to want to selectively punish anyone else who does the same. Israel has for more than 50 years been pushing UN resolutions and rules against the wall with the full support of America.

(d) As for the war criminals which you censure and form criminal courts for - you shamelessly ask that your own are granted immunity!! However, history will not forget the war crimes that you committed against the Muslims and the rest of the world: those you have killed in Japan, Afghanistan, Somalia, Lebanon and Iraq will remain a shame that you will never be able to escape. It will suffice to remind you of your latest war crimes in Afghanistan, in which densely populated innocent civilian villages were destroyed, bombs were dropped on mosques causing the roof of the mosque to come crashing down on the heads of the Muslims praying inside. You are the ones who broke the agreement with the Mujahideen when they left Qunduz, bombing them in Jangi fort, and killing more than 1,000 of your prisoners through suffocation and thirst. Allah alone knows how many people have died by torture at the hands of you and your agents. Your planes remain in the Afghan skies, looking for anyone remotely suspicious.

(e) You have claimed to be the vanguards of Human Rights, and your Ministry of

Foreign affairs issues annual reports containing statistics of those countries that violate any Human Rights. However, all these things vanished when the Mujahideen hit you, and you then implemented the methods of the same documented governments that you used to curse. In America, you captured thousands the Muslims and Arabs, took them into custody with neither reason, court trial, nor even disclosing their names. You issued newer, harsher laws.

What happens in Guatanamo is a historical embarrassment to America and its values, and it screams into your faces – you hypocrites, "What is the value of your signature on any agreement or treaty?"

(3) What we call you to thirdly is to take an honest stance with yourselves – and I doubt you will do so – to discover that you are a nation without principles or manners, and that the values and principles to you are something which you merely demand from others, not that which you yourself must adhere to.

(4) We also advise you to stop supporting Israel, and to end your support of the Indians in Kashmir, the Russians against the Chechens and to also cease supporting the Manila Government against the Muslims in Southern Philippines.

(5) We also advise you to pack your luggage and get out of our lands. We desire for your goodness, guidance, and righteousness, so do not force us to send you back as cargo in coffins.

(6) Sixthly, we call upon you to end your support of the corrupt leaders in our countries. Do not interfere in our politics and method of education. Leave us alone, or else expect us in New York and Washington.

(7) We also call you to deal with us and interact with us on the basis of mutual interests and benefits, rather than the policies of sub dual, theft and occupation, and not to continue your policy of supporting the Jews because this will result in more disasters for you.

If you fail to respond to all these conditions, then prepare for fight with the Islamic Nation. The Nation of Monotheism, that puts complete trust on Allah and fears none other than Him. The Nation which is addressed by its Quran with the words: "Do you fear them? Allah has more right that you should fear Him if you are believers. Fight against them so that Allah will punish them by your hands and disgrace them and give you victory over them and heal the breasts of believing people. And remove the anger of their (believers') hearts. Allah accepts the repentance of whom He wills. Allah is All-Knowing, All-Wise." [Quran9:13-1]

The Nation of honour and respect:

"But honour, power and glory belong to Allah, and to His Messenger (Muhammad-peace be upon him) and to the believers." [Quran 63:8]

"So do not become weak (against your enemy), nor be sad, and you will be*superior (in victory)if you are indeed (true) believers." [Quran 3:139]

The Nation of Martyrdom; the Nation that desires death more than you desire life:

"Think not of those who are killed in the way of Allah as dead. Nay, they are alive with their Lord, and they are being provided for. They rejoice in what Allah has bestowed upon them from His bounty and rejoice for the sake of those who have not yet joined them, but are left behind (not yet martyred) that on them no fear shall come, nor shall they grieve. They rejoice in a grace and a bounty from Allah, and that Allah will not waste the reward of the believers." [Quran 3:169-171]

The Nation of victory and success that Allah has promised:

"It is He Who has sent His Messenger (Muhammad peace be upon him) with guidance and the religion of truth (Islam), to make it victorious over all other religions even though the Polytheists hate it." [Quran 61:9]

"Allah has decreed that 'Verily it is I and My Messengers who shall be victorious.' Verily Allah is All-Powerful, All-Mighty." [Quran 58:21]

The Islamic Nation that was able to dismiss and destroy the previous evil Empires like yourself; the Nation that rejects your attacks, wishes to remove your evils, and is prepared to fight you. You are well aware that the Islamic Nation, from the very core of its soul, despises your haughtiness and arrogance.

If the Americans refuse to listen to our advice and the goodness, guidance and righteousness that we call them to, then be aware that you will lose this Crusade Bush began, just like the other previous Crusades in which you were humiliated by the hands of the Mujahideen, fleeing to your home in great silence and disgrace. If the Americans do not respond, then their fate will be that of the Soviets who fled from Afghanistan to deal with their military defeat, political breakup, ideological downfall, and economic bankruptcy.

This is our message to the Americans, as an answer to theirs. Do they now know why we fight them and over which form of ignorance, by the permission of Allah, we shall be victorious?

3장 79쪽
최익현의 강화조약 체결 반대 상소문 〈지부복궐척화의소(持斧伏闕斥和議疏)〉
-출전: 민족문화추진회 편, ≪면암집(勉菴集)≫ 3, 솔출판사, 1997.

『삼가 아뢰옵니다. 전대(前代)의 현인(賢人) 문열공(文烈公) 조헌(趙憲)이 상소한 일로써 길주(吉州)로 귀양을 갈 적에 영동역(嶺東驛)에서 왜인(倭人)들이 처들어온다는 소식을 듣고 크게 걱정되는 바 있어 다음과 같이 피끓는 상소를 올렸었읍니다. "형(荊)땅의 사람들이 진시황(秦始皇)으로부터 세 번이나 발을 잘리는 형벌을 받고도 응징(膺懲)되지 않은 것은 그들이 갖고 있는 바가 옥(玉)이기 때문이요, 장준(張浚)이 귀양살이에서도 열 번이나 상소를 올린 것은 충성(忠誠)된 마음을 갖고 있었기 때문입니다."

생각하옵건대, 조헌(趙憲)이 동서(東西)로 분당(分黨)될 때와 풍신수길(豊臣秀吉)이 화친(和親)을 청해 오는 것을 보고 크게 근심하고 먼 앞날까지 염려하여 충(忠)으로써 목숨을 다하고자 그같이 말을 다하였던 것입니다. 그러나 이 때문에 오히려 그는 조정(朝廷)으로부터 미움을 받았고, 그 미움은 드디어 죄(罪)를 받고 귀양을 가게 되어 역졸(驛卒)의 일을 하기에 이르렀던 것입니다.

조헌(趙憲)으로서는 마땅히 그 일을 징계삼아 입을 다물고 붓을 감추고 월(越)나라 사람이 진(秦) 나라 사람 보듯이 하여야 하는데, (왜(倭)가 처들어오는 것을 보고) 도리어 그의 의리를 다하고 충성을 다하였던 것입니다. 이 때문에 백세(百世)가 지난 후에도 그 소(疏)를 읽고 그 시대를 논하는 사람으로 하여금 감탄케하며 눈물을 뿌리게 하옵니다.

지금 신의 이름은 죄적(罪籍)에 실려 있읍니다. 그러나 지난번에 성상(聖上)의 자애로우심을 입어 신이 다른 마음이 없음을 살피시고 특별히 관대하게 처분하여 고향에 돌아가게 해 주었읍니다. 이 때문에 신(臣)은 지금 평안하게 거주하면서 늙은 아비를 공양하고 있은즉 귀양살이에 있는 처지와 비교하면 또한 차이가 있읍니다.

지금 외적(外賊)의 배가 바다에 들어와 성상께서 주야(晝夜)로 근심하게 되었으니 신에게는 더욱 여러 가지 생각을 갖게 됩니다. 비록 좌우에 있는 모든 사대부들이 이렇게 말하는 신(臣)을 보고 죽어야 한다고 하는 처지에 있을 것입니다만, 그러나 어찌 입을 다물으로써 우리 성상(聖上)을 저버리고 또 본 마음을 저버려 전대현인(前代賢人)들로부터 놀림을 받는 죄인이 되겠읍니까?

신은 적선(賊船)이 왔다는 소식을 듣고 생각하기를, 조정 안에 마땅히 정한 공론(公論)이 있어 신속히 흉한 무리들을 쓸어내되 시일을 끌지 않으리라고 여겼었는데, 소식을 탐지한 지 며칠이 되어도 오히려 들리는 말이 없고, 외부에서 떠드는 소문으로는 첫째로도 화친(和親)을 구(求)하는 데 뜻이 있고 둘째로도 화친(和親)을 구(求)하는 데 있다는 것입니다. 이 때문에 많은 사람들이 분하게 여기고 있고 주위가 어수선합니다. 신은 도대체 이것이 무슨 설(說)인지 알지 못하겠읍니다. 이 설(說)이 실로 근거가 있는 것입니까? 안으로는 정사(政事)를 다스리고 밖으로는 외침(外侵)을 방어하는 것이 본래부터 정해진 정책(政策)일진대 위와 같은 설(說)은 특별히 민간들 사이에서 와전(訛傳)된 것이옵니까?

만일 그 말이 와전된 것이라면 공적(公的)으로나 사적(私的)으로나 어찌 매우 다행한 일이 아니겠사옵니까마는, 만약 그 말이 사실이라면 이는 적들을 위하는 것이요 국가를 위한 계책이 아니니, 이 말이 시행된다면 전하의 일이 잘못될 것이옵니다.

대저 정자(程子)와 주자(朱子)는 아성(亞聖)들인지라 그들의 말은 가히 믿을 수 있읍니다. 마땅히 오늘의 군자(君子)들의 소견보다도 나을 것입니다. 그런데 정자(程子)는 강화(講和)하는 것을 중화지도(中華之道)를 어지럽히는 길이라 하였고, 주자(朱子)는 강화하는 계책을 결행(決行)한즉 삼강(三綱)이 무너지고 만사가 망치게 될 것이니 이는 큰 환란(患亂)의 근본이라고 하였으니, 정자와 주자의 교훈으로써 오늘날 일을 헤아려 본다면 적과 더불어 강화함은 반드시 난리와 멸망을 가져오게 되는 것이어서 만에 하나라도 결코 행(幸)이 되는 일은 없을 것입니다.

대략 세어 보아도 다섯 가지 폐단이 있으므로, 신은 청컨대 죽음을 무릅쓰고 조목조목 열거하겠사오니, 바라옵건대 성상께서는 해결할 수 있는 방법을 구해 보시옵소서.

신이 가만히 듣자오니 강화가 그들의 애걸(哀乞)에서 나온 것이라면 이는 강(强)함이 우리에게 있는 것으로써 우리가 족히 그들을 제어(制御)할 것이니 그 강화를 믿을 수 있읍니다. 그러나 강화가 우리의 약점을 보이는 데서 나온 것이라면 이는 주도권이 그들에게 있는 것으로서 그들이 도리어 우리를 제어할 것이니 그런 강화는 믿을 수가 없사옵니다. 이번의 강화가 저들의 애걸에서 나온 것인지 우리가 약점을 보인 데서 나온 것인지 아직 모르겠읍니다.

그러나 만약 우리들이 평안(平安)하게 지내고자 하고 준비도 없고 또 두렵고 겁이 나서 강화를 구하는 것이라면 그것은 눈앞을 가리려는 고식지계(姑息之計)에 불과할 뿐입니다. 대략 사람들은 모두 자기(自己)의 약점(弱點)을 가리려 하지만 그러나 그것은 되지 않는 것입니다. 저들이 우리의 방비가 없는 것을 알고서 우리와 강화를 맺는 경우 앞으로 밀려올 저 구렁텅이와 같은 저들의 욕심을 무엇으로 채워 주겠읍니까?

우리의 물건은 한정(限定)이 있는데 저들의 요구는 그침이 없을 것입니다. 한 번이라도 응해 주지 못하게 되면 저들의 노여움은 여지없이 우리를 침략하고 유린함으로써 우리의 모든 전공(前功)은 깨어지고 말 것이니 이것이 바로 강화가 난리와 멸망을 이루게 되는 바의 첫째이옵니다.

일단 강화를 맺고 나면 저 적(賊)들의 욕심은 물화(物貨)를 교역(交易)하는 데 있읍니다. 저들의 물화는 거개가 지나치게 사치하고 기이스러운 노리개이고 수공생산품(手工生産品)이어서 그 양(量)이 무궁한 데 반(反)하여 우리의 물화는 거개가 백성들의 생명(生命)이 달린 것이고 땅에서 나는 것으로 한(限)이 있는 것입니다. 따라서 이같이 피와 살이 되어 백성들의 목숨이 걸려 있는 유한(有限)한 물화(物貨)를 가지고 저 무한(無限)한 저들의 사치하고 기괴한 노리개 따위의 물화(物貨)와 교역(交易)을 한다면 우리의 심성(心性)과 풍속(風俗)이 패퇴(敗退)될 뿐만 아니라 그 양(量)은 틀림없이 1년에도 수만(數萬)에 달할 것이니 그렇게 될 때 동토(東土) 수천리(數千里)는 불과 몇 년 안 가 땅과 집이 모두 황패(荒敗)하여 다시 보존하게 되지 못하게 될 것이고 이에 따라 나라 또한 망(亡)하게 될 것입니다. 이것이 바로 강화가 난리와 멸망을 가져오게 되는 둘째이옵니다.

저들이 비록 왜인(倭人)이라고 하나 실은 양적(洋賊)이옵니다. 강화가 한번 이루어지면 사학(邪學)의 서적과 천주(天主)의 초상화가 교역하는 속에 들어올 것입니다. 그렇게 되면 얼마 안 가서 선교사와 신자간의 전수(傳授)를 거쳐 사학(邪學)이 온 나라 안에 퍼지게 될 것입니다. 포도청에서 살피고 검문하여 잡아다 베려고 하면 저들의 사나운 노기가 또한 더욱 커지게 될 것이고 강화로 맺은 맹세는 허사로 돌아갈 것입니다. 한번 그대로 내버려 두고 묻지 않는다면 얼마 안 가 집집마다 사학(邪學)을 받들고 사람마다 사학에 물들게 될 것입니다. 그래서 아들이 그 아비를 아비로 여기지 않고 신하가 그 임금을 임금으로 여기지 않게 되어, 예의는 시궁창에 빠지고 인간(人間)들은 변하여 금수(禽獸)가 될 것입니다. 이것이 바로 강화가 난리와 멸망을 가져오게 되는 세째이옵니다.

강화가 이루어진 뒤에는 저들이 육지로 내려와 서로 왕래하고 혹은 경내(境內)에다가 집을 짓고 살려고 할 것입니다. 우리가 이미 강화하였으므로 거절할 말이 없고, 거절할 수 없어서 내버려 두면 재물이나 비단과 부녀자들을 빼앗고 겁취하는 등의 일을 마음대로 할 것입니다. 이런 사태가 될 경우 도대체 누가 능히 그것을 막겠사옵니까?

또한 저들은 얼굴만 사람이지 마음은 짐승이어서 조금만 뜻에 맞지 않으면 사람을 죽이고 짓밟을 것입니다. 이렇게 되면 열부(烈婦)나 효자들은 애통하여 하늘에 호소하며 원수 갚아 주기를 바랄 것입니다. 그러나 위에 있는 사람들은 강화를 깨뜨리게 될까 두려워하여 감히 그 호소(呼訴)를 들어주려 하지 않을 것입니다.

이와 같은 일들은 너무도 많아 온종일 말하여도 다 들 수 없을 것입니다. 그러한 즉 사람의 도리는 말끔히 이 땅에서 사라지게 되고 백성들은 하루도 평안(平安)하게 살아가지 못할 것입니다. 이는 강화가 난리와 멸망을 가져오는 네째이옵니다.

이 말을 주장하는 사람들이 걸핏하면 병자호란(丙子胡亂) 때의 남한산성(南漢山城) 일을 끌어다가 병자년의 강화 뒤에는 피차가 서로 좋게 지내어 삼천리 강토가 오늘에 이르도록 반석 같은 안정을 보존하였으니, 오늘날 저들과 화호(和好)한다 하여 유독 무엇이 안 될 것이냐고 할 것입니다. 그러나 신은 이를 어린아이의 소견과 다름이 없다고 봅니다.

병자년의 강화는 의리를 해침이 큰 것이어서, 예의를 차린 사람으로서는 도저히 천지간(天地間)에 설 수가 없었사옵니다. 이런 까닭으로 문정공(文正公) 김상헌(金尙憲)과 충정공(忠正公) 홍익한(洪翼漢) 같은 사람들이 크게 소리쳐 배척하면서 열 번 죽어도 꺾이지 않았던 것입니다.

그러나 청(淸)나라 사람들의 뜻은 중국의 황제가 되어 사해(四海)를 진무(鎭撫)하는 데 있었기 때문에 오히려 인의(仁義)의 이름을 빌어 중국(中國)의 백주(伯主)노릇을 흉내냈던 것입니다. 이런 것들은 이적(夷狄)으로 그치는 것으로서 그 도리(道理)여하를 불문(不問)하고 능히 이소사대(以小事大)만 하였을 경우 피차 교호(交好)하며 이제까지 내려올 수 있었읍니다.

대(大)를 섬기기만 하면 피차가 서로 사이가 좋아져서 지금까지 왔고, 비록 그들 따라서 우리가 저들의 뜻을 거슬러도 관대하게 용서하는 아량이 있어 침해하거나 학대하는 근심걱정은 없었읍니다.

그러나 저 외적(外賊)들로 말하면, 한갓 재화와 색(色)만 알고 조금도 사람의 도리를 모르는 금수(禽獸)들일 뿐입니다. 사람과 금수(禽獸)가 화호(和好)하여 같이 떼지어 있으면서 근심과 염려가 없기를 보장한다는 것은, 그 무슨 말인지 알 수 없사오니, 이는 강화가 난리와 멸망을 가져오게 되는 다섯째이옵니다.

잠시 동안 대강 들어도 이와 같은 다섯 가지 폐단이 있습니다. 다소라도 방향(向方)을 아는 자라면 그릇된 계책임을 분간할 것이온데, 하물며 강화한 뒤에 빙자하여 '피차간에 영구히 좋게 되어 연해(沿海)를 경계함이 없고 백성들은 평안히 생업(生業)을 영위하게 되고 사교(邪敎)가 들어오지 않을 것이며, 비록 저들의 뜻을 거스르다 해도 걱정거리가 일어나지 않을 것을 보장한다'고 하옵니다.

그러나 신의 우매한 뜻에는 크게 그렇지 않은 것이 있습니다. 옛날 중국에서 춘추(春秋) 강목(綱目)의 붓을 든 사람이 그 일을 쓰되 '어느 해 어느 달에 서양사람이 조선에 들어와 어느 곳에서 맹약(盟約)하였다'고 한다면, 곧 이는 기자(箕子)의 옛 강토이며 명(明)의 동쪽 울타리로서, 태조대왕(太祖大王) 이래 중국 문물로 오랑캐 풍속을 고쳐 예절을 제정하고 아악(雅樂)을 만들어 인륜(人倫)을 크게 펴던 나라가 하루아침에 피비린내나는 서양으로 화(化)하고 말 것이옵니다.

어찌 이뿐이겠사옵니까? 전부터 나라의 권세를 쥐고 국론(國論)을 주도하던 사람들이 앞장서 강화하자는 의논을 주창하고 있으니, 이들은 모두 주회(秦檜)와 손근(孫近), 왕륜(王倫) 등과 같은 자들로서 그 편의(便宜)로움에 겨워 그저 온몸을 평안케 하고 처자들을 보존키 위한 사사로운 계책으로서 이런 무상한 짓을 하면서, 그 군부(君父)로 하여금 홀로 천하만세(天下萬世)에 악명(惡名)을 듣게 하고 있습니다.

슬프옵니다. 신하된 사람으로서 임금을 섬기려면, 마땅히 선(善)을 말하고 사(邪)를 막아서 요순(堯舜)의 경지(境地)에 들게 해야 하는 것인데, 이와는 반대로 혼란하고 멸망할 방법으로써 임금을 만(萬) 길이나 되는 함정에 빠지게 하니, 천하에 지독한 불인(不仁)이 아니고서야 어찌 이런 짓을 하며, 천하에 지독한 불충(不忠)이 아니고서야 어찌 감히 이런 짓을 하겠사옵니까? 신은 마음이 아파 차라리 죽을지언정 동료의 한 사람이라도 혹시 이같은 무리의 짓이 있다는 소리를 차마 들을 수 없습니다.

엎드려 생각하옵건대, 우리 순조(純祖) 신유(辛酉)년(1801)에 서양사람들이 우리 나라에 몰래 들어와 우리 백성들을 속이고 유인함으로써 사학(邪學)에 물들은 사람들이 날로 늘어난 적이 있습니다. 순조대왕께서는 이를 크게 우려한 나머지 혁연(赫然)히 노하셔서 그들을 잡아 없애는 데 조금도 가차없이 하셨사옵니다. 또한 다음의 헌종(憲宗)대왕께서도 이를 계승하여 한번 잡혀 들어오면 빠짐없이 죄를 밝혀 모두 없애버림으로써 그 씨가 나라 안에 심어지지 못하게 하였습니다.

그러므로 위로 인륜(人倫)이 밝아지고 아래로는 소민(小民)들이 화목하게 되어 자식은 어버이를 저버리지 않고 신하는 임금을 저버리지 아니하여 예의염치(禮儀廉恥)가 견고하게 유지되고, 나라 형세가 편안히 안정되고, 나라 운수도 길게 뻗쳐 오늘에까지 이르렀습니다. 이것이야말로 위대한 성인들의 법칙(法則)이며 자손들에게 물려줘야 할 소이(所以)입니다. 그러므로 이것이 정녕 전하의 가법(家法)이 아니겠사옵니까?(중략(中略))

전하께서는 저들이 왜인(倭人)이고 양호(洋胡)가 아니며 저들이 요구하는 것이 옛날과 같은 우호관계를 맺자는 것 외에 딴 뜻이 없은즉 왜(倭)와 더불어 옛날과 같은 우호관계(友好關係)를 맺는 것이 또한 어찌 도의(道義)에 해롭겠는가 하고 생각하시지만 신의 우매한 소견으로는 그렇지가 않습니다. 설사 저 사람들이 참으로 왜인이고 양호(洋胡)가 아니라 하더라도, 오늘의 왜인들의 모습은 옛날과는 현저하게 달라졌음을 살필 수 있습니다. 옛날의 왜인들은 이웃나라였으나 지금의 왜인들은 도적(盜賊)입니다. 따라서 이웃나라와는 강화하여도 도적과는 강화할 수 없사옵니다.

왜인들이 도적이라는 것을 어떻게 알 수 있는가 하면, 저들이 양적(洋賊)들의 앞잡이가 되어 있기 때문입니다. 저들이 양적의 앞잡이가 된 것을 어떻게 분명히 살필 수 있는가 하면, 왜(倭)와 양(洋) 두 무리들이 마음과 몸을 같이하여 중국(中國)을 횡행(橫行)한 지 오래기 때문이옵니다.

년전(年前)에 중국에서 온 총리아문(摠理衙門)의 글에 의하면 프랑스·미국(美國) 두 나라가 왜(倭)와 더불어 같이 행동을 하고 있다고 하였고, 또 작년에 동래(東萊)의 역관(譯官)들이 하는 말에, 왜인들이 신궁(神宮)을 세우겠다고 청하자 (조정에서) 외국인(外國人)의 행동을 막지 말라 하였습니다.

지금 온 왜인들이 서양옷을 입었고 서양 대포(大砲)를 사용하며 서양 배를 탔으니, 이는 모두 서양과 왜가 일체인 것이 분명한 증거이옵니다. 또한 더구나 지난 달 중국에서 온 공문(公文)은 이번 왜선(倭船)이 오는 것을 알리는 것이었고, 그리고 그 속에 병인년(丙寅年)(1866)에 패(敗)하여 돌아갔다는 말이 있었사옵니다.

병인년에 패하여 돌아간 것이 서양(西洋)이고 왜(倭)가 아니었다면, 양(洋)이 곧 왜(倭)요, 왜(倭)가 곧 양(洋)임을 한마디로 결정할 수 있으니, 그들의 소위 「왜인(倭人)이지 서양(西洋)사람이 아니다」라는 것을 어떻게 믿을 수 있겠사옵니까?

설사 거기에서 온 사람들이 참으로 왜인이고 서양사람이 아니더라도 이는 분명히 양적(洋賊)의 앞잡이요 지난날의 왜인이 아니라고 이 우매한 신은 생각합니다.

그러므로 왜와 더불어 옛날과 같은 우호(友好)관계를 맺는다는 것이 얼른 듣기에는 아무런 해가 없을 것 같으나, 왜와 더불어 우호관계를 맺게 되는 날은 바로 서양과 더불어 강화(講和)를 맺게 되는 날이 될 것입니다.

서양과 더불어 강화를 맺음이 필연코 혼란과 멸망을 가져온다는 사실은 이미 위에서 진술한 바와 같으니 어떻게 하면 좋겠사옵니까? 다만 저들이 왜인이지 서양인이 아니다라고 하면, 우리 사람들도 저들에게 속임을 당하여 모두 왜인이지 서양사람이 아니다라고 할 것입니다.(중략(中略))

삼가 아뢰옵건대, 전하께서는 조금이나마 살피시고 시급히 큰 계책을 정하시어, 현명한 사람을 등용하고 유능한 사람을 써서 외적(外賊)을 물리치는 일에 힘쓰시고 조신(朝臣) 사이에서 한 사람이라도 강화를 주장하여 나라를 팔아 넘기고 금수를 몰아다가 사람을 먹게 하는 계책을 꾸미는 자가 있으면 엄중한 책망을 내려 큰 죄를 주시고, 결단코 관대히 용서하지 않으시기를 바랍니다. 손근(孫近)이 오랑캐를 쳐부수고 책상을 쪼갠 용기를 가지시면 비록 벙어리·소경·절름발이일지라도 또한 기운이 백 배나 생겨 모두 전하를 위하여 죽기를 원할 것이며, 보잘것없는 흉한 무리들을 즉각적으로 소탕할 수 있을 것입니다.

이렇게 함으로써만이 오직 우리 삼천리 백성을 살리게 되고 우리 5백년 종사(宗社)를 보호하고 안정시키게 될 뿐 아니라 천하의 대의(大義)가 전하로 말미암아 펴게 될 것이고 공덕(功德)의 훌륭함이 禹임금과 맹자(孟子)와 같이 높고 클 것입니다. 이는 어찌 만만(萬萬) 다행한 일이 아니겠사옵니까? 만일 그렇게 되지 않는다면 신의 눈앞에서 이 나라 사람들이 금수로 몰락함을 보게 될 것이니 어찌 진실로 부끄러운 얼굴로 구차하게 살아가기를 바라겠습니까? 바라옵건대, 이 도끼로 신에게 엄한 형벌을 주시어 지하에 돌아가 두 성왕(聖王)을 모시게 된다면 큰 은혜로운 일이라 생각됩니다.

신은 애통함을 견디지 못하여 삼가 죽음을 무릅쓰고 말씀드리옵니다.」

이에 대해 정부에서는 함부로 소상(疏狀)을 바치고 도끼를 들고 임금이 거동하는 길에 엎드림은 극히 해괴한 일이라고 하고 즉각 최익현을 체포하여 전라도 흑산도(黑山島)로 유배시켰다.

최익현이 상소한 날 전사과(前司果) 장호근(張皓根)도 상소하여 정부의 일본에 대한 저자세를 비난하고 주전(主戰)을 강조하였다. 또한 그는 일본 전권대신이 수호조규초안(修好條規草案)을 제시한 것에 대해 일본측의 요구를 들어주어서는 안된다고 강력히 반대하였다. 이에 대해 정부에서는 상소문 마지막 어귀에 패륜(悖倫)과 협박의 내용이 들어 있다고 단정하고 그를 체포하여 전라도 광양현(光陽縣) 녹도(鹿島)로 유배시켰다.

이 무렵 우통례(右通禮) 오상현(吳尙鉉)도 상소를 바쳐 양(洋)과 왜(倭)는 서로 통모(通謀)하고 있다고 하면서 일본과의 수교(修交)를 반대하였다. 그는 상소에서 먼저 대원군이 쓴 척화비문(斥和碑文)을 상기시키고 왜양일체(倭洋一體)이기 때문에 수교를 하면 양물(洋物)의 유입과 사교(邪敎)의 잠입(潛入)을 보게 되어 우리 국민은 금수가 되고 말 것이라는 내용이 들어 있었다. 그 역시 체포되어 엄한 벌을 받았다.

이처럼 위정척사론자(衛正斥邪論者)들이 상소를 바쳐 수교에 반대하자 국왕은 다음과 같이 위정척사론자들의 주장을 묵살하고 수교를 단행하겠다고 언명하였다.

4장 104쪽
귀모뤄 《마르크스의 공자 방문기》
-출전: 송영배 저, 《중국사회사상사》, 한길사, 1986.

10월 15일, 공자 제사가 있었던 이튿날이었다. 공자는 그의 수제자 안회(顏回), 자로(子路), 자공(子貢)과 함께 상해의 공자사당(文廟)에서 식어버린 돼지머리를 먹고 있었다. 이때 서양인 회사의 간부로 보이는 젊은 청년 넷이 주홍색 옻칠을 한 가마를 들고서 사당 안으로 불쑥 들어왔다. 이들을 자로(子路)가 먼저 보고서 화가 머리끝까지 치밀어올라 젓가락을 냅다 내던졌다. 그는 곧장 앞으로 나아가서 그들을 저지하려 했다.

그런 그를 공자는 황급히 만류하면서 말했다.

"자로야! 너의 용기는 나를 능가하지만 취할 바가 없다."(由也, 好勇過我 無所取材!)[2]

자로도 화를 참을 수밖에 없었다. 이윽고 공자는 자공(子貢)더러 대전(大殿)에서 내려가 손님을 정중하게 맞으라고 하였다. 주홍색 4인교(四大轎)가 대전 앞에 내려지더니 그 속에서 웬 서양인 한 사람이 나왔다. 그의 얼굴은 게처럼 험악했고 뺨은 온통 수염으로 뒤덮여 있었다. 자공이 공손히 대접하면서 이 서양사람에게 대전 위로 오르도록 전했다. 가마를 들고 왔던 네 사람도 뒤를 따라 올라왔다. 곧 주인과 손님 아홉 사람이 대전에서 서로 마주보며 평등예(禮)로 인사를 나누었다.

공자가 먼저 자기의 성과 이름을 말하고 이어서 방문객의 성명을 물었다. 유난히 수염이 많은 이 게 모양의 얼굴을 한 사람은 다름 아닌 마르크스 칼이었다.

마르크스 칼이라는 이름은 요즈음 인기가 아주 높았기 때문에 이미 공자의 귀에까지 들려왔다. 공자는 옛날부터 현인을 존경하고 학문을 좋아하는 사람이었다. 그는 살아 있었을 때 일찍이 노자(老子)에게 예(禮)를 배운 적이 있었고, 사양(師襄)에게 금(琴)을, 장홍(萇弘)에게서는 음악을 배운 적이 있었다. 그는 단 한 가지라도 재주만 있는 사람이면 그들의 비위를 거스르기는커녕 머리를 낮추고 겸손한 마음으로 그 지식을 전수받고자 했던 사람이다. 바로 그러한 점이 공자를 오늘의 공자로 만든 이유인지도 모른다. 그는 우리 현대인들처럼 만사에 문을 꼭 닫은 채 남의 의견은 들은 척도 하지 않는다거나, 몰라도 억지로 아는 척한다거나 하는 일이 결코 없었다.

공자는 그를 찾아온 사람이 바로 마르크스라는 말을 듣고는 너무나 놀라 기쁨에

2) 『論語』, 「公冶長」.

넘쳐 외치듯 말하였다.

"아아! 친구가 있어 먼 곳에서 오셨으니 또한 기쁘지 아니한가!(有朋自遠方來, 不亦樂乎!)[3] 마르크스 선생, 오시느라 참 힘드셨겠습니다! 선생께서 누추한 저의 사당까지 오셨으니 어떤 가르침을 주시겠습니까?"

마르크스는 조금도 주저함이 없이 입을 열었으나, 그의 목소리는 영락없이 남만(南蠻)의 황새가 꺽꺽거리는 소리였다. 공자로서는 그의 말을 이해하려면 가마를 들고 왔던 그 사람들의 통역에 전적으로 의존할 수밖에 없었다. 물론 공자의 말도 일단 그들의 통역을 거친 뒤에야 마르크스가 알아들을 수 있었다.

마르크스는 말했다.

"저는 특별히 선생님의 가르침을 받기 위해 이렇게 찾아왔습니다. 우리의 이데올로기가 이미 여러분의 중국에까지 전해진 것으로 알고 있는데요, 저는 그것이 중국에서 실현되기를 바라고 있습니다. 요즈음 몇몇 사람들은 저의 이데올로기가 선생님의 사상과 같지 않으며 따라서 선생님의 사상이 보편화되어 있는 중국에서 저의 이데올로기가 실현될 가능성이 없다고 말하고 있습니다. 그래서 제가 이렇게 와서 직접 선생님께 가르침을 받고자 하는 것입니다.

도대체 선생님의 사상은 어떤 것인지요? 또 선생님과 저의 생각이 서로 다르다면, 어느 정도나 다릅니까? 이런 몇 가지 문제점들을 선생님께서 상세하게 답해주시면 대단히 고맙겠습니다."

공자는 마르크스의 말이 다 끝날 때까지 다만 머리만 끄덕거리고 있었다. 그는 마르크스의 말에 동의의 뜻을 표하며 이윽고 말하였다.

"저의 사상은 무슨 체계가 있는 것이 아닙니다. 마르크스 선생도 아시다시피 제가 살았던 시대에는 아직 과학이 없었기 때문에 저는 논리(logic)라는 것을 이해하지 못하는 사람입니다. 만약에 제가 먼저 저의 사상을 이것저것 잡다하게 끌어내어 말을 해서 제 자신도 실마리를 잡지 못하게 된다면 선생의 모처럼의 후의(厚意)를 저버리게 될지도 모릅니다. 그래서 제 생각으로는 역시 선생이 선생의 이데올로기를 먼저 말씀해주시고 그것에 다시 제가 저의 의견을 대비하여 설명하는 쪽이 낫겠습니다. 마르크스 선생의 이데올로기가 비록 일찍 중국에 전해졌다고는 하지만, 그러나 아직도 무슨 영문인지를 잘 모르고 있는 것 같아요. 선생의 책이 중국에 아직 한 권도 번역되지 않아서죠."

"뭐라구요? 제 책이 아직 한 권도 번역되지 않았다구요? 그렇다면 저의 이데올로기가 어찌하여 큰 바람이 일고 뭉게구름이 피어나듯 그렇게 빨리 논의되고 전파되고 있는 거죠?"

"선생의 이데올로기를 논의하는 데 굳이 선생의 책이 필요할 것은 없고 그저 동서양의 잡지 몇 권만 읽으면 된다고 저는 들었습니다. 그렇지 않은가요? 저기 젊은 신식 양반!"

공자는 이렇듯 마르크스를 공공연히 비아냥거리면서 서양인 회사간부처럼 보이는 젊은이들에게도 한마디 던졌다. 그러나 이 신식 젊은이들도 만만치 않았다. 그들은 공자의 말을 그대로 통역하는 것이 아니라 "하지만 모두 선생님의 원서를 읽을 수 있습니다. 바로 여기 계신 분들은 독일어와 경제학 모두에 아주 정통하지요"라고 옮기는 것이었다. 결국 마르크스도 공자도 이 네 젊은이들의 기지에 넘어간 셈이었다.

"좋습니다." 마르크스는 말했다. "원서만 읽을 수 있다면 잘 되었습니다."

"오늘 참 어렵게 마르크스 선생이 몸소 제가 있는 이런 누추한 곳까지 찾아주셨는데, 너무나 총망하여 선생께 감히 강연까지 부탁드리기는 송구스럽습니다. 하기야 요즘 외국의 유명인사를 초청하여 강연회를 여는 것이 저희들의 최신유행이기도 합니다만, 조촐하게나마 선생께서 먼저 말씀해주시지 않겠습니까?"

3) 『論語』, 「學而」.

"좋습니다." 마르크스는 흔쾌히 대답했다. "제가 먼저 말씀 올리죠. 저의 이데올로기에 대해 간단히 몇 말씀 드리겠습니다. 하지만 저의 이데올로기를 말하기 전에 제 사상의 출발점을 먼저 설명하지 않을 수 없군요. 저의 사상은 이 현실세계와 인생에 대해 철저하게 긍정적입니다. 다시 말해서 저는 보통 종교가들처럼 우주와 인생을 허무로 본다거나 죄악으로 보는 것이 아닙니다. 우리들이 일단 이 현실세계에 생존하고 있는 한, 우리들은 어떻게 해야만 우리들의 생존이 최고의 행복을 얻을 수 있는가? 어떻게 해야만 우리들의 세계를 생존에 적합하게 만들 수 있는가를 마땅히 탐구해야 합니다. 저는 이 세상에 서서 이 세상의 말을 하고 있는 것입니다. 이 점에서 저는 많은 종교가 또는 형이상학자들과 다릅니다. 그래서 저는 바로 이런 점에서 공자 선생님께 여쭙고 싶습니다. 선생님의 사상은 어떻습니까? 제 생각과 같습니까, 다릅니까? 만약 이 출발점에서부터 우리가 이미 다른 생각을 갖고 있다면 우리는 근본적으로 서로 다른 두 길을 걷고 있는 것입니다. 그러면 선생님과 저의 대화 또한 계속할 필요가 없겠지요."

마르크스가 막 그의 말을 끝내자 공자가 입을 열기도 전에 자로가 먼저 가로질러 말했다.

"물론이요. 저희 선생님도 바로 이용후생(利用厚生)의 원칙(道)를 중시하는 분이십니다. 저희 선생님께서는 민생(民生)이 가장 중요하다고 생각하시기 때문에 일찍이 '대자연의 가장 큰 힘은 삶이다'(天地之大德曰 : 生)[4]라고 말씀하신 적이 있지요."

"그렇습니다." 공자가 이어서 말했다. "마르크스 선생이나 저나 출발점은 완전히 같다고 할 수 있습니다. 그런데 선생께서 현재의 세계를 우리의 생존에 적합하게 만들어보려고 생각하신다면, 과연 어떠한 세계가 가장 적합하며, 어떠한 세계라야 우리의 생활이 최고의 행복을 얻을 수 있겠습니까? 선생은 그러한 이상세계를 확실히 가지고 계시겠지요? 당신의 이상세계는 어떤 것입니까?"

"저의 이상세계를 물으시는 것입니까? 좋습니다. 정말 잘 물으셨습니다!" 마르크스는 갑자기 유쾌해졌으며, 눈에서는 이상스럽게도 자애로운 광채가 났다. 두 손으로 좌우의 구레나룻을 쓰다듬으며 계속 말을 이어갔다. "많은 사람들이 모두 저를 물질주의자라고 생각합니다. 그들은 모두 제가 금수이니, 저는 다만 밥 먹을 줄만 알고, 이상도 없는 사람이라고 생각합니다. 사실 저는 선생님이 물으신 것처럼 아주 높고 원대한 이상세계를 가지고 있습니다. 저는 아마도 인류역사 이래 최고의 이상을 가진 이상가라고도 할 수 있습니다. 저의 이상세계에서는 우리들이 이 현실에 생존하면서 모든 사람이 각자 자기의 재능을 평등하게 발전시킬 수 있고, 모두가 힘을 다해 일해도 보수를 바라지 않으며, 또한 모두가 생활보장을 받음으로써 굶거나 추위에 떨 근심이 없습니다. 이것이 이른바 '각자 능력을 다하고 각자 필요한 것을 취한다'고 하는 공산(共產)사회입니다. 만약 이러한 사회가 실현되었을 때에는 지상에 천국을 세운 것이 아니겠습니까?"

"아, 그렇지요!" 이번에는 엄숙한 공자께서도 저절로 손뼉을 치며 외쳤다. "당신의 그 이상세계와 저의 대동(大同)세계와는, 서로 의논한 바도 없는데, 일치하는군요. 제가 옛날 문장을 읊을 터이니 한번 들어주십시오. '대도(大道)가 일단 실행될 때는 천하는 공유가 된다. 현덕과 재능있는 사람을 뽑아서 일을 맡기니 대화가 진실하여 속임이 없고 행동은 친애하여 화목하게 된다. 그래서 사람들은 자기의 부모만을 친애하거나 자기의 자식만을 사랑하지는 않는다. 또한 노인들은 편안히 인생을 마칠 수 있고, 젊은이들은 자기 능력을 발휘할 곳이 있으며, 어린이들은 모두 양육되고, 처자 없는 노인, 남편 없는 노파, 부모 없는 아이, 자녀 없는 노인 및 병들고 불구된 사람은 모두 봉양을 받는다. 남자는 모두 직업이 있고, 여자는 모두 결혼할 가정이 있다. 재물이 땅에 버려지는 것을 싫어하지만 반드시 자

4) 『周易』, 「繫辭」 下.

기 것으로는 하지 않는다. 자기가 노동에 나가지 못함을 싫어하지만, 반드시 자기를 위해서만 일하지 않는다. 이 때문에 음모와 잔꾀의 마음이 막혀서 일어나지 않는다. 도적이 훔치고 소란을 피우며 사람을 해치는 일이 없기 때문에 밖에 문은 있으나 잠그지 않는다. 이것이 바로 다 같은 '대동'의 사회이다."(大道之行也, 天下爲公, 選賢與能, 講信修睦, 故人不獨親其親, 不獨子其子, 使老有所終, 壯有所用, 幼有所長, 矜孤寡獨廢疾者有所養, 男有分, 女有歸, 貨惡其棄於地也, 不必藏於己, 力惡其不出於身也, 不必爲己, 是故謀閉而不興, 盜竊亂賊而不作, 故外戶而不閉, 是謂大同)[5] 이것이 당신이 말하는 이상과 완전히 일치하지 않습니까?"

공자는 목소리를 길게 빼면서 자신만만하게 그 문장을 읊다가 "재물이 땅에 버려지는 것을 싫어하지만 반드시 자기 것으로는 하지 않는다. 자기가 노동에 나가지 못함을 싫어하지만, 반드시 자기를 위해서만 일하지 않는다"라는 두 구절을 낭송할 때에는 더욱 머리를 조아리고 뒷머리를 흔들면서 일종의 자기쳐면 상태에 빠져드는 듯하였다.

그러나 마르크스는 조금도 냉정을 잃지 않았다. 그는 마치 공자의 이런 말을 전혀 중요하지 않게 보는 것 같았다. 그가 보기에 공자는 기껏해야 한낱 '공상적 사회주의자'일 뿐이었다. 그래서 그는 마치 강단에서 연설하듯 자기 자신의 원칙을 스스로 얘기하기 시작했다.

"그렇지만" 마르크스는 지금 말머리를 바꾸는 이 접속사에 힘을 주면서 말하였다. "저의 이상은 몇몇 공상가와는 다릅니다. 저의 이상은 허구에서 나온 것이 아니에요. 또 그것은 결코 한 걸음으로 단번에 뛰어오를 수도 없습니다. 우리가 역사로부터 증명해낸 것은 첫째 사회의 산업이 점차적으로 증진되어가는 가능성이요, 둘째는 점차적으로 증식된 자본은 소수인의 손에 집중되어 사회적으로 빈곤의 병폐가 일어나서 사회에서의 투쟁은 영원히 잠잠할 날이 없다는 점입니다."

"아! 물론입니다. 그건 그래요." 공자는 자기도취에서 아직 깨어나지 않은 채로 연방 머리를 끄덕이며 동의를 표했다. "제가 옛날에 일찍이 말한 것이 있습니다. '적은 것을 걱정하지 말고 재산분배가 고르지 못함을 염려하라! 가난한 것을 걱정하지 말고, 사회가 안정되지 못함을 염려하라!'(不患寡而患不均, 不患貧而患不安)"[6]

공자의 말이 완전히 끝나기도 전에 마르크스는 성급하게 반대하기 시작했다.

"틀렸어요, 틀렸습니다! 선생님과 저의 견해는 끝내 서로 다르군요. 저는 적은 것도 염려합니다. 가난한 것도 걱정하고 사회적 불안을 또한 염려합니다. 선생님께서 알아두어야 하실 것은 (물질이) 적으면 고르게 분배될 수가 없고 가난하면 그것이 바로 불안의 근원이 된다는 사실입니다. 그래서 저는 비록 사유재산의 집중에는 반대하지만 산업의 증진에 대해서는 반대하기는커녕 오히려 극력 제창하는 바입니다. 그래서 우리는 막대한 역량으로 개인의 사유재산의 폐지를 요구할 뿐만 아니라, 동시에 또한 막대한 역량으로 사회의 산업발전을 이룩할 것을 주장하는 것입니다. 산업이 발전되어야만 모두가 다 잘살 수 있는 가능성이 있기 때문이죠. 그런 뒤에야 비로소 모두가 자기의 재능과 개성을 편안한 마음으로 전심하여 평등하고 공평하게 발전시킬 수가 있습니다. 이런 역량의 원동력은 말할 필요도 없이 프롤레타리아입니다. 또한 사유재산을 폐지하는 데 찬성하는 사람 모두라고도 할 수 있습니다. 이런 (혁명) 역량의 형식은 처음에는 국가를 단위로 하지만 그 다음으로 나아가서 국제적으로 전개되는 것입니다. 이런 방식으로 발전하면 각자는 물질적으로나 정신적으로 모두 각자의 욕구를 충분히 만족시킬 수가 있죠. 인류의 생존은 그런 뒤에야 비로소 최고의 행복에 도달할 수 있습니다. 그래서 저의 이상은 일정한 발전단계가 있으며 확고하고 또 실증적인 것입니다."

"예, 예!" 공자는 여전히 머리를 끄덕이며 그가 옳다고 하였다. "저도 또한 '인

5) 『禮記』, 「禮運」.
6) 『論語』, 「季氏」.

구가 늘었으면 그들을 부유하게 하고, 부유해지면 교육하라!'(庶矣富之, 富矣敎
之)[7]는 말을 한 적이 있고 그리고 충족한 경제력, 충분한 군비와 민심의 획득(足
食, 足兵, 民信之矣)[8]이라는 위정(爲政) 방침을 말한 적이 있읍니다."

(여기까지 말하더니 공자는 머리를 돌려 자공(子貢)에게 "내 기억으로 이것은
너에게 해준 말이지, 그렇지?" 하고 묻는다. 자공은 머리만 끄덕인다.)

"그밖에도 저는 '세상에 덕있는 정치가가 나타나면 한 세대(30 년) 뒤에는 반드
시 인정(仁政) 즉 민생이 안정될 것이다'(世有王者必世而後仁)[9]라는 이야기와 패
도(覇道)를 걷는 제(齊)나라의 정치와 교육을 개혁하면 노(魯)나라의 수준은 될
것이고 노(魯)나라의 정치와 교육을 개혁하면 대도에 이를 것이다'(齊變至魯, 魯變
至道)[10]라는 이야기를 한 바 있지요. 저는 또한 천하에 이상정치를 밝히려는 자는
먼저 자기 나라에 태평을 보장해야 한다'(欲明明德於天下者先治其國)[11]고도 말했읍
니다. 물질을 존중하는 것은 우리 중국의 전통사상입니다. 『상서』(尙書)의 홍범
(洪範)편에 열거된 팔정(八政)[12] 중에서 식화(食貨, 곡식과 일용품)의 확보가 으
뜸이요, 『관자』(管子)에서도 '창고에 물건이 풍부해야 예절을 문제삼고, 의식이 충
족해야 명예와 치욕을 가릴 줄 안다'(倉廩實而知禮節, 衣食足而知榮辱)[13]고 했으니
저의 사상이나 우리나라의 전통사상은 근본적으로 선생과 똑같습니다! 요컨대 우
선 산업을 발전시켜야만 비로소 (재산의) 균분을 할 수 있기 때문에 그래서 저도
재물이 땅에 떨어지는 것은 싫어하지만 반드시 자기 것으로 하지는 않는다고 말한
것이지요. 저는 원래 상인들을 천시했는데 다만 저의 제자(공자는 또 머리를 돌려
자공을 가리킨다)만은 제 말을 전혀 안 들었읍니다. 제가 늘 장사하지 말라고 하
였으나 그는 줄곧 제 말을 듣지 않고, 결국 돈을 많이 벌었지요. 마르크스 당신이
알아두어야 할 점은 우리가 살았던 시대에는 과학이 아직 발달하지 않았다는 사실
입니다. 따라서 우리의 생산방법 또한 매우 유치하였고 그런 까닭에 우리는 한계
가 있는 재력의 범위 안에서 다만 절용을 주장할 수밖에 없었다는 점입니다. 이것
또한 시대에 의해 그렇게 된 것이지요. 하지만 오늘날에도 절용은 마찬가지로 중
요하다고 생각합니다. 아직도 많은 사람이 밥도 배불리 먹을 수 없는 이때에 소수
인들만 해삼이나 상어지느러미 요리를 먹게 할 수는 없는 것이지요!"

"아! 그렇습니다!"

마르크스는 이제야 비로소 감탄하기 시작했다.

"2천여 년 전 멀고 먼 동방에 이미 선생님과 같은 노동지(老同志)가 있을 줄은
정말 몰랐습니다! 저와 선생님의 견해는 완전히 일치합니다. 그런데 어째서 저의
사상이 선생님의 것과 합치하지 않는다든가 또 중국의 실정에 맞지 않기 때문에
중국에서 실행될 수 없다고 말하는 사람이 있지요?"

"아!" 공자는 이때에 돌연 긴 한숨을 내쉬었다. 그의 이 긴 탄식은 정말 아주
길어서 2천년간이나 마음속에 쌓아두었던 답답한 울분이 모두 새어나오는 듯한 모
습이었다.

---

7) 『論語』, 「子路」.
8) 『論語』, 「顏淵」. "子貢問政, 子曰: '足食, 足兵, 民信之矣.'"
9) 『論語』, 「子路」. "子曰: '如有王者, 必世而後仁.'"
10) 『論語』, 「雍也」. "子曰: '齊一變, 至於魯, 魯一變, 至於道.'"
11) 『大學』 참조.
12) 八政 : 一曰食, 二曰貨, 三曰祀, 四曰司空, 五曰司徒, 六曰司寇, 七曰賓, 八
曰師 여기서 '祀'는 조상, 하느님(天) 및 기타 산천귀신에 대한 제사를, '司
空'은 민사와 농토에 관한 행정을, '司徒'는 교육을, '司寇'는 도적과 범죄인
을 다루는 형사행정을, '賓'은 諸侯들의 朝貢 및 聘問을 다루는 외교행정을,
그리고 끝으로 '師'는 군사업무를 의미한다.
13) 『管子』, 「牧民」 참조.

334

"아!" 공자는 또 긴 한숨을 내쉬면서 다시 말을 이었다. "그네들이 어떻게 당신의 사상을 실현할 수 있겠소? 저 자신조차도 이곳에서 이미 2천년간이나 식은 돼지머리만 씹고 있을 뿐인데!"

"뭐라구요? 중국인은 선생님의 사상도 실현할 수 없었다는 말인가요?"

"어찌 실현까지를 말할 수 있겠소! 다만 이해만이라도 할 수 있다면 마르크스 당신을 신봉하는 사람도 저를 반대하지 않을 것이며, 저를 믿는 사람도 또한 선생을 반대하지는 않을 것입니다."

"아! 그렇다면 저는 그만……"

"그만, 무엇을 하시렵니까?"

"저는요, 그만 집사람을 보러 돌아가야겠읍니다."

이때에 만약 소위 도학자님들이 상상하는 그런 공자였다면 틀림없이 벽력 같은 불호령을 내리며 마누라를 그리워하는 이 마르크스를 금수(禽獸) 같은 자라고 욕을 퍼부었을 것이나. 그러나 인정으로 차마 막을 수 없는 것은 성인 또한 금하지 못하는 것이었나 보다. 공자는 마르크스를 나무라기는커녕 도리어 아주 선모의 정으로 그에게 물었다.

"마르크스 선생, 당신은 부인이 계시는군요?"

"왜 없겠읍니까? 제 집사람은 저와 마음도 같고 가는 길도 같으며 게다가 꽤 미인이죠!"

전혀 겸손할 줄 모르는 마르크스는 그의 부인 애기가 한번 나오니까 조금 전에 자기의 이데올로기를 이상적인 것으로 허풍을 떨어놓았던 것처럼 자기 부인에 대해서 또한 이상적인 인물처럼 사설을 늘어놓았다.

공자선생은 이처럼 마르크스의 자신만만함을 보고서는 스스로 중얼거리며 한숨을 내쉬고는 길게 탄식하였다. "모든 사람은 다 집사람이 있는데, 나만 홀로 없구나!" 자공이 여태껏 혀끝이 간질간질한 것을 참아왔으나 이때에야 재빨리 한마디 곁다리로 끼어들었다.

"세상 어디에나 모두 부인이 있는데 선생님은 어찌 부인이 없음을 걱정하십니까?"[14]

공자의 제자 중에서 정말 나무랄 데 없는 일품의 웅변가였던 자공이 진부한 한 귀절을 고쳐서 말하니 공자도 또한 웃지 아니할 수 없었다.

영문을 알 수 없는 것은 마르크스뿐이었다. 그는 이리저리 두루 물어본 뒤에야 비로소 공자가 자유이혼한 사람인 것을 알았다. 공자라는 이 인물은 보면 볼수록 재미있는 사람이라고 그는 생각하였다.

공자는 다시 마르크스를 향해 말했다. "하지만 저는 '우리집의 노인을 존경함으로써 남의 집의 노인에게까지 미치고 우리집의 아이들을 사랑함으로써 남의 집 아이들에게까지 미친다'(老吾老以及人之老, 幼吾幼以及人之幼)[15]고 말한 적이 있읍니다 다만 내 처를 사랑함으로써 남의 처에게까지 미치기 때문에 당신의 처 또한 내 처인 셈이죠."

마르크스가 이 말을 듣고는 놀라서 크게 소리를 질렀다. "아니, 공자 선생님! 저는 다만 공산(共産)만을 외치는데 당신은 공공연히 공처(共妻)까지 외치시는군요! 당신의 사상은 저보다 더 위험합니다. 좋습니다. 내 다시는 당신을 건드리지 않겠읍니다."

마르크스가 이 몇 마디를 하고는 재빨리 네 명의 젊은이를 불러 사냥을 빠져나갔다. 진지에서 퇴각하는 패잔병처럼 총총히 물러나가는 그의 모습은 마치 그가 유럽에 두고 온 부인을 곧바로 공자가 정말 공유하려는 것으로 알고 있는 것 같았다.

14) "司馬牛憂曰 : 人皆有兄弟, 我獨亡, 子夏曰 : …… 四海之內, 皆兄弟也, 君子何患乎無兄弟也"라는 『論語』, 「顔淵」의 문장을 곽말약이 각색한 것임.

15) 『孟子』, 「梁惠王」上.

선생과 제자 네 사람이 대전(大殿)에 서서 마르크스의 큰 가마가 이미 서쪽문으로 들려 나가는 것을 보았을 때 처음부터 끝까지 바보처럼 지켜보고만 있었던 안회(顏回)가 비로소 한마디 했다.

"'군자는 한마디로 총명함을 나타내고 또한 한마디로 총명치 못함을 나타냅니다.'(君子一言以爲智, 一言以爲不智)[16] 오늘날의 선생님은 옛날의 선생님이 아니십니다. 무슨 말씀이 그리 허망(虛妄)하십니까?"

공자는 빙그레 미소지으며 말했다.

"앞의 말은 농담이었느니라!"(前言戲之耳)[17]

이에 모두 따라 웃었다. 한바탕 크게 웃고 난 뒤에 비로소 다시 제자리로 돌아와서 그들은 조금 전에 먹다 만 식은 돼지머리를 다시 씹기 시작했다. (1925. 11. 17)

유물변증법적 관점에서 마르크스가 '인간'과 '자연'의 '변증법적' 관계를 해석했다면, 그와 같은 유물변증법은 인간과 자연의 '조화'(Harmonie)를 말하는 유교적 세계관과는 근원적으로 상이한 것이다. 따라서 곽말약의 「마르크스와 공자와의 대화」는, 물론 이 두 사상이 서로 다를지라도 바로 '현세'의 '삶'에서 '공공(共公)의 복지'를 추구하려고 했다는 점에서 그것들의 공통점을 찾아보려고 하는 데 초점을 맞추었던 것이라 하겠다.

5장 134쪽
박은식 '문약(文弱)의 폐해는 나라를 망친다〔文弱之弊 必喪其國〕'
-출전: 이만길 편, 《박은식》, 한길사, 1980.

심하도다. 문약의 폐가 됨이여! 고금 일을 상고하건대 여기에 관계되어 가지고 그 나라를 잃지 않은 자가 없다. 대개 물건의 이치가 오래되면 늙고, 늙으면 폐단이 생기게 마련이다. 그런 때문에 아무리 천하의 좋은 법과 아름다운 규칙이라도 그것을 오래 행하고 보면, 그 본질이 점점 나빠져서 말류(末流)의 폐단이 없을 수 없다. 그러나 그 폐단이 해독이 되는 것은 얕은 것이 있고, 깊은 것이 있는 것이니 살피지 않으면 안될 것이다.

대체로 천하의 큰 사업에는 두 가지가 있으니, 문사(文事)와 무비(武備)가 그것이다. 『역』(易)에 말하기를 "황제(皇帝)와 요순(堯舜)이 의상(衣裳)을 드리워 다스렸다"하고, 또 계속하여 말하기를 "호시(弧矢)의 이로움으로 천하에 위엄을 부린다" 했다. 『춘추전』(春秋傳)에는 말하기를 "문(文)은 능히 무리가 따르게 하고, 무(武)는 능히 적에게 위엄을 보인다"했다. 이 도(道)는 마치 천지에 음양이 있는 것과 같아서 만일 그중에 하나가 없고 보면 물건을 나게 하는 공이 쉽게 되는 것이니, 천하의 큰 사업을 경륜하는 자가 어찌 문과 무의 두 도에 벗어나는 것이 있겠는가.

그러나 무를 숭상하는 나라는 그 폐단이 혹 살벌하여 참혹함을 불러일으키기도 하며, 혹은 요란스러운 화를 불러오기도 한다. 그러나 이 경우는 그 나라 전부가 남에게 삼켜지지는 않아서, 한번 난리를 치르고 나면 국세의 튼튼함이 저절로 있게 마련이다. 그러나 문을 숭상하는 나라는 그 폐단이 점점 쇠해가고 차차 약해져서 마치 중한 병이 시름시름 더해가는 것과 같아서, 백맥(百脈)이 모두 시들고 몸 전체가 모두 썩어서 나라 전체가 드디어는 남에게 삼키는 바가 되어도 여기에서 벗어나지 못하고 만다. 그러니 화가 됨이 어찌 더욱 심하지 않은가?

16) 『論語』, 「子張」, "君子一言以爲知, 一言以爲不知, 言不可不愼也."
17) 『論語』, 「陽貨」, "子之武城, 聞弦歌之聲, 夫子莞爾而笑曰 : 割雞焉用牛刀? 子游對曰 : 昔者偃也, 聞諸夫子曰 : 君子學道則愛人, 小人學道則易使也? 子曰 : 二三子! 偃之言是也, 前言戲之耳" 참조.

336

시험삼아 우리 한국 역사로 보더라도 옛날 삼국시대에는 대체로 무기를 가지고 나라를 세우고, 공격하고 싸우는 것으로 장기를 삼았었다. 그런 때문에 을지문덕이 수천 명 정병을 가지고 수나라 군사 백만 명을 눈깜짝할 사이에 무찌르고 풍우처럼 달려들어가 큰 공을 온전히 이루었으며, 양만춘은 하나의 외로운 성을 가지고 당태종의 군사를 대항하여 요좌(僚佐)가 이 때문에 온전히 편안했다. 또 신라 대각간 김유신이 한 귀퉁이에서 분기하여 백번 싸우면 백번 이겨서 삼한을 통일하여 한 집을 삼아 그 높은 공훈과 뛰어난 이름이 만대에 밝게 빛났었다. 전조(前朝)에 있어서는 거란의 사나움과 몽고의 강함과 홍두의 잔학함이 성을 깨뜨리고 고을을 멸망시켜 생령(生靈)을 어육(魚肉)하는 것이 빈 해가 없었다. 그러나 지혜롭고 용맹한 장수와 정밀하고 예리한 군사가 모두 능히 무력을 뽐내어 적을 적대하여 굳은 것을 꺾고 강한 것을 무찔러서, 나라 안이 드디어 깨끗해지고 나라가 한번도 외국의 업신여김을 받지 않았다.

본조(本朝)에 들어와서는 태조 고황제께서 하늘이 낳은 신무(神武)로서 금척(金尺)을 안고, 동쪽으로 치고 서쪽으로 정벌해서 항복하지 않는 자가 없었다. 생민을 도탄에서 건지시고 국가의 터전을 반석 위에 놓으시어 만대에 이르도록 창성하게 하셨다. 역시 세조조에 이르러 문치가 융성한 위에 무열(武烈)까지 함께 들날려서, 남쪽으로는 쓰시마를 정벌하고 북쪽으로는 오랑캐를 물리쳐서 강토가 넓어지고 풍교(風敎)가 덮어퍼졌으니, 그 넓은 계획과 원대한 꾀가 어찌 완전히 갖추어진 것이 아니겠는가.

아아! 승평(升平)한 지 오래되어 사대부들이 직무에 게으른 것이 습관이 되어 버렸다. 드디어 부조(浮藻)[18]한 허례(虛禮)를 가지고 태평한 도구를 장식하고 문을 숭상하고 무를 천하게 여기는 것으로서 전수하는 제 일의 규칙으로 삼아서 간성(干城)[19]을 마치 흙덩이처럼 보고, 말타고 활쏘는 것을 천기로 여겼다. 심원한 계획이나 척호(惕號)[20]하는 경제는 전혀 소활하게 생각하여 국세의 위태로움이 실로 흙이 무너지는 형상과 같다. 그런 때문에 율곡 이선생이 선조조 때에 있어서 깊이 조심하고 원대하게 계획하는 마음으로 10만 명의 양병(養兵)을 하자는 건의가 있었다. 그러나 속사(俗士)들이 시무를 깨닫지 못하는 자가 한껏 맘대로 이를 배척했기 때문에 그 의논이 결국 행해지지 못하다가 임진년 난리에 삼도(三都)[21]가 모두 함락되고, 팔로(八路)가 무너져서 7,8년 사이에 연화(煙火)가 쓸쓸하고 쑥대만 눈에 가득했었다.

이 때를 당하여 명나라의 원조가 없었으면 거의 나라 노릇을 하지 못했을 것이다. 이렇게 전고(前古)에 일찌기 없었던 큰 난리를 치렀으나 강화한 뒤로는 인심들이 편안해서 뉘우치고, 경계하는 마음을 전혀 알지 못했다. 이렇게 무비에 관한 일을 여전히 소홀히 여기다가 병자년 난리를 당하자, 철기가 몰려들어와 마치 빈 고을에 올라가듯이 하자, 조정 신하들은 분주히 항복하는 조약을 맺기에 바빠서 드디어 만주의 속국이 되고 말았다. 이것은 만대를 가도 잊을 수 없는 치욕인데도 복수하자는 의논과 존주(尊周)[22]의 의리가 언론이나 문자에 지나지 않을 뿐이니, 어찌 일찌기 백성을 기르고 교훈하는 실지를 행하는 자가 있으랴.

이로부터 수백 년 사이에 문을 숭상하고 무를 천히 여기는 습관이 날로 증가되어 나갔다. 활과 화살을 잡고 과거에 나가는 자를 〈쇠뿔휘기〉라 하며, 총포를 익혀서 출신하는 자를 〈개다리 출신〉이라 했다. 그러니 고금 천하에 어찌 이같은 천한 명칭이 있겠는가? 소위 문반이라는 자의 금마옥당(金馬玉堂)[23] 사이에서 뽐내

---

18) 浮薄과 같다. 마음이 들뜨고 경솔함.
19) 국가를 위하여 방패가 되고 성이 되어 외적을 막는 군인.
20) 두려워하여 울부짖음.
21) 서울·개성·평양의 세 도성.
22) 중국을 높임.

는 자는 배우는 것이 무엇이며, 하는 일이 무엇인가? 그 과장(科場)의 정권(呈券)[24]은 모두 허탄한 말을 어지럽게 써서 주시관(主試官)을 속이고, 임금의 은혜를 도둑질해 취해서, 교만하고 스스로 높은 체하는 것이 엄연히 하늘 위의 선인과 같다. 그 실용에 대해서 말하면 〈진기왕이가복 월약래이주비〉(陳旣往而可復 越若來而疇比) 등의 문자가 어찌 활을 잡고 총포를 익히는 것보다 나으랴. 이것으로 저것을 교만히 하는 것은 참으로 웃음을 참을 수 없는 일이다.

대체로 군인이라는 자는 황실을 호위하며, 나라의 강토를 방어하며, 생민을 보호하는 자이다. 그 책임이 가볍지 않고 소중하거늘, 우리 한국은 군대의 명부가 노예의 문서보다도 더 심해서 군포(軍布)의 폐단이 3,4백 년을 내려와서 황구백골(黃口白骨)[25]의 징렴이 미치지 않는 곳이 없다. 그러면 조정에서 군인에게 대해서는 오직 천시할 뿐만 아니라 학대한 것이 자못 심해서 그 폐단되는 정치와 잘못된 습관이 이런 처지에까지 이르렀으니, 일이 급할 때 힘을 입으려 한들 될 수 있겠는가? 그런 때문에 국세의 허약함이 오늘날에 이르러 극도에 달하여 필경 그 결과가 드디어 남의 노예가 되었으니 원통하고 참혹한 일이다. 문을 숭상하고 무를 천하게 여긴 폐단이 나라를 잃는데 이르고서야 말 것이로다.

가장 가까운 일본의 역사를 보면, 지금부터 7백여년 전 가마쿠라 막부시대로부터 일본 무사도라고 일컫는 상무적(尚武的)인 국풍이 있어서 국민의 용감한 성질이 특별히 있었다. 그런 때문에 최근 30년 사이에 교육의 정도가 저같이 발달해서 애국정신과 단체력이 남의 나라보다 뛰어났다. 그 결과로써 청나라를 폐하고, 러시아를 쫓아내어 국위를 크게 떨쳐서 구미의 열강들과 함께 나란히 달리고 있으니 장하도다 상무의 효력이여! 저 구미 열강이 세계 안에 판을 치고 천하를 범처럼 내려다보는 것은 어느 것이 육해군의 팽창한 덕이 아니겠는가. 구주의 중소국을 가지고 의논하건대 그리이스는 발칸 반도의 남쪽 끝에 있어서 면적이 5백여 리요, 남북으로 60여 리에 지나지 않는다. 그러나 본래부터 상무적 교육으로 이름난 나라이다. 서기 전 8백 30년으로부터 8백 20년 사이에 대정치가 리클고스가 상무적인 교육을 무사단체에 힘써 행하였기 때문에 그 효과를 얻어서 반도의 주권을 장악했다. 저 리클고스의 상무적인 교육방법은 정부가 이것을 감독해서, 남자가 탄생하면 먼저 체격을 검사해서 허약하고 불구한 자는 장래 병사의 직책을 얻을 수 없기 때문에 평민에 편입시키거나 산 속으로 옮겨 보내고, 강장한 자는 7세까지 부모의 양육을 받게 하다가 가정을 떠나서 정부의 교육소에 들어가 엄밀한 감독 밑에서 상무적인 교육을 이행케 하였다. 그 주의는 체육을 소중히 여기고 담력을 양성했기 때문에, 일상시에 체조와 경주와 전투를 단련시키며, 또 때때로 산으로 들로 돌아다니면서 사방을 익혀서 무리를 지어 적진에 들어가 빼앗는 모양을 하는 등 각종 어려운 것을 참게 하여 크게 기력을 연마하고 힘썼다. 문학과 철학의 연구는 배척해도, 활발한 군가와 고상한 찬송 같은 것은 장려했다. 30세에 이르면 무사의 자격을 구비했기 때문에 비로소 결혼해서 정부의 관리나 군인이 되어 각기 직무에 나가게 한다. 그들도 사저에서 침식하는 것은 금하고, 모두 회소에서 먹고 공동실에서 잠자게 하여, 30년 동안을 공사(公事)에 종사하다가 60세가 되어 정신과 신체가 이미 쇠약해지면, 병역을 면하고 관직에서 물러서서 완전히 자유의 몸이 되어 여생을 즐기게 한다. 이것은 남자에 대한 교육의 대요(大要)이지만, 여자에게도 또한 상무적 교육을 실시하기 때문에 스파르타 여자는 가족의 한 분자로서 가사를 정리하는 것보다 국가의 요소가 되는 건강한 어린애를 낳는 것이 국가에 대해서 중요한 의무로 생각한다. 그리하여 어릴 때 부터 간편한 옷을 입히고 체육에 힘쓰게 해서 신체를 강장하게 한다. 20세 이상에 달하면 결혼해서

23) 한대의 未央宮 중의 金馬門이란 玉堂殿 한림원의 이칭으로도 쓴다.
24) 과거보는 사람이 써서 바치는 시험지.
25) 黃口는 어린이를 말함. 어린이가 죽어 白骨이 된다는 말.

338

담력을 양성시키기에 온 힘을 다 쓰기 때문에 스파르타의 부인은 현부양모로 후세에 모범이 된 자가 몹시 많았다.

어떤 부인은 그 사랑하는 아들이 전장에 나갈 때에 방패 하나를 주면서 경계하여 말하기를 "너는 이 방패를 가지고 돌아오라. 그렇지 못하게 되거든 이 방패를 타고 돌아오라"했다. 대개 이 방패를 가지고 돌아오라는 것은 분투하고 용감히 싸워서 대승을 거둔 뒤에 그 방패를 가지고 돌아오라는 말이요, 또 이 방패를 타고 돌아오라고 한 것은 불행히 패전하거든 명예롭게 전사하여 네 유해를 이 방패에 싣고 돌아오라는 뜻이니, 용장하고 쾌절하도다. 또한 부인은 사랑하는 아들 다섯 사람이 전쟁에 나간 뒤에 그 전황이 어떠한지, 사랑하는 아들의 생명이 어떠한 지를 걱정하고 있는데, 한 사람이 와서 보고하기를 "귀부인의 다섯 아들이 전사했다"고 한다. 이에 그 부인은 발연히 노여워 말하기를 "내가 평일에 기다리던 것은 아이들의 운명여하에 있는 것이 아니요, 전쟁의 승패여하에 달려 있었다"했다. 그 사람이 말하기를 "전쟁은 스파르타가 크게 이겼다"하니, 부인은 기뻐하여 말하기를 "내가 이 말을 듣고 비로소 안심이 되니, 이제는 아이들의 운명 여하를 듣고자 하노라"했다고 한다.

대개 전쟁에 나간 사랑하는 아들의 운명 여하를 듣고자 하는 것은 부모와 자식 사이의 상정이다. 그런데 이 부인은 사랑하는 아들의 전사한 것을 듣고서도 태연자약하게 먼저 국가의 운명부터 듣고자 했으니, 이는 스파르타 부인의 특성이요, 상무적 교육의 효과인 것이다. 일반 남녀의 애국정신이 이같이 보급되었기 때문에 저같은 소수의 인종으로써 능히 펠로폰네소스 반도에서 패권을 장악하게 되었던 것이다.

아아! 우리 한국은 강토와 인구가 그리스에 비하면 몇배나 되지만 자국의 권리를 전부 잃고 남의 노예가 된 것은 원래 헛된 문만을 한갓 숭상하고, 무사를 천시해서 지극히 허약하게 길들인 결과이다. 오늘날 우리가 이 지경에 빠지고서도 오히려 발분하고 고쳐 계획을 세우지 않아서, 마치 임진·병자의 두 난리 이후와 같이 조금도 뉘우치고 경계하지 않고서 오직 그 숭문천무(崇文賤武)의 전철을 되풀이할 것인가.

오직 우리 관서(關西)가 풍긔가 강경해서 무협을 본래부터 숭상했기 때문에 기호(畿湖) 사이의 사대부들이 이를 비루하게 여기고 천하게 여겨 말하기를 〈궁마지향〉(弓馬之鄕)이라 했다. 이것을 우리 관서 사람도 역시 부끄럽게 여겨서 전일의 무협의 풍도(風度)가 자연히 변해져서 그 좋던 지기(志氣)가 모두 부조(浮藻)한 허례에 녹아 없어지고 말았다. 그래서 이 경우에 이르러서도 능히 강한 힘을 내어 국민된 의무를 다하지 못하니 어찌 탄식스러운 일이 아니겠는가? 지금부터라도 우리 동포가 국가의 권력을 회복하고, 민중의 생명을 보전코자 한다면, 저 그리스와 같이 상무적 교육을 실시하여야 한다. -≪서우(西友)≫ 제10호, 1907년 9월.

7장 180쪽
제임스 팔레(James B. Palais)의 실학 연구 비판
≪유교적 경국책과 조선의 제도: 유형원과 후기 조선왕조(Confucian Statecraft and Korean Institutions: Yu Hyongwon and the Late Choson Dynasty)≫ 중에서 일부 발췌
-출전: 박현모 역, ≪역사와 사회≫제28집, 국제문화학회, 2002.

〈유교적 전통 안에서의 합리성과 경험주의〉
유형원은 20세기에 들어서 다른 실학자들과 함께 근대의 선구자 등으로 기술되었다. 이는 실생활과 현실세계에 대한 그의 연구에서 유교의 도덕적 이상주의를

물질주의적 관점에서 선구적으로 거부한 단초가 발견된 것으로 간주되었기 때문이다. 실학자들의 연구는 이성과 경험적 관찰의 사용을 통해 당시의 표준을 문제삼는 것이었는데, 이는 당시의 가치와 사실의 견고한 통일성을 주장해오던 유교철학을 위협하는 것처럼 보였다. 한국적 고유성과 민족적 정체성을 인식하게 하는 그들의 여구가 보편적이고 우주론적인 유교문화를 위협하는 것으로 보인 것이다. 그들은 세습적인 특권에 대해서는 민중주의적인 관점에서 공격하는 한편, 평민들의 복지에 관심을 가졌고, 그들은 유교적 중농주의의 틀을 깨고 부와 권력을 향한 욕망 안에서, 생산력과 시장의 힘을 풀어놓으려는 조짐을 보였다.

그러나 본 연구는 실학사상에 대한 이러한 일반화는 절반의 진리로, 즉 종종 유교적 경국책의 핵심을 근대 서양의 실증주의 학문의 범주에서 잘못 찾아내는 것과 같은 시대착오적 오류를 범할 수 있음을 지적할 것이다. 사실 통치기법의 문제를 해결하는 데 있어서는 전통적이고 전근대적인 또는 비과학적인 유교주의 접근이 상당히 합리적일 뿐만 아니라 경험적일 수 있다는 점에서, 실학사상은 종종 근대성의 상징으로 해석되어 왔으며, 합리성과 경험적 방법까지도 그 안에서 발견할 수 있는 것으로 간주되어 왔다. 그러나 유교적 합리성과 경험주는 엄격한 인식론에 입각해 있지는 않았다. 유교사상가들은 사실상 고대 중국의 고전들의 신성한 문서 속에 있는 맹목적이고 도그마틱한 신념에서 이성의 비판적 사용, 즉 당대의 사회적 변이들을 공격하는 데로 손쉽게 옮겨갈 수가 있었다. 또 그들은 논리적 모순에 대해 어떤 가책을 느끼지 않고 다시 그 맹목적이고 도그마틱한 신념으로 복귀할 수가 있었다.

그들은 확실히 물려받은 고전의 지혜 이상으로 이성을 지식의 기준으로까지 고양시키지는 못했다. 유형원의 저술에서는 유교적 지혜의 교훈(maxims of Confucian wisdom)으로부터 독립해서 감각적 재료(sense data)가 새로운 정치학을 탄생시키는 어떤 지식이나 유일하게 믿을 만한 정보의 근원이라는 주장을 찾을 수 없다. 유형원의 경국책은 유교의 도덕적 진리로부터 감각적 경험의 사실을 분리시키지 않으며, 인간사회의 사실들(facts of human society)을 우주에 내재한 우주론적 원리(cosmological principles)의 전체로부터 구분해서 보지 않는다. 유형원은 언제나 유교적 도덕과 철학 안에 머물러 있었으며, 도덕적 진리와 경험적 지식을 혼합해서 생각하는 전체론자였다. 따라서 세계를 철학적으로 이해한 전체적 맥락으로부터 합리적이고 경험적인 그의 생각의 요소를 분리시킨다는 것은 곧 유교적 세계관의 포괄적인 본질에 폭력을 가하는 것이 된다.

8장 191쪽
〈황사영 백서〉
-출처: 인터넷 황사영 백서(한글 번역): http://www.baeron.or.kr/100.txt

죄인 도마 등은 눈물을 흘리며 우리 주교님께 호소하옵니다. 지난 봄에 그곳에 갔던 사람들이 무사히 돌아와 주교님께서 안녕하시다는 소식은 잘 들었습니다만 그후 날이 가고 달이 바뀌어 이미 해가 저물게 된 이때도 기체 만안하신지 살피지 못했사옵니다. 엎드려 생각하건대 주교님께서는 몸과 마음이 주님의 넓으신 은혜를 충만히 받으사 덕화가 날로 높아지실 것이매 기쁜 마음으로 축하하여 마지아니하옵니다. 죄인 등은 죄악이 많고 무거워 위로는 주님의 의노를 범하고 재주와 지혜가 얕고 짧아 아래로는 사람들과 의논조차 못한 채 박해만 크게 일어나게 하여 그 화가 신부에게까지 미쳤습니다. 그리고 죄인 등은 이 위기에 처하여서도 스승과 함께 목숨을 버려 주님께 보답하지도 못하였으니 무슨 낯으로 감히 붓을 들어 우러러 호소하리이까. 엎드려 생각하건대 성교가 전복될 위기에 처하여 있고 백성들은 물에 빠져 죽는 고통을 겪고 있으나 어지신 아버지를 이미 잃은 지라 그를 붙들고 부르짖을 길이 없고 진실한 형제들은 사방에 흩어져 서로 의논하고 일할 사람이 없습니다. 오직 주교님께서는 온정 깊은 부모를 겸하시고 사목의 책임을 지셨으니 우리를 구원하실 수 있을 것입니다. 이 극도에 달한 고통 속에서 우리들은 다른 누구를 불러야 하겠습니까. 이제 박해의 전말을 대강 아뢰고자 하오나 그 일이 일어난 지가 이미 오래되었고 또 그 실마리가 하도 복잡하여 한꺼번에 진술하기가 어려워 다음에 자세히 적어 보기로 하겠습니다. 엎드려 바라건대 불쌍히 여기시는 마음으로 살펴주옵소서.

현재 교회 사정은 말이 아니옵고 아무것도 남은 것이 없습니다. 오직 죄인이 요행 화를 면하였고 요왕이 아직 발각되지 않았으니 이것이 나라에 주님의 은총이 아주 끊어지지 않은 것이 아닐까요. 오호 죽은 사람들은 이미 목숨을 바쳐 성교를 증명하였습니다. 남아 있는 사람들도 마땅히 죽음으로써 진리를 지켜야 할 것이오나 재능이 적고 힘이 약하여 어찌 할 바를 모르겠습니다. 두세 명의 교우가 비밀리에 모여 당면한 문제들을 의논한 결과 그동안 속에 품었던 사정을 일일이 아뢰오기로 하였으니 읽어보시고 이렇듯 외로운 자들을 가엾게 보시어 조속히 구원의 손길을 베푸시기를 바라옵니다. 죄인 등은 마치 양떼가 흩어져 달아나듯이 어떤 이는 산골로 도망쳐 숨고 혹은 떠돌이가 되어 길에서 헤매면서도 울음마저 터뜨리지 못한 채 흐느끼고 있습니다. 실로 목이 메고 가슴이 쓰라리고 뼈가 저려 밤낮으로 바라는 것은 천주님의 전능과 넓으신 사랑뿐입니다. 엎드려 바라건대 주님의 도우심을 정성 들여 빌어주시고 자비의 정을 크게 베푸시어 저희들을 이 물불 속에서 건져주시고 가족들과 함께 정상적인 생활을 하게 해주옵소서. 오늘날 성교가 온 세상에 널리 퍼져 그 성덕을 노래로 읊지 아니 하는 이 없고 그 영적 감화를 기뻐하며 흥겹게 여기지 않는 이가 없는데 이 먼 끝에 사는 백성들이라고 해서 어찌 주님의 자식들이 아니겠습니까. 다만 지방이 멀고 궁벽하여 가장 늦게 성교를 들었고 또 그들의 기질이 약하여 고통을 견디기가 어려운 데다 10년 동안이나 갖은 풍파로 눈물과 불안 속에 지냈기에 금년의 박해는 얼마나 참혹한지 꿈에도 생각지 못한 일이었습니다. 실로 슬픈 일이 아닐 수 없습니다. 인생이 어찌 이토록 극도에 처해질 수가 있습니까. 이 난이 비록 끝난다 하더라도 주님의 특별한 은총이 없으면 예수의 거룩한 이름이 이 땅에서 영원히 사라질 것입니다. 말과 생각이 이쯤 미치고 보니 간장이 서늘합니다. 중국과 서양 교우들이 우리들의 이 위기와 고통을 듣는다면 어찌 동정하지 아니하리까. 감히 바라옵건대 교황께 자세히 아뢰시어 이 죄인들을 구원할 수 있는 일을 모두 쓰셔서 세계 각국에 알려 주님의 박애정신을 본받은 성교회가 그 공동체 의식을 드러내어 죄인들을 간절한 희망이 채워질 수 있도록 도와주옵소서. 죄인들은 가슴을 부둥켜안고 눈물을 흘려 울며 이 어려운 사정을 피력하오며 목을 늘이고 발돋움을 하여 오직 반가운 소식이 있기만을 기다립니다. 주교님께서는 죄인들이 드리고 싶은 말씀을 글로 다 표현치 못함을 가련히 여기소서.

을묘년(1795)에 주문모 신부를 잡으려다 놓친 후부터 선왕의 의심과 두려움은 날로 깊어져 남모르게 수사를 계속하였으나 끝내 신부의 잠적을 알아내지 못하자 조화준이라는 자를 시켜 겉으로는 교우인 체 꾸며 충청도 일대의 사정을 탐지하게 하여 드디어 기미년(1799) 겨울 청주에 박해가 일어나게 되고 충청도의 열심한 교두들은 거의 다 잡혀 죽었습니다. 최 도마 필공은 중인 계급의 사람으로서 성질이 곧고 의지가 군세고 정의로운 데다 재물에도 관심을 두지 않고 열심이 대단하여 모든 사람보다 뛰어난 풍채를 가지고 있었는데 신유년(1791) 박해 때 불행히 유혹에 빠져 배교하였습니다. 그러자 선왕이 몹시 기뻐하여 그를 장가 들게 하고 벼슬까지 주니 도마는 하는 수 없이 다 받아들이긴 했지만 근년에 와서는 집에 돌아와 있으면서 과거의 잘못을 몹시 뉘우치며 항상 몸을 바쳐 속죄할 것을 생각하고 있었는데 기미년 8월에 선왕이 뜻밖에 그를 형조로 불러 들여 네가 아직도 사학을 받드느냐고 물으시매 도마는 자기가 바랐던 대로 이제야 죽게 되었구나 하고 충효에 대한 성교의 도리와 자기의 잘못을 뼈저리게 뉘우치는 심정을 솔직히 진술하였더니 그 말이 빛나게 밝고 위엄이 있어 옆에서 듣는 사람들이 모두 감동하였습니다. 그러자 법관은 몹시 놀라고 분통이 터져 진술 사항을 그대로 임금께 보고하였습니다. 그러자 선왕은 다시 더 형벌을 내리지도 않고 아무런 판결도 없이 그냥 석방하였습니다. 그러자 대신들이 왕께 상소문을 올려 도마를 사형에 처할 것을 요청했습니다. 그러나 선왕은 역시 모호한 대답을 내려 그를 포용하는 뜻을 보여 일은 그 정도에서 가라앉았습니다.

리 말딩 중배는 소론의 일명(첩의 자식의 칭호)으로 경기도 여주에 살았는데 용맹이 남달리 뛰어나고 지조가 쾌활하였습니다. 원래 김건순과 생사를 같이하리만치 가깝게 사귀어왔었는데 건순이 성교를 믿게 되자 말딩도 그를 따라 믿고 받게 되었습니다. 그는 열심히 불같이 뜨거웠고 항상 눈을 크게 뜨고 대담하게 행동했으며 남들이 자기의 믿음을 눈치를 챌까봐 무서워하지도 않았습니다. 경신년(1800) 부활 축일에는 개를 잡고 술을 빚어 한 마을 교우들과 길가에 모여 앉아 높은 소리로 회락삼종(부활절에 바치는 삼종경)을 외우고 바가지와 술통을 두드려 장단을 맞추며 노래를 부르고 노래가 끝나면 또 술을 마시고 나서는 다시 노래를 부르는 놀이를 날이 저물도록 하였습니다. 그러나 얼마 안 되어 원수 진 집의 밀고로 그는 한 사람의 교우들과 체포되어 관청으로 끌려갔습니다. 교우 중에는 마음이 약한 이도 있었지만 말딩의 격려와 권면에 힘을 입어 혹독한 형벌을 여러 차례 겪으면서 모두 한결같이 버티어 끝내 석방되지 못하고 다들 갇혀 있게 되었습니다. 말딩은 본래 의술을 알고 있었으나 그다지 정통하지 못하였는데 옥에 갇힌 후 혹시 병에 대하여 문의하는 사람이 있으면 먼저 주님의 도우심을 구하고 그런 다음 침을 놓고 약을 처방하여 주어 낫지 않는 사람이 없었습니다. 이로 인하여 그의 명성이 크게 퍼져 멀고 가까운 각처에서 사람들이 몰려와 옥문 밖은 늘 장날 같았습니다. 그러고 보니 이 고을 군수도 금할 도리가 없었고 자기도 병이 나면 와서 약 처방을 얻어 갔습니다. 이래서 옥중 살림이 구차하지 않았습니다. 김건순은 사람들이 혹시 말딩의 병 고치는 능력을 물으면 칭찬이 너무 과하다 할까봐 열 명 중에 여덟 아홉 명은 고친다고 대답했지만 사실은 열이면 열 백이면 백 한 사람도 효험을 보지 못한 이가 없었다고 말했습니다. 하루는 감옥의 관리가 의서를 좀 보여달라고 하니까 그는 내게는 의서는 없소 다만 천주님을 공경할 뿐이요 당신도 의술을 배우고 싶거든 천주님을 믿으시오 하고 대답했습니다. 그러자 우리가 책들은 다 불태워버렸는데 무엇으로 배운단 말이요 하니 말딩은 웃으면서 내 가슴 속에 있는 불타지 않는 책이 있으니 그것만으로도 사람들을 계몽하여 교회에 나오도록 하기에 족하다고 대답하였습니다. 함께 갇혀 있던 원 요왕에게는 한 늙은 여종이 있어 늘 옥에 찾아와 돌보아주면서 집안의 따분한 형편을 늘어놓으며 배교하기를 꾀었었는데 요왕은 조금도 동요하지 않았습니다. 그러나 한번은 할멈의 말이 하도 처참하고 간절하여 요왕도 번민을 하며 마음의 동요를 느꼈습니다. 이것을 알아챈 말딩이 그 할멈을 노려보았더니 할멈은 겁이 나 말을 다 끝내지도 못한 채 물러가고는 다시는 옥에 찾아오지도 않고 후에 이생원의 눈빛이 하도 무서워서 다시는 못 가겠다고 하더랍니다. 말딩은 옥중에서도 늘 책을 베끼고 경문을 외며 진리를 설명하여 사람들을 권유하였는데 간수 한 사람도 감화되어 교를 믿었으며 나중엔 매우 열심한 사람이 되었습니다.

권철신은 남인 측 대가의 자손으로서 경기도 양근군(오늘의 양평군)에 살았는데 그는 평소에 경서와 예서로 세상에 이름난 학자가 되었습니다. 그러나 성교가 이 나라에 들어오자 온 가족이 다 믿고 따랐습니다. 본시 이름난 집안이라 남들의 비방도 대단하였습니다. 그 아우 일신이 신해년(1791) 박해에 죽고 나서부터는 감히 계명을 터놓고 지키지 못하였는데도 그를 원수같이 취급하고 시기하는 자들의 미움과 원망은 점점 심하여 을미년(1799) 여름에는 드디어 그의 고향의 고약한 귀신 같은 놈들이 터무니없는 죄를 꾸며 관청에 고발까지 하게 되었고 이에 권씨 집안의 자체들도 맞서 대항하게 되었으므로 사건은 장차 크게 벌어지게 되었는데 마침 그 고을 군수가 현명하게 처리하여 싸움은 거기서 중재되었고 고발 내용이 사실 근거가 없다는 것도 판명되어 간교한 모략은 실패로 돌아가게 되었습니다. 그러나 그들은 간교한 모략을 비밀리에 계속하여 서울에 있는 악질 관리들과 결탁하여 경신년 (1800) 5월에는 선왕을 직접 뵙고 양근 땅에는 그 고을에 사학이 한창 성행해서 아니 배우는 사람이 없고 안 믿는 동리가 없는 데도 군수란 자는 태평세월로 사찰조차 아니 하니 이 군수를 마땅히 징계해야 한다고 아뢰었습니다. 선왕이 그 보고를 듣고는 옳다고 판단하여 양근 군수를 인책 사임시키고 새 군수를 부임시키니 그는 부임하자 곧 묵은 사건을 끄집어내어 많은 사람들을 체포하였습니다. 그러자 늙고 겁이 많은 칠신은 시울로 올라가서 잠시 몸을 숨겼습니다. 그러자 관가에서는 그의 아들을 대신 잡아다가 가두었는데 아들이 아버지의 벌을 대신 받겠다고 여러 번 청하였으나 군수는 이를 허락하지 않고 기어이 철신을 불러들이려고 하여 사건은 오래도록 종결을 짓지 못하였습니다. 선왕은 성교에 대하여 의심이 많고 두려워하기도 했지만 그는 본래 무슨 사건이든 크게 확대하려고 하지 않았을 뿐 아니라 주 신부 사건은 두 나라 사이에 관계되는 일이라 만일 드러나면 그 처리가 매우 곤란하겠으므로 을묘년 후 여러 신하들이 성교를 엄금하라고 여러 번 청하였으나 일체를 말단 관리들에게 내맡기고 자기는 간섭하지 아니한 것처럼 보이려고 하였습니다. 그러나 각 지방의 박해는 비밀 지령이 아닌 것이 없었고 일부러 아니한 체한 것은 교우들의 마음을 늦추어놓고 몰래 신부를 체포하여 암암리에 결말을 지으려고 했던 것인데 미처 그 계획을 이루지 못하고 세상을 떠났습니다.

김여삼은 본래 충청도 사람으로 삼형제가 다 성세를 받고 박해를 피하려고 서울로 이사 와 살고 있었는데 여삼은 근년에 와서 냉담을 하고 배교까지 하더니 부랑자들과 어울려 돌아다녔습니다. 그러나 두 형들도 이것을 막지 못하였습니다. 리안정이라는 사람도 역시 충청도 사람으로 서울에 살고 있었는데 재산이 약간 있는 자로서 여삼이와는 사돈간이었습니다. 여삼은 가난하여 늘 안정에서 돈을 좀 돌려주기를 바랐지만 안정은 그가 달라는 대로 다 들어주지 못하였습니다. 그래서 여삼은 늘 안정에게 원한을 품고 이를 갈고 있던 중 그는 안정이가 늘 성사를 받고 있음을 눈치 채고는 만일 신부가 안정에게 재물을 내게 좀 나누어주라고만 한다면 거절하지 못할 테지 하는 엉뚱한 생각을 품고는 그 말을 신부께 드렸습니다. 그러나 안정이가 재물을 나누어주지 않자 이것은 신부가 안정에게 부탁을 하지 않았기 때문이라고 트집을 잡아 이젠 그 분풀이를 신부께로 돌려 모략으로 해치고자 신부의 동정을 살펴 포도부장에게 밀고를 했습니다. 5, 6년 동안이나 수사를 해도 알아내지 못했던 신부의 정체가 알려지니 이 말을 들은 포도부장이 얼마나 기뻐했겠습니까. 그들은 일이 성공하면 너를 봉급이 많은 관직에 추천해주겠다고 하며 그 사람이 지금 어디에 있느냐고 물었습니다. 그때 신부는 골롬바의 집에 있었는데 여삼이는 이것까지 짐작하고 있었으므로 부장더러 아무 날 당신이 우리 집으로 오면 알려주겠다고 약속하였습니다. 그런데 여삼이는 약속한 날이 이르기 전에 다른 사람의 집에 갔다가 갑자기 병이 나서 집에 돌아올 수 없게 되어 부장은 헛걸음만 하였습니다. 다행히 한 교우가 이 사정을 알고 신부에게 알려 신부는 다른 곳으로 피해 가서 안정더러 돈 수십 냥쯤 가지고 가서 여삼이와 화해하라고 했습니다. 그랬더니 여삼의 원한과 분노는 잠시 누그러졌고 또 며칠 안 되어 국왕이 세상을 떠나매 각 관청에선 일이 분주하여 사건은 더 벌어지지 않았습니다. 그러자 여삼은 이미 신부를 밀고한 뒤요 또 자기로서도 이제는 어찌할 수 없게 되어 늘 악질분자들과 어울려 음모를 꾸며 기어코 흉악한 짓을 끝까지 저지르고야 말겠다고 했습니다.

또한 이 나라의 양반들은 200년 이래 당파가 생겨 서로 대립하고 있습니다. 남인 노론 소론 소복의 네 당파가 있는데 선왕의 말년에 남인이 또 두 파로 갈라져 그 한파는 리가환 정약용 리승훈 홍낙민 등 몇몇 사람들로서 이전엔 모두 천주교를 믿었으나 목숨을 아껴 배교한 자들입니다. 그래서 그들은 겉으로는 몹시 성교를 해치는 척했지만 마음만은 아직도 믿음 속에 죽을 생각을 하고 있었습니다. 그러나 그 당은 수가 적고 그 세력이 외롭고 위태로왔습니다. 그리고 또 한편은 홍의호 목만중 등 진짜로 성교를 해치는 자들인데 10년 이래 양편은 서로 깊은 원한을 품고 있습니다. 노론도 또 갈라져 두 파가 되었는데 시파(時派)라는 것은 모두 임금의 뜻을 받들어 선왕의 신복의 신하가 되었고 벽파라는 것은 모두 당론을 고수하여 임금의 뜻을 항거하므로 시파와는 원수같이 지냈으나 당원이 많고 세력이 크므로 선왕도 두려워하였고 근래에는 온 나라가 그들의 말에 귀를 기울이고 있습니다. 리가환은 문장으로 세상을 뒤흔들었고 정약용은 재주와 기지가 누구보다도 뛰어났으므로 을묘년 이전에는 선왕이 총애하고 신임하였으나 을묘년 후로는 차차 멀어져 버림을 받았습니다. 그러나 벽파에서는 이 두 사람을 몹시 꺼려하여 기어코 해치려고 했습니다. 가환 등이 배교하고 성교를 해치는데도 벽파에서는 그를 사당으로 몰고 별의별 중상과 공박을 가했습니다. 그러나 선왕은 번번이 그들을 감싸주므로 벽파에서 마음대로 해칠 수가 없었습니다. 선왕이 돌아가시자 그 뒤를 이은 임금은 나이가 어려서 대왕대비 김씨가 섭정하게 되었는데 대왕대비는 선왕의 계조모요 본래 벽파 출신으로 그의 친정이 일찍이 선왕에게 폐가 당했던 터이라 여래 해 동안 품었던 원한을 풀길이 없다가 뜻밖에 정권을 잡게 되자 벽파를 끼고 학정을 펴 경신년(1800) 11월 선왕의 장례가 끝나자마자 한쪽으로 시파 사람들을 모조리 몰아내 조정을 반이나 비게 하였습니다. 또 전부터 선교를 박해하던 악당들은 벽파와 계속 서로 연락을 취해왔는데 세태가 크게 변하자 요란스럽게 들고 일어나 큰일을 저지를 기세를 보였습니다.

경신년 4월에 여러 교우들이 명회회에 가입한 후로 신공을 부지런히 하고 회원 아닌 사람들을 움직여 자진하여 모두 남을 감화시키는 데 힘을 썼으므로 그해 가을과 겨울 사이에 회두하는 사람들이 부쩍 늘었는데 부녀자가 삼분의 이요 무식한 평민이 삼분의 일이고 양반집 남자들은 이 세상의 화가 무서워서 믿고 따르는 자들이 극히 적었습니다. 을묘년(1795) 박해 때 골롬바는 신부를 보호한 공이 컸고 재능이 출중했으므로 신부는 모든 일을 그에게 맡겼고 골롬바 역시 열심히 일을 처리하였습니다. 또 그는 많은 사람들을 감화시켜 벼슬하는 집안의 부녀들이 입교하는 예가 아주 많아 졌습니다. 그것은 이 나라의 법이 역적이 아닌 이상은 양반의 집안 부녀자에게는 형벌이 미치지 않으므로 금령을 걱정할 필요가 없었던 까닭입니다. 신부도 이 점을 이용해서 선교를 널리 현양할 근거를 삼고자 하여 그네들을 특히 후하게 대접하매 교회 안의 대세는 모두 부녀자 교우에게로 돌아갔고 이러한 인연으로 선교의 소문이 또한 널리 퍼졌습니다. 성교가 이 나라의 큰 정책문제로 되어 있으므로 새 임금이 즉위하면 반드시 먼저 어떤 조처가 있을 것은 분명하였지만 그것이 무엇일지 몰라 신부는 더욱 더 조심하고 교우들도 모두 속으로 근심하고 걱정하였습니다. 12월 17일 형조에서 포졸을 보내어 최 도마를 체포하여 가두었는데 이 사람은 지난해의 송사가 미결중에 있었으므로 이번 체포된 일은 뜻밖의 일이 아니요 또한 그때는 성교를 금하기로 되어 있었을 뿐 조정에서는 아직 금령을 내리지 아니하였으므로 교우들은 경계는 했지만 그다지 놀라거나 두려워하지는 않았습니다. 19일 성모 자헌 첨례날 새벽 최 도마의 종제 최 베드루가 길가에 있는 약방의 안방에서 몇몇 사람과 함께 경문을 통경하고 있었는데 마침 창문 밖에서 투전(투전이란 노름의 이름인데 부랑자들이 돈을 걸고 노름을 하므로 사법부가 이를 금지하였음)을 단속하는 관원들이 지나가다가 창문 안에서 가슴을 치는 소리가 나자 투전 던지는 장단소리로 생각하고 창문을 열어젖히고 뛰어들었습니다. 그러나 투전을 발견하지 못하자 각자의 몸수색을 하여 첨례표 한 장을 찾아내었습니다. 그러나 글을 몰라 이것이 무엇인지 알 수가 없자 글을 아는 관리에게로 가지고 가 보였더니 그것이 곧 성교에 관계되는 그림임을 알려주어 그들은 다시 교우들을 잡으러 돌아왔었는데 그러나 이미 날이 밝아 다른 교우들은 다 흩어져 달아났고 최 베드루와 오 스더왕만이 붙잡혀 관청으로 끌려가 도마와 함께 갇히게 되었습니다. 이에 포도부장들은 김여삼이와 부랑배들을 끼고 그들을 정보원으로 삼아 아니 가는 데 없이 돌아다니며 눈을 부릅뜨고 교우들을 찾아다니매 교중이 물결일 듯이 요란했으나 마침 세모가 되어 사태가 잠시 잠잠해졌습니다. 그러나 정월 초아흐레 총회장 최 요왕이 잡히고 나서부터는 부장들이 밤낮없이 돌아다니며 여기저기서 잡아간 사람들이 두 포도청(자포청 우포청이 있음)에 가득히 찼는데 모두들 무식하고 또 새로 입교한 사람들과 여염집 부녀자들이라 의지가 강한 사람은 매우 적었습니다. 11일 대왕대비가 교서를 내려 상교를 엄금하기를 선왕이 늘 말씀하시되 잠다운 학문이 밝혀지면 사학은 저절로 꺼져버릴 것이라 하셨는데 이제 듣건대 사학이 여전히 수도로부터 경기와 충청 지방에 이르기까지 기세를 보인다 하니 어찌 소름이 끼치고 한심한 일이 아니랴. 서울과 지방에 다섯 집씩 통합한 통반제도를 엄격히 세워 그 통에 사학을 하는 자가 있으면 통장이 관청에 고발하여 징계하게 하라. 그래도 뉘우치지 아니하면 반역죄를 적용하여 모조리 사형에 처하여 씨를 남기지 말도록 하라고 하니 각처가 소란하여지고 환란의 불길이 더욱 맹렬해져 교우들은 손발을 둘 곳이 없게 되었습니다.

명도의 회장 정 아오스딩은 정약용의 셋째 형으로 본시 양근서 살다가 경신년(1800) 5월 박해 때에 온 가족을 데리고 서울로 올라왔습니다. 그는 벌써 사학자로 비방을 받아왔던지라 그해 여름에 한 악질 관리가 선왕의 면전에서 그의 이름을 지적하여 처형하기를 청하였으나 선왕이 꾸짖어 화를 면한 바 있었습니다. 이제 와서는 사태가 이미 변하여 재난의 불길이 점점 맹렬하게 타오름을 보고 자기도 도저히 면할 수 없음을 두려워하여 성물과 서적과 신부의 편지 등을 농 속에 넣어가지고 다른 집에다가 맡겨두다가 그 집도 곧 습격을 당할까 두려워 본 집으로 도로 가져다두고자 하였습니다. 그러나 부장들에게 빼앗길까 무서워서 임 도마라는 사람을 나무장사로 꾸며 농을 마른 솔잎으로 싸가지고 19일 해질녘에 짊어지고 거리로 나오게 하였습니다. 그런데 농은 크고 솔잎은 엷어서 아무래도 나무 짐 같지가 않았습니다. 그때 한성부에 밀도살 감시원이 이것을 보고 몰래 잡은 쇠고기가 아닌가 의심이나(무허가 도살은 엄금하였음) 그 사람을 관청으로 끌고 가 농을 열어보니 모두가 성교에 관한 서적과 상본과 신부의 편지였는지라 부윤(俯尹)이 크게 놀라 그 농과 사람을 포청으로 압송하니 이것은 불에다 기름을 끼얹은 격이 되어 환란이 더욱 확대되었습니다. 책과 농이 압수당하자 교우들은 놀라 조석으로 불안에 떨고 있었습니다만 10여 일이 지나도록 잠잠하고 아무 동정이 없더니 2월 초에 포도대장 리유경이 정근되고 신임된 신대현이 집무하자 옥에 가득했던 배교자들은 모두 석방하고 최 도마 형제와 최 요왕과 임 도마만을 석방하지 않았는데 이들을 때려 죽이려 한다고도 하고 멀리 귀향보내기로 방금 의논 중이라고 하였습니다. 밖에서 검거가 잠시 그치니 교우들이 기뻐하며 이대로 계속해서 무사하기를 바랐습니다. 이때에 소북의 박장설 노론의 이석우 남인의 최현중 등이 잇달아 성교를 몹시 헐뜯고 반역죄로 처벌하기를 청원하며 아울러 신대현이 교우들을 가볍게 처리한 것을 죄로 몰았습니다. 그러나 대비가 크게 노하여 대현을 잡아 가두고 이 사람을 금부로 옮겼습니다. 이 나라 국법에 조정의 관리와 역적은 군부에서 처리하고 포도청에서는 도적들만 취급하고 평민의 범죄는 형조에서 다스리게 되어 있습니다. 교우들은 평민이지만 포도청에 속하게 되어 도적으로 처단되어야 하는데 금부로 옮긴 것은 역적으로 처벌하려고 한 것입니다. 2월 초아흐렛날 리가환 정약용 리승훈 홍낙민을 금부에 가두고 11일에는 권철신과 정약종을 체포하고 포도청에 엄명을 내려 전에 석방한 사람들까지 재구속하게 하고 여주와 양근에 가둔 사람들을 금부에 올리도록 하니 경향에 이름 있는 교우들은 한 사람도 모면한 이가 없었습니다. 길에는 포졸들이 깔려 이리 뛰고 저리 뛰어 밤낮 그치지 아니하고 금부와 양 포도청과 형조도 만원이 되어 더 수용할 수 없게 되었다고 합니다. 24일에는 골롬바의 온 가족이 체포되고 이어 양반집 부녀자들도 제법 많이 체포되었으나 상세한 것은 잘 듣지 못했습니다. 정 아오스딩이 관가에 이르자 관원이 농 속에 든 책들에 대해 그 내력을 물으니 아오스딩은 다 자기의 것이라고 하였습니다. 관원이 농 속의 편지를 내놓고 하나하나 캐어물었으나 아오스딩은 입을 다물고 대답하지 않았습니다. 관원이 사람을 그 가족에게 보내어 너의 남편 너의 아버지가 신부의 성명과 있는 곳만 알리면 절대로 죽을 리가 없는데 혹독한 매를 맞으면서도 끝내 입을 열지 아니 하니 너희들 가족은 틀림없이 알고 있을 터이니 가장의 목숨을 생각하여 바른 대로 말하라고 하였으나 가족들도 한결같이 모른다고 대답하였습니다. 이에 신하들이 회의를 열어 대역부도 죄로 판결하고 26일에는 아오스딩과 최 요왕 최 도마 홍 방지거 사베리오 홍낙진 리승훈 여섯 사람들을 목을 베어 죽이고 그후 아홉 사람 역시 참수형에 처하였는데 그중 여자 세 사람이 있었지만 가운데 한 사람 골롬바를 제외하고는 다른 두 여자와 남자 여섯 명은 누구인지 알 수 없어 최 베드루 등이 아닌가 하지만 전해들은 말이 정확하지가 않아 단정할 수가 없습니다. 또 여주와 양근에 갇혔던 사람들도 모두 본 고을로 돌려보내 거기서 참수형에 처하였는데 아직 사실을 조사하지 못하여 일일이 아뢸 수가 없습니다.

총회장 최 요왕 창선이는 중간계급 출신으로 을묘년에 순교한 최 마디아의 조카이며 진실한 교훈이 전해 내려오는 집안에서 자라 성교가 이 나라에 들어오자 남보다 먼저 입교하였고 몸가짐이 평화스럽고 언행이 공정하여 20년을 하루같이 지냈습니다. 그는 외모가 순수하고 말수가 적으면서도 정의로와서 누구든지 의혹이 생기거나 곤란을 당하거나 혹은 마음이 우울하고 답답할 때면 그의 얼굴만 한 번 보아도 자기가 당하고 있는 일이 그다지 큰일이 아니며 어려운 일이 아님을 스스로 깨닫게 되고 또 그의 말은 두어 마디만 들어도 가슴이 시원해졌습니다. 도리에 대한 강론도 자세하고 명백하여 재미가 있으므로 비록 듣기 좋게 말할 생각이 없이 나오는 대로 말하더라도 사람들이 즐겨 들으며 싫증을 내지 아니하고 또한 그 말이 마음속 깊이 들어가므로 사람들이 받는 신익이 컸습니다. 그의 순명과 겸손은 천성에서 우러나온 것이었고 남보다 특별히 뛰어나는 점도 없고 끄집어낼 결점도 없었습니다. 그는 교우들 중에서 덕망이 제일 높아 그를 사모하고 신뢰하지 않는 사람이 없었습니다. 집이 입정동에 있었으므로 교우들은 그를 관천이라는 별명으로 불렀습니다. 조화진이 충청도를 수색할 때 관천이가 교우들의 영수임을 알았으나 그 이름과 있는 곳을 몰라 체포할 수가 없었는데 이때 최 요왕은 박해가 장차 커질 것을 알고 다른 교우의 집에 피해 있다가 신유년(1801) 정월 초닷샛날 몸이 불편하여 부득이 자기 집으로 돌아와서 조섭하던 중 초아흐렛날 밤중에 김여삼이 포도부장을 데리러 와서 집을 둘러싸고 체포하는 바람에 포도청에 갇히게 되었습니다. 10여 일 후 치도곤으로 열세 대를 맞았는데 매를 맞는 동안에는 기절하여 죽어 엎드러진 것 같았으나 매질이 끝나고 관원이 그의 죄목을 셀 때면 그는 벌떡 일어나서 성교의 십계명을 강론하여 밝혔습니다. 관원의 말이 네가 부모를 효도로 공경한다면 어찌하여 제사를 지내지 않느냐 하니 그는 잘 생각해보시오. 밤에 잠이 든 때는 아무리 맛있는 음식이 있더라도 맛볼 수가 없지 아니 하오. 그렇거늘 하물며 이미 죽은 사람이 어떻게 음식을 먹을 수 있겠오라고 대답하였습니다. 그러니 관원도 대답을 못하고 그를 옥에 가두라고 명령하였는데 그후 소식이 끊어졌더니 그후 정 아오스딩과 함께 한날에 참수형을 당했습니다. 그의 나이는 43세였습니다.

정 아오스딩 약종은 성질이 강직하고 의지가 굳고 상세하고 치밀함이 남보다 뛰어났습니다. 일찍이 선도(仙道)를 배워서 오래 살 뜻이 있어 천지개벽설을 그릇 믿었다가 탄식하여 말하기를 천지가 다시 변하는 때는 신선도 역시 함께 사라짐을 면치 못할 터이니 이것 역시 결국 길이 사는 길이 아니니 배울 것이 못 된다고 하였습니다. 그러던 중 성교의 도리를 듣게 되어 독실히 믿고 따르게 되었습니다. 신해년(1791) 박해에 그의 형제와 친구들은 모두 움츠렸으나 그만은 유독히 흔들리지 않았습니다. 세속 이야기에는 서툴렀으나 교리를 강론하기를 가장 좋아하여 비록 병이 들어 괴롭고 양식이 없어 굶주릴 때에도 그런 괴로움은 모르는 사람 같았습니다. 도리의 한 끝이라도 모르는 것이 있으면 잠과 음식의 흥미마저 잃은 듯 전심전력 연구하여 반드시 해득하고야 말았습니다. 그는 말을 타고 가거나 배를 타고 가면서도 묵상 공부를 그치지 아니 하고 우몽한 자를 만나면 힘을 다해 가르치고 깨우쳐주기를 혀가 피로하고 목이 아플 정도까지 하여도 싫증내는 기색이 조금도 없었으며 아무리 막힌 사람이라도 그의 앞에서 깨치지 못하는 자가 별로 없었습니다. 그는 일찍이 무식한 교우들을 위하여 이 나라의 언문으로 《주교요지》 두 권을 저술하였는데 성교의 여러 책을 인용하고 자신의 의견을 보태서 아주 쉽고 명백하게 썼으므로 어리석은 부녀자와 어린 아이들까지도 책을 펴보기만 하면 환히 알 수 있고 의심나거나 모호한 데가 없었습니다. 이 책이 이 나라에서 목초나 땔나무보다도 더 중요하다 하여 신부는 간행을 인준하였습니다. 그는 여러 해 동안의 학문 연구가 습관이 되고 성품이 되어 교우들을 만나면 안부 인사나 하고 나서는 곧 도리 강론을 펴놓고 날이 저물도록 계속해 다른 이야기는 할 겨를조차 없었습니다. 혹 자기가 모르던 도리 한두 가지를 알아 깨닫게 되면 만족하여 기뻐하며 칭찬을 아끼지 않았습니다. 혹 냉담하고 태도가 명확하지 못한 자가 강론 듣기를 좋아하지 아니 하면 딱하고 민망하게 생각하는 마음을 이기지 못하였습니다. 사람들이 갖가지 도리에 대해 물으면 마치 주머니에서 물건을 꺼내듯이 생각해내는 기색도 없이 척척 풀어주어 끊어지는 일이 없었고 어려운 문제를 늘어놓아도 가려내는 데 조금도 막히지 않았습니다. 그의 말은 질서가 있어 어긋나거나 뒤바뀜이 없었으며 정확하고도 기묘하였으며 또한 아름답고도 상세하고 확실하여 사람들의 신덕을 굳게 하고 애덕을 더욱 왕성하게 하였습니다. 덕망은 관천만 못하였으나 도리에 밝기는 그보다 훨씬 더 나았습니다. 그는 또 천주의 모든 덕과 여러 가지 도리가 광범하고 방대하여 여러 가지 책에 흩어져 총론이 없으므로 독자들이 납득하기가 어렵다 하여 장차 여러 책에서 가려 뽑아 부분별로 구별한 것을 한데 모아 한 책으로 만들어 제명을 '성교전서'라 하여 후배들에게 남겨주려고 하였으나 그 책의 초를 절반도 담지 못하고 체포되고 말았습니다. 그가 감옥에 들어가자 관원이 국왕의 명을 거슬렀음을 문책하니 그는 성교의 진실한 도리를 솔직하게 진술하고 그것을 금하는 것은 부당한 일이라고 밝혀 말했습니다. 그러자 관원이 크게 노하여 국왕의 명령을 반대한다고 해서 반역죄를 선언하였습니다. 옥에서 끌려 나와 수레 위에 올라 처형장에 갈 때에도 그는 큰소리로 사람들에게 여러분은 우리를 비웃지 마시오. 사람이 세상에 나서 천주를 위하여 죽음은 당연한 일이요 공심판 때 우리들의 울음은 즐거움으로 변할 것이요. 여러분의 기쁜 웃음은 변하여 참된 고통이 되리니 웃지들 마시오라고 하였습니다. 그리고 처형을 당할 때 구경꾼들을 둘러보며 이것은 당연히 해야 될 일이니 당신들은 겁내지 말고 이를 본받아 이후 이렇게 하시오라고 말했습니다. 처형장에서 그는 칼에 한 번 맞아 목과 머리가 반쯤 잘렸는데도 벌떡 일어나 앉아 손은 크게 벌려 십자성호를 크게 긋고는 조용히 엎더졌습니다. 최 도마와 함께 처형되었는데 이때 그의 나이는 42세였습니다.

최 도마는 병이 많았고 옥중에서 오래 시달려 지쳐서 수레에 오르자 곧 인사불성이 되었는데 형장이 가까워오자 비로소 얼굴에 즐거운 표정이 나타났으며 그는 맨 먼저 형을 받았는데 그의 나이는 56세였습니다.

홍 사베리오 교만이는 권철신의 외숙으로 경기 포천현에 살았으며 젊어서 진사에 올랐고 만년에는 경학(經學)을 좋아하였는데 권씨 집안이 입교하자 그도 따라 믿게 되어 관계(官界)에 나설 뜻을 단념하고 고향에서 이웃 사람들을 권유하자 그들을 감화시켜 온 고을의 영수가 되었습니다. 그의 딸이 아오스딩에게 시집을 가자 그로 인해 남들의 비방을 받게 되어 드디어 체포되어 치명하였습니다. 홍 바오로 낙민은 본래 충청도 예산현 사람으로 젊어서 진사 시험에 합격하였고 서울로 이사한 후 리승훈 정약종과 어울려 갑진년(1784)과 을사년(1785) 사이에 성교를 믿고 봉행하였습니다. 그는 열심하고 도리에 밝아 교중 사무를 잘 보아 칭찬을 받았으나 남의 이목을 꺼려 계속 과거를 보아 기유년(1789)엔 과거에 급제하여 여러 벼슬을 거쳐 사간원(詞諫院) 정언(正言)에 이르렀습니다. 신해년 박해 때는 선왕이 억지로 배교를 명하니 나쁜 표양이 자주 일어났습니다. 그러나 그와 함께 배교한 자들은 전면 계명을 지키지 않는 데 비해 바오로만은 신공 드리고 재지키는 것을 그만두지 않았습니다. 을유년(1795) 성사 볼 때가 이르러 보례하고 고해성사 받을 준비를 하고 있었는데 판공 때가 오기 전에 큰 박해가 일어났습니다. 그의 성명이 한영익이란 자의 고발에 들어 있어 선왕이 또 배교하라고 압박하였습니다. 그 뒤로 그는 집에 있을 때는 계명을 완전히 지키고 외출했을 때는 세속사람들이 하는 대로 따랐습니다. 을미년(1799)에 모친상을 당하였는데 그는 신주를 모시지 않았습니다. 근래에 이르러선 열심히 약간 일어나 앞으로는 전심으로 주님께 귀화할 작정이었는데 이 거룩한 뜻이 이루어지기 전에 체포되어 참수형을 당하였습니다. 옥 안의 사정은 엄격한 비밀에 붙여져 있으므로 자세히 알 도리는 없었습니다. 그의 죄목이 본래 큰 것이 아니었으니 만일 관청에 이르러 배교만 하였더라면 죽지는 않았을 텐데 참수형을 받은 것으로 보아 그가 성교에 어긋난 일을 한 것은 아님을 알 수가 있겠습니다.

리승훈 베드루는 이가환의 생질이요 정 아오스딩의 매형입니다. 젊어서 진사에 급제하고 학문 궁리를 좋아하여 선비 리벽이 크게 기특히 여겼습니다. 그때 리벽이 성교의 서적의 비밀히 읽고 있었으나 승훈은 아직 이를 몰랐습니다. 계묘년(1783)에 아버지를 따라 북경으로 가게 되매 리벽이 그에게 은밀히 부탁하기를 북경에는 천주당이 있고 그 안에 서양 전교사들이 있었으니 찾아보고 성경 한 부를 얻은 후 동시에 성세 받기를 청하면 서양 선비들이 자네를 크게 사랑할 것이니 신기한 물건과 패물을 많이 얻어 가지고 오고 빈손으로는 돌아오지 말라고 하였습니다. 승훈이 그의 말대로 천주당에 가서 성세를 청하매 여러 신부들이 영세하기에 필요한 도리를 모른다고 영세를 허락하지 않았습니다. 그러나 오직 한 사람 량 신부가 힘써 우겨 성세를 주고 또한 성서도 주었습니다. 승훈이 집에 돌아오자 리벽 등이 놀라 함께 전심전력으로 그 책을 읽어보고 비로소 진리를 터득하고는 가까운 친구들을 권유하여 당시 이름난 많은 선비들이 그를 따르게 되었습니다. 그들은 승훈을 추대하여 영수로 세웠고 그는 그의 아버지의 엄한 반대와 약한 벗들의 많은 비방을 받으면서도 끝까지 참아 견디며 성교를 봉행하였습니다. 선왕이 그의 재주를 사랑하여 경술년(1790) 가을에는 벼슬을 주어 평택 현령까지 지내게 하자 그는 신해년에 체포되어 배교하고는 성교를 비방하는 글을 여러 번 저술하였습니다. 그러나 그것이 모두 자기 본심에서 우러나온 것은 아니었습니다. 을묘년에 신부가 이 나라에 온다는 말을 듣고 그는 마음이 움직여 회개하고 성사의 은혜 받기를 준비했으나 며칠 안 되어 박해가 일어나매 승훈은 두려워 다시 움츠러들었습니다. 그는 제일 먼저 성서를 전파하였기 때문에 악한 무리들이 성교를 공격하고 배척할 때에는 반드시 승훈에게도 그 죄를 돌렸습니다. 그러나 그럴 때마다 선왕은 그를 두호하였습니다. 그는 겉으로는 세속을 따랐으나 혹 옛 가까운 친구를 만나면 옛 깊은 정을 잊지 못하여 떠나기를 아쉬워하며 항상 다시 떨치고 일어날 생각

을 하다가 화를 당하였는데 그는 서적을 전파한 죄가 있어 아무리 배교한다 해도
사형을 면하기가 어려웠습니다. 그러니 그것이 선종인지 아닌지는 아직 알 수가
없어 더 두고 조사해봐야 할 것 같습니다. 이 가환은 어려서부터 재주와 지혜가
뛰어났고 성장하매 풍채가 늠름하고 도량이 크고 문장으로서는 나라 안에서 으뜸
이었으며 아니 읽은 책이 없었고 기억력이 강하여 신과 같았습니다. 또 천문과 기
하학에도 정통하였는데 일찍이 그는 탄식하기를 이 늙은 몸이 죽으면 이 나라에는
기하학의 씨가 끊어질 것이라고 하였습니다. 그리고 이기학(理氣學)을 약간 믿던
그는 천체를 둘러보며 마음속으로 이처럼 웅대한 조직에 주재하는 이가 없다 하리
요 하고 감탄한 적도 있었습니다. 30세가 넘어 진사에 오르고 대과에 급제하니 선
왕이 그를 인물로 중히 여겼습니다. 갑진 을묘년(1794, 1795) 무렵에 리벽 등이
성교를 믿는다는 말을 듣고 책하여 말하기를 나도 서양 서적 몇 권을 읽어보았는
데(자기 집에 《직방외기》 《서학범》 등이 있었음) 기이한 글이요 궁벽한 저술
에 지나지 않고 다만 내 식견을 넓히는 데 그쳤는데 어찌 족히 인생을 안정시키고
인명을 확립시킬 수 있으리요 하였습니다. 리벽이 이치를 따져가며 답변하니 가환
이 그의 말에 굴복하여 드디어 책을 구해다 비밀히 읽었습니다. 리벽은 그에게 초
보 입문서 몇 권을 주었는데 그때 (《성년광익聖年廣益》) 한 권이 있었으나 가환
이 영적을 믿지 않을까 하여 빌려주지 않으려고 했으나 가환이 기어코 싸우다시피
하여 그때 있던 성교 서적을 모두 가져다가 정신을 쏟아 거듭 읽고 또 읽어 믿기
로 결심하고는 말하기를 이것이 과연 진리요 정도로다. 진실로 사실이 아니라면
서적 가운데 쓰인 말은 전부 하늘을 모함한 것이요 하늘을 소홀히 여긴 것이니 만
일 그렇다면 서양 바다를 건너와 이렇게 전교할 수 없었을 뿐 아니라 반드시 벼락
을 맞아 죽었으리라 하였습니다. 드디어 그는 제자들을 권유하여 교리를 가르치고
아침저녁으로 리벽 등과 비밀히 회합하여 열심히 대단하였습니다. 이때 리승훈 등
이 망녕되게 함부로 성사를 집행하였는데 가환은 남에게 권하여 그 들에게서 성세
를 받도록 하였으나 자기는 그러려고 하지 않았으니 그것은 자신은 사신으로 북경
에 가서 서양 사람들에게 성세를 받으려고 했기 때문입니다. 그러나 오래지 않아
세태가 어려워지자 그는 마침내 모든 신공하기를 그쳤는데 그때 성교를 믿는다고
비방을 받는 사람들은 대부분 가환의 사돈과 일가친척들이었습니다. 그런 고로 악
한들이 항상 그를 불러 교주라고 규탄하였기 때문입니다. 그러던 중 신해년 박해
가 일어나자 그는 광주 부윤으로 있으면서 교우들을 많이 해침으로써 자기 변명의
계책을 삼았었는데 교우들에게 도둑 다스리는 형법을 맨 처음 적용한 이도 가환이
었습니다. 신해년 이후 선왕이 남인을 많이 기용하자 가환은 그 세력을 타 여러
벼슬을 지내고 공조판서에까지 임명되었습니다. 그러나 을묘년에 세 사람이 순교
한 후 악한 무리들이 신부의 사정을 모르므로 그 죄를 리승훈과 리가환에게 뒤집
어씌워 잇달아 상소하고 공격하매 선왕도 할 수 없이 리승훈을 예산으로 귀양 보
내고 가환은 좌천시켜 충주 목사를 시켰습니다. 충주엔 마침 한 교우가 있어 평소
에 다른 사람들에게 비난을 받았는데 가환은 그를 혹독한 형벌로 다스려 억지로
배교하라고 명령하였습니다. 교우들에게 주리형을 처음 사용한 이도 가환이었는데
주리란 도둑을 다스리는 독특한 형벌입니다. 그는 또 관의 기생을 첩으로 삼았는
데 이런 것은 모두 다 자기에 대한 비방을 벗으려고 한 짓이었습니다. 그러나 그
후부터는 버림을 받아 다시는 등용되지 아니 하여 집에서 글이나 읽고 쓰면서 스
스로 즐겼습니다. 그러나 그의 아내는 원래 신앙이 깊어 딸과 며느리와 첩과 여종
들을 권화하였는데 가끔 서책이 탄로되 나도 가환은 조사하거나 금하지 않았습니
다. 가환은 무오(1798~1799) 사이에 지방에서 박해가 잇달아 일어난다는 말을 듣
고 자기의 신념을 은밀히 말하기를 이것을 비유하면 막대기로 재를 두드리는 것과
같아 두드리면 두드릴수록 더욱 일어나는 것이니 상감이 아무리 금할지라도 어찌
할 수 없을 것이다라고 하였습니다. 처음 금부에 잡혀 들어갔을 때에는 아직도 자

기는 염려 없다고 믿었으나 옥의 일을 보는 자들이 다 평소에 원수처럼 미워하던 자들이라 기어코 사지에 몰아넣으려고 하여 도저히 면할 수 없음을 스스로 깨닫자 변치 아니하여 혹독한 매질과 불로 지지는 형벌을 받다가 목숨이 끊어졌는데 그때 나이는 60세였습니다. 여섯 사람이 순교하기 며칠 전 권 철신도 역시 매를 맞고 순교하였는데 그가 착하게 잘 죽었는지 아닌지는 아직 알 수 없사오니 탐지하여 알려드릴 때까지 기다려주시옵소서.

최 베드루는 필제는 자(字)가 자순이요 도마의 종제로서 집이 가난하고 부모가 늘어 약종상을 하여 생활을 했는데 값이 싸고 약재가 좋아 모두 그를 신용하였습니다. 진실하고 충직한 표정이 얼굴에 나타나 바라다보기만 해도 그가 얼마나 어진 사람인지를 알 수 있었습니다. 도마는 의지가 굳고 성품이 뛰어난 사람이지만 베드루를 항상 우러러 보고 어렵게 대해 비록 나이로는 아우이지만 모든 일을 그와 문의한 다음에야 행하였고 자기 나름대로는 하지 않았습니다. 도마에게는 친아우 하나가 있었는데 그는 교를 훼방하고 배척하고 교우들이라면 모두 비난하면서도 베드루만은 감히 비방하지 못하고 천주교 안에는 자순이 한 사람밖에 없고 그 나머지는 모두 보잘 것 없는 사람들이라고 늘 자순을 칭찬하였습니다. 신부가 일찍이 베드루를 기특히 여겨 칭찬하기를 부부간에 정덕을 지키는 자로서 끝까지 상공하는 이가 적은데 자순 부부는 결심이 굳고 고신극기를 갈수록 부지런히 하니 참으로 훌륭한 사람들이라고 하였습니다. 베드루의 아버지는 본래 외교인이었는데 아들이 체포되매 놀라고 걱정한 나머지 병이 들어 죽게 되자 천주교를 믿고 세를 받았습니다. 베드루는 옥에서 아버지의 부음을 듣고 관에 출감을 청하니 관은 집에 돌아가 장례 지낼 것을 허락하고 또 은근한 말로 훈수를 주어 달아나 피하라고 했지만 베드루는 그 말대로 하지 아니 하고 장례를 치른 뒤 기일 안에 감옥에 돌아와 마침내 목이 잘려 순교하였습니다. 나이는 32세였습니다. 일찍이 베드루는 몇몇이 친구들과 함께 서로 자신의 소원을 말할 때 그는 참수형을 받아 순교하는 것이 바로 자신의 소원이라고 하였는데 결국 그 말대로 되었습니다. 어떤 사람의 말로는 베드루가 매를 이기지 못해 배교하였는데도 관가에서 석방하지 않았으므로 그는 다시 성교를 설명하고 사형을 받았다고도 하나 확실한 바가 없고 아직은 의문일 뿐입니다.

김 요사팟 건순은 노론 대가의 자손이요 집이 경기도 여주에 있었습니다. 그의 선조 상헌이 나라에 큰 공훈을 세웠기 때문에 자손들이 대대로 벼슬을 받아 나라 안에서 으뜸가는 집안이 되었습니다. 요사팟은 어릴 때부터 특이한 데가 있어 아홉 살 때에 선도를 배울 생각이 나 서당에서 훈장에게 《논어》를 배웠는데 귀신을 공경하되 멀리 할 것이라는 대문에 와서 마땅히 공경해야 할진대 멀리 함은 옳지 않은 일이요 마땅히 멀리 해야 할진대 공경함은 옳지 않은 일이거늘 공경하고 멀리 하라는 것은 무슨 뜻입니까 하고 물으니 훈장이 대답하지 못했습니다. 그의 집에는 전부터 《기인십편(畸人十篇)》이라는 책이 있어 요사팟은 그 책 읽기를 좋아했고 10여 세에는 〈천당지옥론〉을 저술하여 천당과 지옥이 반드시 있음을 밝혔고 더 자라면서부터는 문학에 널리 통달하여 《경사자집(經史子集)》과 의서(醫書)와 지리에도 통달하고 불교와 노자와 병서(兵書)에까지도 정통하지 아니 한 것이 없었습니다. 열여덟 살 때 양부의 상을 당했는데 이 나라와 상복은 송나라의 제도를 본딴 것이라 옛날 법과 틀린 데가 많았으므로 이것을 다시 뜯어 고쳤습니다. 그러자 민간의 선비들이 크게 놀라 들고 일어나 글을 보내 힐책하였더니 요사팟이 글을 지어 이에 응답하였는데 그 인용한 증거가 넓고도 많고 문장이 아름다워 리가환이 읽어보고 나는 감히 바라다보지도 못한다고 탄복하였습니다. 그는 집안에서는 충직하고 신의가 높으며 독실하고 효성스러워 그 명성이 인근 이웃에 널리 알려졌습니다. 본래 가산이 부유하여 재물을 나누어 회사하면서도 자기가 먹고 입은 것은 검소하기가 가난한 사람과 같아 그 명성이 대단해서 서울에 나들이 갈 때마다 가마와 말을 타고 모여 들었는데 그를 한번 만나 보는 것을 신기하게 여겼습니다. 그는 리 말딩 등 5,6명과 생사를 같이하기로 친교를 맺고 장차 배를 타고 바다를 건너 강절(江浙)을 거쳐 북경에 이르러 서양 선비들과 만나 잘사는 방법을 많이 배워 가지고 본국에 돌아와 가르치려고 하였으나 입교하였기 때문에 실현치 못하였고 이 5,6명이 모두가 천주교를 위해 목숨을 바쳤습니다. 이때 성교를 봉행하는 사람은 모두 남인이었고 노론 측에서는 한 사람도 없었습니다. 요사팟은 성교를 몹시 부러워하고 사모하였으나 들어갈 길이 없다가 우연히 한 시골 교우를 통해 미카엘 대천신 상본을 얻어 보고 성교가 술법과 서로 통한다고 오해를 하고는 강이천 등과 함께 술법(術法)에 종사하였습니다. 강이천이란 자는 소북의 명사로 심술이 단정치 못하여 이 나라가 필연코 오래 가지 못할 것이라 생각하고 나라 안이 소란해지면 이 술법을 익혀 시기를 보아 집권하려는 의도를 가지고 있었는데 요사팟은 그것을 모르고 그를 사귀었던 것입니다. 신부가 요사팟이 어질다는 말을 듣고 글을 보내 그를 권유하였는데 그는 크게 감복하여 전에 배우던 것을 모두 버리고 진심으로 천주께로 돌아왔습니다. 그때 나이 22세였습니다. 그와 함께 가까운 친구들이 입교하였는데 오직 이천만이 믿으려 하지 않았습니다. 몇 달이 안 되어 이천의 진상이 탄로나 결국 입건이 되었는데 사실 진술에 요사팟이 관련되어 있었으나 선왕이 전부터 그의 재주를 잘 알고 있었기 때문에 극력 두호하여 화를 면케 하였습니다. 그는 영세한 후 열심히 불같이 일어나매 부형들이 알고 엄히 말리게 되어 3~4년간은 집안 박해가 없을 때가 없었고 따라서 비방이 더욱 심해졌습니다. 그의 체포된 경위와 환을 당할 때의 태도에 대하여서는 아직 자세히 알 수 없었습니다만 들리는 말로는 그가 처형될 때에 사람들에게 이 세상의 벼슬이나 명예는 모두 헛되고 거짓된 것이로다. 나 역시 약간의 명망이 있고 벼슬도 할 수 있었지만 그런 것이 헛되고 거짓되므로 포기하였노라 오직 천주의 성교만이 지극히 진실하므로 이를 위하여는 죽음을 사양치 않노니 그대들은 이 뜻을 자세히 생각할지니라 말하고 마침내 순교하였습니다. 그때 그의 나이 26세라 장안 사람들이 모두 애석해했습니다.

　김백순은 서울 사람이요 건순의 일가 형으로 집안이 몹시 가난하였으나 공명을 구할 생각은 없었던 사람입니다. 그의 선조 성용은 벼슬이 나라의 재상이라 숭덕 병자년(1636)에 청나라 군사가 강화도를 함락하자 상용은 의리를 굽히지 않고 스스로 불에 타 죽었습니다. 이로 인하여 그의 사당과 정문이 세워졌고 나라에서는 대궐 안에 대보단을 세워 전의 명나라 황제였던 만력과 승정 두 황제에게 제사를 지냈습니다. 국왕이 병자란에 죽은 이의 자손들을 데려다 전배(展拜)의 예를 드리고 예식이 끝나면 과거를 베풀어 제사에 참여한 사람에게 시험을 보였는데 이것을 충량과(忠良科)라고 하였습니다. 백순은 이 제사에 출석하지 아니하고 제사에 참여하는 사람들은 주나라를 존중해서가 아니라 오로지 과거에 급제할 기회를 노리는 것으로 성실하지 못한 것이기에 나는 참여하지 않노라고 하였습니다. 그는 처음 몇 해 동안은 남을 따라 덩달아 성교를 비방하며 과거 공부에 힘쓰더니 세태가 위험함을 보고는 관계에 투신할 마음을 버리고 송나라 유학자들의 저서를 읽고 성리학을 연구하였습니다. 그러나 그 이치가 의심스럽고 분명하지 않아 전적으로 믿을 수 없음을 깨닫고는 드디어 노자와 장자의 서적을 읽었습니다. 그리하여 사람은 죽어서도 멸지 않는 것이 있음을 깨닫고는 새로운 이론을 내세워 친구들에게 강의하였더니 친구들은 이 사람의 이론이 새로운 것이니 반드시 서양의 교를 쫓는 것이라고 하였습니다. 백순이 듣고 의심하기를 내가 남보다 뛰어난 견해를 얻었는데 남들이 서교라고 하니 서교에는 반드시 오묘한 이치가 있을 것이라 하여 마침내 교우들과 상종하게 되어 여러 해 동안 서로 토론한 결과 굳게 믿고 따라 계명과 법규를 엄격히 지켰습니다. 그리고 그의 어머니도 입교하여 열심하였습니다. 그러나 그의 아내는 성질이 억세고 사나와 자기 남편이 높은 벼슬에 올라 유명하게 되기를 바라다가 하루아침에 장래 끊어지매 분하고 원통함을 이기지 못하여 온갖 욕을 퍼부으며 일가친척과 친구들까지 헐뜯고 욕을 했습니다. 그러나 백순은 조금도 요동하지 않았고 또한 그의 외숙이 그를 설복시키려 하였으나 설복 당하지 않자 외숙은 네가 내 말을 듣지도 아니 하면 너와 절교하겠다고까지 했지만 백순은 차라리 외숙과는 절교할지언정 주님과는 절교 못 하겠다고 하였습니다. 이렇게 되자 그의 친구들은 모두 절교 통고문을 보냈고 종중 모임에서는 그를 문중에서 축출까지 했습니다. 그러나 백순은 태연하였습니다. 그는 늘 내가 천주를 믿고 나자 내 마음이 산과 같아 요동하지 않는다고 말하였습니다. 그는 건순이와 함께 한 날에 참수형을 받았는데 그의 나이 32세요 입교한 지가 오래되지 않아 상세를 받지 못해 본명이 없었습니다.

리희영 루가는 요사팟의 아주 가까운 친구로 여주에서 살다가 서울로 이사한 사람인데 본래 화공(畫工)으로 성인들의 상본을 잘 그렸습니다. 그도 참수형으로 순교하였습니다. 홍 비리버 필주는 골롬바의 전실 아들로 성품이 선량하여 어머니를 따라 교에 나왔으나 처음엔 별로 부지런하거나 열심하지 않더니 신부를 모신 지 1년 만에 아주 딴 사람이 되어 모두 놀라 기이하게 여겼습니다. 그는 집에 있으면서도 늘 미사에 복사를 하였습니다. 그러다가 체포되어 옥에 들어가매 관원이 신부의 동정을 물으면서 혹독한 형벌을 가했으나 비리버는 고통을 참아 견디며 끝내 실토하지 아니하여 마침내 참수형을 당하였는데 나이 28세였습니다.

강 골롬바는 한 이름 있는 집안의 딸이었습니다. 그는 언변이 있고 강직하고 용감하였으며 생각과 취미가 고상하여 어려서 방 안에 앉아 있을 때부터 이미 성녀가 될 생을 가지고 있었으나 그 나아갈 길을 몰라 남을 따라 염불을 읊었는데 지식이 약간 열린 10여 세가 되자 그것이 허황하여 믿을 것이 못됨을 알고 다시는 따르지 않았습니다. 자라서 덕산 홍지영의 후처로 들어갔는데 남편이 옹졸하여 마음에 맞지 않아서 늘 속세를 떠나고 싶은 생각을 하고 있었습니다. 충청도에 처음 성교가 들어갔을 때 골롬바는 천주교라는 세 글자를 듣고 혼자서의 짐작에 천주라 함은 하늘과 땅의 주인이라 교의 이름이 옳으니 도리도 틀림없을 것이라 하여 책을 구해 한 번 읽어보자 마음이 기울어져 믿고 따랐습니다. 그의 총명하고 부지런함과 민첩하고 열심한 극기는 아주 뛰어나 아무도 미치지 못하였습니다. 온 집안을 권유하여 귀화시키고 이웃 동리까지 전했는데 오직 남편 지영이만은 주견이 전혀 없어 아내가 권유하면 옳다 옳다 하며 좇아가는 악한 무리가 헐뜯으면 그래 그래하고 그들의 말을 믿었습니다. 아내가 나무라면 눈물을 흘리며 참회하다가도 나쁜 친구가 오면 금시 전과 같이 되었습니다. 골롬바가 아무리 힘을 써도 아무런 효과가 없어 그와 함께 일을 할 수 없었으므로 신해년 박해에 자기 고향이 시끄러워지자 그는 남편에게 농토를 맡기고 자녀를 데리고 서울로 와서 사바의 북경 왕래를 많이 도와주었습니다. 을묘년에 영세를 했는데 신부는 그를 심히 기뻐하며 회장으로 임명하여 여교우들을 보살피는 임무를 맡겼습니다. 5월 박해에 그는 피신할 계획을 먼저 주장하고 혼자 주선하여 신부를 자기 집에 숨겨두고 힘을 다해 미리 막아 보호함으로써 포졸들이 체포하러 문 앞까지 왔다가도 그냥 돌아가게 만들었습니다. 박해가 지난 후에도 신부는 그의 집을 거처로 정하였으며 골롬바는 6년이나 교회의 모든 요긴한 사무를 도와 신부의 총애와 신임은 누구도 그와 비교할 만한 사람이 없었습니다. 골롬바는 안으로는 신부를 받들어 거처와 의식을 모두 알뜰하게 보살피고 밖으로는 교회 사무를 처리하여 경영과 수응에 조금도 차질이 없었습니다. 그는 처녀들을 많이 모아 가르쳤고 그것이 끝나면 각기 집집마다 찾아다니며 사람들에게 천주님을 믿으라고 권고하도록 하고 자신도 역시 두루 다니며 전교하기에 밤낮을 가리지 아니하여 편히 잠자는 시간이 없었으며 도리가 밝고 구변이 좋아 누구보다도 많은 사람을 귀화시켰고 일처리를 과감하게 하고 위엄이 있어 사람들이 다 두려워하였습니다. 체포되어 관청에 이르자 관원이 신부의 거처를 물으며 주리를 여섯 번이나 틀었으나 음성과 기색이 조금도 달라지지 아니하매 양쪽에 늘어섰던 형리들이 이것은 귀신이지 사람이 아니라고 하였습니다. 그는 마침내 참수형으로 순교했습니다. 나이는 41세였습니다.

선왕에게는 서형(庶兄)한 사람이 있었는데 그 아들이 반역죄로 죽은 뒤 선왕이 그를 강화도로 추방하였습니다. 그랬더니 온 나라가 들고 일어나 그를 사형에 처하기를 청하였습니다. 그러나 허락하지 아니하고 그의 아내와 며느리를 본래 살던 궁에 그대로 살게 하였습니다. 신해 임자년(1791, 1792) 무렵 한 여교우가 있어 그를 가련히 여겨 권유하여 감화시켰더니 사람들이 모두 우환의 근거가 이런 데 있을 것이라 하여 그들과 내왕하기를 꺼렸지마는 골롬바는 거리낌이 없이 주선하여 이미 성사를 받게 하고 명도회에 입회시켰는데 이 일을 아는 사람은 모두 우울하고 근심해했습니다. 결국 발각되어 극약을 내려 자살하게 하고 강화도의 죄인도 성교는 믿지 않았으나 공범으로 몰아 역시 극약을 내려서 죽였습니다. 그런데 두 부인의 성과 본명도 모르고 처 베드루 이하 여러 교우들의 순교한 날짜도 모릅니다.

조 베드루는 양근 사람입니다. 그 아버지가 홀아비로 빈궁하여 힘써 농사를 지어 살아갔는데 베드루의 나이가 30이 되도록 관례도 못하고 장가도 못 갔습니다. 그는 몸이 몹시 쇠약하여 외양도 보잘 것 없었거니와 세상일에도 어두워 사람들이 그를 비웃고 사람 축에 넣지도 않았습니다. 정 아오스딩의 집에 가서 공부했는데 아오스딩만이 그의 큰 열심을 칭찬하였습니다. 경신년(1800) 4월에 그의 아버지와 함께 여주 리 말딩의 마을에 갔다가 말딩이 체포될 때 부자가 함께 붙들려 관청으로 끌려갔으나 베드루가 굴복하지 않았으니 관원이 노하여 네가 내 명령을 쫓지 않으면 네 아버지를 당장에 죽이리라 하고 아버지를 끌어내어 그가 보는 앞에서 혹독한 매질을 하였습니다. 그래서 베드루는 하는 수 없이 배교하는 말을 했습니다. 석방되어 문을 나올 때 말딩 등이 깨우치고 권면하매 베드루는 마음을 돌이켜 회두하고 다시 들어가 성교를 증명하였습니다. 관원이 크게 노하여 그를 재수감하고 놓아주지 않았습니다. 고문을 당할 때마다 다른 사람들은 예사로운 매를 맞았지만 베드루만은 가장 혹독한 매를 많이 맞았습니다. 그것은 담당관이 그의 사람됨을 보고 마음속으로 멸시하여 이런 자는 쉽사리 항복을 받을 수 있으리라고 생각했었는데 뜻밖에 오히려 크게 완강하므로 몹시 미워져서 기어코 죽이려고 했던 것입니다. 그의 감옥 생활 11개월 동안 아름다운 말과 착한 행실이 매우 많았습니다. 다 기억하지 못하고 후에 사실을 알아보아야 하겠습니다. 베드루는 옥중에서 대세를 받았는데 신유년(1801) 2월에 관원이 또다시 몸 쓸 형벌을 가하며 억지로 배교하기를 명령하니 하늘에는 두 천주가 없고 사람에게는 두 마음이 없소. 그러니 한 번 죽는 것 외에는 더 할 말이 없소라고 답변했습니다. 그러자 관원이 명하여 다시 옥에 가두었는데 며칠 후 옥 안에서 목숨을 거두었습니다. 때는 2월 14일이었습니다.

이 루수는 충청도에 전교했다는 죄로 공주에서 참수형을 당하였습니다. 이 사람은 그때 아직 배교 중에 있었는데 죽을 때 어떠했었는지는 알 수 없습니다. 어떤 이는 그가 선종했다고 하나 확실히 알 수 없습니다. 그리고 정산과 예산에도 순교자가 한사람씩 있다 하나 누구인지 모릅니다.

전라도는 신해년 이후 10년 동안 박해가 없어 교우가 대단히 많았습니다. 4월 초 전주의 류 아오스딩과 고산의 윤 방지거 등 200여 명이 체포되었는데 오직 김제의 가난한 선비 한씨라는 사람과 전주의 평민 최여겸이라는 사람만이 의지가 굳어 참수형으로 순교하고 나머지 사람들은 모두 굴복하였습니다. 서울과 지방에서 배교한 사람들을 모두 먼 곳으로 귀양 보냈는데 그 수가 대단히 많았습니다. 류 아오스딩 형제와 윤 방지거는 지도자였기 때문에 바로 귀양 보내지 아니하고 서울로 올려다가 가두었습니다. 김 도마는 체포되었을 때 자기가 그들과 내왕한 일이 있다고 실토함으로 그 역시 서울로 올려다가 가두었는데 죽었는지 아니면 귀양을 보냈는지 아직 모릅니다. 외교인들에게 전하는 말에 의하면 정식으로 처형된 자와 옥중에서 죽은 사람이 300여 명인데 지방의 숫자는 포함되지 않은 것이라 합니다. 조선 건국 이래 사람을 죽인 수가 올해처럼 많은 적이 없었다 하나 믿을 만한 말인지 아닌지 모르겠습니다. 또 헛되이 죽은 자가 누구이며 순교한 사람이 몇인지도 잘 알 수가 없습니다. 조정에서 기어코 죽여 없애려 하는 자는 지위가 높고 글을 잘하는 사람들입니다. 우둔한 평민들을 혹 알아도 모르는 체 내버려두고 취조도 혹독하게 아니하여 서울 장안 평민들은 살아 있는 수가 상당히 많았습니다. 2월 보름 전의 일은 죄인이 친히 목격하였으므로 꽤 상세하게 아오나 그 이후 일은 전하는 말을 얻어 들은 것이기에 매우 간략하고 탐탁하지도 않습니다. 순교자들의 사적은 분명히 들은 것과 평소에 전부터 잘 아는 것을 추려서 적은 것이라 대강에 지나지 아니 하고 그 나머지는 감히 함부로 기록하지 못합니다. 기록한 것 가운데도 오히려 진실되지 못한 데가 있을까 염려됩니다. 좀더 자세히 알아보아야 하겠습니다.

신부께서는 을묘년 이래 늘 골롬바네 집에 살면서 간혹 딴 곳에 돌아다녔는데 이것은 오직 골롬바만이 알았고 다른 사람은 아무도 몰랐습니다. 박해가 일어나자 한 남자 교우가 사태가 긴박함을 보고 신부의 처신이 위험할까 하여 지방으로 내려와 숨어 사는 교우들을 찾아보고 적당한 자리 두 군데를 마련해놓고 서울로 돌아와 골롬바를 만나 신부님을 안전한 곳으로 피신시킬 계획이 있어서 그러니 신부님을 한 번 만나보게 해달라고 했으나 골롬바는 이미 안전한 곳이 마련되었으니 구태여 다시 옮겨 갈 필요가 없다고 하였습니다. 이 교우가 여러 번 간청했으나 뜻을 이루지 못하고 하는 수 없이 그냥 돌아갔습니다. 5, 6일 후 화가 일어날 기미가 점차 커지자 이 교우는 화가 자기에게 미칠까 두려워 온 가족과 함께 먼 데로 피해 갔습니다. 정 아오스딩이 관처에 잡혀가 공술하지 아니하니 관청은 골롬바 모자를 잡아다가 혹독한 형벌로 고문하였으나 죽기를 각오하고 말하지 않았습니다. 이번에는 골롬바의 여종을 데려다가 주리를 틀어 문초하니 여종이 혹형을 이기지 못하여 사실대로 진술하고 아울러 나이와 얼굴 모습을 알려주었습니다. 관원이 골롬바를 보고 너의 집 종이 다 불어놓았으므로 너도 더 이상 숨길 수가 없으니 신부의 처소를 말하라고 하매 골롬바는 그 사람이 전에는 우리 집에 있었지마는 떠나간 지가 오래서 지금은 그의 처소를 모른다고 대답하였습니다. 이에 신부의 얼굴을 그린 그림을 돌려 상금을 걸고 각 지방으로 두루 탐색하였습니다. 3월 중순께 신부는 자수하였는데(그때 어디 누구의 집에 살았으며 무엇 때문에 자수했는지 그리고 자수한 날짜는 언제인지 등은 모릅니다) 그가 바로 금부로 들어가 관졸들이 놀라 누구냐고 물으니 그는 나 역시 천주의 가르침을 받드는 사람으로 조정에서 이것을 엄중히 금하고 무죄한 사람들을 많이 죽인다고 하니 살아 있는 것이 무익하므로 스스로 죽기를 구하러 왔노라고 대답했습니다. 관졸들이 그를 붙들어 관원 앞에 데려가 그가 신부임을 알고 옥에 가두고 양발에 쇠고랑을 채우고는 형벌과 문초는 하지 않았습니다. 옥중에서 필기 문답한 것이 매우 많았다고 하나 얻어 볼 수가 없고 다만 외교인의 전하는 말에 의하면 자수한 사람은 자기가 서양 사람이라고 했다고 합니다. 이에 앞서 여섯 사람이 반역죄로 처형되었는데 신부가 자수하자 서울 사람들이 서로 서양 사람이 옥중에서 천주교인들은 역적이 아님을 변명하고 있다고도 하고 또 서양 사람이 그냥 죽음을 당하려 하지 않고 자기가 하고 싶은 말을 다 한 다음에야 사형을 청하려 한다고도 했는데 이런 소문은 거짓이 아닌 것 같습니다. 4월 보름 후 정부에서는 어영대장(御營大將)에게 명하여 신부를 군문효수(사형한 다음에 보내는 형벌)하게 하였는데 대장이 병을 핑계하고 사흘 동안이나 출근하지 아니하매 사흘 후 그를 파면하고 새로 임명한 대장을 내보내 사형을 집행하게 하였습니다. 신부를 옥에서 끌어내어 처음으로 형벌을 가해 문초하고 나서(무릎을 서른 번 쳤습니다) 데리고 거리로 나갔습니다. 신부는 길가 좌우 구경꾼들을 둘러보고 목이 마르니 술을 달라 하매 군졸이 술 한 잔을 바쳤습니다. 다 마시고 나서 성 밖 남쪽 10리 되는 연무장(강가의 모래밭이요 지명은 노량임)으로 갔습니다. 귀에 화살을 꿴 후 군졸이 죄목이 적힌 판결문을 주어 읽어보게 하였습니다. 그 조서는 꽤 길었는데 신부는 조용히 다 보고 나서 목을 늘여 칼을 받았습니다. 때는 4월 19일 성삼첨례 저녁 6시였습니다. 목을 베자 졸지에 큰 바람이 일고 검은 구름이 하늘을 덮고 번개가 번쩍이고 천둥소리가 요란하니 장안 사람들이 모두 놀라 황급해하지 아니한 사람이 없었습니다. 이때 한 교우는 300리 밖에서 길을 가고 있었고 또 한 교우는 400리 밖에 피난해 가서 있었는데 바람과 천둥이 심상치 않음을 보고 필연코 이날이 이상한 일이 있으리라고 하여 날짜를 기억해두었는데 그후에 들으니 신부가 순교한 날이 바로 그날 그 시였습니다. 머리를 닷새 동안 거리에 달아놓고 밤낮으로 지켜 사람이 근접하지 못하게 하였습니다. 그후 대장이 흙으로 덮으라고 명령하고 여전히 엄히 지키게 하였는데 교우들이 묻은 곳을 몰래 알아두었다가 후에 옮겨 장사 지내려 하였으나 악질 관리가 위에 아뢰기를 이 사람은 매장하는 것이 옳지 않으니 파내어 드러내 놓도록 명령하십시오 하니 대왕대비가 이를 허락하였습니다. 그러나 앞에서 묻으라고 명했던 대장이 이왕 묻어 버린 것을 그렇게지야 할 것이 있겠느냐 고 간하여 일이 끝났는데 무덤을 지키는 군졸들이 지키기가 귀찮아 몰래 딴 곳으로 옮겨 버렸습니다. 그래서 교우들이 암장한 곳을 두루 찾아 다녔으나 아직까지 찾지 못하고 있습니다. 그리고 형을 집행할 때 관리들이 이 사람은 제주 사람이라고 선언하였는데 그것은 중국 정부에 보고하지 아니하고 종적을 덮어버리려 한 것입니다.

신부가 순교한 후 박해의 대세가 약간 누그러지기는 했으나 사찰(査察)과 체포는 여전히 끊어지지 않아 감옥에 갇힌 사람이 아직도 많습니다. 어떤 사람의 말로는 참수형을 당하여야 할 사람이 아홉 명이나 된다고 하나 사실 여부를 알 수가 없습니다. 우리 신부가 이 나라에 오자마자 고발한 자가 있어 이미 선왕이 알고 있었으므로 7년 동안 조심하고 또 두려워서 일을 줄일 수밖에 없어 감히 성사를 널리 집행하지 못하였습니다. 따라서 은혜를 입은 자가 많지 못하고 그 태반이 여교우들입니다. 지방의 교우들과 장안에 사는 평민들로서 열심한 이가 적지 않았으나 은혜를 받은 이는 극히 드물었습니다. 이들은 모두 많은 고통을 참아 받으며 여러 해를 두고 큰 기대를 걸고 있었으나 세태가 불안하여 비록 사사로운 집 방안에서라도 감히 입을 열어 신부라는 두 글자를 말하지 못하였습니다. 뜻밖에도 악인들에게 피살되어 그 머리를 매어 단 다음에야 그 얼굴을 보게 되니 10년 동안이나 애쓴 정성이 하루아침에 허사로 돌아가 영혼과 육신이 멸망할 지경에 이르고 생사를 의지할 데가 없게 되어 모두 얼빠지고 실망하여 어찌할 바를 몰랐습니다. 죄인 등이 그들에게 신부님이 오신 것은 오로지 사람을 구하기 위해서 오신 것이니 어찌 널리 구원을 베풀고자 아니하셨겠소. 그러나 어쩔 수 없는 갖가지 장애로 마음속에만 사랑을 참고 드러내지 못하시다가 이제 이미 순교하셨으니 천당에서 우리를 보호하시는 힘이 세상에 계실 때보다 훨씬 더할 것이요. 그러니 우리들의 의지할 데와 그대들의 소망도 전에 비해 배로 커져야 하고 털끝만큼이라도 실망해서는 안 되오 하고 위로했지만 그들은 믿는 것 같기도 하고 의심하는 것 같기도 하고 한편으로는 슬퍼하는가 하면 한편으로는 스스로 마음을 달래기도 합니다. 아마 이러한 광경은 옛날에도 없었을 것입니다. 옛날 서양의 박해가 오늘이 나라의 참상보다 더 심했다 해도 성직자가 대를 이어 성사가 끊어지지 않기 때문에 성교가 멸망하지 않고 인생의 영혼이 다 구제되었는데 이 나라에서는 형편이 너무 달라 그런 희망이 전혀 없었습니다. 양이 목자를 잃고도 풀을 뜯어 먹고 자라고 젖먹이가 어머니를 잃고도 살아나가기를 바랄 수는 있지만 저희들은 백번 생각해 실로 살 길이 없습니다. 죄인 등은 예로부터 침침하고 어두운 지역에 태어났으나 다행히 천주의 백성이 되었으므로 몸과 마음을 다하여 주님의 이름을 현양하여 특별한 은혜의 만분의 일이라도 갚기로 생각하였는데 중도에서 이런 일을 당할 줄이야 어찌 알았습니까. 일찍이 듣건대 순교자들의 피는 성교의 씨라 하였는데 우리 나라는 불행하게도 동으로 일본과 이웃하고 있어 섬나라의 오랑캐들이 잔인하고 흉악하여 스스로 천주와의 관계를 끊어버렸는데 우리 조정에서는 오히려 그것을 잘한 것으로 받아들이려고 하니 어찌 한심한 일이 아니오리까. 우리 나라 사람들의 인품은 부드럽고 약하고 법령이 해이하여 일본처럼 그렇게 각박하고 악독하지는 않겠지마는 현재 교우 중에 지식 있고 의지가 굳은 사람이 몇이 안 되어 우몽한 자와 부녀와 아이들을 대충 합하면 수천 명에 내리지 아니 하나 그들을 지도할 사람이 없어 일으킬 방도가 없습니다. 이런 형편으로야 어찌 오래 갈 수 있겠습니까. 10년이 못 가서 비록 정부의 박해가 없더라도 저절로 소멸하고 말 것이니 아 참으로 슬픈 일이옵니다. 죽기 전에 성교가 끊어져 없어지는 것을 어떻게 차마 보겠습니까. 죄인 등은 금년에 화를 면하여 고마움과 두려움이 엇갈립니다. 인자하신 은혜의 보살핌으로 생명을 보존하게 되었으니 고맙고 죄악이 크고 많아 간선자 중에 들지 못하였으니 두렵습니다. 이 남은 생명으로 주님을 위하여 힘을 다하고자 하오나 지혜가 모자랄 뿐 아니라 힘도 없으니 장차 이 분통을 이대로 안고 땅속에 들어가야 하며 이 원통한 한을 이대로 품고 이 세상을 마쳐야 하겠습니까. 슬프고 답답한 가운데 누가 우리를 불쌍히 여기며 누가 우리를 위로해주겠습니까. 주교님의 인자하신 존전에서 통곡하며 호소하고자 하오나 관문과 산하가 가로막혀 우러러 보아도 뵈올 수 없으니 더욱 더 속이 타고 답답하옵니다. 장차 어찌 하오리까 죄인 등이 신부께 자수하셨다는 소식을 듣고 놀라고 슬퍼했음은 말할 것도 없었지만 더욱 크게 당황하고 걱정한 것은 혹시 이 일이 중국 조정에 보고되어 그 누(累)가 북경 본당에까지 미치지나 않을까 하는 걱정 때문이었습니다. 그렇게 되면 이 나라의 교회일은 다시는 가망이 없게 될 것이므로 그 때문에 밤낮으로 이 나라 일보다 더 근심하고 걱정하였었는데 다행히 극진한 보우하심으로 근본이 흔들리지 아니하고 아울러 죄인이 죽지 않고 요왕도 무고한 것으로 보아 주님의 뜻이 이 나라 일을 주교님께 맡긴 것이 틀림없습니다. 그러니 죄인 등이 어찌 심중의 이 간절하고 애틋한 마음을 하소연하여 이 은혜를 우러러 받들지 아니하겠습니까. 모두 말씀드리오니 원컨대 굽어 살피소서. 모든 나라 중에 이 나라가 제일 가난하고 교우들은 더욱 더 가난하여 겨우 굶주림과 추위를 면하는 자가 10여 명에 지나지 않습니다. 갑인년에 일(청나라 주문모를 우리 나라에 맞아들인 일)이 있었을 때 신부를 영접하는 절차를 미리 준비하지 못하고 신부가 이 나라에 도착한 후에야 겨우 움직이게 되어 일마다 군색하게 만들었습니다. 이것이 비록 생소한 일에 경험이 없는 탓이라 하지마는 사실은 가난하여 힘이 미치지 못했기 때문에 그렇게 된 것입니다. 근년에 입교하는 사람이 약간 많아지고 재정도 전보다 조금 나아졌습니다만 마땅히 해야 할 일을 다하지 못하고 또한 합당치 못한 사람을 끌어들여 화난이 이처럼 참혹하게 된 것도 그 태반이 재정난 때문입니다. 금년 박해가 끝난 후 화를 입은 사람은 전재산이 없어졌고 살려고 했던 자들은 홀몸으로 도망하여 가난한 형편은 도리어 갑인년 이전보다 더 심해 설혹 무슨 계획이 있다 하여도 실행할 길이 없습니다. 지금 비록 다 파괴된 뒤이지만 재정만 있으면 할 일이 있습니다. 교우들로 말하면 아직 현저히 나타난 자는 없지만 몇몇 쓸 만한 사람들이 있어 끌어들일 수도 있고 정세로 말하면 을묘년 이후 해마다 더 어려워졌는데 거기에서는 두 가지 원인이 있습니다. 그 하나는 선왕이 신부를 의심하고 두려워하여 기어코 찾아내려고 하는 것이었고 다른 하나는 노론이 남인을 꺼리고 미워하여 애써 함정에 빠뜨리려는 것이었습니다. 그런데 지금은 선왕의 의심하던 것도 이미 깨어졌고 노론이 미워하던 것도 다 없어졌으며 교우 중에 이름났던 사람들도 다 죽었으므로 금년만 지내면 잠잠할 것입니다. 지방으로 말씀드리자면 서울에는 비록 오가작통법(五家作統法)이 있어 교우들이 살고 있는 마을에는 그

법이 몹시 엄하지만 교우가 살지 않는 곳에서는 통법을 만들었어도 유명무실하여 모두 마음놓고 지내게 되니 발을 붙일 수 있습니다. 실정으로 말씀드리면 경기 충청 전라 3도는 본래 교우가 많고 경상 강원 2도는 금년에 피난간 사람이 더러 살고 있는 까닭에 탐정관이 이 다섯 도를 두루 다니고 있습니다. 황해 평안도는 본래 교우가 없었고 이사 간 교우도 없어서 잠잠하고 의심하는 사람이 없습니다. 변문(邊門)에서는 조사와 감시가 있지만 1,2년 이래 전연 의심할 만한 사람이 없었기 때문에 감사나 조사가 차차 소홀해질 것이므로 손을 쓸 수 있을 것입니다. 경륜(經綸)으로 말씀드리면 이전 사람들은 모두 널리 드러내기를 힘썼지만 이제는 그렇지 못합니다. 마땅히 보존하기에 힘써야 하니 도랑을 깊이 파고 담을 견고히 쌓고 삼가 자신을 엄격히 지키며 이미 입교한 자들의 믿음을 굳게 하고 미성년자들은 훈계하고 가르쳐 주의 도우심을 정성되이 기구하고 잠잠히 기회를 기다리면 가히 보존하기에 걱정이 없겠습니다. 갑인년(1794)에 있은 일에 교우들이 분수에 넘치도록 기뻐하고 다행스럽게 여겨 엄히 근신치 않은 까닭에 첫 번에 한 번 실수한 일이 차차 어쩔 수 없는 지경에 이르렀습니다. 앞 수레의 엎어짐이 얼마 되지 않았으니 이제는 더욱 더 삼가고 또 삼가 스스로 파탄만 일으키지 않으면 환난이 일어날 리가 없습니다. 현재 사태가 이렇다고 해서 반드시 앉아서 죽음을 기다릴 것은 아니지만 이런 일은 모두 재물이 있는 다음에야 논의 할 수 있는 것입니다. 한 지역의 성교회의 존망과 영적 생명의 살고 죽음이 악한 맘몬(재물)에 달려 있음을 미처 헤아리지 못하였습니다. 재물이 없는 관계로 성교가 망하고 영혼이 죽는다면 그 원한이 또한 어떠하오리까.

이제 몽매함을 무릅쓰고 감히 말씀 올려 청하오니 엎드려 바라건대 이 일을 위하여 서양 여러 나라에 애걸하여주옵소서. 그리하여 이 나라에 성교를 유지하고 생명을 구제하는 자본이 되게 하시면 면밀히 운영하고 올바른 준비를 갖춘 뒤 다시 살아날 은혜를 청하오리다. 청컨대 주교님은 가련히 보시고 살펴주옵소서. 이런 청은 번거롭고 수고를 끼쳐드리는 일이라 외람된 줄 아오나 묵묵하여 구하지 않거나 구하여도 얻지 못하면 이는 영영 죽는 것과 같은지라 구하다가 얻지 못하면 죽어도 여한이 없겠기에 입을 열어 말씀드리나이다. 죄인 등은 몸과 마음을 숨김없이 우러러 부탁하오니 주교님께서는 위로는 자비하시고 지선하신 은주를 본받으시고 아래로는 가난하고 궁색하고 잔약한 자식들을 생각하시와 우리의 부탁을 만족히 채워 주시고 우리의 소원을 성취시켜주시면 성교는 물론 인생들에게 크게 다행한 일이 되겠습니다. 죄인 등에게는 버림받지 않는 은혜를 내리시어 재생하는 길을 허락하시면 반드시 힘을 다하여 분부를 받들겠습니다. 그러나 그 일이 며칠이나 몇 달 동안에 될 것으로 기대할 수 없고 제대로 경영하고 주선하는데 적어도 3,4년은 걸려야 할 것입니다. 국경을 넘어가는 데 두 가지 난관이 있으니 하나는 머리털이요 또 하나는 언어입니다. 머리털은 쉽게 자라도 입과 혀는 변하기 어렵습니다. 만약 말만 능통하면 그다지 위험한 곤란이 없겠습니다. 죄인 등의 생각으로는 이 나라 사람 하나가 먼저 그곳 천주당에 들어가서 그곳 연소한 교우 학생들에게 이 나라 말을 가르쳐 후일에 대비하는 것이 극히 타당할 것으로 생각하오니 다만 높으신 의향은 어떠하신지요. 만약 허락하신다면 피차간에 암호를 정하고 어떤 소리로 약속하여 동문을 기약하고 동문(冬門)이 불편하다면 다시 춘문(春門)으로 기약하면 순조롭게 될 가망이 있습니다. 또 가장 편리한 것으로는 열심하고 근신한 중국인 교우 한 사람을 책문(柵門) 안에 이사시켜 극히 조심하여 소문이 나가지 않도록 가게를 차리고 숙소를 열어 행인들을 받아들이면 왕래할 때와 서신 교환에 별로 힘들지 않을 것이요 그렇게 되면 그중에 이뤄지는 묘한 일을 다 말할 수 없을 것입니다. 이것은 이 나라 사람들의 생명이 관련된 것이요 실행하기도 과히 어렵지 아니합니다. 만약 우리 신부와 같이 이 나라를 불쌍히 생각하는 이가 있다면 틀림없이 기꺼이 받아들일 것입니다. 엎드려 바라건대 열심하고 신중한 사람들에게 널리 물어 보시고 꼭 이루어지도록 주선하심이 어떠한가 하옵니다. 이 나라는 방금 위태롭고 불안하고 문란한 지경에 처해 있어 무슨 일이나 막론하고 황제의 명령이 있으면 감히 쫓지 않을 수 없습니다. 이러한 때를 타서 교종께서 황제에게 서한을 보내시어 내가 조선에 성교를 전하고자 하는데 듣건대 그 나라는 중국 조정에 속하여 있어 외국과 상통하지 아니한다 하므로 이렇게 청하오니 원컨 대 폐하는 그 나라에 따로 척령을 내리시어 서양 선교사를 받아들여 그들로 하여 금 충성하고 효도하는 도리를 가르쳐 백성들이 황조에 충성을 다하여 폐하의 덕에 보답케 하옵소서 하고 간청하면 황제는 본래 서양 선교사의 충실하고 근실함을 잘 알고 있으므로 그 허락을 받을 가망이 있습니다. 이것이 이른바 천자(天子)를 끼 고 제후들을 호령하라는 격이니 성교가 평화롭게 나아갈 것입니다. 중국의 형세가 이 계획을 실행할 수 있을런지는 모르겠습니다. 원컨대 유의하옵소서. 이 나라에 있어서의 천주의 은혜는 다른 데보다 월등하게 컸다고 말할 수 있습니다. 일찍이 전교사가 온 일도 없이 천주께서 친히 특별하게 교리를 가르쳐주었고 이어 성사를 베풀어줄 이를 주시는 등 내리신 갖가지 특은을 손가락으로 이루 다 헤아릴 수 없 습니다. 금년의 이 벌은 죄인들이 은혜를 저버린 탓으로 일어난 줄로 알고 있습니 다. 그러나 천주의 자비하심이 우리를 아주 버리지 아니하시고 이처럼 잔혹하게 파괴된 가운데도 한 줄기의 길을 남겨놓으신 것은 이 나라를 구원하시고자 하시는 표증임이 밝혀 보증된 것입니다. 천주님의 도우심이 이와 같으니 만일 중국과 서 양 여러 나라의 천주교 봉행자들이 합심하고 전력을 다해 도우려고만 든다면 재난 을 길복으로 바꾸어 이 손바닥만한 땅을 어찌 구원해 살리지 못하겠습니까. 죄인 등은 이렇게 스스로 위로하고 남도 위로해주면서 죽음을 참고 목숨을 늘리고 있습 니다. 주교님께서는 천주의 의향대로 하시어 속히 구원을 베풀어주시기를 간원하 옵니다. 엎드려 듣건대 근년에 중국은 서쪽에 도둑의 무리가 창궐에 관군이 여러 번 패하여 국토가 날로 죽어간다고 하니 황제의 마음은 틀림없이 근심되고 괴로울 것입니다. 이런 기회에 언변 좋고 수단 좋은 사람으로 해서 황제가 평소에 신임하 는 자가 있으면 황제께 말씀드리되 편안할 때 위급함을 잊지 말라고 건재할 때에 패망함을 잊지 아니 함이 오래 존속하는 길입니다.

이 나라가 동쪽으로부터 일어나 전국을 통치한 지가 200년에 가까워 이제까지 이르렀습니다. 천하의 대세는 그 전복을 예기치 못합니다. 후세에 불상사가 일어 난다면 의례 영고탑(寧古塔)으로 돌아가게 될 것이지만 그 지역은 외지고 좁아서 쓸 만한 곳이 못 됩니다. 조선은 영고탑에서 강 하나가 격해 있을 뿐이요 조석에 굴뚝 연기를 바라보며 또 소리 질러 부르면 서로 들리는 거리인데 그 지역의 길이 가 3,000리나 됩니다. 동남방은 땅이 기름지고 서북방은 장정들과 말들이 날쌔고 굳셉니다. 산악이 삼천리를 연해 있어 목재를 이루 다 쓸 수 없고 바다가 삼 면을 둘러 있어 생선과 소금이 없어지지 않습니다. 경상도의 인삼은 천하도록 많고 제 주도의 좋은 말은 그 수를 헤아릴수 없습니다. 산물 역시 천연석으로 많고 좋은 나라이지만 이씨(李氏)가 미약하여 실오리 같아 겨우 끊어지지 않고 여군(女君)이 정치를 하니 세력 있는 신하들이 권세를 부리므로 행정이 문란하여 백성들이 탄식 하고 원망합니다. 이러한 때에 내정(內政)을 펴 의복을 차별 없이 입게 하고 서로 의 왕래를 터 이 나라를 영고탑에 소속시킴으로써 황제의 영토를 넓히고 안주와 평양 사이에 안무청을 설치하여 친왕(親王)을 임명하고 그 나라를 감독 보호하게 하되 은덕을 후이 베풀어 민심을 굳게 단결시켜 놓으면 전국에 사변이 일어나더라 도 요동과 심양 동쪽을 갈라 근거로 삼아 그 험한 산악 지대를 방위할 수 있고 또 한 장정들을 모아 훈련을 시켰다가 유사시 출동시키면 이것이 튼튼한 기초를 만대 에 이루도록 마련하는 것입니다. 또 들으니 그 나라 왕이 나이 어려 아직 왕비를 맞지 않았다 하니 만약 종실(宗室)의 딸 하나를 골라 공주라 하여 시집을 보내어 왕비를 삼는다면 왕은 사위가 되고 이 다음 왕은 외손이 되므로 자연 황조에 충성을 다할 것이요 또한 몽고를 견제할 수 있을 것입니다. 이때를 놓치고 계획을 세우지 아니한다면 하루아침에 다른 사람이 불쑥 일어나 점거하고 질서를 잡아 병력을 강하게 할 것이니 그렇게 되면 우리에게는 유리하지 아니할 뿐만 아니라 오히려 재난을 가까이 준 것이 되지나 않을까 하여 두렵습니다. 때가 왔는데도 실행치 아니하면 나중에 후회하여도 어쩔 도리가 없으니 원컨대 폐하께서는 결단을 내리소서. 대강 이런 뜻으로 말씀드리되 중국 조정의 정세에 맞도록 조절하시어 전하시길 바라옵니다. 만약 황제가 이를 들어주고 교우들이 중간에서 일을 주선만 한다면 성교가 차차 크게 퍼져 막아낼 수 없는 세력으로까지 이를 가망이 있습니다.

중국에는 이미 교우가 많고 접촉할 길도 넓으니 어찌 황제에게 진언할 길이 없겠습니까. 곁에서 듣건대 작년에 칙사로 왔던 영국 학사가(英學士) 왕후의 친척이고 또 주교님과 가까운 사이이며 그 집안 남자 종 중에 교우가 있다 하오니 혹시 그 인연으로 이 계획을 추진할 수 있지 않겠습니까. 만약 이런 인물이 있어 힘써 주장한다면 황제는 받아들일 것으로 기대할 수 있을 것입니다. 비록 그렇다 할지라도 이유 없는 내복(內服)을 명할 수는 없으니 반드시 한두 가지 죄과가 있은 다음에라야 이것을 구실로 계획을 추진할 수 있을 것입니다. 이 나라에는 불공평하고 불법한 행동이 허다 하오나 일일이 다 말씀드릴 수는 없고 다만 역서(時憲書)를 사사로이 만든 일과 상평통보(常平通寶)를 사사로이 만든 일 이 두 가지는 중국 조정이 평소에 알면서도 문책하지 아니한 일이오니 한번 조사해보면 족히 죄목이 드러날 것입니다. 이 계획은 황실에도 유익할 뿐 아니라 이 나라에도 해 될 것이 없습니다. 현재 이 나라는 형세가 위급하여 결코 오래 지탱하기 어려운데 만일 내복(內服)이 되면 간신들의 눈초리가 저절로 그칠 것이요 따라서 리씨의 명성과 위세가 배로 커질 것이매 어찌 이것이 성교의 안정뿐이겠습니까. 이 또한 국가의 복이기도 합니다. 청컨대 현실에 맞지 않는 것으로 생각지 마시고 채납하옵소서. 지난해 내리신 편지에 수년 후에는 큰 배를 보내시겠다는 분부를 받았습니다만 이제는 정세가 이미 변하였으므로 무턱대고 와서는 성공을 바랄 수가 없습니다. 여기에 조선 사람으로 하여금 꼼짝 못하고 명령에 복종시킬 수 있는 계책이 있습니다. 하오나 그대로 실행하기는 대단히 어렵습니다만 진술하게 허락하옵소서.

이 나라의 병력은 본래 미약하고 모든 나라 가운데 맨 끝인데다가 태평세월이 200년을 계속해왔으므로 백성들은 군대가 무엇인지 모릅니다. 게다가 위에는 뛰어난 임금이 없고 아래로는 어진 신하가 없어 불행한 사태가 일어나기만 한다면 흙더미처럼 무너지고 기왓장처럼 흩어질 것이나 그대로 보고 있을 수밖에 없습니다. 만일 할 수 있다면 군함 수백 척과 정예군 5,6만명을 얻어 대포와 무서운 무기를 많이 싣고 겸하여 말도 잘하고 사리에도 밝은 중국 선비 3,4명을 데리고 해안에 이르러 국왕에게 서한을 보내되 우리는 서양의 전교하는 배요 여자나 재물을 탐내어 온 것이 아니고 교종의 명령을 받고 이 지역에 생령을 구원하러 온 것이니 귀국에서 한 사람의 정교사를 용납하여 기꺼이 받아들이신다면 우리는 이상 더 많은 것을 요구할 것도 없고 절대로 대포 한 방이나 화살하나 쏘지 않고 티끌 하나 풀 한 포기 건드리지 않을 뿐 아니라 영원한 우호 조약을 체결하고는 북치고 춤추며 떠나갈 것입니다. 그러나 만약 천주의 사신을 받아들이지 않으시면 반듯이 천주의 벌을 집행하고 죽어도 발길을 돌리지 않으리니 왕께선 한 사람을 받아들여 나라에 벌을 면하게 하시려는지 아니면 나라를 잃더라도 그 한사람을 받아들이지 아니하실는지 그 어느 하나를 택하시기 바랍니다. 천주 성교는 충효와 자애를 가장 힘써 의무로 삼으니 온 나라가 봉행하면 실로 한국에 한없는 복이 올 것이요 우리에게는 아무런 이익도 돌아오지 않습니다. 왕께선 부디 의심치 마옵소서라고 할 것입니다. 그뿐 아니라 서양 여러 나라가 참된 천주를 흠숭하므로 오래 태평하고 길게 통치하는 결과를 동양 각국에 미치게 하리니 서양 선교사를 용납하여 맞아들이는 것은 매우 유익하며 결코 해 받는 것이 없음을 거듭 타이르면 반드시 온 나라가 놀라고 두려워 감히 쫓지 아니하지 못할 것입니다. 군함에 척수와 군대의 인원 수가 앞에서 말씀드린바와 같은 숫자면 대단히 좋겠지만 힘이 모자란다면 배 수십 척에 군인 5,6천 명이라도 족할 것입니다.

수년 전에 서양 상선 한 척이 이 나라에 동네에 표류하여 왔을 적에 한 교우가 배에 올라 자세히 보고 돌아와서 말하기를 그 배 한 척이면 우리 나라 전함 100척은 족히 대적할 것이라고 했습니다. 이 나라 사람들이 성교를 혹독하게 해치는 것은 그 인간성이 잔악해서가 아니라 실은 두 가지 이유가 있어서입니다. 하나는 당파끼리의 논쟁이 몹시 심하여 이런 것을 빙자하여 남을 배척하고 모함하는 자료로 삼기 때문이요 다른 하나는 견문이 넓지 못해 안다는 것이 오직 송나라 학문뿐이므로 자기와 조금만 다른 행위가 있으면 그것을 천지간의 큰 괴변으로 보기 때문입니다. 이를 비유하면 궁벽한 시골의 어린아이가 방 안에서만 자라 바깥사람을 못 보다가 우연히 낯선 손님을 만나면 반드시 깜짝 놀라 우는 것과 같습니다. 오늘 이 나라에 광경이 이와 같은데 실은 의심이 많고 겁이 많고 어리석고 무식하고 약하기가 천하에 둘도 없을 것입니다. 그렇기 때문에 신부께서 자수한 뒤에도 교우들이 소란을 일으킬까 두려워 오랫 동안 감히 사형 집행도 못 하다가 교우들이 어찌하여 못할 것을 확실히 알고 나서야 담이 커져 신부를 학살하였습니다. 이처럼 의심과 두려움이 아직 가라앉지 않은 때를 타서 꼭 처부술 기세로 임하여 그 마음을 떨리게 하고 난 다음 근심할 것이 없다는 이치로 잘 타일러 그 어리석음을 깨우쳐 인도하면 받아들이고 않고 간에 이해(利害)가 비교될 것이요 또 위력을 두려워하고 편안을 원하는 마음에서도 감히 거절하지 못할 것입니다. 이 계책이 어렵기는 하나 실현만 된다면 반드시 조금도 틀림이 없을 것입니다. 형편이 허락하여 극력 추진해주시면 천만다행이겠습니다.

어떤 사람은 이와 같은 행동은 그 실행이 쉽고 어렵고 간에 성교의 표양에 맞지 않는 방법이라고 하나 죄인은 그렇지 않다고 봅니다. 이 나라에서는 10년 이래 순교한 이가 극히 많아 성교회의 사제와 국가의 중신들까지 꼼짝 못하고 죽음을 당하였습니다. 악질 도당들이 역적의 누명을 그들에게 억지로 뒤집어 씌웠지만 사실상 털끝만큼도 나라에 충성하지 않은 증거를 얻지 못했고 그들의 착하고 어진 태도는 이미 사람들 마음속에도 간직해져 있습니다. 만일 이 나라에 교우들이 시끄럽게 떠들어 내란을 일으킨다면 그것은 틀림없이 악한 표양일 것입니다. 서양으로 말하면 성교의 본 고장으로 2천 년 이래 모든 나라에 성교가 전파되어 귀화되지 않은 곳이 없는데 이 탄알만한 이 나라만이 순종치 않을 뿐 아니라 도리어 완강히 대항하여 성교를 잔인하게 박해하고 성직자를 학살하였습니다. 이런 것은 동양에서 200년 동안 없었던 일이니 군사를 일으켜 그 죄를 문책하는 것이 어찌 옳지 않겠습니까. 예수님의 거룩한 가르침에 의거하면 전교를 용납하지 않는 자는 그 죄가 소돔과 고모라보다 더 중하다 했으니 이 나라를 전멸한다 해도 성교의 표양에 해로울 것이 없을 진대 지금의 이 방법은 오직 명성과 기세를 크게 벌려 전교를 용납하게 하는 것에 지나지 않는 것입니다. 백성이 살해되지 않고 재물을 빼앗김이 없으니 인애와 정의의 극치로서 오히려 뛰어나는 표양일 것입니다. 그러나 어찌 표양이 아름답지 못할까 걱정하리이까. 다만 힘이 미치지 못할까 걱정할 뿐입니다. 또 어떤 이는 이와 같이 하면 그것이 중국에 보고 되어 북경 천주당에 해가 미칠 것이라고 합니다만 저는 이것은 아주 쉬운 일이라고 말합니다. 편지 가운데 설명하기를 교종께서 일찍이 신부 아무에게 명하여 귀국에서 전교하게 하였던 바 귀국이 용납하지 않을 뿐 아니라 도리어 학살하였고 이제 또 전교사를 받아들이지 아니하니 우리는 마땅히 사절을 보내어 귀국의 죄를 중국에 알리고 압박받는 백성을 위로하고 학정하는 나라의 죄를 밝히리라 하면 이 나라는 중국 선비를 불법 학살한 죄가 드러나게 중국 정부에게 문책을 당하게 될까봐 감히 보고조차 못할 것이니 걱정할 것이 없습니다. 책문(柵門) 안에 가게를 차리는 일이 현재로선 가장 요긴하고 시급한 일로 빨리되면 될수록 더욱 다행하겠습니다. 그 외의 계획도 3,4 년 안에 시행하여야 가히 성공을 바랄 수 있겠습니다. 이때를 지나면 세상이 또 어떻게 변할지 모르겠습니다. 죄인들은 하루를 보내기가 한 해와 같은데 스스로 할 힘은 없고 바라는 마음만이 심히 간절하오니 불쌍히 여기시어 속히 구원하여주 옵소서. 금년 박해에 이름이 알려진 교우로서 화를 면한 사람이 극히 적은데 남아 있는 사람은 숨을 죽이고 엎드려 아주 멸망하여 없어진 듯이 보여야만 성교가 보 존되겠으므로 혹은 장사꾼이 되어 돌아다니고 혹은 살던 곳을 떠나 다른 데 이사 를 가는 등 길에서 헤매는 사람들이 허다합니다. 또한 대재와 소재 날을 당할 때 마다 신자라는 것이 폭로되기 쉬우므로 감히 간청하오니 현재 이 나라 교우들로서 여행하는 자에게는 대 소재를 막론하고 일체 면제해주서서 남의 눈에 띄지 않도록 숨겨 생명을 보존하게 하심이 어떠하겠습니까. 한 사람이 지난번 고해 때에 다음 번 고해 때까지 한 주일 동안에 이틀씩 대재를 지키기로 허원을 했었는데 박해가 일어난 뒤로 이 사람이 집을 떠나 피신하여 헤매다가 산골로 들어가게 되었는데 산 중 음식이 영양이 적을 뿐 아니라 또 객지의 형편이 몹시 불편하여 하는 수 없 이 재를 지킬 수 없게 되었습니다. 허원을 깨뜨린 죄가 있을 것 같아 감히 간청하 오니 너그러이 용서하시옵고 아울러 여쭙건대 기왕에 지키지 못한 것이 죄가 되지 는 않겠지요. 천주 강생 후 1801년 시몬 다두첨례 후 1일 죄인 도마 등은 두 번 절하옵고 삼가 갖추나이다.

9장 213쪽
황준헌의 《조선책략(朝鮮策略)》
-출전: 송병기 편역, 《개방과 예속》, 단국대학교 출판부, 2000.

광동(廣東) 황준헌(黃遵憲) 사의(私擬)

지구 위에 더할 수 없이 큰 나라가 있으니 러시아〔아라사, 俄羅斯〕라 한다. 그 둘레의 넓음이 3대주(유럽·아세아주, 그리고 북아메리카주(?). 북아메리카주에 있던 러시아령 알래스카는 1867년에 미국에 매각되었다.)에 걸쳐 있고 육군 정병 이 1백여만 명, 해군의 큰 함정이 2백여 척이다. 다만 나라가 북쪽에 위치하여 기 후가 춥고 땅이 메마르기 때문에 재빨리 그 영토를 넓혀서 사직(社稷)을 이롭게 할 것을 생각하였다. 〔그리하여〕 선세(先世)인 표트르(Pëtr I, 1672~1725. 재위 1682~1725)왕 이래 새로 강토를 개척하여 이미 〔전보다〕 십 배가 넘었으며, 지금 의 왕(Alexandr II, 1818~1881. 재위 1855~1881)에 이르러서는 다시 사해를 차지 하고 팔방을 병합할 마음을 가지고 중아시아에서 회골(回鶻, 위글) 여러 부족을 거의 잠식하였다.

천하가 다 그 뜻이 작지 않음을 알고 이따금 서로 합종(合縱, 전국시대에 한 〈韓〉 등 6국이 남북으로 동맹을 맺어 진〈秦〉에 대항한 외교책)하여 대항하였다. 터키란 나라는 러시아가 오래 전부터 병합하려 하였지만, 영국과 프랑스가 힘을 합하여 버티어 나가므로 러시아는 그 뜻을 마음대로 하지 못하였다. 지금 서양의 여러 대국들, 예컨대 독일·영국·오스트리아·이탈리아·프랑스가 모두 호시탐탐 하여 단연코 한 치의 땅도 남에게 넘겨 주려 하지 않는다.

러시아가 서방 공략을 할 수 없게 되자, 번연히 계략을 바꾸어, 동쪽 강토를 넓 히려 하였다. 십여 년 이래로 사할린을 일본에서 얻고 흑룡강(黑龍江)의 동쪽을 중국에서 얻었으며, 또 도문강(圖們江) 입구에 주둔하고 있다. 높은 집 지붕 위에 서 동이의 물을 쏟아 붓는 듯한 형세로 그 경영하여 여력을 남기지 않는 것은 아 세아에서 뜻을 얻으려는 것이다.

조선이라는 땅은 실로 아시아의 요충(要衝)에 놓여 있어서 반드시 다투어야 할 요해처(要害處)가 되고 있다. 조선이 위태로우면 중국과 일본의 형세도 날로 급해질 것이며, 러시아가 영토를 공략하려 한다면 반드시 조선으로부터 시작할 것이다. 아! 러시아가 이리같은 진(秦)과 교체하여 힘써 정복하고 경영해 온 지 3백여년, 그 처음[대상]은 유럽이었고 이어서 중아시아였으며, 오늘에 와서는 다시동아시아로 옮겨져 마침 조선이 그 피해를 입게 된 것이다. 그러므로 조선의 오늘의 급무(急務)를 계획(計策)할 때 러시아를 막는 것보다 더 급한 것을 없을 것이다.

러시아를 막는 계책은 어떠한가? 중국과 친하고[(친중국(親中國)] 일본과 맺고 [결일본(結日本)] 미국과 이음[연미국(聯美國)]으로써 자강(自强, 부국〈富國〉강병〈强兵〉)을 도모할 따름이다.

어찌하여 친중국이라 하는가? 동·서·북으로 러시아와 더불어 경계를 잇고 있는 것은 중국뿐이다. 중국은 땅이 크고 물자가 풍부하며, 아시아의 요해처(要害處)를 차지하고 있기 때문에, 천하는 능히 러시아를 제어할 나라로는 중국만한 것이 없다고 말하고 있다. 그리고 중국이 아끼는 나라로는 조선만한 것이 없다. 조선이 우리 번속(藩屬)이 된 지 이미 천년이 지났지만, 중국은 덕으로써 편안히 하고 은혜로써 품어 주었을 뿐, 한 번도 그 토지와 인민을 탐내는 마음을 가진 적이 없다. 이는 천하가 함께 믿는 바이다.

더욱이 우리 대청(大淸)은 동쪽 땅에서 제업(帝業)을 일으켜, 먼저 조선을 평정한 뒤에 명나라를 쳤으며, 2백여 년 동안 덕으로 작은 것을 어루만지고 큰 것을 예로써 섬겨 왔다. 강희(康熙, 청 성조〈聖祖, 1654~1722, 재위 1661~1722〉의 연호)·건륭(乾隆, 청 고종〈高宗, 1711~1799, 재위 1735~1795〉의 연호) 조(朝)를 당하여서는 상문(上聞)하지 않은 일이 없었고, 〔그리하여〕 내지의 군현이나 다름 없었다. 이는 문자와 정교(政敎)가 같고 정의(情誼)가 친목한 때문만이 아니다. 또한 형세가 이어져 신경(神京, 경성. 즉 북경)을 같이 호위함이 마치 왼팔이 있는 것과 같으며, 기쁨과 걱정을 같이 하고, 어려움을 함께 하였기 때문이다. 그러므로 월남과의 소원함이나 미얀마의 편벽됨과는 서로 떨어짐이 만만인 것이다.

지난번 조선에서 일(임진왜란)이 있었을 때 중국은 오로지 천하의 양식을 소비하고 천하의 인력을 다하여 싸웠다. 서양의 통례는 양국이 전쟁을 할 때 국외(局外)의 나라는 그 사이에서 중립하고 〔한쪽을〕 치우처 도울 수 없지만, 속국만은 이 예에 있지 않다. 오늘날 조선은 중국을 섬기기를 마땅히 예전보다 더욱 더하여 천하의 사람들로 하여금 조선이 우리와 더불어 정의가 한 집안 같음을 깨닫게 한다면, 대의(大義)가 밝혀지고 성원(聲援)이 절로 씩씩해질 것이다.

러시아인들도 그 형세가 외롭지 않음을 알고, 조금은 머뭇거리고 기피함이 있을 것이며, 일본인들은 그 힘이 겨룰 수 없음을 헤아리고 함께 화친하고자 할 것이니, 기필코 밖으로부터의 흔단은 없어지고 나라의 근본은 더욱 튼튼해 질 것이다. 그렇기 때문에 '친중국'이라고 하는 것이다.

어찌하여 '결일본'이라고 하는가? 중국 이외에 가장 조선과 가까운 나라는 일본뿐이다. 옛날 선왕이 사절을 보내어 통교한 바는 맹부(盟府, 맹세한 문서를 두는 곳)에 실려 있으며, 대대로 직분을 지켜왔다. 근일에 이르러서는 북쪽의 시호(豺虎, 승냥이와 범. 곧 러시아)와 더불어 어깨와 등을 걸치고 있어 진실로 일본이 땅을 잃게 되면 팔도(조선)를 스스로 지킬수 없고, 조선에 한번 변고가 있게 되면 구주(九州)·사국(四國) 또한 아마도 일본이 갖는 바가 되지 못할 것이다. 그러므로 일본과 조선은 실로 보차상의(輔車相依, 광대뼈와 잇몸이 서로 의지함. 곧 긴밀한 관계)의 형세에 놓여 있다. 한(韓)·조(趙)·위(魏)가 합종(合從)하자 진(秦)이 감히 동쪽으로 내려오지 못하였고, 오(吳)·촉(蜀)이 서로 결합하자 위(魏)가 감히 남쪽으로 침략해 오지 못하였다. 저들은 강대한 이웃나라가 잇달아 핍박하자 순치(脣齒, 입술과 이. 곧 긴밀한 관계)의 교분을 맺으려 하고 있다.

조선으로서는 스스로 마땅히 작은 미움을 버리고 큰 계획을 도모하여야 할 것이며, 구호(舊好)를 닦아서 외원(外援)을 맺어야 할 것이다. 〔그리하여〕 진실로 뒷날 양국의 윤선(輪船)과 철선(鐵船)이 일본해〔동해〕를 종횡으로 누비게 되면 외모(外侮)는 절로 들어올 길이 없어질 것이다. 그렇기 때문에 '결일본'이라고 하는 것이다.

어찌하여 '연미국'이라고 하는가? 조선의 동해에서 나가면 아메리카란 나라가 있으니, 곧 합중국이 있는 곳이다. 그 나라는 본래 영국에 속해 있었는데, 백년 전에 워싱턴(Georg Washington, 1732~1799)이라는 자가 이어 유럽인의 가혹한 통치받기를 원치 않아 발분(發奮) 자립(自立)하여 한 나라로 독립하였다.

이 뒤로부터 선왕의 유훈(遺訓)을 지켜 예의로써 나라를 세워, 남의 토지를 탐내지 않고, 남의 인민을 탐내지 않으며, 굳이 남의 정사(政事)에 관여하지 않았다. 그 나라가 중국과 더불어 조약을 맺은 지 십여 년 동안에 티끌만한 틈새도 없었으며, 일본과 더불어 왕래함에 있어서는 통상으로 권유하고 연병(練兵)으로 권고하며, 개약(改約, 불평등조약 개정)으로 협조히였으니, 더욱 천하 만방이 다 같이 아는 바이다.

대개, 그 나라는 민주와 공화로써 정치하기 때문에 남이 가지고 있는 것을 탐내지 않는다. 그리고 나라를 세울 당시에 영국의 학정(虐政)으로 말미암아 발분하여 일어났기 때문에 늘 아시아에 친근하고 유럽에 소원하였지만, 그러나 그 사람들은 사실 유럽과 동종이다.

그 나라의 강성함은 유럽의 여러 대국들과 함께 하지만 땅이 동·서양 사이에 뻗쳐 있기 때문에 늘 약소한 자를 돕고 공의를 유지하여 유럽 사람들로 하여금 그 약을 함부로 하지 못하게 하고 있다. 그 국세는 두루 대동양에 가깝고 그 상무(商務)는 홀로 대 동양에서 성하기 때문에 또한 동양이 각기 그 나라를 지키어 평안히 살아 무사하기를 원하여 그 사절로 하여금 와서 조현(朝見)케 하지 않았다.

조선으로서는 마땅히 만리 대양으로 〔사절을 보내어〕 이와 더불어 결호(結好)해야 할 것이다. 그런데 하물며 그가 잇따라 사신을 보내어 조선을 붙들어 매려는 뜻이 있음에랴! 이를 끌어들여 우방으로 삼음으로써 도움을 얻을 수 있고 재앙을 풀 수 있을 것이다. 그렇기 때문에 '연미국'이라고 하는 것이다.

대저, '친중국'이라고 하는 것은 조선이 믿는 바이다. '결일본'이라고 하는 것은 조선이 반신반의 하는 것이다. '연미국'이라고 하는 것은 조선이 깊히 의심하는 것이다.

의심하는 자가 말하기를, "일본은 평수길(平秀吉, 풍신수길(豊臣秀吉), 1536~1598)이 명분 없는 군사를 일으켜 우리 변경을 뒤흔들고, 우리 성곽을 짓뭉개고, 우리 인민을 도해(荼害)하였는데, 명나라 군사의 공격에 힘입어 비로소 물러갔다. 근년에 일본은 변화가 서양을 좇아 나타나 새매나 독수리처럼 노려보고 있으니, 더욱 〔그 의중을〕 헤아릴 수 없다. 강화의 역(役, 운양호사건(雲揚號事件), 고종 13, 1876)은 서향융성(西鄕隆盛, 1827~1877)의 뜻이 혼단을 일으키는 데 있었는데, 암창(岩倉, 암창구시〈岩倉見視〉, 1825~1883)·대구보(大久保, 대구보리통〈大久保利通〉, 1837~1878) 등이 힘껏 다툰 뒤에야 비로소 그쳤다. 그러나 저들의 뜻이 어찌 잠시인들 침공할 것을 잊은 적이 있었는가? 조약의 체결도 또한 맹세를 요구하는 것이어서, 좇지 않을 수 없는 것이다. 그들과 친밀해지는 것은 문을 열고 도적에게 인사하는 것과 무엇이 다르겠는가?"

말(대답)하기를, "서향(西鄕)이 조선 공략을 의논할 적에 두세 대신만이 외로이 중의(衆議)를 배격한 채 불가함을 고집하였다. 저들도 변경을 침략하여 스스로 부강해짐을 원치 않은 것은 아니었다. 다만 덕을 헤아리고 힘을 저울질 할 때 할 수 없는 바 있어 그만두는 것만 못하다고 여겼던 것이다.

조선이 건국한 지 수천년 이래로 인물이 없은 적이 없고 군사가 없은 적이 없었으니, 물론 〔저들이〕 공격한다고 하더라도 반드시 이긴다고 할 수 없고, 만일 이기게 된다 하더라도 군사를 철수하면 다시 배반하고, 군사를 주둔시키면 무력해진다. 하물며 일본이 조선에서 일을 일으키면 중국이 반드시 싸워야할 형세에 있어서랴! (그때 일본은 그 사신(삼유례〈森有札〉, 1847~1889)을 보내어 이백상〈李伯相, 북양대신·직예총독 이홍장에 대한 경칭〈敬稱〉)을 뵈었는데, 백상〈伯相〉이 '반드시 싸울 것'이라 하고, 또〔그것은〕 '한갓 화기〈和氣〉를 손상시킬 뿐 터럭만큼도 이익이 없을 것'이라고 권유하였기 때문에, 그 모의는 실행되지 않았던 것이다.)

저들은 일본이 조선을 공격하더라도 반드시 이긴다고 하기는 어렵고, 하물며 중국의 도움을 얻어 좌우로 돕고 동서로 정토(征討)하면 일본이 반드시 지탱하지 못할 것임을 알기 때문에 서향(西鄕)의 주장은 마침내 시행될 수 없었던 것이다. 기왕 감히 시행치 못하게 되었을 뿐 아니라, 또 조선이 가까운 이웃으로 다른 종족이 실로 핍박하여 이 곳에 머무르려는 생각이 불어나지 않도록 하고자 하기 때문에 서둘러 외교를 맺고 친목을 닦고자 하는 것이며, 그 뜻은 조선이 자강(自强)하여 해서(海西)의 울타리가 되도록 하고자 함인 것이다.

시기와 형세를 헤아리건대, 일본을 위한 계책은 반드시 여기에서 나오지 않을 수 없다. 더욱이 오늘의 일본이 겉으로는 강한 듯 하나 속으로는 메말라, 조야가 어그러지고 정부 금고가 비어서 스스로를 꾀함에도 겨를이 없음에랴! 병가(兵家)에서 말하기를 '자기를 알고 남을 알라'하였다. 그러므로 반드시 일본이 조선과 맺으려는 까닭을 알고 의문되는 바가 없은 연후에, 조선의 '결일본' 또한 의심할 바 없음을 알게 되는 것이다.

의심하는 자가 또 말하기를, "지도를 그리고 지형을 측량했으니 우리의 요새는 이미 잃어버린 것이다. 인천이란 항구는 곧 우리의 대문인데, 저들의 왕래를 허용하게 되었으니, 울타리가 다 철수된 셈이다. 남의 나라를 도모하려는 뜻이 없다면 어찌 연해의 암초를 측량하며, 경기의 요지를 침범하는 것인가?"

말하기를, "옛날에는 지도를 남의 나라에 판매하는 것을 금지하고 죽이어 용서하지 않았으며, 외국 사신을 이끌어 길을 돌아 왕래케 하여 우리의 요새를 알지 못하게 하였지만, 지금은 이같이 말할 수 없다. 지금 천하 만국은 서로 왕래하고 있으며, 가까이는 일본과 중국, 멀리는 구라파와 미국에까지 무릇 연해의 암초를 엮어 도지(圖志)를 만들어 천하에 반포함으로써 항해에 편하게 하고 있다. 그리고 멀리는 바닷가〔항구〕에, 가까이는 국도(國都)에 모두 외국 사절을 두어 일년 내내 주차(駐箚)하는 것이 통례이다.

대개 힘이 부족하면 비록 문밖에서 막더라도, 프랑스가 월남의 변두리를 빼앗고, 영국이 미얀마의 국정에 간여하듯이 또한 스스로 지킬 수 없다. 힘이 자강하기에 넉넉하면 비록 침상으로 맞아들이더라도, 영국 백성이 페테르부르크(러시아의 서울, St. Petersburg)에 섞여 살고 러시아 백성이 런던(영국의 서울, London)에 섞여 살듯, 또한 해가 될 것이 없다. 자강의 길은 실력에 있지 허식(虛飾)에 있지 않다.

더욱이 일본이 기왕 남을 도모할 수 없는 만큼 우리의 길을 익히게 하면 곧 구원하는 데 이바지할 수 있을 것이다. 조선은 본디 항해를 모르므로 스스로 그 요해처를 알게 되어 또한 수호하는 데 이바지할 수 있을 것이다. 종전에 일본은 병고(兵庫)의 개항으로 인한 사신의 주경(駐京)을 한사코 굳게 거절하였는데, 한 번 싸우고 두 번 싸우고 난 뒤에야 번연히 고쳐 생각하여 지금 시행한 지 십여년이 되었다. 왕공(王公)의 나라 지킴이 어찌 여기에 달렸겠는가?"

의심하는 자가 또 말하기를, "조선의 풍기(風氣)는 외국에 익숙하지 못하여, 저들 동인(東人, 일본인)의 이상한 말, 이상한 복장을 보면 떼를 지어 구경하기도 하고, 저들을 만나면 꾸짓고 욕 보이기도 한다. 생각건대 저들 일본인은 뜻이 허세를 부리는 데 있어서 심지어 관리관(管理官, 부산 주재 일본 관리관. 산지성우장〈山之城祐長〉)이 칼을 뽑아 사람을 죽이기까지 하니(사실과는 차이가 있다. 고종 16·1879년 3월, 부산항 정박 중의 일본 군함 봉상〈鳳翔〉호 함장 해군소좌 신기경칙〈山崎景則〉이 칼을 휘둘러 동래부사 윤치화〈尹致和〉 등을 다치게 한 일이 있다.) 참으로 화호(和好)가 진심에서 나온 것이라면 어찌 멋대로 약속을 어기어 마침내 악을 함부로 하여 독을 내뿜는가?"

말하기를, "일본은 그 성정(性情)이 이기기를 좋아할 뿐 양보가 없으며, 이익을 탐낼 뿐 염치가 적으며, 작은 것을 볼 뿐 먼 데는 어두워서 자주 이와 같은 일이 일어난다. 〔그러나〕 이와 같은 일은 양국 백성의 시기와 미움이 깊기 때문이지 저들 정부의 의사는 아니다. 전부터 초양(草梁)의 왜관(倭館)은 비록 통상이라고는 하나, 조선이 곤욕을 보이고 금제(禁制)한 것이 실로 갖추지 않은 바가 없어, 저들이 마음에 분노를 품어 온 것이 하루아침, 하루저녁이 아니었다. 더욱이 부산에 거주하는 바는 대부분이 대마도의 가난한 백성들인데 저 무뢰(無賴)한 무리들은 다만 스스로의 이익만 구할 뿐이니 어찌 대체(大體)를 알겠는가? 다투고 구타하는 자질구레한 일은 진실로 조약에서 쉽게 논급할 바가 못되며, 일본 정부가 칼을 뽑은 사건에 대하여 산지성(山之城)을 철수시킨 것만 봐도 또한 그 뜻을 알 수 있을 것이다.

조선으로서는 다만 마땅히 삼가 충실히 조약을 지켜 저들이 도리에 따르는 것은 힘써 보호해 주어야 할 것이며, 그런 뒤에 저들의 무례한 것은 엄히 처리할 것을 요청하면, 아마도 정의(情誼)가 서로 들어 맞아 함께 의심이 풀릴 것이다. 진실로 하찮은 일에 구애되어 버리지 못하고 주저앉아 지극한 계책을 놓치는 것은 지혜로운 자로서 마땅히 할 바가 못되는 것이다."

의심하는 자가 또 말하기를, "일본은 우리와 더불어 강토를 서로 접하고 종족도 서로 같아서 그대가 말하는 '결일본'은 내가 진실로 믿을만한 것이다. 〔그러나〕 저 구미 여러 나라는 우리와는 수만 리나 떨어져 있고, 음식과 의복이 우리와 같지 않고, 물품이 통하지 않고, 언어가 통하지 않는데, 저들이 급하게 우리와 결맹(結盟)하려는 것은 이익을 꾀하는 것이 아니고 무엇이겠는가? 저들이 이로우면 우리가 해로운 것이니 그대가 말하는 '연미국'은 내가 크게 의혹스럽게 여기는 바다."

말하기를, "미국의 나라됨은 나라를 나누어 다스리는 것인데, 37방(邦, 주〈州〉, 미국은 1876년 〔양〕 8월 1일 콜로라도주가 편입됨으로써 1880년 〔음〕 8월 현재 38주로 구성되었다.)을 합쳐 합중국을 삼고 통령이 거느린다. 그렇기 때문에 땅을 얻어 〔영토를〕 더 넓히려 하지 않는다. 그 남쪽 주〔방(邦)〕에 이웃하여 단향산국(檀香山國, 하와이)이란 나라가 있어 내부(內附)할 뜻이 있었으나 저들이 또한 거절하였다. 그리고 그 나라는 아직도 빈 땅이 많으며, 그 땅에서는 금은이 많이 나오고 그 사람들은 공업과 상업에 능하여 천하에 으뜸가는 부국이 되고 있다. 그렇기 때문에 영토를 얻어 부를 더하려 하지 않는다. 그들이 남의 토지를 탐내지 않고 인민을 탐내지 않음은 천하 만국이 함께 믿는 바이다.

그런데 도리어 영국·프랑스·독일·이탈리아 제국이 번갈아 와서 맹약을 청하고 있으니, 이는 곧 서양에서 이르는 바 균세(均勢, 세력균형)의 설이다. 지금 천하 만국은 종횡으로 치고 물어뜯는 것이 전국시대보다 더 심하며, 열국(列國)은 별이나 바둑알처럼 널려 있는데, 〔나라를〕 무사히 지켜가려면 반드시 너무 약하지도 않고 너무 강하지도 않은 가운데 서로 유지해 나가야 가능하다. 진실로 한 나라가 있어 〔다른 나라를〕 병합하게 되면 힘이 두터워지고, 힘이 두터워지면 세력이 강해지고, 세력이 강해지면 다른 나라 또한 스스로 편안할 수 없다.

유럽이란 땅은 군웅(群雄)이 서로 버티고 있어 저 러시아가 호시탐탐하여도 기회를 탈 만한 틈이 없다. 그렇기 때문에 천하에서는 그 뜻이 반드시 동쪽으로 향할 것이며, 동쪽을 향한다면 반드시 조선으로부터 시작할 것임을 알고 있다. 러시아가 진실로 조선을 차지하게 되면 아시아의 전 형세가 그의 손아귀에 들어가, 하고 싶은 대로 할 수 있게 될 것이다. 그리고 아시아 전국의 세력을 끼고 도리어 유럽을 치면 그 세력을 거의 대적할 수 없을 것이다.

　서양의 공법(公法, 국제공법)에서는 남의 나라를 멸망시킬 수 없다. 그러나 진실로 조약을 맺은 나라가 아니면 사단(事端)이 있어도 간여할 수 없다. 이것이 서양 여러 나라가 조선과 맹약을 맺으려 하는 까닭이다. 조선과 맹약을 맺으려는 것은 러시아 한 나라가 넘겨다보는 형세를 갖지 못하도록 천하와 더불어 서로 고르게 유지하려는 것이다. 조선을 지키는 것이 곧 그들 스스로를 지키는 것이기 때문이다. 이는 미국만이 그러한 것이 아니다. 영국・프랑스・독일・이탈리아도 조선은 토지가 메말라서 반드시 전쟁에 힘입어 공취한다 하더라도 잇달아 상처만 입게 되므로 을러서 조약을 맺는 것은 오히려 그들의 원하는 바가 아니다.

　오직 미국만은 스스로 신의가 두드러진다고 여기고 있으며, 오랫동안 중・일 양국이 신복(信服)하는 바 되어 옥백(玉帛, 구슬과 비단. 곧 예물)으로 [맹약]할지언정 병대와 수레로 하지 않기 때문에 그가 오는 것도 홀로 앞섰던 것이다. 그러므로 미국이 오는 것은 다만 우리를 해칠 마음이 없을 뿐만 아니라, 또한 우리를 이롭게 하려는 마음이 있는 것이다. 저들이 우리를 이롭게 하려는 마음으로 왔는데, 도리어 이익을 도모한다고 의심하거나 우리를 해친다고 의심하는 것은 곧 시무(時務)에 통달하지 못한 말이다."

　의심하는 자가 또 말하기를, "조선은 나라가 작고 백성은 가난한데, 여러 대국과 더불어 맹약을 맺게 되면, 재물을 뜯김이 한량없고 물건을 바침이 절제가 없어져 마침내 장차 명에 따르다가 지치지 않겠는가? 풍속이 다르고 예절도 또한 다른데, 그들의 법도대로 접대하지 않으면 장차 의심하여 흔단을 불리지 않겠는가?"

　말하기를, "옛날에 이른바 희생(犧牲, 제물)과 옥백을 경상(境上)에 진설하여 강국을 접대함으로써 제 백성을 보호하는 것은 옛사람의 소로써 대를 섬기는 예절이었다. 그러나 지금은 그런 일이 없다. 지금의 소국으로 벨기에・스위스・네덜란드 같은 나라는 모두 자립하여 여러 대국의 독책(督責, 꾸짖어 요구함)이나 가구(苛求, 가렴주구(苛斂誅求))있음을 듣지 못하였다. 곧 사신의 방문과 영사의 주차에 있어서는 양식과 신발(짚신)을 모두 저들 스스로 부담한다. 처음 도임하면 한 번 조현(朝見)하는데 불과하고 일년 동안에 한 차례의 연회가 있을 뿐이며, 모든 교로(郊勞, 교외로 마중나가 위로함)나 선물은 모두 없다.

　아무 것도 바치는 것이 없는데 어찌 응접에 피로함이 있겠는가? 의례상의 작은 일이나 접대상의 세세한 일에 이르러서는, 저들도 인정이 있으니, 다만 우리가 소홀히 보거나 업신여기는 마음이 없음을 안다면, 저들인들 어찌 허물을 책망함이 있겠는가? 하물며 조선은 가난하고 메말라서 통상의 이익되는 바가 없으니 저들이 지금은 맹약만 체결하고자 할 뿐, 아직은 반드시 사신을 보내고 영사를 설치하지는 않을 것인데, 또 무엇을 의심하겠는가?"

　의심하는 자가 또 말하기를, "선교사가 철없는 백성을 선동, 유혹하고 국정에 관여하여 조금씩 법으로 제재하면 번번히 싸움을 벌여 때로는 사변을 격발시키기도 한다. 더불어 조약을 체결하게 되면 마땅히 전교(傳敎)를 허락해야 하는데, 후환(後患)이 어찌 그침이 있겠는가?"

　말하기를, "천주교의 횡행은 천하가 다 아는 바이지만, 다만 그것이 감히 횡행하는 것은 프랑스가 편들어 주는 것을 믿기 때문이다. 프랑스가 프로이센(프러시아)에 패전하면서 교황을 호위하던 군대가 철수하자, 이탈리아는 갑자기 작은 군대로 로마를 탈취하여 그 교황을 축출하였다. 교황이 의지하던 바를 잃게 되었으므로 그 세력은 드디어 취약해 졌다. 근일에 이르러 프랑스가 또한 여러 번 교주를 억압하였기 때문에, 그 국세는 변하고 교문(敎門)은 더욱 쇠약해 졌다. 다만, 처음 조약을 체결할 때, 선교사는 모름지기 국법을 준수해야 하며, 만약 어길 경우에는 여느 백성들과 같이 죄 주겠다고 성명한다면, 저들 선교사는 그 뜻을 멋대로 하지 못할 것이요. 그렇게 되면 우리 백성들도 일을 불리는데 이르지 않을 것이다.

그리고 미국에서 시행하는 바는 곧 야소교로써 천주교와 더불어 근원은 비록 같으나 당파는 서로 다른데, 마치 우리 유교에 주·육(朱·陸, 주희朱熹, 주자朱子. 1130~1200)의 유학과 육구연(陸九淵, 육상산陸象山. 1139~1192)의 유학)이 있는 것과 같다. 야소교의 종지(宗旨)는 이제까지 정치에 관여하지 않으며, 그 사람들은 또한 대부분이 순박하고 선량하다. 중국이 통상한 이래로 선교사를 살해한 사건(事件)이 자주 있었지만, 야소교 신자는 한 사람도 없었으니 또한 그것이 걱정되지 않음을 입증할 수 있는 것이다.

저들 종교의 뜻이 또한 사람들에게 착한 일을 하도록 권하는 데 있으나, 다만 우리 중국의 주공(周公)이나 공자(孔子)의 도(道)는 이보다 낫기가 어찌 몇 만 배뿐이겠는가? 조선이 우리 유교를 따르고 익히기를 점점 더하여 이미 깊어졌으니, 불초(不肖)한 무리가 있어 이를 따른다고 하더라도 만의 하나 '교목(喬木)에서 내려와 유곡(幽谷)으로 들어간다(『시경〈詩經〉의 '깊은 골짜기에서 나와 높은 나무로 옮겨간다〈出自幽谷遷于喬木〉'는 구절에서 나온 말. 유교를 배반하여 기독교에 들어간다는 뜻)'는 데에는 이르지 않을 것이다. 그렇다면 그 전교(傳敎)를 하게 한들 또한 다시 무슨 해로움이 있겠는가? 이 또한 의심할 것이 못된다."

의심하는 자가 또 말하기를, "참으로 그대의 말과 같다면, 천하에 유럽을 멀리 하고 아시아와 가까이 하며, 본디 예의가 있다고 일컬어지는 미국과 이어져 서로 사귀는 것도 불가할 것이 없겠다. 다만 영국·프랑스·독일·이탈리아 등이 〔미국을〕 본 받아 잇달아 오게 되면 어찌하겠는가?"

말하기를, "진실로 러시아를 막고자 한다면, 정(正)히 영국·프랑스·독일·이탈리아 등 여러 나라와의 맹약 체결을 이용하여 서로 견제하게 하는 것이다. 또 조선은 여러 나라가 오는 것이 불리하다 하여 끝내 그들이 오지 못하도록 금할 수 있겠는가? 지금 지구 위에는 대·소국을 막론하고 백을 헤아리지만, 관문을 닫고 들어오는 것을 끊을 수 있는 나라는 하나도 없다. 조선이란 나라가 오늘은 쇄항(鎖巷)한다 하더라도 내일은 또 열어야 할 것이요, 내일 쇄항한다 하더라도 뒷날에는 또 반드시 열어야 할 것이니, 만의 하나 관문을 닫고 스스로 지킬 수 없는 것은 틀림없는 것이다. 만일 불행히도 러시아 군사가 한번 〔침략해〕 온다면 힘으로는 대적할 수 없으므로, 진실로 아마도 나라는 자기의 소유가 되지 못할 것이다. 영국·프랑스·독일·이탈리아 등이 러시아인에 의한 〔조선〕 독점을 원하지 않아 떼지어 일어나 다투게 되면 무너지고 쪼개져 거의 수습할 수 없게 될 것이다. 전에 폴란드란 나라가 있었는데, 러시아·독일·오스트리아가 이를 약취하여 나누어 가졌다. 지난해 터키 전쟁에서 러시아 군대가 철수하지 않자 여러 나라가 잇달아 일어났기 때문에 〔터키는〕 변경의 땅을 갈라서 오스트리아·영국·독일에게 준 뒤에야 그쳤다. 조선이 진실로 그 뒤를 이으리라는 것을 나로서는 차마 말할 수 없는 바이다. 다만 선왕(先王)·선공(先公)의 영(靈)과 여러 신령(神靈)의 복(福)으로 하늘이 조선을 도와 반드시 이런 일은 없을 것이다. 그러나 영국·프랑스·독일·이탈리아가 번갈아 병선을 보내어 맹약을 강요할 때 싸우지 않고서는 그 소요를 건지지 못할 것이요, 싸워서 이기지 못하면, 미얀마가 영국에게, 월남이 프랑스에게 압제를 받는 것과 같은 일이 흔히 있게 마련이다. 다행히 이에 이르지 않는다고 하더라도 공평하지 못한 조약을 맺어 백방으로 요구하고 빼앗아 십여년이 지나 군사가 강대하고 나라가 부유해진 뒤가 아니고서는 개정할 수 없을 것이니, 또한 어떻게 나라 구실을 할 지 모르겠다.

정히 러시아에 의한 병합을 막고 영국·프랑스·독일·이탈리아의 핍박을 피하기 위해서는 '연미국'이 급하지 않을 수 없다. 진실로 미국 사절이 오는 것을 맞이하여 한 공평한 조약을 의논하되 서양 우방의 예에 따른다면 곧 만국 공법을 원용할 수 있을 것이며, 〔그렇게 되면〕 한 나라의 전횡을 용납하지 않을 뿐만 아니라 여러 나라의 선도가 될 것이니, 이는 조선의 복이요, 또한 곧 아시아의 복이 될 것이다. 이를 하지 않고 아직도 무엇을 의심하겠는가?"

이미 여러 가지 의문이 풀리어 국시가 한번 정해지면, '친중국'에 있어서는 옛 제도를 조금 변경하고, '결일본'에 있어서는 급히 조규를 다듬고, '연미국'에 있어서는 급히 훌륭한 조약을 체결해야 할 것이다. 그리고는 곧 황제에게 주청하여 배신(陪臣, 제후, 곧 국왕의 신하)을 북경에 상주시키고, 또 사절을 보내어 동경에 주재시키며, 혹은 사절을 워싱턴에 보내어 소식을 통하게 해야 할 것이다.

그리고 곧 주청하여, 봉황청(鳳凰廳, 성경(盛京, 봉천)에 소속된 행정관청. 이곳을 중심으로 조·청간 사무역(私貿易)이 이루어졌다.)무역을 넓혀서 중국 상인이 배로 부산·원산·인천 등 각 항구에 와서 통상을 하게 함으로써 일본 상인의 농단(壟斷)을 막고, 또 상인으로 하여금 장기(長崎)·횡빈(橫濱)에 가 무역을 익히게 할 것이다. 그리고 곧 주청하여 해·육군이 중국의 용기(龍旗, 청국 황제의 기)를 사용하여 이를 전국의 휘장(徽章)으로 삼고, 또 학생을 보내어 경사(京師, 북경) 동문관(同文舘)으로 가 서양말을 익히게 하고, 직예성(直隷省)의 회군(淮軍, 청말 이홍장이 조직한 군대)으로 가 군사를 익히고, 상해(上海) 제조국(製造局)으로 가 기계 만드는 것을 배우고, 복주(福洲) 선정국(船政局)으로 가 배 만드는 것을 배우게 해야 할 것이다.

무릇 일본의 선창(船廠)·총포국(銃砲局)·군영(軍營)에도 모두 가서 배우고, 서양 사람들의 천문·산법·화학·광학·지학도 모두 가서 배워야 할 것이다. 혹은 부산 등지에 학교를 설립하여 서양사람을 맞아 교습시킴으로써 무비(武備)를 널리 닦아야 할 것이다. 참으로 이같이 하면 조선 자강의 기틀은 이로부터 기초하게 될 것이다.

대개, 무사할 때에 공평한 조약을 맺는 것이 하나의 이득이 된다. 중·일 양국이 서양과 체결한 조약은 모두 만국의 공례(公例)에 따른 것이 아니었다. 그것이 우리의 자주권을 침해하고 우리의 자연의 이(利)를 탈취하여 손상됨이 너무나 많은 것이었다. 이는 진실로 바깥 정세에 어두운데서 말미암은 것이며, 또한 위세에 억눌리어 그렇게 된 것이다.

지금 조선은 무사할 때를 당하여 외국인과 더불어 조약을 맺게 됨으로 저들이 스스로 많은 압제를 가하지는 못할 것이다. 다시 말하면 유럽과 아시아의 두 지역은 풍속이 같지 않고 법률이 같지 않으므로 갑자기 외국에서 온 상인을 지방관의 관할로 돌리기는 어려울 것이다. 그러나 더불어 성명하기를 잠시 영사관 관할로 두었다가 언제든지 우리가 필요할 때 참작하여 고치고 또 영사의 권한을 정하겠다고 하면 저들은 보호받을 부인(符印)이 없으므로 감히 많은 일을 요구하지 못할 것이다. 그밖에 독약(毒藥, 수입아편)을 수입하는 근원을 끊어 버리고 선교사가 만연하는 재앙을 막는 일 등은 모두 함께 상의하여 한계를 명시할 수 있는 것이다. 이것이 자강의 기틀이 되는 것이다.

통상에도 또한 이득이 있다. 우리 아시아는 천지의 정대(正帶)에 위치하여 물산이 매우 넉넉하다. 중국은 당·송 이래로 시박사(市舶司)를 설치, 외국인과 더불어 통상하였는데, 쓰이는 금전은 모두 외국으로부터 들어 왔으니 수백년 이래 [그 수는] 이루 헤아릴 수 없었다. 근일에 와서 금전이 조금 흘러 나가게 된 것은 아편을 먹기 때문이다. 일본이 통상의 폐해를 받게 된 것은 양복으로 바꿔 입고 양화(洋貨)를 쓰기 때문이다. 진실로 양약(洋藥, 수입 아편)을 먹지 않고 양화를 쓰지 않는다면 통상에서 모두 이익을 볼 뿐, 해는 없을 것이다.

조선 일국은 비록 가난하고 메마르다고는 하나, 그 땅에서 금·은이 생산되고, 벼·보리가 생산되며, 소가죽이 생산되니 물산이 본디 넉넉하지 않은 것이 아니다. 내가 생각건대 지난해 일본과 통상한 수량은 수입한 화물 대금이 62만, 수출한 화물 대금이 68만이니 이 해에 7·8만을 얻었다. 진실로 잘 경영하여 조금씩 확충하여 나가면 백성들도 이익을 얻을 듯 하고, 관세 수입은 국용(國用)에도 조금은 보탬이 될 것이다. 이 또한 자강의 기틀이 되는 것이다.

국가를 부하게 하는 데 또한 이득이 있다. 영국 3섬은 석탄만 생산하고 프랑스는 포도만 생산하며, 페루는 금·은만 생산하는데도 모두 부로써 천하에 알려졌다. 그밖에 인도의 실과 차, 쿠바의 사탕, 일본의 면 같은 것은 모두 예전에는 없었으나 지금은 있는 것이니, 인력으로 만들어 내어 마침내 큰 이익을 얻게 된 것이다.

조선은 토지가 오히려 기름지고 물산 또한 넉넉히 있으며, 그 사람들 또한 매우 총명하고 일을 잘 한다. 저 남극의 오스트레일리아와 북극의 캄차카는 모두 예로부터 인적이 이르지 않던 곳인데도 오히려 황무지를 개척하여 옥토로 만들었거늘, 하물며 본디 정대에 위치한 조선에 있어서랴! 진실로 서양 학문에 종사하여 재정에 힘을 다하고, 농사 권장에 힘을 다하고, 또 공업 육성에 힘을 다하며, 있는 것은 널리 심고, 없는 것은 옮겨 심으면, 장래에 또한 부국이 될 수 있을 것이다. 더구나 땅에서 금·은이 나옴은 사람들이 다 아는 바인데, 만약 서양인의 개광법을 배워서 땅에 따라 찾아 보고 때에 따라 채굴하면, 땅은 보물을 아끼지 않고 백성은 노는 사람이 없어져서 이익이 더욱 끝이 없을 것이다. 이 또한 자강의 기틀이 되는 것이다.

군사 훈련에도 또한 이득이 있다. 중국 성인(聖人)의 도(道)는 무(武)를 숭상하지 않고 교(巧)도 숭상하지 않으며, 진실로 그 나라를 스스로 다스리게 하되, 오직 글을 닦고 바탕을 지켜 안정을 기약하기 바라며, 사나운 습관과 기계의 무기로서 백성을 전쟁으로 인도하려 하지 않는다. 다만 다른 사람이 그 장기(長技)를 숨겨 가지고 뽐내지 않는다면 나도 또한 옛 것을 지켜서 변함이 없었다. 그러나 지금 강한 이웃 나라가 교대로 핍박하여 날로 우리를 강제하고, 날로 우리를 업신여기고 있다. 같은 배를 타는데도 옛날에는 범선(帆船)이었는데, 지금은 기선(汽船)이다. 같은 수레로 가는데도 옛날에는 노새나 말이었는데, 지금은 철도다. 같은 우체(郵遞)인데도 옛날에는 역전(驛傳)이었는데, 지금은 전선이다. 같은 병기인데도 옛날에는 활과 화살이었는데, 지금은 총과 대포다. 양쪽 군대간에 일이 있을 때, 저들은 가졌는데 우리는 없고, 저들은 정교한데 우리는 거칠기 때문에 군사를 훈련시키기 이전에 승부와 이둔(利鈍)의 형세는 이미 판정이 나는 셈이다.

조선이 외교를 좋아하게 되어 그 기풍(氣風)이 날로 열리고 견문이 날로 넓어져, 갑옷과 창이 믿을 것이 못되고, 돛대나 노가 쓸데없음을 알게 되면, 무비(武備)를 강구하고 신법(新法)을 고구(考求)함을 알게 되어 변방을 튼튼히 하고 울타리를 단단히 할 수 있을 것이다. 이 또한 자강의 기틀이 되는 것이다.

이미 이익을 도모할 수 있고 또 강함을 도모할 수 있을진대, 나라의 자금과는 관계 없이 다만 사람이 있고 재화가 있고 군사가 있으면 족히 자립할 수 있다. 저 스위스·벨기에는 여러 대국 사이에서 개 이빨처럼 교차(交錯)하여 있으면서도 오히려 나라 구실을 하고 있는데, 하물며 본디 이름 있는 나라로 일컬어지고 홀로 일면(一面)을 담당하고 있는 조선에 있어서랴! 조선이 능히 강대해지면 장래 유럽과 아시아의 여러 대국은 반드시 함께 합종하여 러시아에 대항할 것이다. 진실로 그렇지 않으면 앉아서 러시아 군사가 멀리서 휘몰아 오는 것을 보게 되고, 앉아서 남의 땅 쪼개고 기와 부수는 것만 허락할 것이니 그 해를 이루다 말할 수 있겠는가? 옛말에 이르기를 "두 이익이 서로 부딪히면 중한 쪽을 취하고, 두 해가 서로 부딪히면 경한 쪽을 취하라"고 하였는데, 하물며 이해의 상거(相距)함이 매우 멀으니 어찌 일찍 계책을 결정하지 않을 수 있겠는가?

아! 조선은 삼면이 바다여서 예로부터 천연 요새로 일컬어져 왔다. 오직 서북쪽의 땅만이 우리와 서로 접해 있을 뿐이다. 수천년 이래로 성령(聲靈)을 우러러 받들고 덕화(德化)를 흠모하여 오직 중국이 있는 줄만 알았다. 중국이 정치하는 체재는 안을 피폐하게 하여 바깥을 섬기는 것을 결코 원치 않는다. 무릇 번속에 대해서도 오직 매어 두어 끊기지 않은 채 우리 왕령에 복종하기를 바랄 뿐, 감히 무례하게 중국을 대하지 않는다면 한 군사나 한 화살을 손상시켜서 위엄을 보이기를 원치 않았다.

조선은 이 때문에 조야(朝野) 상하(上下)가 모두 학문을 닦고 예의를 지켰으며, 중국의 의관(衣冠)·예악(禮樂)을 여러 대에 걸쳐서 삼가 지켜 감히 실추시키지 않았다. 노자(老子)가 이르기를 "비록 배와 수레가 있으나 탈 필요가 없고, 군사와 병기가 있으나 벌려 놓을 필요가 없다"고 하였다. 〔그리하여〕 늙어 죽을 때까지 서로 왕래하지 않으니 이는 참으로 천하의 한 낙국(樂國)이었다. 비유컨대 집에 인자한 아비가 있어 그 자식은 배불리 먹고 편안히 살면서 하는 일이 없이 지내는 것과 같으니, 이는 조선의 큰 행복이었다.

그러나 불행히도 오늘날에 와서는 홀연히 천하의 막강한 러시아가 나타나 이와 더불어 이웃하게 되었고, 바닷길은 사방으로 열렸으나, 또한 막을 만한 요새는 없다. 그러나 그 나라가 오히려 동쪽구석에 치우쳐 있고 백성은 가난하고 땅은 메마르기 때문에, 인도가 그 땅을 바쳐 영국에 주거나, 월남이 그 땅을 떼어 프랑스에 주거나, 남양·카리브·소루손 여러 나라가 네덜란드나 스페인에 합병된 것과 같은 지경에는 이르지 않았다. 저 러시아는 나라를 세움이 서쪽으로 치우쳐 여러 대국들이 이를 견제하였으므로 동쪽을 돌볼 겨를이 없었다. 그리하여 마침내 하늘 같은 복을 얻어 이를 대대로 이어받아 오늘에 이르렀다.

오늘에 와서는 러시아를 방어하는 계책이 부득불 시급하게 되었다. 조선 한 나라의 힘을 다 한다고 하더라도, 러시아를 방어함에 있어 소(小)는 진실로 대(大)를 대적하지 못하고, 과(寡)는 진실로 중(衆)을 대적하지 못하며, 약(弱)은 진실로 강(强)을 대적하지 못한다. 그러나 다행히 중국이 있어 가히 친할 수 있고, 같이 러시아의 환(患)을 받고 힘이 족히 조선을 제어하지 못하는 일본이 있어 가히 맺을 수 있으며, 유럽을 멀리 하되 아시아를 친근히 하고 남의 나라 침략을 싫어하는 미국이 있어 가히 화친할 수 있다. 이는 대개 선대의 기자(箕子)이래 지금 세대에 이르기까지 여러 군왕들이 나라를 세우고, 하늘에 있는 여러 군후(君侯)의 영혼이 가호(加護)하고 보우(保祐)함으로써 곧 이러한 기회가 있게 된 것이다. 이 기회를 타야 하는 까닭이 바로 지금에 있는 것이다.

지금부터 3십년 전에 중국이 아편을 불태운 까닭에 호시(互市)를 파하기로 하고 한 번은 광동(廣東)에서, 두 번째는 강녕(江寧, 남경〈南京〉)에서 싸웠다. 〔그러나〕 지금은 통상하는 것이 19개 처, 조약을 맺은 것이 14개국에 달한다. 지금부터 2십년 전에 일본은 맹약을 강요당하자 양이(攘夷)에 뜻을 두고 한 번은 하관(下關)에서, 두 번째는 녹아도(鹿兒島)에서 싸웠다. 〔그러나〕 지금은 온 땅이 모두 서양 사람이요, 온 나라가 서양의 법도를 배우고 있다.

2·3십년 전에 서양 여러 나라는 선박이 견고하지 못하고 총기가 정밀하지 못하여 영국·프랑스·미국이 요구하는 것도 통상에 불과하였다. 그렇기 때문에 비록 싸워서 패하더라도 패하면 강화하였고, 비록 체결한 조약은 손상됨이 실로 많았지만 오히려 크게 잃은 것은 없었다. 〔그러나〕 지금 러시아인들이 크게 바라는 바는 오로지 영토를 넓히는 데 있고, 그 선박의 견고함과 대포의 날카로움은 또한 전보다 훨씬 나아졌다. (러시아는 요즘 사할린 주둔 병력을 혼춘(琿春)으로 이동하고 장기(長崎)에서 5십만 은(銀) 어치의 석탄을 구입하여 혼춘으로 실어 갔으며, 또 대병선 십여 척을 태평양으로 파견하였다.) 그런데 조선이 항구를 폐쇄한다는 설이 이어서 일어나고 있으니, 2·3십년 전의 중국이나 일본과 서로 비슷하다. 진실로 계책을 변통할 줄 모르면 아마도 전쟁을 하더라도 패하고, 패한 뒤에 강화는 다시 얻을 수 없을 것이다.

아! 시세의 핍박함은 위태롭고도 위태로우며, 기회의 찾아옴은 미세하고도 미세하다. 이 기회를 지나쳐 버리면 혹 아는지 모르겠지만, 5대부(五大部, 5대주)의 친숙하거나 소원한 종족이 모두 조선이 위태롭다고 하는데, 조선은 절박한 재앙을 도리어 알지 못하니, 이것이 어찌 집안의 제비나 참새가 〔불 붙는 것도 모른 채〕 즐겁게 노니는 것(『공총자〈孔叢子〉』의 '연작처당〈燕雀處堂〉', 즉 집안에 살고 있는 제비나 참새가 그 집에 불이나 타고 있는 줄 모르고 노닐고 있다는 데서 나온 말. 화가 닥쳐오는 것을 모름을 이른다.)과 무엇이 다르겠는가?

오직 지혜로운 자만이 시기를 탈 수 있고, 군자만이 미세함을 알 수 있으며, 호걸만이 위태로움을 안정시킬 수 있다. 이것이 조선에 인재가 있어 급히 일어나서 도모하기를 바라는 까닭이다. 급히 일어나서 도모할진대, 내 계책의 이른바, '친중국', '결일본', '연미국'을 힘써 행하는 것이 상책이다. 주저하여 결단을 내리지 못한 채 참으면서 시간을 기다리다 '친중국'이 옛 제도를 지키는 데 불과하고, '결일본'이 새 조약을 시행하는 데 불과하고, '연미국'이 표류한 배나 건저주고, 관문 두드리는 글이나 받아 다만 격변이 일어나지 않고, 흔단이 생기지 않기만 바라는 데 불과하면 하책이다. 다만 내가 속을 것을 근심하여 스스로 그 깃을 잘라버리고 소수의 병력으로 관문을 봉하여 깊이 닫고 굳게 거절하며, 오랑캐라 배척하여 더불어 섞이기를 달가워하지 않다가 사변이 일어난 뒤에야 비로소 비굴하게 온전하기를 바라고 다급하여 어찌할 바를 모르는 것은 무책(無策)이라 할 것이다.

조선은 나라를 세운지 천수백년에 어찌 사람이 없다 할 것이며, 능히 이해를 알면서 도리어 무책에 달가워 하겠는가? 계책의 결정은 국주(國主)에게 있고, 모의(謀議)의 보필은 추밀원(樞密院)에 있고, 무릇 시무를 강구하여 분열을 나타내지 않음은 조정의 신료에게 있고, 힘써 묵은 인습을 깨뜨리고 얕은 식견을 개발하는 것은 사대부(士大夫)에게 있고, 발분하여 일어나 동심합력하는 것은 국민에게 있다. 그 길을 얻으면 강해지고 그 길을 잃으면 망한다. 한 번 움직이는 사이에 조선의 종묘(宗廟) 사직(社稷)이 걸려 있으며 또한 아시아의 대국이 달려 있다.

대저, 충직한 말은 귀에 거슬리나 행하는 데 이롭고, 좋은 약은 입에 쓰나 병에는 이롭다. 〔내〕어찌 짐짓 위태롭고 두려운 말을 하여 남의 귀를 쫑긋거리게 하겠는가? 내가 차지(借箸, 젓가락을 빌음. 남을 대신하여 계책을 세움.)하여 이 계책을 마련하는 것은 내 마음이 참을 수 있는 바가 아니다. 다만 시세에 핍박하는 바 되어 이렇게 하지 않을 수 없었던 것이다. 이에 얼굴 두껍게도 대신 꾀를 내는 것이며, 외람되게 고언(苦言)으로 간하는 것이다. 만약 내 계책이 행해져서 지용(智勇)으로써 이루어 나가고, 충신(忠信)으로써 유지하고, 때에 따라 변통하고, 일에 따라 적응하여, 아래로 뭇 백성을 기르고, 안으로 서정(庶政)을 닦게 된다면, 이 또한 온 천하 생령(生靈)의 경사이니, 이「책략」으로 능히 다〔말〕할 수 있는 바가 아니다.

9장 219쪽
이만손 등의 '영남만인소(嶺南萬人疏)'
-출전: 이광린 · 신용하 편,《(史料로 본) 한국문화사》 근대편, 일지사, 1984.

(「일본외교문서(日本外交文書)」, 제14권(第14卷) 고종(高宗)18년(年) 2월(月) 26일(日) 상소(上疏))

『상략(上略) 수신사(修信使) 김홍집(金弘集)이 가져온 황준헌(黃遵憲)의 사의(私擬)(「조선책략(朝鮮策略)」) 1책이 유포(流布)되는 것을 보고 저절로 머리카락이 곤두서고 쓸개가 흔들리며 통곡하고 눈물을 흘리지 않을 수 없습니다. (중략(中略))

신등(臣等)이 그 소위 사의(私擬)라고 하는 책을 다시 들어서 조목별로 말씀드리고자 합니다.

그 논의의 요점은 조선의 금일의 급무(急務)는 방아(防俄)(러시아를 막는 것)보다 급한 것이 없다 하고, 방아(防俄)하는 방법에는 '친중국(親中國)·결일본(結日本)·연미국(聯美國)'보다 급한 것이 없다고 하였습니다. 무릇 중국은 우리가 신하로 섬기는 나라입니다. 해마다 요동을 거쳐 비단을 보내고 신의를 지켜 번방(藩邦)이 되어온 지 이에 2백년이 되었습니다. 일본측에서 황(皇)이니 짐(朕)이니 하는 존칭을 써서 보내온 국서를 우리가 받아들이는 경우, 중국이 이것을 짚어서 문책해 온다면 전하는 장차 이를 어떻게 해명할 것입니까? 이것이 이해(利害)의 명백함의 첫째입니다.

일본은 우리와 깊은 관계가 있는 나라입니다. 그런데 삼포(三浦)의 난(亂)이나 임진왜란 때의 숙원이 아직 풀리지 않고 있습니다. 또 그들은 우리나라의 관문(關門)과 요새(要塞)를 알고 있고 수륙요충(水陸要衝)을 이미 점거한 바 있습니다. 그들은 우리 민족과는 달리 반드시 딴 마음을 품을 것인바, 만일 그들이 우리의 무비(無備)한 것을 보고 공격을 자행하면 전하는 장차 어떻게 이를 막을 것입니까. 이것이 그 이해(利害)의 명백함의 둘째입니다.

미국은 우리가 잘 모르는 나라입니다. 돌연히 타인의 종용하는 바에 의해서 풍랑과 험악한 바다를 건너오는 그들을 끌어들인다면 우리 백성을 퇴폐하게 하거나 우리 재물을 고갈시키게 될 것이고, 또 만일 우리의 헛점을 보고 우리의 약점을 엿보아 응하기 어려운 청(請)을 강요하거나 어려운 부담을 떠맡긴다면 전하는 장차 어떻게 이에 대응하려 하십니까. 이것이 그 이해(利害)의 명백함의 세째입니다.

아라사 오랑캐는 본래 우리와 싫어하고 미워할 처지에 있지 않는 나라입니다. 공연히 타인의 말을 믿었다가 틈이 생긴다면 우리의 체통이 손상되게 됩니다. 그리고 원교(遠交)에 기대어 근린(近隣)을 배척하는 것이 되어 그 조치가 전도(顚倒)되고 허점(虛點)을 드러내는 것이 됩니다. 만일 저들이 이것을 빙자하여 군사로 침입해 들어오면 전하는 장차 어떻게 구제하려 하십니까. 이것이 그 이해(利害)의 명백함의 네째입니다.

또한 항차 아라사, 미국, 일본은 모두가 오랑캐들이어서 그 사이에 후박(厚薄)을 두기 어렵습니다. 그리고 두만강 일대는 국경이 아라사와 서로 접하여 있는데 만일 저들이 일본이 하였던 예를 좇고 미국와 맺은 조약에 기대어 토지를 요구하면서 살러 들어오거나 화물의 통상을 요구하여 오면 전하는 장차 어떻게 이를 막으려 하십니까. 이것이 그 이해의 명백함의 다섯째입니다.

또한 항차 세계에는 미국과 일본 같은 나라가 헤아릴 수 없이 많습니다. 만일 그들이 각자 비뚤어진 생각을 갖고 일본이 하는 것과 같이 각자 이익을 추구하고 토지와 재화를 요구하여 오면 전하는 장차 어떻게 이를 막으려 하십니까. 허락하지 아니한즉 전공(前功)이 모두 없어지고 뭇원망이 모두 나타나 우리나라 삼천리 강토를 다하여도 들어줄 땅이 없을 것입니다. 이것이 그 이해의 명백함의 여섯째입니다.

또한 항차 오랑캐의 종자는 그 성질의 탐욕스러움이 예나 지금이나 마찬가지이며 남북(南北)이 마찬가지입니다. 만일 저들이 서로 의지하고 앞뒤로 합세(合勢)하여 우리나라에서 어부지리를 얻으려 한다면 전하는 장차 어떻게 이를 금(禁)하려 하십니까. 이것이 그 이해의 명백함의 일곱째입니다.

이 일이 있은 이후부터 무식한 사람들은 임금을 원망하고 유식자는 가슴을 치며 애통히 여기고 있고 민심은 이미 어지럽고 나라의 형세도 이미 깎이어 왜놈과 오랑캐로 하여금 우리나라를 엿보게 하고 있습니다. 참으로 황준헌(黃遵憲)의 말대로라면 아라사는 그 힘이 능히 우리나라를 병탄할 수 있고 그 목적하는 바가 침공함에 있다면 전하는 만 리 밖에서 오는 원병(援兵)을 기다리면서 장차 경군(京軍)

만으로써 이를 막아낼 수 있겠읍니까. 이것이 그 이해의 명백함의 여덟째입니다. (하략(下略))』

  이 상소문은 김홍집(金弘集)을 탄핵하는 글이기도 하였지만 실은 정부를 공격하는 글이기도 하였다. 따라서 정부 관리들은 이 상소를 몹시 경계하였다.
  이만손(李晩孫) 등 유생들이 3월에 재차 상소를 기도하였으므로 정부는 이만손(李晩孫)을 전라도 강진현(康津縣) 신지도(新智島)로 유배시키고 나머지는 교외(郊外)로 축출하였다.
  영남만인소(嶺南萬人疏)에 뒤이어, 3월 23일에는 출신(出身) 홍시중(洪時中)이 상소를 하였고, 동년 5월에는 경상도의 김진형(金鎭亨), 경기도의 류기영(柳冀永), 충청도의 한홍열(韓洪烈) 등이 잇달아 상소하였으며, 윤 7월에는 경기도의 신섭(申㰦), 강원도의 홍재학(洪在鶴), 충청도의 조계하(趙啓夏), 전라도의 고정주(高定柱)가 각각 소두(疏頭)가 되어 복합상소(伏閤上疏)하였다. 이들도 모두 치벌되었다.
  위의 상소 중에서 가장 위험시되었던 것은 홍재학(洪在鶴)의 상소였다. 이 상소를 실제로 집필한 사람은 중암(重菴) 김평묵(金平默)(1819~1888)이었다. 상소의 요지는 다음과 같았다. 위정척사(衛正斥邪)는 정조(正祖)·순조(純祖)·헌종(憲宗)의 유업(遺業)으로 성취하여 놓았는데 현국왕이 친정(親政)한 이래 접왜통상(接倭通商)을 주로 하고 왜양일체(倭洋一體)의 해(害)를 돌아보지 않아 사설(邪說)이 정부 안에 횡행하고 흉교(凶敎) 이언(異言)이 나라안에 퍼지고 있으며, 황준헌(黃遵憲)의 사의책자(私擬冊子)는 조선국(朝鮮國) 주화(主和)의 신료(臣僚)가 지어 낸 것이니, 국왕은 성심(聖心)을 분발하여 위정척사(衛正斥邪)의 대의(大義)를 견지하여 주화매국(主和賣國)의 신료(臣僚)를 엄형에 처하고 그 부류를 축출할 것이며, 양물(洋物) 양서(洋書)를 소각하고 또 신설된 통리기무아문(統理機務衙門)을 폐지하고 오위제(五衛制)를 부설(復設)하라는 것이었다.

ㄱ

우리 역사의 최전선

◉ 2003년 9월 1일 초판 1쇄 발행
◉ 2013년 3월 15일 초판 16쇄 발행
◉ 글쓴이   박노자 · 허동현
◉ 발행인   박혜숙
◉ 영업및제작   변재원
◉ 펴낸곳   도서출판 푸른역사
           우 110-040 서울시 종로구 통의동 82
           전화: 02)720 - 8921(편집부) 02)720 - 8920(영업부)
           팩스: 02)720 - 9887
           E-Mail: 2013history@naver.com
           등록: 1997년 2월 14일 제13-483호

· 잘못 만들어진 책은 교환해드립니다.